国家出版基金项目
NATIONAL PUBLICATION FOUNDATION

徽州文化史

【先秦至元代卷】

翟屯建 主编

全 国 百 佳 图 书 出 版 单 位
时代出版传媒股份有限公司
安徽人民出版社

图书在版编目(CIP)数据

徽州文化史·先秦至元代卷 / 翟屯建主编.
—合肥：安徽人民出版社，2014.7
ISBN 978-7-212-07588-0

Ⅰ.①徽… Ⅱ.①翟… Ⅲ.①文化史—徽州地区—先秦时代～元代
Ⅳ.①K295.42

中国版本图书馆 CIP 数据核字(2014)第 226663 号

徽州文化史·先秦至元代卷

翟屯建　主编

出 版 人：胡正义　　选题策划：胡正义　丁怀超　白　明
特邀编辑：唐　伽　　责任编辑：郑世彦　李　芳　陈　蕾
装帧设计：宋文岚

出版发行：时代出版传媒股份有限公司 http://www.press-mart.com
　　　　　安徽人民出版社 http://www.ahpeople.com
　　　　　合肥市政务文化新区翡翠路 1118 号出版传媒广场八楼
　　　　　邮编：230071
　　　　　营销部电话：0551—63533258　　0551—63533292(传真)
制　　版：合肥市中旭制版有限责任公司
印　　制：安徽新华印刷股份有限公司

开本：710×1010　　1/16　　印张：23.5　　字数：320 千
版次：2015 年 1 月第 1 版　　2015 年 1 月第 1 次印刷

标准书号：ISBN 978-7-212-07588-0　　定价：108.00 元

　　徽州境内的山地及丘陵占十分之九,高耸陡绝,开发艰难。粮食不足而盛产土特产与手工业品的经济结构,对商业的发展起到了刺激作用

徽州通往外界的主要黄金水道——新安江

走出徽州的山中古道

唐代徽州的茶叶生产,就已经很有影响,图为徽州高山茶园

1959年安徽省屯溪市奕棋飞机
场3号墓出土的西周时期凤纹铜方鼎

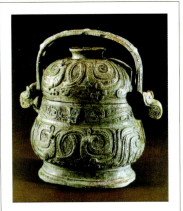

1959年安徽省屯溪市奕棋出
土的西周时期公卣

歙县新州新石器时期遗址出土文物

1978 年在祁门县茶科所基建工地一座北宋砖室墓出土的文府墨,是我国目前存世最早的徽墨

安徽博物院馆藏宋眉纹枣心砚

徽墨制作古法点烟

越国公汪华

徽州人对汪华的信仰始于唐代,至明清愈加普及。图为祭祀汪华的赛琼碗活动

新安理学的开山宗师朱熹

为纪念朱熹始建于南宋淳祐六年（1246）的紫阳书院

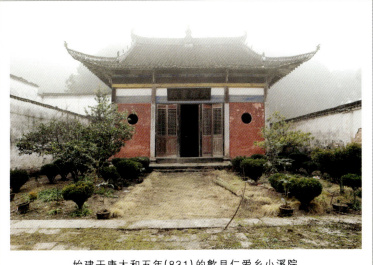

始建于唐太和五年(831)的歙县仁爱乡小溪院

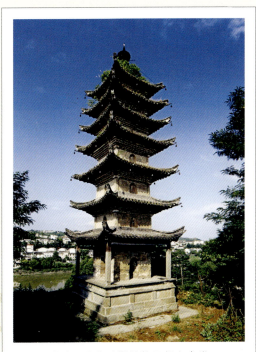

始建于北宋时期的歙县长庆寺塔

始建于南宋宝庆三年(1227)的玄天太素宫,原名佑圣真武祠

始建于南宋中兴年间的歙县呈坎长春社

序

栾成显

徽州位于皖南山区,黄山雄奇甲天下,白岳旖旎称神州。这里山清水秀,人杰地灵。思想伟人,学术巨子,灿若群星;新安文化,徽州艺术,万紫千红。勤劳的徽州人民在这里创造了璀璨夺目的历史文化,引领风骚千余年。提到徽州文化,人们总以博大精深相称。所谓博大,指其取得的辉煌成就,几乎涵盖了中华传统文化的各个方面,在思想哲学、道德伦理、语言文字、文学艺术、文化典籍、科技工艺等各个领域都有上乘表现,且自成体系;所谓精深,乃言徽州文化的水平并不是一般性的,其所展现的高深的思想造诣、精湛的艺术水准与丰厚的文化内涵,既显示了地域特色,同时也是那个时代最高水平的一个代表。它集中地体现了当时文化发展主流的诸多方面,异彩纷呈,贡献巨大。那么,如此博大精深的徽州文化是如何形成的呢? 它的历史发展轨迹又是怎样的呢?

徽州文化是在独特的地理和人文环境中生成的。

地理环境是徽州文化形成的一个重要因素。徽州地处万山之中,川谷崎岖,峰峦掩映。虽然山川秀丽,风景绝佳,但"其地险狭而不夷,其土驿刚而不化"[①]。特别是其中能够开垦的土地所占比例很小,俗称"七山一水一分田,一分道路和庄园"。人们不得不在石头缝里种庄稼,所垦梯田拾级而上,指十数级不能为一亩。这与平原地区得天独厚的耕作条件形成了鲜明对比。在

---

① 罗愿:《新安志》卷二《叙贡赋》,文渊阁《四库全书》本。

农耕时代,这样的生存环境与其说是很差的,毋宁说是恶劣的。然而,徽州人并没有向恶劣的自然条件屈服,世世代代勤于山伐,能寒暑,恶衣食,不畏险阻,艰苦劳作。在与峭山激水的反复搏斗中,徽州人愈发坚忍不拔,培养了气质,缔造了精神。徽州山水的灵性,化为徽州人的品格。南宋休宁知县祝禹圭说,徽州"山峭厉而水清激,故禀其气、食其土以有生者,其情性习尚不能不过刚而喜斗,然而君子则务以其刚为高行奇节,而尤以不义为羞"①。南宋著名学者罗愿说:"其山挺拔廉厉,水悍洁,其人多为御史谏官者。"②清代朴学大师戴震亦说:"生民得山之气质,重矜气节。"③地理环境对徽人性格的影响是多方面的,其中最为突出者,即是赋予了徽州人一种刚性气质。或负豪使气,争为长雄;或刚而喜斗,难以力服,而易以理胜。其为官者,刚正不阿,多为御史谏官;其为学者,空所依傍,独立思考,多有创见。正是山区这种特殊的地理环境,造就了徽州人的骨骼,成就了徽州人的性格。

文化融合是铸就徽州文化的核心因素。秦汉以前,生活在徽州这片土地上的主要是山越人。山越人以伐山为业,刀耕火种,勇悍尚武,是为山地游耕文化。从大的方面来说,则属于中华文明源头之一的南方越文化。另一方面,徽州区域自秦置黟、歙二县,中原汉文化开始渗入。至东汉初年,即有中原大族迁徙徽州。中国历史上每逢朝代更替,常常发生动乱。当大动乱发生之际,不仅平民百姓,就是世家大族也会受到沉重打击,而被迫举家迁徙。如历史上有名的西晋末年永嘉之乱、唐末黄巢之乱以及宋金战争等,这些大动乱都引起了北方士民大举迁入徽州。迁徽后的世家大族仍聚族而居,重视教育,崇尚儒雅,带来了中原文明。随着人口繁衍与族群扩大,迁徽士民反客为主,而成为徽州的主要居民。在此期间,一些担任郡守的文人名宦,如南梁之任昉、徐摛,唐朝之薛邕、洪经纶等,都大力推行礼仪,实施教化,创办讲习,倡导文学等,影响至为深远。"追任昉之幽奇,踵薛邕之文雅"④,成为徽州的社会风尚。于是,中原文化渐渐占据了主导地位。然而并不能说,中原汉文化

---

① 朱熹:《休宁县新安道院记》,《新安文献志》卷一二《记》,弘治一〇年刻本。
② 罗愿:《新安志》卷一《风俗》,文渊阁《四库全书》本。
③ 戴震:《东原文集》卷一二《戴节妇家传》,《戴震全书》(六),黄山书社1994年版,第440页。
④ 王象之:《舆地纪胜》卷二〇,《续修四库全书》第五百八十四册《史部》,上海古籍出版社2002年版。

就取代了当地山越文化。唐人吕温说：歙州"地杂瓯骆,号为难理"①。瓯骆,即指越人;难理,指徽人争强好胜、健讼喜斗而言。徽州难治是出了名的,直到明清仍有此类记载。这说明山越文化的影响一直是存在的。在两种不同文化的交汇之中,免不了碰撞和冲突,但更多的是交融与汇合。这种融合是双向的。中原文化强有力地影响了山越文化,促其益向文雅;而山越文化也深深地渗透到中原文化之中,使之趋于刚健。在徽州文化的基本精神之中,诸如重视教育的儒家传统,崇尚儒雅的社会风气,维系族群的宗族观念,等等,都明显具有中原文化的特质;而其刚健有为的积极进取意识、吃苦耐劳的徽骆驼精神、向外拓展的开放风气等,则无疑皆反映出山越文化的元素。徽州文化既体现了中原文化的儒雅风范,又渗透着山越文化的刚强气质。中原文化与山越文化二者相辅相成,从秦汉至隋唐五代,经过长期的交汇融合,结果演绎成具有特色的徽州文化。徽州文化并非中原文化单纯的传承,而是具有了新的特色。例如,中原的农耕文明,本是一种定居文化,一般都安土重迁,而徽州文化则有所不同,无论科举出仕,还是外出经商,都大规模地走了出去,其中固然有地理条件这个因素,但也是由于徽州人具有向外拓展的开放精神所致。

总之,大规模移民活动促成的文化融合,以及独特的山区地理环境,孕育了具有特色的徽州文化。其基本精神,诸如崇文重教的儒家传统、刚健有为的积极进取意识、向外拓展的开放风气、吃苦耐劳的徽骆驼精神等,构成了徽州文化的主体,形成了徽州文化的核心。这些文化因素对徽州发展的影响巨大而深远,使其后的徽州能在一个高起点上异军突起。

在中国历史发展演变的伟大长河中,宋代以后进入了一个新的阶段。宋代以前中国的经济文化重心一直在黄河流域,在北方;而宋代以后中国的经济文化重心则移至长江流域,移到了江南。这一转移始于六朝唐代,至宋代最后完成。宋代土地私有制进一步发展,商品经济十分繁荣,海外贸易颇为兴盛。与经济重心南移的同时,徽州的地位随之大幅提升。徽州虽不处于江南三角洲的核心地带,但距离杭州并不遥远,"其地接于杭睦宣饶,四出无不

---

① 吕温:《唐吕和叔文集》卷五《表状·故博陵崔公行状》,《四部丛刊初编·集部》。

通",宋南迁后,"中兴实为辅郡,四朝涵育,生齿日繁,地利日辟,人力日至"①。辅郡,即畿辅之郡。徽州无疑属于当时江南最为发达的经济文化圈之内。其后,随着经济文化的进一步发展,徽州在全国经济文化发展坐标中的地位愈益突出,更加重要。

徽州文化的形成与发展并不局限于徽州本土。正如胡适所言,对徽人来说,有所谓的小徽州与大徽州。小徽州即指徽州本土,大徽州则指徽州以外的华夏大地乃至海外的广大空间。徽州文化既发达于徽州本土,又活跃在华夏大地。徽州本土的狭小促成了徽人的向外扩展。最初当是一种不得已的行为,而后则成了一种社会风尚。徽人通过经商、科举、出仕、游学、移居等种种途径,与外界建立了广泛的联系和交流。宋代之后,这种交流一直未有中断,明清时更为频繁,形成高潮。这种交流是双向的、互动的,相互影响,相得益彰。在这种交流中,徽州于经济上聚天下之财富,文化上得五方之风气,与此同时,徽商置业四方,称雄宇内,徽人出仕、游学,遍及各地。富有特色、独领风骚的徽州文化也随之传播四海,在各地开花结果。徽州成为那个时代经济文化发展的一个交汇之地与辐射中心。徽州文化的形成、发展与繁荣,乃是充分地利用了大徽州这个广阔的舞台,有赖于此者至大矣。

自隋唐兴起的科举制度,至宋代也进入了全面发展的阶段。宋统治者大力开科取士,使之成为选拔官员的主要手段。徽州人以其文化优势及时地抓住了这个历史机遇,科举出仕者大增。最新研究成果表明,两宋时期徽人登科总人数为861人,而在唐五代时期徽人登科者仅10人。宋代徽人担任过四品以上官职者达30余人②,所谓"宋兴,则名臣辈出"③是也。徽州人首先在政治上实现了崛起。

宋代理学的兴盛,把儒家思想推向了新的阶段,在中国思想文化发展史上具有里程碑之意义。理学起于北宋周敦颐、程颢、程颐等人,至南宋朱熹为其集大成者。此后盛行于世,元明清统治者独尊理学,成为中国封建社会后期官方的意识形态。朱熹理学甚至影响东亚,远播欧洲。以徽州为故里的朱

---

① 罗似臣:《徽州新城记》,《新安文献志》卷一三《记》,弘治十年刻本。

② 参见傅璇琮主编,龚延明、祖慧编撰:《宋登科记考》,江苏教育出版社2009年版;于静:《宋代徽州科举研究》附录《宋代徽州地区登科情况一览表》,见中国知网硕士论文。

③ 罗愿:《新安志》卷一《风俗》,文渊阁《四库全书》本。

熹及其理学,对徽州本土影响至深至大。经过元代的发展,形成了新安理学学派。"朱子之学虽行天下,而讲之熟、说之详、守之固,则惟新安之士为然。"[①]徽州人成为践行理学的典范。而徽州本是"程朱桑梓之邦","婺源之有朱子,犹邹之有孟子、继曲阜之有孔子也"[②]。自南宋"咸淳五年(1269)诏赐文公阙里于婺源"[③]之后,向有"程朱阙里""东南邹鲁"之称,即徽州乃为中国封建社会后期儒家代表人物的发祥之地,其所处地位不言而喻。

宋代以后,徽州迎来的另一个历史发展机遇,则是商品经济的兴盛繁荣。宋元以降,特别是明中叶以后,商品经济显著发展。这是中国古代商品经济发展的一个新的高峰。其显著特点是:主要民生用品商品化程度增大;长距离贩运贸易发展;商路增辟和新兴商业城镇增加;大商业资本兴起,等等。总括起来即是全国性市场形成。明清时代商品经济的发展与全国性市场的形成,为徽商的崛起提供了广阔的舞台。不过,商品经济的发展只是一个客观条件,它对当时的人们来说,机会大致是相同的。那么,历史为什么选择了徽州人,最后是徽商称雄四海呢?这与徽州文化有密切关系。在以农为本、安土重迁的时代,外出经商首先要克服死守故里的观念。徽州人能够做到"十三十四,往外一丢",勇于外出经商,并且成为一种风尚,是很不简单的。这种向外拓展的开放精神,正显示了徽州文化的特色。当然,徽州人外出经商有地理条件这个因素,由于山多田少而不得不外出谋生。但明代各地因饥荒、徭役而外出逃生者极为众多,这些人沿街乞讨者有之,为人帮工者有之,充当奴仆者有之,更多的人则是四处流浪,难以控制,史称"流民"。终明之世,流民一直是无法解决的一大社会问题。而徽州人外出则主要是从事商业活动,并且取得了巨大的成功。这是因为,徽州文化崇文重教,教育十分发达,"十户之村,不废诵读",莫不有学有师。正是教育的普及为经商准备了必要的条件。无需赘言,目不识丁是难以外出经商的,即使中小商人,也必须具备一定的文化知识。至于那些在全国性市场环境下从事商贸活动、进行大商业资本运作的富商巨贾,更需要较高的文化素养。徽商许多人本来就是儒者,他们以儒家理念来指导其商业活动,贾而好儒,而被称为儒商。正如戴震所言,徽

① 赵汸:《东山存稿》卷四《商山书院学田记》,文渊阁《四库全书》本。

② 赵宏恩:《重修文公祠记》,道光《婺源县志》卷三四《艺文志·纪述三》,道光六年刻本。

③ 道光《婺源县志》卷一四《人物志·朱子世家》,道光六年刻本。

人"虽为贾者,咸近士风"①。富有特色的徽州文化在徽商崛起的过程中起了重要作用,毋庸置疑。而徽州宗族也有开放的一面,对徽商的经营活动提供了强有力的支持。他们筹集资金,为徽商创业提供资本;输送人力,以建立徽商对行业的垄断;利用宗法,来强化徽商的商业组织,等等。徽州宗族成为徽人外出经商的可靠保障和坚强后盾。

关于徽商取得的巨大成就,当时颇有记载。明人谢肇淛说:"富室之称雄者,江南则推新安,江北则推山右。新安大贾,鱼盐为业,藏镪有至百万者,其他二三十万则中贾耳。"②活跃于明清时代的徽商,足迹几遍宇内,从偏远的沙漠到神秘的海岛,乃至于海外;其资本雄厚,积累了巨万财富,藏镪百万、千万;他们掌握着某些行业的垄断性经营,如盐业、典当业等;他们拥有各个商帮之首的地位;他们从明中叶兴起,至嘉靖、万历时达到繁盛,在清代又有一个大的发展,称雄于全国商界数百年之久。徽商活动的意义远远超出商业本身,对当时的经济、文化等都发挥着重要的作用与影响,促进了社会的变迁。明中叶以后商品经济的发展,不仅是中国古代商品经济发展的又一个高峰,而且出现了一些新的因素,如全国性市场的形成、新的生产关系萌芽,等等,显露出从传统走向近代的曙光,具有时代转型之意义。在这一时代转型的潮流中,徽商所扮演的角色不只是受益者,也是推动者;不只是参与者,更是开拓者。即明清商品生产的发展和全国性市场的形成及商人集团的兴起,二者也是一个互动过程,并非是商品生产发展了,全国性市场形成了,然后才有商人集团的兴起。当时,徽商经营的范围甚大,地域极广,影响至深。"其货无所不居,其地无所不至,其时无所不鹜,其算无所不精,其利无所不专,其权无所不握。"③商业的繁荣也促进了商品生产的发展和全国性市场的形成,在这一方面徽商等商人集团与有力焉,贡献尤大。徽商乃为这一商品经济发展大潮的领军者,而处于时代发展之前列。

徽商是在具有特色的徽州文化背景下发展起来的,而徽商在经济上的成功反过来又在各方面影响着徽州的文化发展,从而造就了明清时代徽州文化的昌盛。经济与文化互动,在徽州历史上被演绎得淋漓尽致。徽商取得的财

---

①　戴震:《东原文集》卷一二《戴节妇家传》,《戴震全书》(六),黄山书社1994年版,第440页。
②　谢肇淛:《五杂俎》卷四《地部二》,上海书店出版社2001年版。
③　万历《歙志》志二〇,《传》卷一〇《货殖》,万历三十七年刻本。

富成为徽州文化昌盛的物质基础。徽商对教育科举、文化艺术、建筑园林、公益事业等投入了大量财富；还以其雄厚的经济实力为徽州培养造就了大批人才，包括一批出类拔萃的文化人才，从而铸就了徽州文化的辉煌。明清时代的徽州文化光辉灿烂、万紫千红。如徽州教育、新安理学、徽派朴学、新安画派、徽派篆刻、徽州版画、徽州刻书、徽州三雕、徽派建筑、徽州园林、新安医学，以及自然科学、数学、徽剧、徽菜等，几乎在各个文化领域都取得了辉煌成就，有的领域臻于极致，后世难以企及。其水平之高、贡献之大，世所公认。它们既有地方文化之特色，同时也是当时主流文化的一个代表，或在中国文化史上占有一席之地，而成为灿烂的中华文化之一瑰宝，具有典型性与普遍性的特点。

随着商品经济的繁荣与徽商的成功，人们的思想观念也发生了深刻的变化。明后期文坛领袖、徽人汪道昆说："大江以南，新都以文物著。其俗不儒则贾，相代若践更。要之，良贾何负闳儒！则其躬行彰彰矣。"[1]又说：商农"各得其所，商何负于农？"[2]清代徽州学者俞正燮亦说："商贾，民之正业。"[3]他们不仅发出了"商何负于农"的质疑，而且正面肯定了商贾本是民之正业，商与农是平等的，从根本上批驳了商不如农的传统观念。这种文化自觉，显然是对历来重农抑商政策的否定，是对当时仍在流行的商为四民之末观念的批判，是对几千年来根深蒂固传统的挑战。其意义已不限于地域文化范畴，而是发出了时代的先声。

逮至近代，由于徽州传统文化的厚重，不免给其转型带来了负面影响。徽商在近代失去了领袖群伦的地位，而徽州社会的转型亦步履蹒跚。尽管如此，徽州文化在向近代转型的进程中仍不乏亮点，值得关注。徽派朴学大师戴震，作为18世纪中国唯物主义哲学家，其思想显露出的近代气息，具有早期启蒙之意义，已众所周知。鸦片战争前，俞正燮秉承徽人的刚毅气质和求实精神，发表了许多离经叛道之论，勇于向传统观念宣战，被称为中国思想界

---

① 汪道昆：《太函集》卷五五《诰赠奉直大夫户部员外郎程公暨赠宜人闵氏合葬墓志铭》，《四库全书存目丛书》本第一百一十七册《集部》，齐鲁书社1997年版。

② 汪道昆：《太函集》卷六五《虞部陈使君权政碑》，《四库全书存目丛书》本第一百一十八册《集部》，齐鲁书社1997年版。

③ 俞正燮：《癸巳类稿》卷三《征商论》，《续修四库全书》第一千一百五十九册《子部》，上海古籍出版社2002年版。

三贤之一，特别是其维护妇女权益、主张男女平等的诸多阐发，更展现了朴素的人权观念和平等思想。咸同兵燹后，寄居徽州的学者汪士铎，对早婚等诸多陋习痛加批判，阐述了早期的人口思想；又对儒家仁政、德政进行批驳，而主张学习西方的科学技术。同一时期，徽籍大臣王茂荫所提出的货币理论与财政政策，切中时弊，见解卓越，阐发深刻，在中国近代经济思想史上占有重要地位，成为马克思在《资本论》中提到的唯一中国人。黄宾虹作为近代新安画派的代表人物，在总结前人的基础上，多有创变，独树一帜，成为继渐江之后的又一个高峰。徽班进京，被公认为京剧发展的源头之一。在自然科学方面，徽州数学家汪莱成就斐然，他提出的P进位制的理论，实为现代计算机原理之先河。至于徽人胡适，作为五四时期新文化旗手的地位与作用，无需赘言。其主张固然是对传统文化的一种反驳和扬弃，然而，从其批判精神来说，却是与朱熹、戴震这些徽州先贤们一脉相承的。而以上这些在徽州文化转型中闪光的人物，也无一离不开深厚的徽州文化沃土的孕育。

回顾徽州历史文化的发展进程，交织着人与自然的磨合，不同文化的融合，以及经济与文化的互动。历经千锤百炼的磨砺，造就了具有较高素质的徽州人。徽州文化是时代发展的产物，宋代以后经济文化重心南移和商品经济的发展，为徽州的崛起提供了前所未有的机遇。徽州文化又是利用大徽州即本土以外的广阔舞台而发展起来的。归根结底，徽州文化是具有较高素质的徽州人所创造的，是高素质的徽州人及时地抓住了时代发展的机遇，充分利用大徽州的广阔舞台，而创造的光辉灿烂的徽州文化。

博大精深的徽州文化构成了徽学研究的深厚根底。而对徽州文化史的探索，无疑是徽学研究的一个重大课题。继大型学术丛书《徽州文化全书》出版之后，多卷本的《徽州文化史》又付梓问世，不啻为徽学研究之一盛事。受安徽省徽学学会之嘱，不揣浅陋，写此粗略文字，以为该书之引。

2014 年 8 月于北京

目　录

引　论

　　从旧石器的鸿蒙年代到设黝、歙二县的秦皇时期,从新都到新安,从歙州到徽州,徽州文化的发展随着历史的脚步向前迈进。如果说,明清时期的徽州文化代表了古徽州文明的最高成就,那么,它的萌芽发展过程就是这一最高成就的奠基石。

　　在"徽学"视域下,徽州文化属于大文化的范畴,是古徽州一府六县物质文明和精神文明的总和。凡与徽州社会历史发展有关的内容,都属徽州文化范畴,形成一个庞大的文化体系。[①] 这一文化体系的构成,建立在地理、社会、思想、经济四大基础之上。地理是徽州文化形成的自然环境基础,徽州宗族是徽州文化形成的社会基础,新安理学是徽州文化的思想基础,徽商是徽州文化的经济基础。

　　记述徽州文化的形成与发展,探讨徽州文化的成因,必须对这四大基础进行溯源。从对徽州自然环境、社会人口结构、思想观念、经济发展方向的记载中,体现教育、文学艺术、科技、民俗等方面的发展变化。因此,记载中原士族迁涉,理清徽州土著文化与中原汉文化融合的脉络;记载徽州人的思想观念,梳理徽州人从原始崇拜到宗教信仰再到崇尚儒学的过程;记载徽州经济发展过程,指出徽州从农耕渔猎到山林经济再到商品经济的发展方向,是了解徽州文化史首先要弄清楚的。

---

　　① 　关于这一点,可以从安徽人民出版社 2005 年出版的《徽州文化全书》中体现出来,《徽州文化全书》共计 20 卷:《徽州土地关系》《徽商》《徽州宗族社会》《徽州教育》《徽州科技》《新安理学》《徽派朴学》《新安医学》《徽州戏曲》《新安画派》《徽派篆刻》《徽派版画》《徽州工艺》《徽州刻书》《徽州文书档案》《徽州建筑》《徽州村落》《徽州民俗》《徽州方言》《徽菜》。

一 徽州文化四大基础及其形成的过程

（一）徽州的地理环境

徽州地处皖南山区,山多地少,俗有"七山一水一分田,一分道路和庄园"说法。黄山山脉自东北向西南横贯全境,天目山、白际山、五龙山由北东向南西展布,海拔均在 1000 米以上,相对高度 800 米以上,将徽州与其他地区截然分开,形成一个独立的自然地理单元。以黄山山脉为界,南坡有流向东南钱塘江流域的新安江水系,流向西南鄱阳湖流域的阊江水系、乐安江水系;北坡有直接流入长江的青弋江、秋浦河水系。清乾隆时著名诗人黄仲则诗曰:"一滩复一滩,一滩高十丈,三百六十滩,新安在天上。"[①]诗中所说的"新安",即为高处钱塘江源头山地的徽州,道出了徽州特殊的地理环境。

地理环境是徽州文化产生的物质基础。新安画派的描绘对象就是徽州大好山水,而徽州山水对新安画派艺术特色的形成又具有观照作用。徽派建筑艺术同徽州的山水特征和地形结构结合得也很密切。徽州园林受徽州大好山水的影响,崇尚自然,就形造景,寓情于景。尤其徽州自然风光秀丽,处处是景,借景入园,全无人工雕饰的痕迹,是徽州园林的最大特色。众多的木、竹、石、砖资源为木、竹、石、砖雕刻艺术、竹编艺术提供了优越的条件。从经济角度看,山多田少,收不敷

---

① 黄仲则:《两当轩集》卷九《新安滩》,咸丰八年刻本。

食,又促进了徽州商业经济的发展。

(二)徽州宗族社会的形成

徽州士族主要来源于北方,明代以前可考的大姓有 57 个,主要有程、汪、吴、黄、胡、王、李、方、洪、余、鲍、戴、曹、江、孙十五大姓,号称"新安十五姓"。中原士族迁徽的主要原因有三条:一是封闭型的徽州地理环境,为躲避北方战乱的理想地方;二是外地来徽任职的官员,迷恋徽州的大好山水,留居不归;三是失意仕宦或贬谪文人,将闭塞、景美的徽州选作隐居之地。外来居民迁徽时间集中在三个阶段。第一阶段是两晋之际,当时北方遭永嘉之乱,形成北方人口南徙的第一次高潮。第二阶段是唐代,唐玄宗时的安史之乱与唐末的农民战争,使北方陷入动荡之中,因而出现了第二次北方人口南徙的高潮。第三阶段是两宋之际,当时正值北方靖康之乱。徽州外来士族主要来自中原,除了个别姓氏有不同的支派从不同的地点迁入以外,大多数均为同宗、同源派衍而出。这就给徽州这个比较独立而又较为封闭的地理单元,形成一种严密的宗族观念创造了条件。有谱、有祠、有田是南宋徽州宗族社会形成的标志,但徽州宗族社会形态在南宋时并不完备,修谱、建祠、置族产也不普遍。直到明嘉靖、万历时期,徽州宗族社会才真正成熟。

(三)新安理学思想的确立

新安理学是程朱理学的重要分支,由徽州理学家为主干组成,奉祖籍徽州黄墩的程颢、程颐和祖籍徽州婺源的朱熹为开山宗师,以维护继承、发扬光大程朱理学为基本宗旨。南宋是新安理学的形成时期,这一时期的重要代表人物有朱熹、程大昌、吴儆、汪莘、李缯、程永奇、吴昶等人。他们环护在朱熹周围,精研性理之学,著书立说,确立以朱子学为宗旨的基本原则。元代是新安理学发展较快的时期,这一时期的主要代表人物有程若庸、胡方平、胡一桂、许月卿、陈栎、胡炳文、倪士毅、汪克宽等人。他们针对朱熹之后"异说"纷起的学术界状况,致力于维护朱子之学的纯洁性,将排斥"异论"、发明朱子学本旨作为学术研究的重心。同时,元代新安理学家崇尚"气节",不仕元朝,将精力集中于讲学授徒,培养了一批有一定建树和影响的新安理学学者,出现了人才辈出、学术研究深化和普及读物大量出现等新气象。

(四)徽商的形成

徽州境内自然条件恶劣,生产技术低下,用力甚勤,所得甚寡。唐宋以后,随着人口的增多,开始出现收不敷食的情况,百分之七十的食粮仰赖江西和江苏、浙江供给。为了获得换取食粮的货币,徽州人充分利用当地山清水秀的自然地理特点,开展多种经营,植茶、造纸、制墨、制砚等,形成了徽州土特产丰富和手工业发达的经济特色。输出特产和手工业品,换回粮食。这种经常性的交换,使徽州人不断地积累从商经验。正是在这种特定的环境下,徽商逐步成长起来。宋代,随着大量土特产品和著名手工业产品的兴盛,商品交换日趋发达。徽纸远销四川,夺得当地蜀笺的市场。南宋建都临安(杭州),大兴土木,使竹木和漆的市利百倍,对徽州商业资本的发展更加起了刺激作用。南宋初年,婺源县有一方姓盐商曾带仆人到芜湖经商。南宋后期,逐渐出现长期在外,多年不归的商人。方回《桐江集》就曾记有一位黟县商人,远出经商,离家竟达十年之久。南宋时期,在徽州人的生业中,经商已经开始占有位置,徽州经商风气兴起,为徽商的成长奠定了基础。元代,徽州的商品经济得到进一步的发展,出现了不少大商人。

宗族社会是在理学家们的倡导下形成的,修谱、建祠、置族产都需要钱,徽州大规模修谱、建祠、置族产与徽商的崛起同步,徽商是徽州宗族社会形成的经济保障。同时徽州的理学家们提出"贾何负于儒",又为徽商的崛起提供理论基础,为徽州人理直气壮地开展商业经营打破思想禁锢。同样,徽商以其充沛的资金,支持教育和学术研讨,为新安理学的繁荣和壮大提供帮助。宗族也以地缘和血缘关系为徽商的发展提供帮助。三大基础的形成和成熟,加上环境基础,以及四者完全融合,带动教育、文学、艺术、工艺、建筑、医学、民俗等各方面发展,形成新安医学、新安画派、徽派建筑、徽派版画、徽派篆刻、徽派朴学、徽剧、徽菜等学术艺术流派,使明清时代徽州文化进入一个光辉灿烂的时期。而徽州文化在各个领域取得的成绩,也都与地理、宗族、理学、徽商有关,被深深打下这四个方面的烙印。

二　徽州文化形成过程中的六个阶段

徽州历史悠久,文化的源头可以追溯到四五万年以前新安江流域的智人时代,境内各地出土的大量文物表明,徽州早在旧石器时期就已经有先民生活。而在新石器时代,这里的先民们已经创造了原始土著文化。西周时期,这里就有了最早的族国——"闰"。屯溪西郊奕棋村附近发现的西周至战国早期的墓葬,出土了一大批青铜器、陶器、原始瓷器、玉石件和漆器残件,说明当这一带的文化已经相当发达。秦始皇统一全国,在徽州境内设黟、歙二县。汉献帝建安十三年(208)十二月,孙权派遣威武中郎将贺齐出兵黟、歙,平定山越,将原黟、歙之地分析为黟、歙、始新、新定、犁阳(后改为黎阳)、休阳六县,建新都郡,这是徽州州郡府一级行政设置的开始。

魏晋南北朝时期,徽州地区的建置沿革变化较大,西晋太康元年(280)灭吴,改新都郡为新安郡。所属新定县改为遂安县,海阳县改为海宁县。新安郡辖始新、黟、歙、遂安、黎阳、海宁县,郡治在始新县。郡名新安,一说以祁门县新安山为名,一说取其安定之意。南朝宋大明八年(464),并黎阳县入海宁县。梁普通三年(522)划吴郡寿昌县入新安郡,大同元年(535)析歙县华阳镇置良安县。梁承圣二年(553)又析海宁、黟、歙各一部分重设黎阳县。当时这里有两个郡,同隶扬州。一个是新设的新宁郡,辖海宁、黟、歙、黎阳县,治所海宁(今休宁县万安镇古城岩);另一个为新安郡,辖始新、遂安、寿昌、良安县,治所始新。陈永定二年(558)撤良安县,并入歙县。陈天嘉三年(562)新宁郡并入新安郡,黎阳县并入海宁县。新安郡辖歙、黟、海宁、始新、遂安、寿昌六县,郡治始新,隶东扬州。

隋文帝开皇九年(589),改始新县为新安县,并以遂安、寿昌入新安县,隶婺州。改新安郡为歙州,领海宁、黟、歙县,治所设在黟县(一说并黟、歙入海宁,划归婺州)。开皇十八年(598),改海宁为休宁县。隋大业三年(607),复改歙州为新安郡,辖休宁、黟、歙县,郡治休宁万岁山(今休宁县万安镇古城岩)。隋末动乱,大业十二年(616),歙县人汪华起兵保郡,自称吴王。唐武德四年(621),汪华归附唐朝,被封为越国公。复改新安郡为歙州,州治歙县。永徽五年(654),朝廷平睦州女子陈硕真起义,析歙县地置北野县。开元二十八年(740),划休宁回玉乡及乐平县怀金乡置婺源县。天宝元年(742),改歙州为新安郡,辖歙、休宁、黟、北野、婺源县。乾元元年(758),复改新安郡为歙州。永泰二年(766),朝廷平方清起义,析歙、休宁地置归德县,析黟县赤山镇和饶州浮梁地置祁门县,划歙县华阳镇置绩溪县,均属歙州,隶宣歙池观察使。大历五年(770),废北野县入歙,废归德县入休宁,歙州辖歙、休宁、黟、绩溪、婺源、祁门县,形成延续至清末达1142年的"一府(州)六县"格局。唐末,藩镇横行,天下大乱。景福二年(893),淮南节度使杨行密侵入歙州,赶跑了刺史裴枢,以池州将陶雅代之。天复二年(902),唐昭宗迫于杨行密的威势,封其为吴王,建都扬州。天祐四年(907),吴丞相徐温等奉杨行密的后人杨溥为天子,国号大吴,歙州隶属大吴。吴天祚三年(937),徐温养子李昪废除杨溥,自立为帝,国号唐,史称南唐,歙州归属南唐。宋开宝八年(975),宋平南唐,歙州属宋。宋宣和三年(1121),方腊起义被镇压。五月,改歙州为徽州。至清宣统三年(1911),"徽州"二字一直没有变更,或称徽州路或称徽州府。在长达790年的时间里,这六个县一直稳定地隶属于徽州,这在中国历史上是极为罕见的,对徽州文化的形成、发展和繁荣起到极大的作用。

徽州文化萌生的历史系统而完整,从早期的土著古越文化,到与中原汉文化的融合,再到产生新质的徽州文化,大致可以分为:原始土著文化(汉及其以前)、土著文化与汉文化的初步融合(魏晋南北朝)、土著文化与汉文化的深入融合(隋唐)、土著文化与汉文化的完全融合(五代北宋)、徽州文化的形成(南宋)、徽州文化的成长(元代)六个阶段。

(一)原始土著文化阶段

汉及其以前,中原地区由于黄河泥沙的淤积和气候等诸多便利的自然条件,自上古时期就形成了发达的农业文明,尤其经过秦汉时期的大一统,中原文化成为中华文化发展的核心。汉武帝推行"罢黜百家,独尊儒术"的政策,以孔子、孟子为代表的儒家思想成为正统。在政治、军事、哲学、经济、史学、自然科学、文学、艺术等各个领域,都产生了众多的具有深远影响的代表人物和作品。而其时,徽州还处于原始发展阶段。屯溪西郊奕棋村附近发现的西周至战国早期的墓葬,出土了一大批青铜器、陶器、原始瓷器、玉石件和漆器残件,说明当时这一带的文化已经粗具规模。徽州地当"吴头楚尾",当地土著文化以古越文化为起点,天然汲取吴楚文化的营养,形成相对独立的古越土著社会。土著越人彪悍尚武,过着"饭稻羹鱼,或火耕而水耨,果隋蠃蛤,不待贾而足"[①]式的农耕渔猎采集生活,有着"鸟田"崇拜和裸体之俗,善歌舞之辞,住干栏式的建筑。秦始皇平天下,在境内设黝、歙二县,实行移民政策,加强对黝、歙的统治。东汉初年开始,中原士族也开始

---

① 司马迁:《史记》卷一二九《货殖列传》,中华书局1959年版。

迁徙徽州。但总体来说,此时的土著越文化仍然非常强大,可视为原始土著文化阶段。汉献帝建安十三年十二月,孙权派遣威武中郎将贺齐出兵黟、歙,平定徽州山越,将原黟、歙之地分析为黟、歙、始新、新定、犁阳(后改为黎阳)、休阳六县,建新都郡,这是徽州地区州郡一级行政设置的开始。同时,也是统治阶级在现实的政治中,"以镇山越"[①],分而治之策略的推进。从此,汉文化开始大规模进入这块"世外桃源"。

(二)土著文化与汉文化的初步融合阶段

魏晋南北朝是中国古代有名的乱世,尤其永嘉之乱,不仅造成西晋的灭亡,导致中国社会的再次分裂,而且对我国南方的发展产生深远的影响,徽州也不能幸免。永嘉之乱及其整个南北朝期间,中原士族比较集中地迁入徽州,掀起徽州第一次移民高潮,先后有12姓迁徙徽州。中原士族将中原的礼乐文化带入徽州,他们聚族而居,提倡尊祖敬宗,影响当地的风俗习气。此时的中原文化对徽州的影响还比较弱,中原士族的到来还必须处处事事向土著靠拢,带有"土著化"倾向。土著越民的好武习战的习性,影响了在此做官和迁居徽州的中原人士,使得这一时期在此为官和迁居徽州的中原人士也都以尚武为风气,形成"保捍乡土"的观念,程灵洗便是这方面的典型。这一阶段,土著文化与汉文化处于初步融合的时期。

(三)土著文化与汉文化的深入融合阶段

隋唐时期,是一个由乱到治的时期。从徽州本土来说,隋末的汪文进、沈雪、沈能起义,汪华拥兵割据;唐代陈硕贞、蒋宝、王万敌、洪贞、方清、沈千载等起义造反,风起云涌。从"大乱"的局面,终于达到"大治",形成唐大历五年以后1000多年稳定的行政格局。在中国历

---

① 班固:《汉书》卷四八《孙皓传》,中华书局1962年版。

史上隋唐文化融合各民族文化,具有很大的包容性,其影响力和感召力都是空前的。随着唐代中央对地方统治的加强,汉文化对地方文化的影响力也不断地扩大,给土著越文化带来巨大的冲击。两种文化在徽州大地进行了旷日持久的碰撞和交流,碰撞和交流的过程也就是两种文化"整合"的过程,也是新质徽州文化孕育的过程。每当社会动乱之际,如何应对动乱? 剽悍犯险(越文化)还是保捍乡土(汉文化),自然体现出文化的差异。剽悍犯险是造反起义反抗朝廷,保捍乡土则是保家卫国维护朝廷,形式上似乎都是诉诸武力,但在文化意义上则有天壤之别。这一阶段,徽州非常注重教育,儒学在教育体系中占主导地位,以学入仕也成为人们的目标。儒家思想的核心是仁义忠孝,在朝廷的提倡和士族的践行之下,儒家思想开始在徽州占据越来越重要的位置,并向民间渗透,唐代歙州百姓的孝义故事开始被载入史册,土著文化与汉文化进入深入融合时期。唐玄宗时的"安史之乱"和唐末黄巢农民起义,造成北方士族的第二次南迁高潮,对徽州的影响空前。这一时期有 36 姓迁居徽州,其中 29 姓是为躲避黄巢起义战乱来到徽州。众多中原士族的迁入,为五代北宋时期徽州土著文化与汉文化的完全融合注入新的活力。

(四) 土著文化与汉文化的完全融合阶段

学术界一般将隋唐五代划为一个历史时期,但同整个中国的历史发展进程相比,徽州的发展有着自己的特点和规律。因吴和南唐京城在金陵、江都,比起隋唐京城在西安、洛阳,徽州距离首府要近得多,加上吴与南唐的统治范围小,徽州与中央统治阶层的关系比隋唐要紧密得多,在经济与文化上的发展,也呈现出与隋唐不同的快速发展趋势。唐末的黄巢起义战乱所引起的第二次中原士族大规模迁入徽州,直接促使了徽州土著文化与中原汉文化的完全融合。《新安志》称:"其人自昔特多以材力保捍乡土为称,其后浸有文士。黄巢之乱,中原衣冠避地保于此,后或去或留,俗益向文雅,宋兴则名臣辈出。"①这指出了这一次中原士族迁入徽州的影响主要体现在五代和北宋,而且北宋时期徽州文风崛起、科举兴盛、文化与科技成就斐然,与五代士族南迁密不可分。如舒雅南唐保大年间贡举入朝,得到吏部侍郎韩熙载的赏识,被拔为头名。入宋以后参与编纂《文苑英华》《续通典》,校定《史记》前后《汉书》《周礼》《礼记》《七经疏》《义雅》等书。南唐进士吕文仲,入宋参与修《太平御览》《太平广记》《文苑英华》等书。经济上,文房四宝等手工业的高度发达,也与南唐、北宋统治阶层的爱好与横征暴敛有着莫大的关系。在徽州的历史发展进程中,五代与北宋总是紧密联系在一起的。这一阶段,汉文化主导地位确立,教育兴起,州学和六县县学相继设立。徽州的开发比中原和江南其他地区晚,但官学在北宋的发展却非常迅速,同时建立起 4 所书院,蒙学教育成为徽州教育最具特色的一个方面。教育的发展,使徽州参加科举考试的人数大增。五代时期,徽州只有 6 人考中进士,北宋有 247 人考中进士。北宋徽州进士人数的急剧增加,体现了土著文化与汉文化的完全融合。土著文化与汉文化的完全融合,一个重要的标志就是,徽州人在思想意识上已经自觉地接受儒家思想,并在日常生活中践行。

(五)徽州文化的形成阶段

南宋时期,徽州教育得到快速发展,官学条件得到极大改善,而且有高于其他州县的固定学产收入,以保证教学秩序的稳定。文学创作成果丰硕,形成了一支蔚为壮观的文学创作队伍,把徽州文学推向新的发展高度。徽州藏书有了较大发展,私家藏书尤为兴旺,出现一些藏书大家。徽州刻书快速发展,跻身于江南刻书重点地区。徽州文房四宝的兴盛和文风郁起,带动书法绘画艺术的发展。外向型商品经济结构基本形成,商业活动除了满足本地区的需求,也是其他地区对徽

---

① 罗愿:《新安志》卷一《风俗》,清光绪十四年重刊本。

州特产和手工业产品需求增加的结果,产生了一批经商致富的大商人。徽州籍理学家奉祖籍徽州婺源的朱熹为开山宗师,以维护继承、发扬光大朱子学为基本宗旨,形成朱子学的重要分支之一——新安理学。在理学家们的倡导和朝廷的支持下,近世宗族制度开始形成,它以尊祖、敬宗、睦族为宗旨,修谱、建祠、设置族田成为这种新的家族制度的特征,同时也是徽州宗族社会形成的标志。由于儒家思想深入民间,宗教日衰,走向世俗化,使徽州成为以儒家思想为主,佛、道依附儒家而存在的局面。南宋是徽州文化发展最重要的一个时期,徽州土著文化与中原汉文化完全融合后,形成新质的徽州文化。其表现为:徽州人文全面勃兴;外向型商品经济结构基本成型,徽州经商风气初兴;作为徽州文化思想基础的新安理学和作为社会基础的徽州宗族制度开始形成。

（六）徽州文化的成长阶段

元代是徽州朱子之学发展的兴盛时期,新安理学家们始终坚持讲学授徒,著书立说,传播朱子之学。尤其新安理学家注重启蒙教育,对朱熹的著作进行注疏并予以通俗化,使幼童从小就能接触理学,对徽州理学人才郁兴,起到重要作用。在学术上,以订正朱子之学"异论",发明朱子之学本旨为要务。政治上,以风节相砥砺,采取与朝廷不合作的政治态度,隐居山林,讲学授徒,精研学问。在理学家们的倡导之下,宗族制度建设步伐加快。修谱之风盛行,祠堂和祖墓建设都有很大发展,尤其是在族田的设置方面特别尽力。为了维护族内日常事务的管理,宗族开始重视内部管理的制度化、规范化建设,表明徽州宗族制度在元代已经得到充分的孕育和发展。徽州商人在元代有了新的成长,很多人亦商亦农,将经商的资本转换为田产,以至出现田产超过数千亩的大富豪。歙县城里人周荣之产业几及郡城之半,号"周半州"。婺源江湾人江松,富甲一方,朱元璋入徽,江松协助攻克婺源县城,由富商而成为一方豪强。休宁人程维宗经商致富,分布于歙县、休宁二县的田地达 4000 余亩、佃仆 370 余家，成为早期徽商中的代表人物。元代，作为徽州文化思想基础的新安理学、社会基础的宗族制度、经济基础的徽商都有了新的发展，是徽州文化积聚力量、稳步成长的阶段，同时，也是徽州文化由南宋初兴，向明清繁荣兴盛转折的重要时期，是承先启后的重要阶段。

第 一 章

汉及其以前徽州地区的土著文化

　　徽州文化的源头可以追溯到四五万年以前新安江流域的智人时代,早在旧石器时期就已经有先民生活。而在新石器时代,此地的先民们已经创造了原始土著文化。西周时期,此地就有了最早的族国——"闽"。秦始皇平天下,在境内设黝、歙二县,中原汉文化开始渗入。地方政府通过行政管制,采取教化手段,强力推行汉化政策。同时,从东汉初年开始,中原士族迁徙至徽州。但早期士族并没有深入徽州腹地,多栖留于徽州盆地的边缘歙县东乡一带,如方、汪二氏始祖的墓地都在今淳安境地。这些迁入徽州盆地的中原汉文化侨民,就像泰伯南入荆蛮披发文身一样,一点一点地适应土著越人社会,同时成为传播中原文化的使者。

一 徽州自然地理状况与人文环境

（一）山岭川谷崎岖的自然地理

大地是人类和一切生物赖以生存的基础,地理环境又是一个地区的政治、经济和文化发展最重要的因素。因此,对徽州文化史进行研究,不能不涉及徽州地质史和地理环境。

大约在六亿年前,徽州是原始江南古陆的一部分,是安徽地质史上最早的陆地。四亿四千万年前,由于加里东造山运动,原始江南古陆同它南面的陆地连成一片,仅在东南残留一个浙赣海湾。距今约三亿年前,石燕期海浸使徽州成为湘、赣、粤三角洲的一部分。二亿一千万年前,又因华力西运动,江南古陆同江浙陆地连成一片。一亿四千万年前,徽州大地发生了强烈的折皱、断裂和岩浆活动,侵入地壳裂隙的岩浆在深处凝固,形成了黄山的胚胎。其时屯溪附近的古陆则因断裂下陷变为内陆盆地,储水成湖,而后四周山地风化的碎屑物和有机物在湖盆水下沉积,天长日久,又胶结成砂岩、砾岩和石灰岩。从距今六千万年以来,又因强烈的构造运动,湖水消退,组成黄山的花岗岩体不断隆起,成为千米以上的山岭,以后又经间歇抬升,周围较松软的岩石经风化和流水切割、冰川剥蚀,成为现在的状态。

先秦古籍《山海经》记载了原始荒蛮时期的徽州地理情况。《山海经》载："三天子鄣在闽西海北。"①又曰："浙江出三天子都,在蛮东,在闽西海北,入海,余暨南。庐江出三天子都,入江,彭泽西。一曰天子鄣。"②关于"三天子鄣"的地理位置,郭璞则注云："浙江出新安歙县东,谓之三王山,浙江出其边也。"③明、清《一统志》和历代府县志及《中国古今地名大辞典》都说是安徽休宁县的率山。今人袁珂作《山海经校注》亦曰："其地大约在今安徽境内黟山脉之率山。"④《山海经》的成书,经历了一个漫长的过程,大约先系口头传说,至战国始有文字记录,秦汉二代又有增补,其记载内容差异是很大的。关于"三天子鄣"的记载,既不是秦汉,也不是战国时徽州及其周围的情况。《海内南经》曾载:"瓯居海中。闽在海中,其西北有山,一曰闽中山,在海中。三天子鄣在闽西海北。一曰在海中。"浙江西部与福建东部不与大陆相连,大概属于洪荒以前的事。那么,关于"三天子鄣"的传说也是很久远的了。

徽之为郡,在山岭川谷崎岖之中

"徽之为郡,在山岭川谷崎岖之中。"⑤徽州山地及丘陵占十分之九。黄山山脉盘踞于西北部,横跨歙、黟、休宁、祁门、太平五县,海拔

---

①　《山海经·海内南经》,袁珂校注本,上海古籍出版社 1980 年版,第 269 页。
②　《山海经·海内东经》,袁珂校注本,上海古籍出版社 1980 年版,第 332 页。
③　《山海经·海内南经·三天子鄣》注二,袁珂校注本,上海古籍出版社 1980 年版,第 269 页。
④　《山海经·海内南经·三天子鄣》注二,袁珂校注本,上海古籍出版社 1980 年版,第 269 页。
⑤　顾炎武:《天下郡国利病书》卷三二《江南二》引《王荆公孙扶墓碑》,商务印书馆民国二十五年《四部丛刊三编》影印本。

在千米以上，山高谷深，磅礴峥嵘。驰名中外的世界文化和自然遗产——黄山，便耸立在这里。东南部的天目山、白际山和五龙山（率山）山脉劈地摩天，峭壁林立，海拔也在千米以上。东部的昱岭、歙岭，西部的大赤岭，犹如两扇门户，守卫着徽州东、西两条通道。中间地段低山逶迤，峰圆坡缓，新安江支流率水、横江、扬之水、布射水，富资水及阊江、青弋江和丰乐水奔泻冲击，形成黄山与五龙山之间的祁门盆地，黄山与天目山至白际山之间的徽州盆地（兼有黟、歙、休宁、绩溪各一部分）以及黄山东段与北坡支脉之间的旌德谷地。

新安江、阊江、青弋江为徽州的三大水系，分别源于黄山和五龙山脉。顺新安江东下可达杭州，沿青弋江水系的徽溪、乳溪可出江南，从阊江可入鄱阳。在荒蛮的先秦时期，这三条水路是徽州与外界联系的天然通道。

新安江是钱塘江流域文明的源头，与古越文化密不可分。钱塘江古称浙河、浙水、渐江、浙江，《山海经·海内东经》载："浙江出三天子都，在其（蛮）东。""三天子都"又称"三天子鄣山"，郭璞为《山海经》作注时称："今在新安歙县东，今谓之三王山，浙江出其边也。"①《庄子》称"浙江"为"渐河"，《庄子·外物篇》载："自渐河以东，苍梧以北，莫不厌若鱼者。"宋元时期，"浙""渐"经常通用，如秦观《游龙井记》："龙井旧名龙泓……其地当西湖之西，渐江之北，凤凰岭之上，实深山乱石之中泉也。"《汉书》《水经》称"浙江"为"渐江"，《汉书·地理志·丹阳郡》载："黟，渐江水出南蛮夷中，东入海。"《水经》称："渐江水出三天子都，北过于杭，东入于海。"②《新安志》称："'浙'或作'渐'，音制；或作'渐'，义并同。"③按照徽州方言的读音，"浙""渐""渐"三字的读音基本相同。钱塘江因钱唐县而得名，最早见于东晋。《太平御览》卷载："浙江，虞喜《志林》注曰：今钱塘江口，折山正居江中，潮水投山下，折而曲，一

---

① 《山海经·海内南经·三天子鄣》注二，袁珂校注本，上海古籍出版社1980年版，第269页。
② 郦道元：《水经注》卷四〇《浙江水》，《四部备要》本。
③ 罗愿：《新安志》卷四《休宁县·率山》，清光绪十四年重刊本。

云：江有反涛，水势折归故云。"①虞喜是东晋时的会稽郡余杭县人。清段玉裁在给《说文解字》"浙"字作注时指出："今俗皆谓钱唐江为浙江，不知钱唐江《地理志》《水经》皆谓之浙江，江至会稽山阴，古曰浙江。《说文》浙、渐二篆分举划然，后人乃以浙名冒渐。盖由二水相合，如《吴越春秋》越王至浙江之上，《史记》楚威王尽取故吴地至浙江，始皇至钱唐临浙江，皆谓是也。"在给"渐"字作注时，说得更明白："浙江者，钱唐江源流之总称。"②

浙江（钱塘江）源头六股尖

无论"浙"或"渐"，均源于徽州。地方志书所载地名中，休宁县有"浙溪水""浙江""渐溪"，婺源县有"浙岭"，就是最好的证明。1983年和1985年浙江省科学技术学会组织钱塘江河源河口考察队，对钱塘江源进行科学考察，"确定新安江是钱塘江的正源，其源头在安徽省休宁县率水上游冯村河发源地怀玉山脉主峰六股尖的东坡"。③新安江源头分为两大支流，南支称率水，为新安江正源，发源于五龙山脉的六股尖；北支叫横江，源于黟县五溪山主峰白顶山。两支在屯溪汇合后，至歙县浦口一段，称渐江。歙县浦口以下至浙江省桐庐以上，称新安江。江水继续东流入富阳市境，曰富春江；再往东，到了萧山区的闻家堰，称钱塘江。

徽州地形复杂，土壤类型多样，水热条件优越。因而地上地下资

---

①　李昉等撰：《太平御览》卷六五《地部》三〇，商务印书馆民国二十五年《四部丛刊三编》影印本。
②　段玉裁：《说文解字注》卷一二《水部》，清嘉庆二十年刻本。
③　钱塘江河源河口考察队：《钱塘江河源河口考察报告·前言》，浙江省科学技术学会1986年铅印本。

源丰富,植物种类达千种以上,木、茶、桑、麻、漆、香菇、木耳等是徽州的传统土特产品,动物种属也很可观,矿藏中的铜、铅、锌、钨、锑、锡等也有相当储量,祁门瓷土更是久负盛名。这些都是徽州历史上之所以能够经济繁荣、文化发达的物质基础。

(二)先秦时期的土著先民

由于原始江南古陆形成时间早,又一直没有被海水所浸没,非常有利于古生物的繁殖生长。歙县下冯塘曾发掘出几十万年以前,徽州原始祖先用来采集果子,挖掘植物根茎,同野兽作斗争时用的旧石器。另外,歙县新州、屯溪奕棋村、绩溪胡家村,也都有出土大量的新石器遗址表明,四五千年以前,徽州人的祖先就已经在这里活动了。

徽州有很多带有"黄毛"的地名,如黄毛培、黄毛坪、黄毛尖等,或略写成毛坪、毛塔、毛坑,或根据方位叫上毛坪、下毛坪、里毛坪、外毛坪,或改写成璜茅,等等。鉴于这一特殊现象,有人认为当时这里或许有过一个"黄毛人"的时代。[①] 徽州有一个普遍的传说:在很久很久以前,当地居住着一群长着黄毛的人,而且还留着一个小小的尾巴。他们有一个奇怪的习俗,只要知道自己的尾巴焦了(黄得发黑),就自觉爬进事先准备好的坟洞里去等死。这种坟洞叫"麻油廓"。现在歙县当地人还有"摸摸尾巴焦,爬进麻油廓"的俗语。歙县东乡一带,农民扎稻草人来驱赶鸟兽,保护庄稼,他们给稻草人披上蓑衣,毛茸茸的,就称之为"毛人哥哥"。

说这里有过黄毛人,听起来似乎怪诞。其实单就动物灵长类来说,在长期的进化过程中出现各种各样的种类也不奇怪,至今不是还有很多野人的传说吗?远古时期,徽州这块土地上曾经有过较类人猿还要进步的黄毛人原始群,也不足为怪。黄毛人什么时候消失和绝迹的,也无法断定。《歙县志》记载:唐代"大历中,黄山石门峰有毛人至

山下，为人所杀。明日，有妇人至哭之"①。《歙事闲谈》亦载，宋绍兴年间，贾说担任歙县王干寨巡检，官廨在岭下，士卒驻扎在岭上。有一天，士卒的妻子向贾说报告说："今早有一怪物，长二尺，浑身皆有黄毛，谛视之，乃人也。逐之，不惧。但持手中杖指四向而去，甚可骇。"②直到民国其间，还有人亲眼目睹"黄山野人骨"，"骨骼比人高出一尺光景"③，此骨是否是黄毛人的骨头呢？

如果说黄毛人只是传说，那么歙县下冯塘旧石器遗址和歙县新州、绩溪胡家村新石器则是人类活动的明显遗迹。屯溪西周墓葬的发现，则更证明商周时期，这些土著先民已经相当活跃，文化也很发达了。另外，孙权黄武五年（226），大秦商人秦论到交阯经商，太守吴邈派人送他到建业去见孙权。孙权问秦论各地的风俗习惯，秦论一一作了回答。其时诸葛恪征讨丹阳郡山越，俘获很多黟、歙短人。秦论见了以后说："大秦希见此人。"孙权以黟、歙短人男女各十人送给秦论，并令会稽刘咸护送。后来刘咸死于途中，此男女二十人仍回东吴。④短人当是黟、歙土著体型特异的一支。

这些土著先民属于哪个民族呢？

4000多年前，亚洲东大陆分布着华夏、东夷和三苗3个部族集团。华夏主要在黄河中游，东夷在东方，三苗在南方，其地"左彭蠡之波，右有洞庭之水，文山在其南，而衡山在其北"⑤。彭蠡又称彭泽，即今之鄱阳湖。徽州靠近鄱阳，先秦古籍《山海经》便是将徽州视同鄱阳一体的："浙江出三天子都，在蛮东，在闽西北，入海，余暨南。庐江出三天子都，入江，彭泽西。一曰天子鄣。"⑥这里所说的"三天子都（鄣）"就是指徽州地区。《安徽乡土历史教科书》更明确地指出，"三天子"即指

①　刘大櫆：《歙县志》卷二〇《杂志·祥异》，清乾隆二十六年刻本。

②　许承尧：《歙事闲谭》卷一六《王干寨怪物》，李明回等点校本，黄山书社2001年版，第555页。

③　《吴进贤致吴庆权的信·黄山野人骨》，黄山市徽州学研究会编《徽学通讯》，1991年第1期，第82页。

④　参见李延寿：《南史》卷七八《列传第六十八》，中华书局1975年版。

⑤　参见《战国策·魏策》引吴起的话说："昔者三苗之居，左彭蠡之波，右有洞庭之水，文山在其南，而衡山在其北。"

⑥　《山海经》，袁珂校注本，上海古籍出版社1980年版，第332页。

"苗族之酋长"。[①] 彭适凡在《吴城文化属考辨》一文中也是把徽州和鄱阳湖地区视为同一文化系统而加以论述,他指出:吴城文化"北和东北可达长江沿岸和皖赣交界的山区"。[②] 因此,徽州土著先民在远古时期属于三苗族。

尧、舜、禹时代,华夏族曾对三苗族进行过多次征伐,禹征三苗之后,史籍上"三苗"的名称不见了。到了夏王朝衰落之际,三苗族的一支号称"越"的分支又开始兴盛起来。

从史书的记载看,古越族主要有蛇或鸟图腾,习水便舟、巢居、善铸铜等习俗,并有以印纹陶为代表的越族文化。这些都可以从徽州的民俗和考古发现中找到它的痕迹。现在一些山村贫苦农民的房屋建筑、"文化大革命"时盛行的"宣传台"和逢社遇节为演戏而搭的戏台,尚留有越族"巢居"干栏式建筑的影子。先秦徽州同外界联系主要靠水路,其居民习水便舟的特点也是可以肯定的。1959—1975 年,屯溪西郊奕棋村附近先后发现 8 座西周至战国早期的墓葬。[③] 出土的青铜器、原始青瓷和几何印纹硬陶,在形制、纹饰和构图风格上,具有浓厚的南方特色,属越文化。从 1 号墓和 2 号墓中发掘的 20 件成组的青铜器,到目前为止,在江南地区还属罕见,体现了徽州土著先民善铸铜的古越民族特点。屯溪西周墓随葬品同古越族的随葬品组合规律也是一致的。在福建、广东、广西等广大越族活动区域发现的墓葬中,随葬品基本都包含生产工具(陶纺轮等)和生活用具(罐、盘、盂等)。此外,随葬砺石也很普遍,不少墓有玉(石)玦。屯溪西周墓也随葬有陶纺轮、罐、盘、盂等,以及砺石和玉玦。

从徽州的一些地名上来看,也可以证明这儿曾经是越人聚居的地方。如"三阳坑",此"坑"乃是"溪谷"的意思,与中原话中的"坑"是"凹

---

① 国学保存会编:《安徽乡土历史教科书》,第一课参考书,光绪三十二年铅印本。
② 百越民族史研究会编:《百越民族史论集》,中国社会科学出版社 1982 年版,第 76 页。
③ 参见安徽文化局文物工作队:《安徽屯溪西周墓葬发掘报告》,《考古学报》,1959 年第 4 期,第 62—93,115—133 页;李国梁:《屯溪土墩墓发掘报告》,安徽人民出版社 2006 年版。

地"意思不同,而福建、广
东话中的溪也读如"坑"。
其他如"培"(指山坡)、
"堨"(土语读"会",指拦
水坝)等词语,也都是越
语的遗存。

1959年安徽省屯溪市奕棋飞机场1号墓出土乳钉纹铜簋

　　这些都说明了先秦
徽州土著先民属于三苗以后的古越族。

三　山越武装集团[①]

　　"山越"是历史文献对汉末赣东、皖南、浙西等山区人民武装集团的称呼。当时,天下大乱,战争不断,山越为了自保,纷纷组织起来武装抗拒统治者。"山越"一词,最早见于《后汉书·灵帝纪》:"建宁二年(169)九月,丹阳山越围太守陈夤,夤击破之。"其时徽州属丹阳郡。三国时代,关于山越的记载比较常见,徽州山越的活动也最为活跃。

　　三国时期,徽州居民有六个方面的来源。(1)土著。早在秦以前徽州就居住着土著先民,他们在禹以前属三苗族,禹以后属古越族。1959年屯溪市郊西周墓葬发掘出大量原始瓷器和青铜器,表明当时徽州的经济文化发展已经有了相当水平。(2)大越徙民。《越绝书》载:"乌程、余杭、黝、歙、芜湖、石城县以南,皆故大越徙民。秦始皇刻石徙之。"(3)遗留下来的粤兵和汉兵。秦末,番阳令吴芮部将梅鋗率百粤之兵,从高祖伐秦,以功封烈侯,食邑十万户,居祁门县西十五里[②];另据《汉书·功臣表》载,汉将陈婴定豫章、浙江,拥兵渐地。渐地就是现在的休宁。梅鋗定居祁西,陈婴拥兵休宁,必然有大量的粤兵和汉兵滞留徽州。(4)北方迁徽居民。春秋战国,楚汉之争,中原战乱,很多

---

① 本节参见翟屯建:《徽州古史二题》,《安徽史学》,2000年第3期,第35—37页。

② 罗愿:《新安志》卷四《祁门·古迹》,清光绪十四年重刊本。

北方居民为避祸乱，举家迁居徽州。例如汉新莽间，司马长史方纮因
王莽篡汉，为避祸，从河南迁居歙县东乡①；东汉建安二年(197)，龙骧
将军汪文和为避乱，渡江南迁，安家于歙②；南宋罗愿《新安志》亦载：
"昔有人山行七日，至一斜穴，入穴廓然，周三十里，土甚平沃。中有十
余家，云是秦时离乱入此避地。"③(5)流民。不少中原居民为逃避赋
役，进入徽州。《后汉书·李忠传》载："建武六年(30)，迁丹阳太守
……垦田增多，三岁间流民占著者五万余。"黟、歙为丹阳郡属县，并设
有都尉，5万流民必有不少定居徽州。(6)留恋徽州大好山水的仕宦。
如西汉元朔间丹阳太守舒骏，迨其裔舒许出任新安太守，见山川秀丽，
遂家于此。④ 这六个方面的徽州居民，既有本地土著，又有南迁的汉
族、北移的闽粤越族；既有功封迁居于此的公侯太守，也有逃亡流落于
此的平民百姓。汉越二族互相交融，地主阶层中有汉越统治者，农民
阶层中亦有两族劳动人民。它融汉越民族为一体，集贫富阶层于
一地。

当时属于两种阶层的徽州居民是否都应称之为"山越"呢？

所谓"山越"，胡三省说："山越本亦越人，依阻山险，不纳王租，故
曰山越。"⑤这里面有三层含义，第一句说山越的来源，第二句说山越的
分布，第三句说山越的性质。第三层含义是"山越"一词的关键，所以
当时的文献又称其为"山贼""山寇""山夷""山民"⑥。时人对山越的称
呼虽然不一，但对其本质认识是一致的，山越是一群生活在人类底层
的"贱民"。这种"寇""贼""贱民"在中央政权没有公开征伐、文献尚未
记载之前，已经存在。社会既有贫富差距，有不公，就会有斗争。这种
斗争，既把锋芒指向统治政权，同时更直接更主要的斗争对象是当地

① 参见戴廷明、程尚宽：《新安名族志》前集《方氏》，朱万曙等点校本，黄山书社2004年版，第98页。
② 参见戴廷明、程尚宽：《新安名族志》前集《汪氏》，朱万曙等点校本，黄山书社2004年版，第182页。
③ 罗愿：《新安志》卷五《黟县·古迹》，清光绪十四年重刊本。
④ 参见舒应鸾：《京兆舒氏统宗谱》，明成化刻本。
⑤ 司马光：《资治通鉴·汉纪》胡三省注，中华书局1956年版。
⑥ 参见《资治通鉴》"建安八年""大和二年"胡三省注，《三国志·诸葛恪传》等，中华书局1956年版。

压迫、剥削他们的地主贵族。《新安志》记载："汉末零陵黄盖为之（按：指任丹阳都尉，治歙县），抑强扶弱，山越怀附。"①说明了强（地主阶层）弱（农民阶层）之间的斗争由来已久。《新安志》还记载了黟县山越宗帅陈仆，每逢节、社出来打击地主贵族的事迹②，明确记载山越并不包括地主贵族。笼统地以地区划分，将当时属于两种对立阶层的徽州居民都称之为"山越"，或者不分阶层属性，把先秦百越居住区的居民都说成是"山越"，是不准确的。

山越最初隐居深山，自耕自食，完全是为了逃避赋役，所以仅数十家或几百家聚居一处，如歙县簸箕山、东披山的山越③。随着封建统治的加强，特别是汉代在歙县设置丹阳都尉以后，赋役接踵而至，使得他们原先安定的生活环境受到破坏，分散已难以自保。于是几处山越联合起来，"五六千家相结聚作宗伍"④，发展成千户乃至数万户的聚合体。歙县山越金奇领万户驻安勒山，毛甘领万户屯乌聊山，黟县山越陈仆、祖山率二万户驻林沥山⑤。他们由消极逃避，转为积极反抗，发展起自身的武装。

徽州山越分布甚广，在三国时期从徽州西南到江西婺源，从东北到浙江淳安广阔的疆土上，到处都有山越在活动。他们人口甚众，单凭劫掠，不可能用以活口，因此山越内部必然有一定的农业和手工业。《三国志·诸葛恪传》曾载丹阳郡出谷物，并称丹阳郡"出铜铁，自铸甲兵"。西周时期的徽州土著先民就已经很善于冶铸铜器，工艺水平也很高。三国时期山越自采铜铁，铸造兵器和生产工具也是完全可能的。上世纪五六十年代，黟县林沥山还时常发现铁箭头，就是有力的证据。

综上所述，徽州山越来源于当地土著、南迁的汉族和北移的闽粤

---

① 罗愿：《新安志》卷九《叙牧守》，清光绪十四年重刊本。
② 参见罗愿：《新安志》卷五《黟县·古迹》，清光绪十四年重刊本。
③ 参见罗愿：《新安志》卷三《歙县·僧寺》，清光绪十四年重刊本。
④ 虞溥：《江表传》，见《三国志·孙策传》注。
⑤ 参见罗愿：《新安志》卷三《歙县·山阜》、卷五《黟县·黟县沿革》，清光绪十四年重刊本。

越人,其成分主要是农民,性质是以武力反抗地主贵族和统治阶级的山寨集团,他们有自己的经济基础。据此,我们对"山越"一词内涵的理解是:居住在先秦百越地区,以山区为根据地,汉、越二族劳动人民共同反抗地主阶层和封建统治的山寨式武装集团,他们有自己的经济基础。文献称其为"山越",除了其分布地区同先秦百越居住区相吻合外,还体现了统治阶级蔑视越族人民,视越为"夷""蛮""贼""寇"这样一种大汉族主义思想。这里的"越"同"贼""寇""夷"是一个意思,是一种贬义词。后人(包括胡三省)把它理解成一个民族实体,实在是一种误解。

二　汉及其以前徽州地区的行政归属

（一）先秦"闰"国之谜与行政归属

徽州人的祖先很早就生活在这块土地上,随着历史的演进,生产力的发展,产品有了剩余,出现了私有财产和产生了贫富分化。旧的血缘关系不断受到冲击和破坏,旧的氏族、部落随之发生分化和解体,产生了最初以氏族或民族群体集结而成的族国,例如黄河流域的夏、商部落。

徽州有没有类似的族国呢? 文献没有记载。

屯溪西周墓中出土大量的随葬品,有生产工具(陶纺轮、砺石)、生活用器(碗、尊、钵、盂等)、乐器(钟形五柱乐器)、装饰器(玉玦)等。其中还有当时只有奴隶主才能享用的鼎、尊、卣等青铜器物,奴隶制方国武装用的青铜剑、箭镞等。有件奴隶形象的铜俑——三个女性奴隶双手上举,双膝前跪。尤其令人回味的是,出土的一只尊内底有铭刻,其文为"闰父乙"。按殷周彝器通例,"父乙"是人名,"闰"是国族名。"闰"

字不见于《说文解字》，故不得其解。但根据汉字的构造规律，它无疑是个会意字。"门"可理解为关闭或闭塞，像徽州处于群山的障围之中；"子"是小孩，泛指人，为民人之象。门中有子，似可理解作徽州土地上的人民；门中之人，因可解作徽州的土著先民。屯溪西周1号墓，规模之大（长8.8米），随葬品之多（92件随葬品），品种之丰富（吃、喝、玩、乐、装饰品，样样齐全），表明墓主绝非普通平民，而是奴隶主贵族。因此，"闭"国也许是徽州最初的族国。

然而，"闭"国只是一种推测，是否存在仍然是个谜，有待于发现新的史料来证实。另外，先秦时期的行政归属也值得推敲。

春秋战国之际，徽州四周的行政归属为：东北属吴，有頯黄（宁国）、桐汭（广德）；东南属于越，有晉（临安）、姑蔑（衢州）；西北属楚，有陵阳（青阳）、鹊岸（铜陵）；西南属干国（后并入吴），有余干。[①] 独徽州不见经传，《史记》《汉书》亦不言所属。唯唐时张守节作《史记正义》称："袁、吉、虔、抚、歙、宣并越西境，属越也。"[②]《元和郡县图志》亦载：

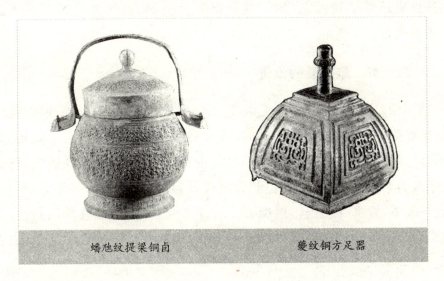

| 蟠虺纹提梁铜卣 | 夔纹铜方足器 |

<hr>

① 参见谭其骧主编：《中国历史地图集》第1册，地图出版社1982年版；国学保存会编：《安徽乡土历史教科书》第一册，清光绪三十二年铅印本。

② 司马迁：《史记》，中华书局1959年版。

"春秋时迭入吴、越。"①此后,历代方志沿用此说,称徽州"春秋属吴,吴亡属越,越灭属楚"②。其实这种说法是值得商榷的。

从徽州的地理环境来考察,在生产力水平十分低下的先秦时期,开发陆路通道比较困难。从水路来看,"天目于浙江之山最高,然仅与新安之平地等",③出去容易进来难。清代诗人黄仲则描写新安江,说是"一滩复一滩,一滩高十丈,三百六十滩,新安在天上"④。把徽州水道的艰难描写得淋漓尽致。阊江、青弋江虽比新安江平缓一些,但处上游,终不得舟楫之利。因此,无论吴或越或楚想用军事手段来占领和统治徽州,都不大有可能。另外,春秋战国时吴、楚、越之间战争频繁,吴、楚之战的路线,水路为长江,陆路北为舒、巢、潜、六,南在桐汭、颍黄、鄱阳一线;吴、越之战主要发生在太湖流域,均同徽州无关。如果徽州属吴或越或楚,又处于吴、楚、越交界之地,在那互相吞并的争霸之秋,不发生战斗,实在是不可思议的。另外秦始皇二十三年(前224),秦灭楚后,发动对百越的战争,在原来越国地区置会稽郡。但无论是正史还是早期方志,均不载徽州属会稽郡,说明彼时徽州并不属吴或越或楚。⑤

(二)黟、歙二县的设置

黟、歙二县建于何时,史无确载。《汉书·地理志》最早提到黟、歙二县,属丹阳郡,但没有说设于何时。《宋书·州郡志》《旧唐书·地理志》都把黟、歙二县记载为"汉县",即汉代设置的县。《元和郡县图志》把歙县记载为秦代设置,把黟县记载为汉代设置。《新安志·州郡沿革》称:"秦并天下,置黟、歙二县,属鄣郡。汉武帝元封二年,改鄣郡曰丹阳,而使都尉分治于歙。"这就与《汉书·地理志》相吻合,历代府志沿用《新安

---

① 李吉甫:《元和郡县志》卷二五,中华书局1983年版。
② 罗愿:《新安志》卷一《州郡沿革》,清光绪十四年重刊本。
③ 归有光:《震川先生集·汉口志序》,上海古籍出版社1981年版,第36页。
④ 黄仲则:《两当轩集》卷九《新安滩》,清光绪二年刻本。
⑤ 参见翟屯建:《徽州先秦史初探》,徽州地区徽州学研究会编《徽学》,1986年第1期,第6—15页。

志》的说法。但是鄣郡究竟是秦代设置还是汉代设置，史籍上也没有准确的记载，众说纷纭，有的说置于秦，有的说置于汉。由于鄣郡设置的时间无法确定，黟、歙二县建于何时也就无法确定，所以就有了以上不同的说法。清道光《徽州府志·舆地志》为了解决矛盾，不说黟、歙二县属鄣郡，而是将黟、歙二县置于会稽郡的名下。会稽郡设于秦始皇二十五年（前 222），于是便有了黟、歙二县建于秦始皇二十五年的说法。

历史考证必须以最早的记载为依据，《汉书·地理志》最早提到黟、歙二县，属丹阳郡。丹阳郡的前身是鄣郡，弄清黟、歙二县建于何时，必须先要弄清鄣郡建于何时才是关键。

秦始皇二十六年（前 221）秦王政兼并六国，自称始皇帝。他把全国分为 36 个郡，郡下面设县，实行中央集权统治。然而，史学界一般都认为："秦始皇二十六年的三十六郡中是不可能有鄣郡的，但汉高帝六年（前 201）已确有鄣郡，则鄣郡之置，必在三十六郡之后，高帝六年之前，但无法确定在哪一年。"[①]秦立郡往往取某地最古之名命名，如会稽、九江等，显然鄣郡之"鄣"，也是取自"三天子鄣"之"鄣"。"三天子鄣"既然是指徽州地区及其周围地区，那么鄣郡亦应是秦兵占领徽州时所置。据《淮南子·人间训》记载，秦始皇进攻岭南时，发五十万大军，兵分五路出击，五支军队有四支是指向岭南五岭中的一岭，唯独第五支军队在江西余干集结[②]，显然这支军队的目的是用来对付皖南、浙西南、福建等地区越人（史称"东越"）的。《汉书·严助传》记载，公元前 135 年，朝廷派兵攻闽越，刘安曾上书说："臣闻长老言，秦之时尝使尉屠睢击越。"证明这次军事行动曾攻取东越。徽州地当余干至东越要冲，既要灭东越，必先占领徽州。秦军经徽州攻东越，是根据当时的军事态势而作出的战略行动。当时皖南、浙西南、江西东南、湖南南部、广东、福建、广西等地均为越族聚住区，尤以皖南为秦前哨，秦军若不先攻下徽州、东越，长驱直入越族腹地

① 《谭其骧、杨国宜二教授答鄣郡建置问题》，《马鞍山市志通讯》，1983 年第 6 期。
② 参见刘安等：《淮南子》卷十八《人间训》，岳麓书社 1989 年版。

的南越、骆越、西瓯,势必腹背受敌。另武夷山为东越防御前沿,西边又有南越、西瓯等呼应,秦军正面进攻较难。鉴于上述情况,秦军经徽州进攻东越便有了充分的理由:(1)徽州亦属越族,也是被征讨的对象,必须攻占,而且徽州一直同外界隔绝,很少用兵,军备不强,易于攻克;(2)从徽州经浙西南出兵东越,可以达到出其不意,攻其不备的军事效果;(3)避免了在武夷山方面遭到东越、西瓯或南越的钳形夹击。我们对秦始皇统一百越战争的进程推断是:公元前217年秦兵分五路集结,四路从今湖南、江西向广东、广西正面推进;一路在江西余干集结,于当年底或次年初沿昌江而上占领徽州,在这里设置了黟、歙二县,加强统治。继而占领今江苏长江以南、安徽水阳江流域以东、江苏茅山、浙江天目山广大地区,公元前216年置鄣郡(治所在故鄣,今浙江安吉西北),管辖黟、歙和现在的浙江西部地区。公元前215年占领东越置闽中郡。公元前214年出兵南越与正面进攻"三年不解甲驰弩"的另四路大军会合,灭南越、骆越、西瓯等,完成统一百越的战争。并于当年置桂林、南海、象郡[1]。《越绝书》说:"乌程、余杭、黝、歙、芜湖、石城县以南,皆故大越徙民也。秦始皇刻石徙之。"[2]这里说的"大越徙民"指的就是秦灭南越、骆越、西瓯以后,徙当地越民于徽州等

歙蒲

---

[1] 参见《史记·秦始皇本纪》载:"三十三年(前214),发诸尝逋亡人、赘婿、贾人略取陆梁地,为桂林、象郡、南海,以适遣戍。"结合《淮南子》所载"三年不解甲驰弩",故推知统一百越的战争始于公元前217年,结束于公元前214年。

[2] 《越绝书》卷二《越绝外传吴地传第三》,上海古籍出版社1985年版。

地,可见秦灭东越、南越以前,徽州已属秦王朝,黝、歙二县和鄣郡也已经建立。

黝县因县城坐落在黝山之阳而得名,黝,古写为"黝",是黑色的样子。歙,又可写作"翕",合在一起的意思。歙县城东南15里为新安江与练江汇合的地方,名歙浦,歙县即以此取名。

秦汉时期,黝、歙二县县境究竟有多大? 至今仍是个史学难题。最初设县,并不明确划分地界,而是在一个政治、经济中心设立县治,县治势力达到的地方就归它管辖,两个县或几个县势力碰头处,就是它们的分界线,任何县的势力都没有达到之处,称荒蛮之地,哪个县去开发,就归哪个县。秦代于皖南设有黝、歙二县,它们的势力究竟达到了哪里,是个未知数。不过黝、歙二县的历史地理沿革告诉了我们一些线索,对秦汉时期二县的地域范围,基本交代了一个轮廓。

歙县的范围大概包括现在黄山区汤口镇、休宁县和婺源县的大部分地区,歙县、绩溪县、徽州区、屯溪区和淳安县全境;黝县的范围大概包括祁门县的大部分地区、休宁县的一部分地区、黝县全境。

二县的地域范围虽然基本弄清,但仍有几个疑点:一是汉成帝鸿嘉二年(前19)曾以黝县为广德王国,《新安志》认为晋武帝太康元年平吴,以黝广德故国为广德县,隶属于宣城郡。广德县不同黝县境土相连,黝县的势力是怎样达到广德的? 二是广德王国同广德县有没有联系? 三是黝、歙同时在秦代置县,并且黝县还曾被立为王国,为什么歙县地域如此广阔,黝县地域却如此狭小?

(三) 最早的州郡机构——新都郡

汉末,三国鼎立,战争不断,徽州山越为了保护自己,于是组织起来抗拒控扼江南一带的孙吴集团。歙县山越首领金奇率领万户驻扎在安勤山、毛甘率万户驻扎在乌聊山,黝县山越首领陈仆、祖山率两万户驻扎林沥山,对孙吴集团形成了极大的威胁。

汉建安十三年,孙权派吴威武中郎将贺齐进攻黝、歙山越。贺齐从歙县东部攻入，首先占领武疆、叶乡、东阳、丰浦四乡，随后挥兵直入歙、黟腹地，安勤山、乌聊山先后被攻破。林沥山位于黟县城西南 10 公里，高数十丈，方圆 30 余里，四面陡壁，仅有几条狭小的通道。吴兵来到山下，山越居高临下，以巨石抗击，吴兵久攻不下。贺齐暗中观察地形，以精锐士卒为前锋，选择隐蔽险要的地方，砍伐林木开道，天黑以后偷偷地潜摸上山。然后用布绳悬挂下来，数百名兵士缘绳而上。贺齐率大部队从正面强攻，潜登上山的兵卒则从四处呐喊，击鼓吹响号角。陈仆等从梦中惊醒，突然听到震耳的鼓角之声，以为吴兵已经攻上山了，一时军心动乱，指挥失措，驻扎山口要道的山越士兵也纷纷回防大营。吴兵乘机攻上山来，残杀山越士兵 7000 余人。

贺齐镇压了黟、歙山越以后，为了加强对黟、歙的统治，上表奏请孙权同意，划歙县东乡地置始新县，南乡地置新定县，西乡地置黎阳、休阳县（后避吴主孙休讳，改海阳）。始新县和新定县即现在浙江省淳安县境地。"休"同"鵂"，休阳县城因设在鵂山（今凤凰山）之阳而得名，后相继改名海阳、海宁、休宁。黎阳县城设在今屯溪区黎阳至率口一带，"黎"为"众"的意思，即众水之阳，后并入休宁县。原来徽州境内只有黟、歙二县，建安十三年多出了始新、新定、黎阳、休阳四个县，加上原来的黟、歙二县，就有了六个县，孙权于是便以这六个县设新都郡，郡治设在始新县，立贺齐为第一任太守。新都郡就是徽州郡府一级最早的行政建置。文人好古，很多徽州文人在谈到自己的乡里籍贯时，往往自称"新都某某"，即缘于此。

贺齐在新都郡当了三年太守，建安十六年（211），卸任回京。因为镇压山越有功，孙权亲自出城迎接，作乐舞象，赐贺齐辁车骏马，并停住车驾，等贺齐上车，贺齐称谢不敢上车。孙权便命左右扶贺齐上车，叫吏卒兵骑在前引导，仍用新都郡郡守出行时的礼仪。孙权笑着说："人当努力，非积功累勤，此不可得。"[①]

---

① 罗愿：《新安志》卷九《贺齐传》，清光绪十四年重刊本。

其后,陈表、诸葛融、沈宪、沈矫等相继任新都郡太守。陈表在新都郡三年,广开降纳,得兵万余人。当时中郎将周祇到波阳招募兵士,波阳百姓不愿当兵,以吴遽为首造反,杀死周祇,攻占城郭。新都郡各县邻近波阳,均出现动荡,陈表主动越界派兵征讨并打败吴遽,吴遽等相继投降。

贺齐攻打黟、歙

新都郡期间还有一个重要的历史事件,就是原吴国太子孙和被贬新都郡,并被赐死在新都郡。

孙和(224—253),字子孝,是孙权的第三个儿子。孙和的母亲王夫人早年甚得孙权宠爱,故孙和也得到了父亲的培育。14岁时,孙权吩咐阚泽教他读书和技艺。五年后,孙和在长兄孙登病死后被立为太子。王夫人与孙和的一位姊妹全公主不和。不久,孙和因在入庙祭祀时拜访妻子的叔父,而被全公主陷害他无礼,又诬陷王夫人对当时病倒的孙权幸灾乐祸。孙权最后把孙和废掉,并把他放逐到长沙,改立孙亮为太子。很多为孙和抱不平的大臣都被孙权责备或惩罚,一些据理力争的大臣更被杀死。孙权死后,诸葛恪执政,孙和的妃子张夫人是诸葛恪的外甥女,而诸葛恪被指有意拥立孙和为帝,被宗室孙峻杀死。孙和也被牵连,被贬到新都郡,接着孙峻又派人赐孙和死,孙和遂自杀,享年30岁。张夫人亦跟随丈夫自杀。据称孙和的死令全国很多人都十分哀痛。后来孙和的儿子孙皓登基做了皇帝,追谥其父孙和为文皇帝,并将孙和的遗体迁回建业改葬明陵。至今徽州民间还留存不少有关孙和的遗迹和传说,《新安志》就记载有歙县阶村为孙和谪居之处,民间求雨往往祭祀孙和。[1]

三 徽州土著居民的生产与文化

（一）土著的经济生产状况

徽州土著居民属于古越民族,先秦时期的经济生产与其他越族地区没有大的差别,采取因地制宜的原始自然经济方式,使用双肩石斧、有段石锛和几何印纹陶器,住干栏式房屋。农渔采集兼行,"饭稻羹鱼,或火耕而水耨,果隋蠃蛤,不待贾而足。地势饶食,无饥馑之患。以故,呰窳偷生,无积聚而多贫。是故,江淮以南,无冻饿之人,亦无千金之家"[2]。

从屯溪西周墓葬出土来看,在先秦时期徽州的经济生产以农业为主。屯溪西周 2 号墓出土的 102 件遗物中,生活用具占 90%,有碗、盂、钵、尊、盘、罐、鼎、殷、卣等。如果当时的农业生产没有一定的发展水平,人们是不至于如此讲究的。虽然墓中没有发现凿、锛、锄之类的生产工具,但其中有一块砺石,六方有磨痕,显然是用来磨砺刀、剑、锄、凿之类锋利工具的。

手工业已经达到较高的水平,西周 1 号和 2 号墓葬出土陶瓷器 77件,釉陶器占 71 件。这些釉陶器大部分质地坚硬、细腻、吸水弱,烧成温度在 1200℃左右,击之有铿锵之声,已经属于原始瓷器,其化学成分和陶瓷胎的显微结构都具有后来南方青瓷的特征。这批原始瓷器的制作技术已经达到相当成熟的阶段,器表的纹饰整齐精美,造型与印纹和谐美观。据安徽省文化局文物工作队鉴定:"屯溪釉陶工业的胎

---

[1] 参见罗愿:《新安志》卷三《歙县·丘墓》、卷五《婺源·古迹》,清光绪十四年重刊本。

[2] 司马迁:《史记》卷一二九《货殖列传》,中华书局 1959 年版。

土取于祁门,烧制釉陶的地方也应在祁门邻近地区。"[①]

　　青铜器的冶铸技艺也很高。屯溪西周铜器颜色青灰发亮,经中国科学院安徽分院化学研究所光谱分析表明,合金成分与《考工记》所载"六分其金而锡居一"的含量相近,[②]证明当时的工匠已经掌握了铜锡合金的比例与硬度、熔点的关系。从铜器本身两相对称的范痕,以及器内平滑、器外表铸花浮于器面等特点看,这批铜器采用的是陶范,也比邻近的江西铸铜采用石范有显著进步。铜器的纹饰多样,既有中原商文化的特征,又有浓郁的地方色彩,是在当地冶铸出来的。

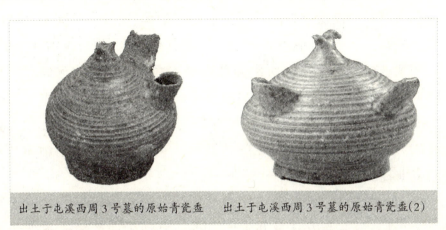

出土于屯溪西周3号墓的原始青瓷盉　　出土于屯溪西周3号墓的原始青瓷盉(2)

　　安徽文物工作队在《安徽屯溪西周墓葬发掘报告》中还指出:"盉(1:33)下底的黑书'十'字符号(图版拾贰,5)其墨迹中还有明显的刷子遗迹,刷痕的形式和现代毛笔写的笔锋完全一样,可见其时已经使用刷笔。"从徽州地理条件看,制造笔管用的竹子和笔毛的兔毫都很多,宋代歙人工匠汪伯立制的笔,曾为贡笔。因此,完全有可能在西周时就有了制笔业。

　　其他手工业,如纺织、漆业等,在西周时期也有发展。屯溪西周墓

---

　　①　安徽文化局文物工作队:《安徽屯溪西周墓葬发掘报告》,《考古学报》,1959年第4期,第62—93、115—133页。

　　②　安徽文化局文物工作队:《安徽屯溪西周墓葬发掘报告》,《考古学报》,1959年第4期,第62—93、115—133页。

中出土有陶纺轮、漆皮(残迹)等,便是明证。

农业、手工业的发展,必然会促进贸易交往。根据目前公布的材料,"原始瓷器的主要生产区域在我国江南地区"。[①] 有的考古学家认为,中原地区的釉陶是江南地区作为商品输入的。[②] 但就江南地区出土的原始瓷器(包括一般釉陶)而论,没有一个地方有屯溪西周墓出土的原始瓷器这样"既系统、又完整"。[③] 江西吴城遗址出土的西周原始瓷片(包括一般釉彩陶)只占同期陶瓷片总数的29.2%,[④]而屯溪西周墓出土的原始瓷器(包括一般釉陶)却占出土陶瓷总数的92.2%。既然徽州在西周时期能够如此大规模地生产釉陶,则其产品完全有可能由徽州直接输往中原,或由徽州输往江南其他地区,然后再输往中原。长安张家坡西周居住遗址所出的釉陶碎片同屯溪西周釉陶碎片,"化学成分、二氧化硅的含量一样,都相当高,矿物组成的共同特点是石英颗粒非常不均匀,胎中的莫来石发育较大,玻璃和气孔的含量也大致相仿"[⑤],由此看来,其产地可能就是徽州。至少,精美的徽州釉陶其时当已具有商品性质。

秦和西汉时期,相对于中原地区,歙、黟经济还很落后。由于徽州地处山区,只有新安江及其主要支流在盆地中间形成一条带状的冲积平原,耕作面积狭窄,而且土质也远远不如北方的松软,易于耕种;农业技术上,歙、黟与农业发展一直走在全国前列的中原地区差距很大,如西汉元始二年(2),北方人口是南方的3.2倍;牛耕技术直到东汉时期才传播到淮南地区,歙、黟接受辐射还在其后;同时,歙、黟卑湿,男子的寿命较短,也在一定程度上制约了人们发展农业的热情。但在政府的管理和民众的努力下,歙、黟的经济状况处在发展过

---

① 中国硅酸盐学会编:《中国陶瓷史》,文物出版社1982年版,第80页。

② 参见中国科学院考古研究所:《新中国考古收获》,第48页;郭沫若:《中国史稿》第1册,第110页。

③ 参见安徽文化局文物工作队:《安徽屯溪西周墓葬发掘报告》,《考古学报》,1959年第4期,第62—93、115—133页。

④ 参见李科有、彭适凡:《略论江西吴城商代原始瓷器》,《文物》,1957年第7期,第81—87页。

⑤ 安徽省文物工作队:《安徽文物考古工作新收获》,《文物考古工作三十年》,文物出版社1979年版。

程中。在农业社会中,人是最重要的生产力要素,人口数量是最重要的衡量生产和社会进步程度的指标。一方面,大量的人口能够养活,说明生活物资的生产能够得到保障;另一方面,增加的人口成年后,其生产的物质财富除了供应其自身消耗之外,还能够有所节余,对于整个社会而言,也是财富的增加。就丹阳郡而言,西汉平帝时期(前5),全郡有 107541 户、405171 口;东汉顺帝时期,就增长到 136518户、630545 口。

同在江南,相对于长江沿岸和太湖附近开发较早的其他县份,歙、黟更显偏僻、荒凉。如东汉时期,曾任会稽太守的上虞人陈业,"洁身清行,志怀霜雪,贞亮之信,同操柳下。遭汉中微,委官弃禄,遁迹黟歙,以求其志。高邈妙踪,天下所闻"。[①] 由此可见,在时人看来,歙、黟似乎真是远离尘世的"世外桃源"。

(二) 土著的文化习俗

新安江流域为我国原始文化的一个独立发展单元,经历旧石器、新石器、青铜器文化、封建文化的发展,可称之为"新安江文化",与古越文化一脉相承。5 万年前生活于新安江中游流域的原始人类,进化史上属"智人"。1974 年,科学工作者在浙江寿昌李家乡新桥村乌龟洞发现一枚智人右上犬齿化石。齿冠高 11.6 毫米,中径为 8.5 毫米,唇舌径为 9.5 毫米。和这枚人牙化石同时出土的还有一些第四纪哺乳动物化石和其他古生物资料。经科学鉴定,这枚人牙化石属于更新世纪晚期后一阶段的柳江人一类的智人类型,距今有 5 万多年了。其时原寿昌县已划归建德,因命名为"建德人"。李家乡新桥村乌龟洞毗邻淳安,同在新安江中游。秦汉时期,寿昌和淳安二县同属古歙东域,古歙文化即新安江文化。建德本属新安江文化区,秦时地属歙东,三国时设县,划属吴郡,睦州时代复归新安江文化区,此后

---

① 罗愿:《新安志》卷十《人事》,清光绪十四年重刊本。

未变。故论文化属性，"建德人"应为"新安江人"，是徽州土著文化的重要组成部分。

浙江寿昌李家乡新桥村乌龟洞"建德人"遗址

在新安江上游的徽州境内，分布着大量的旧、新石器时代遗址，承继建德人旧石器时代的文化发展，其中歙县下冯塘遗址最为典型。下冯塘遗址位于歙县富堨镇冯塘村南约 200 米处，1994 年、2010 年曾两度对下冯塘遗址进行发掘。发掘出土遗物分为陶器石器两大类，其石器 120 件（不包括石坯、石料废料），陶片 9000 余片。下冯塘遗址出土石器，以石镞的种类形态最为丰富，其次为石锛和石刀。陶器多夹砂红陶与夹砂红褐陶，陶质疏松易碎，火候较低。从石器、陶器的功能组合看，下冯塘先民们的主要食物来源为狩猎与捕鱼，同时农业生产和采集是重要的补充，纺织也是当时的一项生产活动。下冯塘遗址所代表的文化，从旧石器一直延续到铜石并用时代。

歙县桐子山新石器遗址也较为典型，该遗址位于岩寺朱坊农场。1988 年发掘，出土有石斧、石锛、石簇、刮削器、石网坠和各式陶鼎足、陶器口沿、器壁、陶纺轮等。陶器主要为夹砂红陶，制作粗糙、吸水性强。鼎足上有刻画符号和点戳纹，筑壁上有绳纹、篦纹。从纹饰、形制、质地等特征鉴定，系新石器时代晚期文化遗址，与良渚文化相近。

该遗址还出土属于商周时期的印纹硬陶,纹饰为大方格纹、小方格纹、席纹等。

新石器至春秋战国时期的其他文化遗址,主要有绩溪方家园新石器时代遗址、屯溪下林塘新石器遗址、绩溪水楂山新石器时代遗址、绩溪龟山新石器时代

歙县桐子山新石器遗址

遗址、绩溪社屋上新石器时代遗址、绩溪胡家村新石器时代遗址、歙县新州商周至秦汉时期遗址、婺源善山商周遗址、婺源王封商周遗址等。

1959—1975年,屯溪西郊奕棋村附近先后发现8座西周至战国早期的墓葬,这几座墓的形制和随葬品的特点,都和中原地区的西周墓葬有所不同,表现出鲜明的地方特点。墓葬均无墓穴,只在平地上用卵石铺砌出墓室的范围,其上放随葬品,然后堆筑封土。1号墓保存较好,卵石的范围为东西长8.8米,南北宽4.4米,厚约0.25米。封土不加夯打,直径约33米,现存高度1.75米。几座墓都没有发现棺椁痕迹和骨骸。江苏句容、溧水、金坛等地发现的西周时期的土墩墓也不挖墓穴,也有的以卵石铺成墓室。这种情况表明越民族盛行堆土墓葬,俗称"土墩墓"。屯溪奕棋西周至战国墓葬采用的就是土墩墓。随葬品主要为青铜礼器、原始瓷器等。1号墓的随葬品比较丰富,其中青铜礼器有鼎、尊、卣、盘、盂等。除盂和一件三足器外,其他器物都两两成对。器形有的和中原地区所出的同类器物相同,如尊和卣。有的则带有明显的地方特色,如其中的两件鼎,腹较浅,三足为尖锥状而向外撇。有的器形也很特殊,器矮而有颈,双耳上有镂孔装饰。铜器的纹饰,既有中原式的饕餮纹、夔纹、鸟纹、雷纹、乳钉纹等,也有蟠螭纹、蛙纹等地方色彩较浓的式样。随葬品中有大量的原始瓷器,器形有豆、碗、尊、罐等,表面施灰青色或姜黄、绿色釉,纹饰多弦纹、斜方格纹和几何形印纹。同样情形也见于江苏句容等地的西周土墩墓中。其他地区的商周墓中也有随葬原始瓷器的,但数

量和器形都不如屯溪地区那样丰富。

新安江文化区域农业风俗中，以"鸟田"风俗最富特色。《水经注》记载"浙江水"时称："昔大禹即位十年，东巡狩，崩于会稽，因而葬之。有鸟来，为之耘，春拔草根，秋啄其秽。是以县官禁民不得妄害此鸟，犯则刑，无赦。"①屯溪西周墓葬出土文物中有一件铜鸟饰，作伫立待飞之状，翼翘上嵌有绿松石，造型新颖美观，形态生动逼真，体现了徽州土著先民对鸟的尊崇，抑或是"鸟田"风俗的体现。越人有裸体之俗，屯溪奕棋西周3号墓葬出土4尊形态相同的铜塑裸俑。裸俑乳房微实，臀部丰满，呈女性特征。造型为屈膝跪坐，上肢弯曲，手心平举向上，作托举姿势，面部表情愁苦，耳垂有缕孔，头顶一长方形牌，牌中剔一缕子，似为奴隶俑，应该就是当是土著裸体之俗的体现。

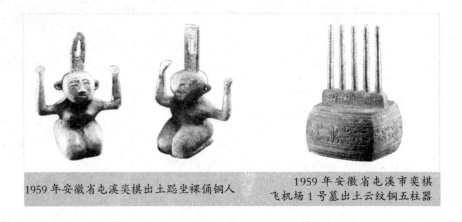

1959 年安徽省屯溪奕棋出土蹑坐裸俑铜人　　1959 年安徽省屯溪市奕棋
飞机场 1 号墓出土云纹铜五柱器

屯溪西周1号墓出土两件青铜钟形五柱器，器形特异，未见于北宋以来著录。击之，五柱之音各不相同，且每柱不同部位的声音也各有异。此两器中左端第一柱干内沟槽深宽者间较高，浅窄者音较低。其他各柱音之高低，两器也不相同。其用途不明，有人认为是插置管乐器的用具，有人认为是用来校正音律和音高的定音器。② 一只铜鼎上

---

① 郦道元：《水经注》卷四〇《浙江水》，《四部备要》本。
② 参见安徽文化局文物工作队：《安徽屯溪西周墓葬发掘报告》，《考古学报》，1959 年第 4 期，第62—93、115—133 页。

绘有舞蹈图,图上两人轻盈起舞,并作回首对语状。可以看出当时人们的歌舞娱乐活动也非常丰富,如果当时歌舞不普及,工匠恐怕也绘不出如此形象逼真的图形。

《晋书》记载,太元六年(381),武陵王司马晞徙于新安郡,家属悉从之。是年,卒于新安,年六十六。[①]司马晞是元帝第四子,"徙"是谪徙、放逐。司马晞在徙于新安的前四五年中,"喜为挽歌,自摇大铃为唱,使左右齐和。又燕会,辄令倡伎作新安人歌舞离别之辞,其声悲切。时人怪之,后亦果败"。[②]"新安人离别歌舞之辞",学者曾解释为新安商人离别歌辞,其实不然,应是建安以来黟、歙山越离别歌舞之辞。其时山越社会遭受孙吴政权的严重破坏,越民或死于战争,或强编入部伍,或远徙会佃他郡,故离别歌舞,其声甚悲。此则故事说明了徽州土著居民善于歌舞的文化习性。

从建筑文化来看,古越人的住房被称为"干栏"式建筑,今徽州方言中,对牲畜的房屋仍然叫"栏",如猪栏、牛栏,"栏"表示房屋义,可能便是古越语的遗存。

四　中原文化的传入和渗透

(一) 中央行政的管治

秦始皇一统天下,推行郡县制,其中新安江上游地区设有歙县和黟县,徽州真正隶属于中央政权的统治由此开始。也正是从这时起,中原汉文化逐渐从多个角度在徽州的基层社会中缓慢渗透,其中文化渗透的主要手段是政权的力量。

---

① 参见房玄龄等:《晋书》卷六四《武陵威王》,中华书局1974年版。
② 房玄龄等:《晋书》卷二八《五行中》,中华书局1974年版。

设置地方行政机构是首要的措施。按照秦汉制度,"县"是中央政府直接委派主管的最重要的基层行政机构,其地域大小,依据《汉书·百官公卿表》,大约是"方百里,其民稠则减,稀则旷"。秦朝设立歙、黟两县,区域却远远超过了"方百里",其主要原因是人口较少,远不到万户。当时,歙、黟两县的居民主要是土著越人。秦朝为管理少数民族为主的地区,曾另行设立与县同级的行政单位"道",即县"有蛮夷曰道"。① 一方面在"道"以下,不再按照中原地区的惯例设置基层机构,保留其原有的生产、生活和管理方式;另一方面在赋税征收上予以优惠,以表示中央政府的优待。两汉因之。但歙、黟自设立起,就是"县",可知秦汉中央并不把这里看作如同南越、西南夷那样难于治理,而是与中原地区一体管治。同样,我们可以肯定,歙、黟的县以下主管户籍和行政的乡(一乡十里)、里(一里百家),与主管地籍和治安的亭部(约十里路程设一亭),都有可能先后得以建立。

两汉政府对歙、黟的控制程度逐步加强。秦时歙、黟属鄣郡,西汉武帝元封二年(前 109),改鄣郡为丹阳郡,领县十七,郡治从原来的故鄣(今浙江安吉西北)推进到接近徽州腹地的宛陵(今宣城);建安十三年,设新都郡,立郡治于始新县。分立新郡的自然依据是"地势水流之便",而现实的政治需要则是"以镇山越",②分而治之的策略仍在推进。

即便中央的统治触角越伸越远,对于辽阔的皖南山区而言,政府统治的空白点还是普遍存在的。《方舆胜览》记载樵贵谷:"在黟县北。昔土人入山行之七日,至谷穴豁然,周三十里,中有十余家,云是秦人入此避地。按:《邑图》有潜村,至今有数十家,自为一村或谓之'小桃源'。"③或许樵贵谷并不存在,仅是某些文人的政治幻想,但是,这毕竟也说明,在歙、黟这样的山区县,还有很多的行政空白区,随着中央统治力量的不断渗透和加强,才逐渐被填补起来的。

---

① 班固:《汉书》卷十九上《百官公卿表》,中华书局 1962 年版。
② 陈寿、裴松之:《三国志》卷四八《孙皓传》,中华书局 1959 年版。
③ 祝穆:《方舆胜览》卷十六《徽州》,中华书局 2003 年版。

　　丹阳郡时期,还曾在歙县设都尉分治,说明中央对徽州的重视以及对歙、黟管治力度的加强。都尉原称郡尉,汉景帝时改此称,辅佐郡守并掌管全郡军事,秩比二千石。在歙设都尉,单独管理歙、黟一带的军政与民政。这样的安排,与歙、黟两县越人力量强大、难于治理有关。东汉建武六年,省诸郡都尉,并职太守。只在边郡设置都尉及属国都尉,便于治理。丹阳郡并非边郡,而都尉继续保留,直到三国时期,黄盖、陈表、沈宪等都担任过新都都尉一职,从另一方面说明在歙、黟保持管治的力度,是当时朝廷和地方的共识。

　　地方行政官员在治理过程中,总是以同化越文化为己任,多种手段并举,尤其注意采取能收长久之功的教化手段。建武六年,李忠任丹阳太守,认为丹阳郡的越人习俗不好学习,嫁娶礼仪也落后于中原文化。于是开办学校,教习越人礼仪,春秋乡饮,选用明经。老百姓都很向往和羡慕,纷纷投奔丹阳郡,数年间增加的五万余口,既有中原流民,也定有原先居住在深山老林中的越族土著。通过地方行政治理过程中的教化,当地越人在了解和接受中原人的生产、生活方式后,道德观、价值观、文化崇尚等方面发生变化,以不断调整自己与社会、环境的关系,为更大规模的民族融合奠定心理基础。需要指出的是,李忠"以文化人"也是建立在征服的基础之上的。《后汉书·李忠传》就明确指出:"忠到郡,招怀降附,其不服者悉诛之,旬月皆平。"可见政府同化政策的强制性十分明显。

　　为了同化越族文化,使中原文化成为这里的主流文化,必须使越人的民族特征逐渐被消磨。而减少和分化越民族人口,则是其中重要的环节之一。越人尚武,具有天生的好斗精神,民族间的斗争更能激起越人的反叛意识。建安二年夏,孙策受封为明汉将军。当时,陈瑀军驻海西(今江苏东海),孙策按诏书要求,整顿兵马,要去与吕布、陈瑀会面,谋划军机,参同形势。但他率军至钱塘时,情况却发生了变化。原来陈瑀想要乘机夺取孙策的地盘。他派人秘密渡江,拿着30多个印信给各地占据险要的山越首领,让他们做内应,等孙策的部队一开拔,马上攻取他的郡县。陈瑀所颁发的印信中就有歙、黟的山越首领。孙策发现这一阴谋,大怒,派吕范、徐逸统兵直扑海西,大破陈瑀,俘获他的将士、妻儿等共 4000 多人。陈瑀往北逃奔袁绍。在这次未遂的军事行动中,黟、歙两县的山越首领参与了反叛与袭杀孙策的活动,一方面表明了黟、歙越人势力的强大,另一方面也说明他们对孙氏政权的不信任。鉴于当时江南越族人民的反抗,使得占据长江中下游的孙吴集团如鲠在喉,决定予以武力征服。贺齐征讨歙、黟山越陈仆、祖山、金奇、毛甘的战争就是发生在这一背景之下。经过半个多世纪的征战,徽州土著越人或被杀、或被俘、或躲避,人口损失严重。以致西晋初年的人口统计中,新安郡六县仅有 5000 户,县均约 833 户;与邻近的宣城县均 2136 户、扬州县均 2272 户相比,差距太大了。同时,越人原有的社会组织、社会关系也出现较大变动,这都在很大程度上削弱了越人抗衡同化的力量。伴随着一次次对歙、黟越人反抗的军事打击,武力同化的效果逐渐明显。

同时,向歙、黟强行迁入外族人,使之与当地居民混杂居住,借以瓦解当地越人的内部组织,弱化土著力量,也是秦汉政府的手段之一。《越绝书·外传记地传》记载,秦始皇在统一于越后,"徙大越民置余杭、伊攻、□障,而乌程、余杭、黟、歙、芜湖、石城以南,皆故大越民也"。试图制造土著与移民的矛盾,转移对政府的不满。另一种移民虽然只是近距离的,但也同样出于同化的目的。东汉时,抗徐"初试守宣城长,悉移深林远薮椎髻鸟语之人置于县下"[1]。在来自中原的政府官员看来,居住在"深林远薮",有着"椎髻鸟语"之类特殊习惯的人,显然是"不够开化"的土著,强行将其移至县城附近,既便于管理,也利于促其汉化。这样的做法,不仅仅出现在宣城,同样歙、黟也是一样。

历经秦汉四百多年的统治,歙、黟的越人依然与中央保持一定的心理距离,这从东汉之后山越与孙吴及晋朝的对立中可以清楚地看出。当然,中原文化的渗透也是颇有成效的,在歙县的潭渡、西溪南和

---

① 范晔:《后汉书》卷六八《度尚传》,中华书局 1965 年版。

金鸡石出土的刻有"永建""永和""永寿"年号的东汉残砖，表明歙、黟民众的日常生活，都已经被打上了中央政权的烙印。

（二）中原士族迁入徽州

文化传播与交流，以人为主体，文化融合的一个最大因素是人的融合。在官方强力同化政策推进的同时，中原文化还通过民间自发的渠道源源不断地输入黟、歙，其主要途径就是中原移民的入迁。在全国政治、经济形势变化中，中原移民的入迁，虽然具有民间性、自发性和间断性，但其民间的、温和的、生活常态性的文化渗透方式，能在很大程度上弥补政治、军事上强制同化的不足。

从大的文化地理来分野，长江是中原汉文化同南方越文化的交汇点。徽州靠近长江，四面环山，是一个独立的自然地理单元，每当中原发生较大的战乱，中原士族纷纷南迁躲避战乱时，徽州便成为这些士族的最理想的落脚点。同时徽州山清水秀、风景如画，也成为中原人士愿意定居之所。

早在西汉初，鄱君吴芮第三子吴浅封便项侯，便析居新安。[1] 当然，吴姓从泰伯得姓后，其后裔基本生活在江南一带，到秦末汉初时，受中原文化影响也还有限。吴浅之后，方氏最早进入徽州定居。按照徽州方氏的说法，方氏始于雷，雷为帝榆冈长子，以辅黄帝斩蚩尤，功封左相，食采方山，因以为姓。传五十六世，有方叔者，生子六，其三子方廷佐后裔、七十八世孙方纮，博学多能，文武兼备，汉绥和元年（前8）乡举孝廉，策试上策，除北部郎将；汉哀帝即位后，于建平元年（前6）拜丹阳令；元始五年（5），王莽摄政，称疾辞官，隐居歙县东乡（今浙江淳安）；为新安方氏一世祖。其孙方储，汉和帝时拜太常卿黟县侯，卒赠太常卿尚书令洛阳开国公，葬歙县东乡。方储十世孙方起，唐显庆二年（657）任婺源知州，任满居婺源清化、横坑，卒葬清化幅林湾。方储

---

[1]　参见曹嗣轩：《休宁名族志》卷三《吴》，胡中生等点校本，黄山书社2007年版，第401页。

二十世孙方羽迁歙县临河。又,方叔四子廷宝后裔、方焕子方秉钧,东汉永平二年(59)知黟县令,任满居黟县云村;生子广荣,娶妻曹氏,生一子荣清;广荣早卒,曹氏守节,曾造桥造福乡里,当朝赐曹氏所造桥为贞节桥,后名敕桥。荣清官至四川成都知府,所生二子德隆、玄隆均居云村,后裔流布黟、祁门、休宁、婺源县。宋代著名诗人方岳为方秉钧四十三世孙。故又有以方秉钧为新安一世祖。① 根据宋明帝对方储的追封以及宋政和五年(1115)《方氏续修谱序》的记载,汉唐间方氏封侯伯以上者31人,可知当时方氏在江南有相当大的势力。不过,方纮迁居歙县东乡之后的数百年间,方氏的活动范围还很有限,主要以新安江流域的今建德、淳安段为主。方氏大规模地向徽州内地即新安江上游腹地移民,建立宗族定居点,则是在唐代末期了。

徽州方氏始迁祖方纮、显祖方储画像

　　汪姓大约也是在东汉末年和三国时期开始迁居徽州的。根据徽州汪氏的说法,汪氏始于姬姓,鲁成公次子出生时,手中有纹,左"水"右"王"。合成"汪"字,遂以为名。姬汪采食颍川,号汪侯。后裔以"汪"为姓。自汪侯传三十一世,汉龙骧将军汪文和渡江居始新(汉歙县东乡,今

──────────
① 参见方良永:《方氏谱系·世系图》,明正德刻本。

属淳安），是为江南汪氏始祖，子孙多散居徽州。汪文和传十三世，隋末越国公汪华保障歙、宣、杭、睦、婺、饶六州之地，使汪氏大显。[①]

汪氏首次入迁徽州，《新安名族志》及汪氏族谱，都说是始于汉灵帝中平年间的汪文和。称汪文和"以破黄巾有功，为龙骧将军。建安二年，因中原大乱，南渡江，孙策表授会稽令，遂家于歙，是为新安汪氏始迁之祖"[②]。这一段极为简明的叙述，却存在着很多疑问。首先，"龙骧将军"是我国古代武职官名，主要见于南北朝时期。最初，晋武帝谋划伐吴，因吴有"不畏岸上兽，但畏水中龙"的童谣，所以拜益州刺史王濬为龙骧将军，使造船备战。龙骧之号始此，南北朝时开始广泛设置。故沈约《宋书》记载："龙骧将军，晋武帝始以王濬居之。"[③]因此，汪文和被授予"龙骧将军"，于史无征。其次，"令"是战国以后县级行政主官的职务，"孙策表授会稽令"即孙策上表朝廷，请求授予汪文和以会稽县令之职。会稽从秦朝开始，就是长江下游重要的一个郡，会稽设县，迟至隋朝开皇九年，乃分山阴县置，治所在今浙江绍兴。既然东汉时尚无会稽县，何来会稽县之"令"？其三，汪文和既然颇多战功，且有将军头衔，也当为地方豪杰。但是，除了汪氏后人提供材料之外，正史和文人笔记中均未载其人。其四，会稽与新都两地相距数百里，在交通不便的当时，依靠新安江沟通，顺流需要十天左右，逆流至少需要半月以上。作为会稽令的汪文和，为什么要到遥远的歙县来安家？

罗愿曾对徽州汪氏进行考证，指出："汪芒之汪，见于传记；而姬姓之汪，特出于今里中所传。"并考证出龙骧将军晋武帝时才开始设置，徽州汪氏本源于汉龙骧将军汪文和是不可信的。从徽州汪氏姓源的文献记载来看，显然是出于汪芒氏，汪芒氏后裔世居德清县，德清与徽州邻近，故徽州汪氏当为土著。只不过是由于中原士族文化的影响，徽州汪氏也想找一个有着高贵血统的祖先，于是便攀上了有皇室血统

---

① 参见汪应桂等：《汪氏正脉宗谱·世系图》，清道光元年木活字本。
② 戴廷明、程尚宽《新安名族志》前集《汪》，朱万曙等点校本，黄山书社 2004 年版，第 182 页。
③ 沈约：《宋书》卷三九《百官上》，中华书局 1974 年版。

的姬姓。而中原迁徽的士族，出于对徽州土著同化的需要，也认同汪氏的皇室血统。这种认同已不纯粹是血统问题，而是体现了大一统思想，是文化凝聚的表现。

（三）中原文化的渗透

中原士族的迁入，由于他们在政治、经济、文化上的优势，对中原文化的传播起到强势作用，无疑对徽州越文化融入中原文化起到关键作用。尤其通过人物的影响力来教化人，更能起到事半功倍的效果。徽州最有名的早期人物梅鋗、方储、汪文和对汉越文化的融合都起到了重要作用。

与徽州有关的最早名人是梅鋗，梅鋗原是秦代鄱阳令吴芮的部将，陈胜、吴广起义时，吴芮率兵加入反秦队伍。数年后，项羽号称西楚霸王，大封诸侯，吴芮被封为衡山王，梅鋗封列侯，领十万户。项羽兵败自刎之后，梅鋗与吴芮归属汉高祖刘邦，吴芮改封长沙王，梅鋗仍为列侯，其封地《新安志》记载，就在祁门县城西 15 里。[①]

梅鋗到底是哪个地方的人，墓地在哪里？史无确载。按照《百越先贤志》的记载，梅鋗是越人，他的先人是越王子孙。为了躲避楚国的追杀，隐居在丹阳郡皋乡，改姓梅，住在梅里。秦并六国，梅鋗随同越王后裔隃零陵逃往南海，在台岭安家。[②] 梅鋗虽然不是中原人，但由于他功封列侯，越人以梅鋗为骄傲，梅鋗所到之处，当地的人们都敬慕他的英名，把他的名字铭记在城池和山水之中，与之共存。梅城（梅鋗城）、梅山（梅岭）、梅水（梅港、梅溪）、梅乡（梅村）的名称在安徽、江西、广东和湖南等地都有。同样在祁门县境内，与梅鋗有关的遗迹也不少，其中梅鋗城，简称"梅城""梅邑"，地点大约在今祁门县灯塔乡境内，是梅鋗封地建城之所；梅鋗宅又称"梅列侯宅"，在祁山，唐大历中，改为"龙潭观"；梅鋗墓又称"梅列侯墓"，在祁门县城南郊悟法寺后。

---

① 参见罗愿：《新安志》卷四《祁门县·古迹》，清光绪十四年重刊本。
② 参见欧大任：《百越先贤志》卷一《梅鋗》，台湾商务印书馆 1986 年文渊阁四库全书影印本。

祁门县还有一处梅侯旧墅，又称梅别墅，是人们为纪念梅鋗而建造。祁门县城，别名"梅城"，也是因汉代梅鋗封地而得名。

梅鋗作为越人在中国大一统的朝廷中封侯，对汉越文化的交融，起到一定作用，所以理所当然得到当地土著和后世的尊重。

方储，字圣明。从小丧父，对母亲极为孝顺。聪颖博学，曾精研《易经》，通晓图谶占卜之学。东汉建初四年（79），被举孝廉和贤良方正。章帝召考对策，方储得第一名。次年春二月初一，日食，章帝请大臣推荐直谏之士，丹阳太守周歆推荐方储，方储详述灾祸的来由。一次汉章帝召集文武大臣议事，令文官居左，武官居右；方储则居正中，说："臣文武兼备，任所使用。"章帝夸其才，又请方储等人试解乱丝，唯方储拔剑斩断乱丝，对章帝说："乱必剪之，而后理！"一反常规，驾驭形势，遇事都应当如此。章帝很器重其胆识，委以郎中，不久出任句章（今慈溪西南）令。又历任阜陵（今安徽全椒县）、阳翟（今河南禹县）令。

建初六年（81），在阜陵令任上回家奔母丧，恪尽孝道，负土筑坟，种树千株。元和初年（84），再次被举为贤良方正，考对策，又得第一名，拜授议郎，改任洛阳令，升迁太常。永元五年（93）六月，和帝定日举行郊祭，召问方储天气状况，方储说那天天气不好，劝和帝不要去。到了郊祭那天，天朗气清，于是和帝遣使责备方储妄言欺君。方储对使者说：臣从先师那里得到书籍，能推知事物发生的征兆，现在坏天气就要降临，希望皇上立即乘车回来。使者去后，方储以诚而见责，自叹：为人臣以蒙受不忠之名为耻辱。遂忿然饮毒酒自尽。

和帝郊祭回归途中，天气突变，洛阳一片昏暗，降冰雹大如雁蛋，死者千计。和帝大惊，这才觉悟方储有先见之明，深为内疚，派人去找方储，知方储已死，非常感伤："储死，谁与我共治天下呢！"后追封方储为太常尚书令、黟县侯。命官护尸，归葬歙县东乡，乡民在霞坑柳亭西小山上建庙祭祀。[1] 作为歙、黟历史上第一位在朝廷名声显赫的人物，

---

① 关于方储的生平参见姚之骃：《后汉书补逸》卷九《方储传》。

对扩大歙、黟的文化影响起到重要的作用,以至于全国各地方氏都认方储为祖。宋末,就有"天下之方姓皆出于歙县"的说法。[①]

方储死后即被逐渐神化。撰于建安二十五年(220)的《开国公家世行实》称,方储"博经文,辨图谶;讲孟氏易,善星文,占吉凶,知未来,察奸谋,预知灾异"[②]。南朝宋明帝加赠方储为"龙骧将军""洛阳郡开国公"。唐监察御史张文成撰文立碑云:方储"生平之日,羽驾乘空,仙游之时,蝉脱而去,咸以公为仙化,莫知所归,共建祠堂,以时祭享"[③]。方储祠堂后被称为方仙翁庙。宋政和七年(1117),徽宗赐以"真应庙"额。《敕赐黟侯真应庙额》载道:方储"号仙翁,遂立庙,系在祀典今千余岁,前后灵迹不少。近年以来或因久旱,或苦淋雨,公私所祈,无不感应。所勘青溪县初乃歙之东乡,因储父子避地始为州县,故其庙正当县郭冲要之处,远近祈祷必会集其下。每岁春夏之交,虽邻近有疫疠,惟此无一疾病,实神以安也,委是功德及民最为深远"[④]。生前显赫,死后神化的方储虽然不是方氏始迁江南的第一人,但由于仙翁庙、真应庙逐渐成为方氏子孙结集的场所,"每岁仲春三日诞辰,子孙陈祭行三奠礼,读祝升歌,罗拜其下,祭毕聚饮欢洽而散"[⑤],因此方储成为宗族崇拜的偶像、方氏认同的标识。

汪文和虽然是一个有疑问的人物,但他被徽州汪氏称为始迁祖,从文化意义上来说,却起到了融合汉、越文化的作用。按照徽州汪氏的说法,汪文和,字国辅,一字君睦。东汉建安年间,以龙骧将军为会稽令,迁始新县令。在始新县,汪文和开凿水渠,将县城西边的溪水引到城东灌溉农田,绕城若盘带,为当地的土著居民所景仰。

① 宋濂:《方氏族谱序》,《文宪集》卷六,台湾商务印书馆 1986 年文渊阁四库全书影印本。
② 方善祖总修:《方氏会宗统谱》卷二《历代谱牒序》,乾隆十八年刻本。
③ 方善祖总修:《方氏会宗统谱》卷十八《碑记·后汉故大匠卿兼洛阳令加拜太常卿黟县侯赠尚书令丹阳方氏之碑》,乾隆十八年刻本。
④ 方善祖总修:《方氏会宗统谱》卷十七《庙额·敕赐黟县侯庙额》,乾隆十八年刻本。
⑤ 方善祖总修:《方氏会宗统谱》卷十七《庙额·敕赐黟县侯庙额》,乾隆十八年刻本。

第 二 章
魏晋南北朝时期徽州土著文化
与汉文化的初步融合

　　魏晋南北朝时期北方的永嘉之乱,促使中原士族大量南迁,徽州成为中原士族南迁的重要迁居地之一,掀起徽州第一次移民高潮,先后有程、鲍、黄、胡、俞、余、任、詹、郑、巴等10姓迁涉徽州。中原士族的迁入带来中原的汉文化,与当地土著文化相互融合。同时带来财富、学问经验和劳动技能,帮助徽州发展经济。入徽士族以自己的言教身传,宣传中原文化,同时佛教也通过各种途径在各地传播。儒学的传入带动教育发展,朝廷任命了一批文人来治理新安,使得新安在这一时期显出了特别的人文性质。随着与外界联系的增多,新安大好山水也吸引了不少文人骚客前来游历、吟咏。谢灵运、沈约就曾写下浪多脍炙人口的诗句。徽州本土也开始出现文学家,程茂、程誉父子和吕文达就是这一时期文学家的代表。历史上还传说陶渊明所写的《桃花源记》写的就是黟县,历代诗人也有不少以"黟邑小桃源"为题材的诗句。

一 永嘉之乱与第一次人口大迁徙

（一）永嘉之乱与迁徽士族

永嘉之乱是我国西晋时期的一件大事。它不仅造成西晋的灭亡，导致中国社会的再次分裂，而且对我国南方的发展产生深远的影响。即便是当时地处偏僻的徽州，也未能避免。许承尧曾就歙县大族来源与时局的关系问题作过这样的阐述："半皆由北迁南，略举其时，则晋、宋两南渡及唐末避黄巢之乱，此三朝为最盛。"①这里所说的晋"南渡"就是指永嘉之乱导致西晋灭亡、东晋建立的历史事件。

永嘉以后，北方士族大量南迁，使以黄河流域为中心的中国文化第一次移向长江流域，改变了以前重北轻南的文化格局。此后，不仅南北经学在研治方法和总的学风上因南北对峙而呈现明显的差异，而且在文学、佛学、道教、书法、美术、音乐等方面也因风格不同而相映生辉。朱维铮认为："把空间分布作为学术派分的畛域，始于南北朝。"②谭其骧先生也指出：永嘉以后，"中原遗黎南渡，虽为民族一般之趋势，然其间要以冠冕缙绅之流尤盛……考东晋、南朝虽立国江左，然其庙堂卿相，要皆以过江中州人士及其后裔任之……自是而后东南，人物声教之盛，遂凌驾北土而上之"③。同样说明了南迁士族对江南文化的

---

① 许承尧：《歙县志·风土》，民国二十六年铅印本。
② 朱维铮：《清学史：汉学与反汉学一页》，《复旦学报（社会科学版）》，1993 年第 5 期，第 56—63 页。
③ 谭其骧：《晋永嘉丧乱后之民族迁徙》，《长水集》（上），人民出版社 2009 年版。

贡献。

　　永嘉之乱及其整个南北朝期间,中原士族比较集中地迁入徽州,掀起徽州第一次移民高潮。现存的徽州不少姓氏族谱中,对徽州始迁祖的追溯,都上溯到这一阶段。据《新安名族志》记载,主要有程、鲍、黄、胡、俞、余、任、詹、郑、巴10姓。

　　程氏　出自黄帝重黎之后,周朝大司马休父,辅佐周宣王中兴,封程伯,子孙遂以国为姓。汉末程普,随从孙权平定江东,大破曹操,封为都亭侯,赐宅第于建业(今南京),晋永嘉之乱,程普的后人程元谭,辅佐琅琊王有功,后担任新安太守。在徽州有善政,老百姓纷纷请其留下。被赐宅第于郡西黄墩,于是世居于此。程氏人丁兴旺,散居各地,联络紧密,颇具声势。中国徽州文化博物馆藏清同治《程氏抄谱》据清康熙二十五年(1686)婺源

程元谭画像

溪源派程士培所修谱抄录,其中徽州六县程氏分支如下:休宁68处、歙县62处、婺源48处、绩溪17处、祁门5处、黟县2处;徽以外新安程支有:旌德县17支,德兴县9支,淳安县7支,浮梁县6支,乐平县7支,开化县5支,太平3支,鄱阳县2支,泾县2支,万年县、南丰县、中山博野、河南各1支。这是清初新安程氏在徽州及其他各地分布较为详细的资料,证明徽州程氏兴旺发达的情况。

　　鲍氏　鲍本姒姓,是夏禹的后裔。春秋时,姒敬叔在齐国当官,封地于鲍,邑城在今山东历城一带,于是以封地为姓。此后,子孙分处,其中迁居尚党(今山西上党)的一支,后裔回迁山东青州,徽州的鲍姓族谱都认同青州鲍氏是其祖源。晋太康年间,鲍伸任护军中尉,镇守新安。永嘉时,青州大乱,子孙避居江南。东晋咸和年间,鲍弘任新安郡守,后留居郡城西门。鲍弘在郡城西门居住不久,又迁居歙西十五里牌营。十五里牌营地处盆地,有利于农业生产。经鲍弘及其后人的

不断开发,十五里牌营成为徽州的富庶之区,地名也改为"鲍屯"。鲍氏在徽州也是极为望发,仅歙县分支就有29派。

徽州黄氏始迁祖黄积画像

黄氏 出于嬴姓,陆终之后受封于黄,子孙遂以国为氏。至东汉,有黄香者,字文强,江夏安陆人,官至魏郡太守。黄香传九世为黄积,晋元帝时任新安太守,卒葬郡西姚家墩,为徽州黄氏一世祖。黄积生于晋太康九年(288),太兴三年(320)任新安太守,卒于官,与夫人张氏合葬郡西姚家墩。黄积的儿子黄寻为父母守墓,遂居家于此,并改姚家墩为"黄墩"。徽州黄氏的出名,一是出了歙县虬村黄氏刻工世家,从明天顺年间(1457—1464)开始至清朝末年民国初年,绵延500年。二是在中国艺术史上,出了两位杰出的奇才:黄士陵高踞篆刻艺术的群峰之上,黄宾虹高踞绘画艺术的群峰之上。

胡氏 胡氏迁徽州,最早的是山东青州人散骑常侍胡焱,晋大兴元年(318)镇守歙州,当地得以安宁。朝廷赐其田宅,安家徽州。开始居住在华阳镇(今绩溪县城),后来见龙川山水秀丽,于是卜居川口周家马,又名"坑口"。东晋时,青州人胡育任新安太守,开始居住黟县横岗。胡氏迁居徽州的支系很多,唐宋时期还有胡氏其他分支陆陆续续迁徽居住。胡氏也是徽州大姓,历史上出了不少名人,如胡炳文、胡宗宪、胡适等。

俞氏 俞姓在徽州人数不算多,主要分布在婺源,但明代时也被列入《新安名族志》。俞氏也是出自轩辕氏,名叫跗的人,为黄帝的儿子禺阳医病,剖肚开刀治愈,黄帝称其为"愈跗","俞""愈"同音,遂以"俞"为姓。迁居徽州的始祖最早也追溯到晋,俞氏的先人是河北河间人,名叫俞纵,在晋朝担任征西大将军,永嘉末始迁新安。徽州俞氏先祖居河间(今属河北沧州),晋永嘉之乱迁徙徽州。《新安志·进士题名》收录北宋时期的进士有俞献可、俞献卿、俞希甫、俞希元、俞希孟、俞叔良、俞希旦、俞师锡、俞易直、俞斌显、俞舜凯11人,足见宋代俞姓在徽州的兴旺。

余氏　源于夏禹的第三个儿子罕,封地在涂山,以涂有"余",便以"余"以为姓。东汉末,余仁赡渡江居江苏镇江。西晋永嘉年间,余祥迁遂安,后改迁歙南余岸。西晋时,遂安隶属于新安郡,余祥即被视为迁徽始祖。从余姓迁移过程看,也是先渡江居于今苏南,再向深山区逐渐迁移,逆新安江上溯是重要的迁移路线。余姓也是徽州的大姓,尤以歙县余岸、黟县环山、婺源沱川余氏最为望发。根据1985年版《婺源县地名志》的记载,仅婺源一县,余氏居民点就有42处。

任氏　任氏的入迁始于著名学者任昉。任昉,字彦升,乐安博昌人,以文才见知于时。南朝梁天监六年(507)担任新安太守,在郡不修边幅,经常拄着拐杖,徒步行走在各县之间,体察民情,以清廉高洁著称于世。一年春天,在游览新安大好山水时,见歙县富资山景色优美,山水俱佳,于是便安家于此。去世后,全郡痛惜,百姓在郡城城南为其立祠堂,每年祭祀。任昉在徽州的留居,似乎是徽州清秀的自然环境吸引了他,同时也受其典型的文人性格所影响,但是,结合南朝时中原不息的战乱、南方更替无常的朝局以及险恶多变的政治,人们就会理解任昉远离繁华、喧嚣的无奈和隐痛。

闵氏　闵氏是殷帝乙的后裔,南朝梁大通初年(527),闵纮被任命为歙县令,与当时的太守徐摛一样很得民心。任期满后,老百姓念念不舍,请求他留下,以至于无法卸任。太清元年(547)卒于县,子孙于是在歙西葛子桥安家,留了下来。

詹氏　相传出自周宣王次子,世居渤海、河间(今河北一带)。两晋之交,一批詹氏后裔南下到今苏南附近。东晋元兴年间,詹敬担任歙州刺史,巡视黄山,见潜口地脉钟秀,于是在此地安家,死后葬万贯山。其后有詹初在陈朝时任东阳郡赞治,后因郡废弃官不仕。隋大业间始迁于徽州,成为婺源庐源詹氏始迁祖。

郑氏 郑姓源出姬姓,得姓始祖是郑国第一代君主郑桓公友,子孙遂以国为姓。平难将军郑庠于晋永嘉元年(307)过江,居丹阳秣陵,其后裔郑思迁歙县双桥,为徽州郑氏最早迁居者。唐、宋时期,另有不同支系郑氏入迁。①

巴氏 周代有巴国,开始被封的国君是子爵。巴国辖境相当于现在四川省的旺苍,周慎靓王五年(前316),并于秦。巴国国君的后代,就用原来的国名"巴"作为自己的姓氏,称巴氏。梁武帝末年,巴播携家眷避乱,迁居休宁县林川,构庐以居。

另据罗愿《新安志》:"智琚姓李氏,其先居冀州赵郡,典午世东迁,遂为新安人。父玮仕梁为员外散骑常侍。"②则晋代赵郡李氏亦有一支迁入新安。《晋书》也记载会稽山阴人孔愉在晋惠帝时,为躲避战乱,迁居新安山中,改姓孙。居住地在今绩溪县境,后人改其地为孔灵。③

(二)入徽始迁祖的疑问

程元谭为迁徽始祖,除了宋代以后修撰的程氏族谱之外,没有其他材料可以证实。倒是许多程氏族谱中都提到了所谓程元谭七世孙程天祚,程天祚曾仕南朝宋为山阴内史。《宋书》《南史》也确有多处涉及其人。如"大明二年(458)正月壬戌,白獐见山阳,山阳内史程天祚以献"④,泰始二年(466),"薛索儿渡淮为寇,山阳太守程天祚又反,佃夫与诸军破薛索儿,降天祚"⑤。但是,《南史》明确记载为"广平人程天祚"。《南史》作者李延寿乃唐初人,距南朝宋时不到两百年,他所记述

---

① 参见《新安名族志·郑》"律村"条载:"唐有讳思者始迁于此。""堨田"条载:"隋唐时讳思者,始迁歙之双桥忠烈王之舅家。"两者必有一误,但认定郑思为徽州始迁祖,当无错。
② 罗愿:《新安志》卷八《叙仙释》,清光绪十四年重刊本。
③ 参见《晋书》列传第四十八,嘉庆《绩溪县志》卷十《人物志·流寓》。
④ 沈约:《宋书》卷二八,中华书局1974年版。
⑤ 李延寿:《南史·恩幸传·阮佃夫传》,中华书局1975年版。

的史实必然有其依据。因此，从程灵洗上溯十四代到程元谭，是大有疑问的。同样，程氏族谱还记载程灵洗之父亲程宝惠为"新安郡仪曹"。而魏晋南北朝时，仪曹属祠部或殿中，所掌为吉凶礼制，地方上并无此职之设，可见这也是程氏后人的臆造所致。

《新安名族志·鲍》"鲍屯"条记载：鲍弘"继于郡西十五里牌营建别墅；自富饶东创兴水利以资灌溉，功未就而卒"。"郡西十五里牌"即后来的鲍屯，与富饶相距不远，位于丰乐河边，地域开阔，地势平坦，开发比较容易。鲍弘在丰乐河里修筑拦河坝，抬高水位，然后开挖水渠，引河水灌溉河边土地。鲍氏由于有始迁祖鲍弘曾任郡守的政治背景，加上组织地方民众修整水利之功，便迅速成为地方上颇有影响力的一支宗族力量。到了隋朝末年，鲍安国富甲一方，徽州六县都有他的田产，曾资助汪华保障乡邑。他与堂兄弟共十人，"亲属三百余口共爨，时人义之，号其居曰'十安堂'"[①]。鲍氏宗族的这段历史也不真实。《新安名族志》记述鲍弘到鲍安国的世系：弘—虎臣—容—适—安国。鲍弘在东晋咸和年间任新安郡守，而鲍安国生活在隋末唐初，其间相距250多年，而族谱记载仅历四代，显然不符。

黄氏始迁祖黄积也有疑问，就是名字的叫法也有不同。歙县潭渡、向杲黄氏称为"黄元积"，黄屯黄氏称"黄积"，瑞野黄村称"黄元集"，至于称黄积、字元集的说法，或许是后起的旨在调和各派的新观点。

俞氏的迁徽始祖是俞纵，《晋书·桓彝传》记载有俞纵的事迹。咸和二年（327）年底，苏峻叛乱，宣城内史桓彝"纠合义众，欲赴朝廷……遣将军俞纵守兰石。峻遣将韩晃攻之。纵将败，左右劝纵退军。纵曰：'吾受桓侯厚恩，本以死报。吾之不可负桓侯，犹桓侯之不负国也。'遂力战而死……俞纵亦以死节，追赠兴古太守"。《新安名族志》记载的俞归，史亦有载。东晋永和三年（347），作为侍御史的俞归受命前往前凉，不料却被扣留十余年，直到张天锡即位，向东晋称臣，才被

---

① 戴廷明、程尚宽：《新安名族志·鲍·鲍屯》，朱万曙等点校本，黄山书社2004年版，第91页。

释放。① 死后葬在浙江余杭，雍正《浙江通志·余杭县》记载有"晋常山太守俞归墓"。《新安名族志》提到的"俞药传记"附在《南史》陈庆之的"传"中："梁世寒门达者唯庆之与俞药，药初为武帝左右，帝谓曰：'俞氏无先贤，世人云俞钱，非君子所宜，改姓喻。药曰：'当令姓自于臣。'历位云旗将军、安州刺史。"在罗愿的《新安志》中，均不见俞纵、俞归和俞药的记载，表明到南宋时，徽州地方上就找不到能证明其籍贯的原始资料了。俞纵曾任晋朝征西大将军，算是比较显赫了；俞归曾任侍御史、常山太守，也算是有名之人。但《南史》作者李延寿认为俞药是"梁世寒门达者"的典型之一，梁武帝又说"俞氏无先贤"，则俞药与俞纵、俞归是否有血缘关系，也大可怀疑。进一步论，则俞氏迁徽的历史也大有疑义。

《新安名族志》称詹氏始迁祖詹敬，东晋元兴年间担任歙州刺史。徽州晋时称"新安郡"，史籍亦无詹敬任新安太守的记载，也值得怀疑。黟县横岗胡氏始迁祖胡育，东晋时也曾任新安太守。《新安志》卷九《牧守》记载晋时新安太守只有周嵩、贾宁、孙泰三人，没有程元谭、黄积、鲍弘、詹敬、胡育。罗愿治学严谨，《四库全书总目提要》称《新安志》"叙述简括，引据亦极典核"。既然《新安志》都没有考证出这五个人的出处，证明这五个人的身份是大有疑问的。

（三）从始迁祖看汉文化的影响

徽州这一闭塞的自然地理单元，自古为越族居住地，在中原士族迁入之前，文化礼仪相对薄弱。故汉李忠"为丹阳太守，以越俗不学，嫁娶仪礼衰于中国，乃为起学校，习礼容，春秋乡饮，选用明经，郡中向慕之"。② 但中原官吏的倡导，影响力有限，一旦其任期到了以后，就要离开。加上郡、县地域辽阔，很难深入基层。只有当中原居民大量迁入以后，以其自身的生活习惯渗透民间，才真正改变了徽州越族的风

---

① 参见《资治通鉴》卷九七，中华书局 1956 年版。
② 范晔：《后汉书》卷二一《李忠传》，中华书局 1965 年版。

俗习气。

　　春秋战国时期,中原地区的文明程度大大超过越族山区,出现了统一的礼乐系统、文字系统、占卜习俗,以及上下有序的等级化的聚落建筑、墓葬制度,形成了一整套礼乐文化。祖先崇拜的对象不再是虚幻中的保护神"龙"图腾,而是血缘亲族集团中的已故家长或族长,是实实在在的人,他们代替"龙"成为神灵。世俗人对这些祖先神祇进行祭祀,奉献美酒牺牲,祖先神祇则给其后代以福佑。世俗之人因祖先神祇的功勋地位及他与祖先神祇的血缘关系的远近而决定其宗法政治地位。反之,祖先神祇又因其后代政治地位、经济实力的不同而享受不同的受祭规格。两者互相联系、互为依凭。随着宗法制的进一步发展,祖先崇拜也被纳入宗法系统,成为维系族人关系的重要纽带,也是对族人进行教育的一个重要手段。《礼记·丧服小记》谓"尊祖故敬宗,敬宗所以尊祖祢也";《礼记·大传》谓"尊祖故敬宗,敬宗尊祖之义也",又谓"人道亲亲也,亲亲故尊祖,尊祖故敬宗"。这些言论都反映了春秋时期祖先崇拜与宗法的密切关系。"无祖则无天也"[①],可以说是对于这种关系的一个概括。

　　在江浙、皖南山区的越族部落,春秋战国时期的祖宗崇拜,仍然还保留着图腾崇拜的痕迹,前述"鸟田"习俗便是其标志。《禹贡·扬州》载:"鸟夷卉服。""鸟夷"据童业书考释,就是指"以鸟为图腾的部落"。[②]徽州与江浙同为一体,鸟图腾崇拜的习俗绵延不断。直到汉代,上虞县官还特地下令,"禁民不得妄害此鸟,犯则无赦"。[③]魏晋南北朝时期,程、鲍等中原士族的迁入徽州,将中原的礼乐文化带入徽州,他们聚族而居,提倡尊祖敬宗,改变了当地的风俗习气。

　　既然祖宗崇拜由虚幻中的神转换为有真实血缘关系的人,为了维护这一血缘关系的连续性和纯正性,便于家族的管理和延续,便有了

---

①　吕本中:《春秋集解》卷十三,台湾商务印书馆 1986 年文渊阁四库全书影印本。
②　童业书:《"鸟夷"说》,《中国古代地理考证论文集》,中华书局 1962 年版。
③　郦道元:《水经注》卷四○《浙江水》,《四部备要》本。

谱牒。商周行宗法制,谱牒为官方档案,氏族的财产和权力分配都是按照内部血缘关系来分配。谱牒的编纂与管理由王室专人负责。魏晋南北朝时期,世家大族占据统治地位,尤其魏九品中正之法以后,世重门第,朝廷选举官吏必须依据谱牒,州大中正主簿,郡中正功曹均有姓氏簿状以备选举。一时间谱牒成为士大夫升迁的要籍。魏晋南北朝时期的谱牒编纂与商周不同的是,谱牒不再由朝廷专人编写,而是由望族自行编纂,由官方予以认定。"安史之乱",士族避难南渡,仓皇之间是否带上自己家族的谱牒,在后来历次迁徙中又是否保护好了谱牒都是问题。唐代程淘就曾说:"迨巢孽肆毒,四海为墟,黄墩宗族,逃难解散,由是宅宇为贼戕毁,谱牒几于煨烬,南支北派,远莫可稽,右穆左昭,竟难详考。"①

徽州中原士族始迁祖及其世系,是宋代近世宗族制度兴起以后重新整理的产物,是否符合历史真实已经不重要。重要的是他们尊祖敬宗,把他们的一整套礼乐文化带入徽州,从而影响了徽州的世俗礼仪。以他们的强大文化影响力,带动徽州土著强宗向他们靠拢,前述汪氏为土著就是一例。

二 汉越文化的初步融合

(一)土著尚武习俗对中原士族的影响

徽州土著好武习战,长期居住山区,登山越险,穿越丛棘,就像鱼儿在水中游弋,猿猴在树上腾跃一样自如。一遇战事蜂拥而至,如若

---

① 程淘:《篁墩程氏世谱序》,载明嘉靖间程敏政修《程氏统宗世谱》;转引自严佐之《"信以传信,疑以传疑"》,《谱牒中国研究》,上海古籍出版社 1999 年版,第 99 页。

战败则四处逃窜。[①]孙吴政权在设置新都郡后,徽州山越居民多次起来反抗,形成了这种好武习战之风。进入魏晋南北朝以后,依然如故,经常反抗朝廷。

东晋咸和三年(328),大司农苏峻起兵反晋,攻入建康(今南京),大肆杀掠并专擅朝政。派遣部将韩晃攻陷宣城,新安郡山民纷纷响应,[②]同时反叛朝廷。后被会稽内史王舒出兵征讨,才被镇压下来。刘宋大明八年,黟、歙山民叛乱,集众两千余人,攻破县城,杀死官长。朝廷派遣数千精兵讨伐多次,都大败而回。后孝武帝遣殿中御史吴喜带了几十人去"诱说群贼",[③]山民这才归降。梁天监时,谢览以明威将军出任新安太守。在郡贪于聚敛,民众十分怨恨。天监九年(510),宣城郡吏吴承伯聚众杀死太守,并率众进入新安郡,郡吏鲍叙等响应,攻陷黟、歙诸县,谢览逃跑。[④]

土著越民好武习战的习性,影响了在此做官和迁居徽州的中原人士,使得这一时期在此为官和迁居徽州的中原人士也都以尚武犯险为风气。

东晋隆安二年(398),孙泰担任新安太守,当时由会稽王司马道子执政,爆发王恭之乱。孙泰认为东晋的国运已尽,以讨王恭为名,私自聚集当地百姓数千人,准备起事,反抗朝廷。谁知被人告密,司马道子诱斩孙泰及其六子,其侄孙恩逃入海岛。次年,聚众立志为孙泰复仇。新安等八郡一时俱起,杀长吏以响应。[⑤]刘宋泰始二年正月,浔阳内史邓琬等人在浔阳奉立刘子勋登基为帝,年号义嘉元年,备置百官,得到广泛响应,新安太守阳伯子以郡依附刘子勋。并派兵占据黟县,黟令吴茹公弃城走。同年八月,邓琬兵败被诱杀。吴茹公在朝廷的支持下

---

① 参见《三国志·吴书》。
② 参见房玄龄等:《晋书》卷七六《王舒传》,中华书局1974年版。
③ 沈约:《宋书》卷八三《吴喜传》,中华书局1974年版。
④ 参见司马光:《资治通鉴》卷一四七《梁记三》,中华书局1956年版。
⑤ 参见司马光:《资治通鉴》卷一一〇《晋记三十二》,中华书局1956年版。

攻克黟县,斩杀阳伯子。①

迁徽士族为避难进入徽州,必须为自己创造一个安全的生存环境,有着保卫自身安全的观念。这种观念与当地剽悍尚武的越民习气融合在一起,形成"保捍乡土"的观念。正如宋罗愿在《新安志》叙风俗中所指出的"自昔特多以材力保捍乡土为称"。这一点在程灵洗的身上尤为显著。

程灵洗画像

程灵洗(514—568),相传是迁徽程氏的第十四世裔孙,字玄涤。海宁黄墩(今属屯溪区)人。《陈书·程灵洗传》称他"少以勇力闻","便骑善游","素为乡里所畏伏",显然已带有鲜明的土著特征。当时海宁(今休宁)、歙、鄱阳、宣城等地有很多盗贼,百姓都深受其害,地方官就派他招募年轻勇士,缉捕强盗,保护乡里。

侯景之乱,他聚集几百个人守卫黟、歙县,抗拒侯景进攻新安郡。新安郡被侯景占领以后,太守萧隐也来投靠他,灵洗便推其为主盟。因屡建奇功,兵威大振,萧隐上表奏梁元帝,元帝在荆州承制,遣使奉表。授灵洗持节、通直散骑常侍、都督新安郡诸军事、云麾将军、谯州刺史,领新安太守,封巴丘县侯,食邑五百户。

陈高祖进攻扬州王僧辩,灵洗率军驰援,在石头城西门与陈军力战,不利。陈高祖非常赏识灵洗的才干,遣使招降。深感梁朝气数已尽,于是归降了陈朝。绍泰元年(555),授使持节、信武将军、兰陵太守,协助防守京口。在平定徐嗣徽的战斗中有功,升南丹阳太守,封遂安县侯,增邑至一千五百户,镇守采石。后来屡立战功,以功授安西将军,改封重安县公,增邑至两千户。死后,赠镇西将军、开府仪同三司,

---

① 参见罗愿:《新安志》卷五《黟县·县令》,清光绪十四年重刊本。

谥忠壮。太建四年(572),诏配享高祖庙庭。

他的长子程文季(？—579),字少卿,幼年练习骑射,才干谋略过人,为人果断,颇有其父的风范,十五六岁时随父亲征讨,每次都第一个上阵,陈高祖最为赏识并厚待他。陆续升迁至贞毅将军、新安太守、临海太守。文季治军严明,计划周详,冲锋在前,北齐军很畏惧他,称其为"程虎"。

程灵洗是徽州被列入正史传记的第一人。历代统治者如陈宣帝、宋理宗、元泰定帝、明太祖等,都对程灵洗加以褒奖,要求地方官府春秋祭祀。

(二)汉文化对徽州生产习俗的影响

山越经济是随地所宜的原始自然经济,农渔采集兼行,所谓"饭稻羹鱼","果隋蠃蛤,不待贾而足",生产力低下。劳动时,男子聚群入山,"呼邪"相唱;妇女则在家纺织,"同巷夜相从"。不重积聚,原因在"地势饶食,无饥馑之患",从而"无冻饿之人,亦无千金之家",与当时地广人稀相关。

中原士族入徽以后,带来财富、学问经验和劳动技能,这些都是他们帮助徽州发展经济的资本。如程灵洗,爱好播种耕植,亲自下田割稻上山打柴,就是老农也不如他。家中女眷也没有一个闲着的,程灵洗督促她们纺纱织布。他乐善好施,对贫寒人家乐于施舍,丝毫不吝啬。另外,官府帮助和鼓励人民发展生产,对徽州的经济开发也起了举足轻重的作用。南朝齐建武二年(495),诏令"严课农桑"。永泰元年(498),沈瑀担任建德县令,教导老百姓种植桑果林,男丁种十五株桑、四株柿和梨、栗,女丁减半。老百姓都非常欢迎,很快就在建德县形成了大片桑果林。[①] 新安郡紧邻建德,亦盛植桑果。梁大通三年(529),徐摛担任新安太守,为政清净,教民礼义,劝课农桑。一个月之

---

① 参见姚思廉:《梁书》卷五三《沈瑀传》,中华书局1973年版。

间,风俗改变。①

水利灌溉是影响农业生产的重要因素。平原地区土沃水深,开渠凿井,功就利博。"新安为郡,在万山间,其地险隘而不夷,其土驿刚而不化。水湍悍,少潴蓄。自其郡邑,固已践山为城,至于四郊都鄙,则又可知也。大山之所落,深谷之所穷,民之田其间者,层累而上,指十数级,不能为一亩。快牛劲耜,不得旋其间。刀耕而火种之,十日不雨,则仰天而呼。一遇雨泽,山水暴出,则粪壤与禾荡然一空。"②水利二字,尤系民生。中原士族以他们在中原开渠灌溉的经验,带领徽州人民开始大规模的水利建设。他们在没有水源、但易于聚集雨水的高处,修建池塘,用以灌溉梯田。在靠近河流的地方浚治堤防,筑而为堨,通过渠道将水引入需要灌溉的田里。东晋咸和二年(327),鲍宏在歙县岩寺潜虬山下建造大型水利工程鲍南堨,坝长 160 丈,引丰乐河水入,灌田 3700 余亩。梁普通六年(525),黟人胡明星倾资募工,修建江柏山堨,疏筑二渠,长 10 余里,引城北溪水入堨,灌田 10 万余亩。梁大通元年,原齐新安内使吕文达率领岩寺四乡之民,筑吕堨,坝高五丈,阔 20 余丈,疏浚 10 余里,造南北二渠,引水入堨,灌田 3 万余亩。以上三例是魏晋南北朝时期见于史载的较大水利工程,③其他中小塘、堨就更多。仅此三项水利工程,农田受益面积达 13700 余亩,占南宋末徽州全部耕地面积的十八分之一强,足见魏晋南北朝徽州耕地开发速度之惊人。

水利之外,徽州发展农业生产面临的另一个压力,便是使稻种适应当地山高谷深、山坞田日照短等不利于农作物生长的自然环境。他们选择了一种叫做"桃花米"的早熟籼稻种,作为主要耕作品种。④ 这种稻种耐旱保收,其生长期同徽州的雨季相一致,靠雨水的滋养就能

---

① 参见罗愿:《新安志》卷九《牧守》,清光绪十四年重刊本。

② 罗愿:《新安志》卷二《叙贡赋》,清光绪十四年重刊本。

③ 参见道光《徽州府志》卷四《水利》。虽然鲍宏、吕文达的可靠性有问题,但这两项水利工程在迁徽士族的帮助下建成,应该没有问题。

④ 参见罗愿:《新安志》卷二《物产》。清光绪十四年重刊本。

收获,所以在一般山坞和坡地上就可以耕种。在食用上,桃花米也颇受人们欢迎,它为饭香软,出饭率高,是古太守们的奉秩之粮。[①] 一度桃花米还作为贡粮输入朝廷,宋武帝刘裕就曾以桃花米为食。[②] 正由于桃花米具有以上播种和食用上的优点,在徽州一直比较普及,十一世纪占城稻输入徽州以后,桃花米仍占有极大市场。[③] 除桃花米早稻外,徽州还有一种晚熟的粳稻,产量较桃花米为高,也是当地的优良品种,农民也喜耕种。

由于农田水利条件改善和科学利用稻种,魏晋南北朝时期,徽州粮食产量迅速增长。其他如苎麻、蚕桑生产以及手工业生产,也相应得到发展。竹簟,是以竹篾编成的卧用席,为休宁特产,梁时列为贡品。天监年间,仲文秀为歙县令,首令民输元尺簟四十领进贡。沈约担任太守后,认为此举增加老百姓负担,予以取消。

魏晋南北朝时期,由于中原士族的帮助,使徽州成了一个非常富足的地区。《隋书·地理志》对当时徽州的情况曾有记载:"其君子善居室,小人勤耕稼。衣冠之人,多有数妇,暴面市廛,竞分铢以给其夫。及举孝廉,更要富者,前妻虽有积年之勤,子女盈室,犹见放逐,以避后人。俗少争讼,而尚歌舞。一年蚕四五熟,勤于纺绩,亦有夜浣纱而旦成布者,俗呼为鸡鸣布。"[④]

魏晋南北朝时期,徽州农业生产力大幅度提高,为商业资本的形成提供了可能。叶显恩和李则纲都认为东晋是徽州商业资本的萌芽阶段。证据是《晋书·五行志》中的一段记载:"海西公时,庾晞四五年中……宴会辄令娼妓作新安人歌舞离别之辞,其声悲切。"叶显恩根据白居易"商人重利轻别离"诗意,认为"饱尝离别之情的新安人显然是商人,他们出外经商的离情别意被编入歌辞供娼妓演唱,说明新安商

---

① 参见罗愿:《新安志》卷九《任昉传》,清光绪十四年重刊本。
② 参见李延寿:《南史》卷四七《崔祖思传》,中华书局 1975 年版。
③ 参见乐史:《太平寰宇记》卷一四〇《土产》,台湾商务印书馆 1986 年文渊阁四库全书影印本。
④ 《隋书》并没有直接记徽州的情况,而是在记了豫章郡情况之后,为节省篇幅计,称新安"俗又颇同豫章",引文为《隋书》记豫章语。

人的经商活动已为时人所知"。① 歙人清末翰林许承尧表达了同样的看法。② 对此,有人有不同意见,认为这是"附会的孤证"。③

先秦时期徽州的经济开发就已具规模,随着时间的推移,那种不从事直接生产,专门跑买卖,其目的不是为了满足自身的需要,而是为了牟利的商人,必然会顺应时代潮流而产生。1983 年 10 月与徽州相邻的石台县出土了一枚楚币,④为"货币商品—更多货币"交换形式的存在提供了依据。虽然春秋战国石台县并不属于徽州地域,但它毗邻徽州。既然石台在春秋战国有出现商业资本的可能,那么徽州也不会例外。只不过是商业资本出现的时间,由于资料缺乏,尚不可确定而已。

魏晋南北朝时期,风俗改变,除了坚持言义不言利的腐儒以外,以经商为耻的思想,在民间和士人中间已经很淡漠了。中原人士南迁,促使了长江流域的经济腾飞,使长江中下游出现了不少商贾辐辏的都邑,如宣城、毗陵、吴郡、会稽、余杭、东阳等。南朝征赋,除了正课、杂税以外,还设置了商税。当时于各要津设津主,从事税收。各大小市场,亦设官主持税收之事。《通考·征榷考》记载:"宋孝武大明八年,东境去岁不稔,宜广商贾,远近贩鬻米粟者,可停道中杂税。自东晋至陈,西有右头津,东有方山津,各置津主一人……直水五人,以检察禁物及亡叛者。获炭鱼薪之类过津,并十分税一以入官。"

当时除了平民经商,地方官吏也想方设法营谋货利。梁天监时,新安太守张率曾遣家僮载米三千石归宅,运往吴中出售,牟取地区差价。⑤ 梁时另一名新安太守王实在郡时,其从兄来徽州向王实求助,王实给了他五十万铜钱,叫他不要在徽州与道上散用。从兄不听,"密于

---

① 叶显恩:《试论徽州商人资本的形成与发展》,《中国史研究》,1980 年第 3 期,第 104—118 页。

② 参见许承尧:《歙业闲谭》卷二六《〈知新录〉记徽俗二则》,李明回等点校本,黄山书社 2001 年版,第 930 页。

③ 刘和惠:《徽商始于何时》,载《江淮论坛》,1982 年第 4 期,第 28—31 页。

④ 该币重 224 克,金质,"郢爱"二字清晰,今藏徽州文化博物馆。

⑤ 参见《南史》卷三一《张裕传》;张率运如此庞大数目的粮食还吴,显然不仅仅是食用,而是用于经商,叶显恩在《明清徽州农村社会与佃仆制》第 99 页,吴慧在《中国古代商业史》第 374 页表达了同样的看法。

郡市货,还都求利"。去郡数十里,王实才知道,派人追回,把从兄打了一顿。[①] 买卖虽然没有做成,但这则史料已从侧面告诉我们,当时徽州已经有了一定规模的商品市场,不然王实的从兄也不会以五十万铜钱之数"于郡市货"。宣城、毗陵、吴郡、会稽、东阳等都邑围绕徽州,徽州又具有同外地进行物资交流的经济基础,商业资本的产生是顺理成章的事。《新安志》中还有一则史料也说明了东晋南朝时期徽州商业资本的存在:"曹的,休博士也,魏之宗室,仕晋为史官。齐梁间,处朝列都得术,多游江湖间,往往贾贩,尝极求人以阴功及物,人多有见之受其遗者。"[②]随着对徽商研究的不断深入,有关史料得以进一步发掘,徽州商业资本出现的年代,必然愈来愈清楚。

(三) 儒学与佛教的传入

汉元光元年(前 134),汉武帝下诏征求治国方略。儒生董仲舒在其著名的《举贤良对策》中提出"罢黜百家,独尊儒术"的主张,儒学开始在中国文化中居于统治地位。独尊儒术以后,官吏主要出自儒生,儒家逐步发展,成为此后两千年间统治人民的正统思想。建武六年,丹阳太守李忠在所辖各县大兴学校,教育百姓学习中原礼仪,儒学开始输入徽州。永平年间,朝廷下诏各县学校祭祀周公和孔子,成为儒学教育中的一件大事。

南迁入徽的士族,也以自己的言教身传,传播中原文化。晋时,孔愉避居歙县(今绩溪县孔灵)期间"以稼穑读书为务,信著乡里"。[③] 所谓"信著乡里",也就是说他以中原文化的礼仪处事待人,获得当地越人的信任。魏晋南北朝时期,教育制度趋向多样化、细致化的发展时期。朝廷设置国子学、太学并立的双轨教育制度,广招贵族子弟入学。梁代,休宁县黄墩(今属屯溪区)人程誉从小善学能文,在县学成绩优

---

① 参见李延寿:《南史》卷二三《王莹传》,中华书局 1975 年版。
② 罗愿:《新安志》卷一〇《杂说·定数》,清光绪十四年重刊本。
③ 席存泰:嘉庆《绩溪县志》卷十《人物志·流寓》,清嘉庆十五年刻本。

秀,以诸生选为司徒左长史,后来成为文学家。黟县横冈胡明星,梁天监元年(502)为国子生,被选参与定正雅乐,完成以后,授太学博士。后来,治修五礼,五礼各置学士一人,山阴贺玚举荐明星协助。天监十三年(514),梁武帝祀先农,耕籍田,由胡明星奉引,深有礼容,迁太常卿。梁武帝晚年信奉佛教,祭祀宗庙的牲品不用猪牛等血食,而是面食代替,引起朝野喧哗。胡明星上奏力争,不能改变历代朝仪祭典,没有被采纳,于是辞职归隐乡里。从胡明星坚持儒家传统伦理道德和祭祀典礼的行为,也可以看出儒学输入对徽州民风的影响。

佛教发源于公元前600多年的古印度(天竺、身毒),东汉永平年间传入中国。魏晋以来,时局纷扰,传统儒学名教解体,名士避世弃儒,趋附老庄"以无为本"思想而蔚为风气,因其立意渺玄,故称"玄学"或"清谈"。佛教"般若性空"之学与玄学有相似之处,于是在士大夫阶层而迅速传播。随着北方战乱,僧人也多从北方来到南方,江南佛教开始兴盛。

新安郡佛教的输入也在这一时期。最早的活动场所称"古岩院",位于歙县岩寺小岩村东侧。此处峰峦峭立,岩石突兀,清泉涓涓,岩形如覆屋。据说,汉、晋时期,就有僧人在此修身炼形。另据《敕赐轩辕古刹碑记》和《大藏碑记》(碑现存于龙裔公墓)记载,晋朝时在黄山轩辕峰神仙洞下有轩辕古刹。唐天宝六年(747),月轮禅师至此建福固寺,清咸丰、同治年间毁于兵火。光绪二十四年(1898),鄂僧能学重修大殿,太平县人胡继瑷手书"福固"二字寺额。寺宇已废,遗址犹存。东晋大兴二年(319),僧天然在休宁万安镇水南村建南山寺。梁时,祁门县九都石驴山建有普福庵;大同元年(535),黟县县城北门外建有永宁寺,后改名"广安寺"。同年,在黟县城内还建有闲居尼寺。

另据康熙十三年《黄山志》记载,唐代诗僧岛云,慕东国僧掷钵之异而游黄山,留有《怀古》《仙僧洞》等诗篇。《仙僧洞》诗中有"先朝曾有日东僧,向此乘龙忽上升"之句。这两段记载,后来被敷衍合并为一段神话传说:南朝宋元嘉年间,东国(新罗,朝鲜古国名)的一个僧人在钵盂峰下结茅修炼,枯坐三十年。忽一日,参透佛法,成佛升天。既然成了佛,自然不食人间烟火了,于是,临行时,他将那只盛放过人间烟火的钵盂丢抛在了山峰顶上。山峰因此名为"钵盂峰";老和尚修行的茅屋也被称作"新罗庵";他用锡杖开凿的泉眼名"灵锡泉"。明万历年间官至祭酒的汤宾尹与唐代诗僧岛云一样,仰慕东国僧掷钵之异而将丞相源(云谷)中的寺庙命名为"掷钵禅院"。

根据唐朝法琳的《辩正论》卷三所载,东晋:寺院1700余座,僧尼2400多人。南朝:宋,寺院约2000座,僧尼36000人;齐,寺院2000余座,僧尼32000余人;梁,寺院2800余座,僧尼约83000人;陈,寺院1200余座,僧尼3200人。徽州临近东晋南朝京城,朝廷的向佛风气必然也影响到徽州,这些寺院僧尼之中当然也包含了新安郡。

(四) 陶渊明与徽州

陶渊明(约365—427),字元亮,号五柳先生,入刘宋后改名潜。东晋末期南朝宋初期诗人、文学家、辞赋家、散文家。东晋浔阳柴桑(今江西省九江市)人。曾做过几年小官,后辞官回家,从此隐居,后世称"靖节先生"。陶渊明所写的《桃花源记》给后人留下了极其美丽的文字,也给人留下了一个千古之谜。在《桃花源记》里,诗人描写了一个没有压迫、没有剥削、没有王法、自由自在的理想社会,人人都"怡然自乐"。这里人人劳动,大家过着富庶和平的生活。自《桃花源诗并记》问世以来,其笔下没有战祸、没有王税、人们怡然自乐的世外仙境"桃花源",为人们所景慕而企盼。尽管陶渊明写的是与世隔绝"世外桃源"这一理想境地,并无实指,在人世间是不存在的。但不少地方仍争相以"桃花源"自居或自比。新安大好山水,又是历代名人士族隐居的好地方,也留下不少陶渊明与徽州的传说。[①]

---

① 蒲午曾作《陶潜·〈桃花源记〉·徽州》一文,专门论述陶渊明与徽州的关系,参见黄山市徽州学研究会:《徽学通讯》,1991年第1期,第72—79页。

黟县桃源洞遗址

陶渊明曾为彭泽令,彭泽与黟县比邻。秦立郡县时,今江西有鄱阳、庐陵二县,皖南则有黟、歙二县。其时,今之彭泽在鄱阳境内,而黟与鄱阳邻接。彭泽立县于汉代,从历来割并疆域设置新郡县的情况看,彭泽境土当有一部分为黟域,就像唐代割并黟、鄱阳二县之地设置祁门县一样。从这一点看,彭泽与黟在特定的历史层次上存在着某种共域同文的关系。

彭泽县治至黟县境不足百里,而新安山水名冠天下,梁武帝盛称"新安大好山水"①。故陶渊明在彭泽时,或徘徊于黟西境外,"悠然见南山";或耳闻关于黟县民物风情的古老谈说;或曾进入黟歙,与新安大好山水结下世外缘分。这一切都存在着可能。歙县有潜口、潜溪,黟县有潜村、潜氏,陶渊明在彭泽赋归的 16 年后,改名为"潜",其中有没有内在的联系呢? 有人认为,陶渊明《桃花源记》中的避世秦人就是以黟县潜村、潜氏为原型的。《方舆胜览》:"樵贵谷在黟县北,昔土人入山行之七日至谷穴,豁然周三十里。中有十余家,云是秦人入此避地。按:邑《图》有潜村,至今有数十家,自为一村,或谓之小桃源。"②《太平寰宇记》载:"邑(黟)图有潜村,入石洞,口悉为松萝所翳。每求盐米,晨出潜处。宋时见有数十家,同为一村。"③黟县境有武陵岭、武陵村,古黟人亦自称武陵人。《新安志》记载黟、歙有纸衣时说:"陶隐居亦云:'武陵人作谷皮衣,甚坚好也。'"④"谷皮衣"即纸衣。

历代诗人也有不少以"黟邑小桃源"为题材的诗句,如南唐名士许

① 姚思廉:《梁书》卷三〇《徐摛传》,中华书局 1973 年版。
② 祝穆:《方舆胜览》卷十六《徽州》,台湾商务印书馆 1986 年文渊阁四库全书影印本。
③ 乐史:《太平寰宇记》卷一〇四《歙州》,台湾商务印书馆 1986 年文渊阁四库全书影印本。
④ 罗愿:《新安志》卷十《杂说》,清光绪十四年重刊本。

坚《入黟吟》:"黟邑小桃源,烟霞百里宽。地多灵草木,人尚古衣冠。市向晡时散,山经夜后寒。吏闲民讼简,秋菊露溥溥"。宋进士黟人孙抗在《桃源》中写道:"洞里栽桃不计时,人间秦晋是耶非。落花满地青春老,千载渔郎去不归。"陶渊明的三十代孙、元诗人陶庚四因避乱来黟林沥山,并卜宅南山居住,为陶氏黟支始祖。"南山"即顶游峰。弘治《徽州府志》载:"顶游峰又名南山。其下有陶村,里名靖节,社名五柳"。陶庚四写有一阕《渔歌子》:"绿树阴浓碧四围,南窗寄傲乐何如?读古书,爱吾庐,奚必他求市井居!"以明他乐居古黟桃花源而无他求的情怀,诗有乃祖遗风。

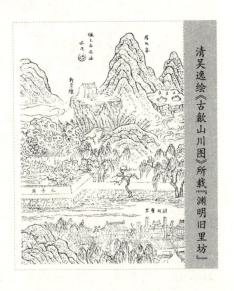

清吴逸绘《古歙山川图》所载「渊明旧里坊」

除了黟县小桃源以外,徽州其他县也有与陶渊明有关的遗迹。如歙县潜口(今属徽州区)有"渊明旧里坊",相传陶潜曾隐其地。以人名地,故村称潜口,水称潜溪,以地传人,清吴逸绘《古歙山川图》载此坊。[①]

三　新安文风的初兴

(一) 文人官员在徽州

魏晋南北朝时期,朝廷任命了一批文人来治理新安,使得新安在这一时期显出了特别的人文性质。这时期任职新安的文人主要有萧

---

① 参见吴逸:《古歙山川图》,清乾隆二十二年刻本。

几、任昉、徐摛等,都是颇有声誉的文学家。

萧几为齐皇室宗亲,梁文学家,曾任新安太守,在任上去世,死于徽州。在徽州期间,见新安大好山水,尤其喜欢,经常到处游览,并一一写下游记,完成了一部《新安山水记》,是徽州山水游记作品的最早篇章,可惜该游记已经失传。

许村"昉溪"

任昉(460—508),字彦升,乐安博昌(今山东寿光)人,南朝梁文学家。仕宋、齐、梁三代。当时以表奏书启诸体散文擅名,而沈约以诗著称,时人号曰"任笔沈诗"。梁时历任义兴、新安太守。原有文集,但已散佚。明人辑有《任彦升集》。梁天监六年春出为宁朔将军、新安太守。

相传任昉曾隐居于歙县许村村东溪垂钓冶情,故称"昉溪"。任昉在新安任职时间不长,从天监六年到任至次年离世,不过一年时间,但他却为新安人所长久怀念,宋代罗彦济曾撰有《梁新安太守任公祠堂记》[①]以纪念他。任昉在新安虽然时间不长,但以他的著名文学家地位,对新安文风发展的积极影响应该是无可怀疑的。他在新安任职期间或写有有关新安风情的作品,只可惜没有流传下来。在流传下来的现存作品中,不排除有在新安期间所写的作品,只不过没有明确记载,因而难以判定。

徐摛(472—549),字示秀,东海郯(山东郯城)人,南朝梁文学家。与庾肩吾齐名,文学史上有"徐庾体"之称。官太子左卫率,当时太子宫中都学他浮靡浮艳的文风,为宫廷诗代表作家之一。《梁书·徐摛传》记载徐摛:"属文好为新变,不拘旧体。"又载:"遂承间白高祖曰:

---

① 四库本作罗愿撰。

'摛年老,又爱泉石,意在一郡,以自怡养。'高祖谓摛欲之,乃诏摛曰:
'新安大好山水,任昉等并经为之,卿为我卧治此郡。'"中大通三年
(532)担任新安太守。在任期间,教民礼仪,劝课农桑,没有多长时间,
当地风俗为之一变。徐摛作为一个著名的文学家,面对新安大好山
水,必然会行之于笔,可惜没有流传下来。而高祖对他所说的"新安大
好山水"一语,却成了新安历史上影响最为深远的赞美新安山水的誉
称。从此以后,新安就以"大好山水"的美好名声为世人所瞩目,并引
来了无数骚人墨客痴迷
其间,发出无尽赞叹。
虽然徐摛没能给后人直
接留下他对新安的吟唱
诗篇,但因他赴新安任
职而带来的"新安大好
山水"的美好誉称,给新
安人带来了一笔莫大的
精神财富。

"新安大好山水"摩崖石刻

　　王规(488—536),字威明,琅琊临沂人。极有文才,梁天监时,太
极殿完工,王规献《新殿赋》,辞章工整,很受赞誉。后任中书黄门侍
郎,与殷钧、王锡等同侍东宫,受到昭明太子的礼遇。梁普通年间,任
新安太守。作有《文集》20卷、《梁书本传》,并行于世。虽然他没有有
关新安的作品行世,但对当地文风的影响,想必总是有的。

(二)文化名人咏徽州

　　随着与外界的联系的增多,新安大好山水也吸引了不少文人骚客
前来游历,吟咏新安大好山水。

　　谢灵运(385—433),是最早游历新安的文学家,陈郡阳夏(今河南
太康)人,后迁居会稽。谢灵运是谢玄的孙子,晋时袭封康乐公,故称
"谢康乐"。曾任永嘉太守、侍中、临川内史等职。其诗大都描写会稽、

永嘉、庐山等地的山水名胜,善于刻画自然景物,开文学史上山水诗一派。明人辑有《谢康乐集》。他游历新安江,写有《初往新安至桐庐口》五言古诗:"缛绂虽凄其,授衣尚未至。感节良以深,怀古亦云思。不有千里棹,孰申百代意。远协向子心,遥得许生计。既及冷风善,又即秋水使。江山共开旷,云日相照媚。景夕群物清,对玩咸可喜。"这是今存最早的有关新安山水的诗篇,也是徽州文学史上第一首吟咏徽州山水的诗歌作品。这里的"江山共开旷,云日相照媚",体现了他对自然景物的独特赏悟,鲜明地展现出水天辉映、空明澄澈的美景,再现了新安江山水的客观美,表现了高超的描摹技巧,语言精练,境界自然清新。谢灵运对自然景物所采取的静观默察的态度,使他诗中的自然景物显现出鲜活的大自然生态意趣。从此以后,新安江之美开始为后来文人所瞩目,开启了徽州文学以新安山水为重要表现题材的特有领域。

新安江水至清

沈约(441—513),字休文,吴兴武康人,梁著名文学家。历仕宋、齐二代,后官至尚书令。其诗浮靡,着意雕饰,与谢朓、王融诸人之作,皆注重声律,时号永明体。有《四声谱》《齐记》《沈约集》等,已佚。齐建武元年(494),任东阳太守,约于其时游历新安,写有《新安江水至清浅深见底贻京邑游好》一诗:"眷言访舟客,兹川信可珍。洞澈随深浅,皎镜无冬春。千仞写乔树,百丈见游鳞。沧浪有时浊,清济涸无津。岂若乘斯去,俯映石磷磷。纷吾隔嚣滓,宁假濯衣巾?愿以潺湲水,沾君缨上尘。"诗的前四句通过绘写江水之"深",衬写出江水之"清",使人感到虽深犹浅,这就是诗题中点出的"新安江水至清浅深见底"的韵致。全篇借写新安江的清澈洁净,劝告友人不要恋于尘嚣。有人在评析此作时说:"他以极平静的心情,欣赏新安江的清绮风光,描绘新安江水的清浅透澈,从而折射出诗人的清思洁想。而只是在游览的观想和反思之中,才逐渐流露出了身世之感和隐退之意,并由此反映出由苦闷沉郁到解脱、轻松的复杂的思想历程。"①于此可见,沈约对新安江水之美发现之特,体味之深,表现之切,影响之大。其中的"洞澈随深浅,皎镜无冬春。千仞写乔树,百丈见游鳞"四句,几乎是对新安江水之美的定评,对后世写新安江的文学作品影响很大。像李白的《清溪行》中的"借问新安江,见底何如此"诗句就可隐约看到该诗的影子。

谢灵运的《初往新安至桐庐口》和沈约的《新安江水至清浅深见底贻京邑游好》,是对徽州山水题材的新发现与新开掘,是对徽州母亲河的第一声歌唱。就像自从梁元帝对徐摛说了"新安大好山水"以后,徽州就从此有了以"大好山水"称誉世界一样,谢灵运和沈约两人的作品是对梁元帝"新安大好山水"最形象生动的注解,从此开启了描绘徽州山水之美的序幕,而且在此领域所显出的特别成绩成为徽州文学中最充满神采的篇章,所有这些都与这一发端的导引密不可分。

(三)徽州籍文人的创作

程茂,休宁黄墩人。齐永元中担任郢州长史,当时萧衍在襄阳起兵造反,分兵围住郢城。程茂与守将张冲协力据守,并行文进谏萧衍,劝其不要造反,写有《责萧衍犯顺书》,这是目前见到的徽州籍作家所写的第一篇议论性散文作品,全文收于《新安文献志》。

---

① 吴小如等:《汉魏六朝诗鉴赏词典》,上海辞书出版社1992年版,第999页。

　　这篇议论性散文,作者不顾个人安危冒死进谏,单此一点,就把自己的人格现象刻画得跃然纸上,可以看出作者性格的刚强。在艺术处理上,注重情理的驾驭与调配,显得迫不得已而又合情合理,语言委婉之中又透射出咄咄逼人的锋芒,篇幅不长可内容上有斤有两,掷地有声,令人不忘。虽然是属于议论散文,可是感情激动而饱满,在体现强烈思想之余,具有很强的可读性。虽属于日常应用文体,但具有一定的认知价值和文学价值,是一篇非常成功的议论散文。

　　程誉是程茂的儿子,从小就能写出很好的文章,以诸生选为司徒左长史。梁大同年间,为秘书少监,与当时的著名诗人柳恽齐名,所作《东天竺赋》为文士所传。《东天竺赋》叙写了程誉与友人柳恽共同赏鉴东天竺的情景,表明他与柳恽的深厚友情,写了自己对世情物理的感悟。他与程茂虽为父子,但个性不同。程茂在文中是剑拔弩张,程誉则显得从容含蓄,这自然与他们所写的题材与文体不同有关。虽如此,还是可以看出前者的军人身份和作风,后者的文人身份与气质。作为文人的程誉是自然而然地选取了抒情散文的文体来抒发自己的感情。在内容上,叙的是友人之情,赏的是花草之景,感的是物理世情,显得脉络分明,摇曳多姿。语言上有叙述、有描写、有议论,活泼细腻,耐人咀嚼。篇幅不长,但铺写从容,文笔婉致,极具才情,为徽州有史记载以来的第一篇徽州籍文学家所创作的抒情性作品,殊为可贵。

　　程茂的创作是不自觉的,他以日常应用文体尽自己军人的本职,而无意中却使他的书信成了徽州文学中流传下来的第一篇议论散文。程誉是自觉的文学创作,因而文学价值更高。正由于他们在文学上的自觉与不自觉的着力,使得徽州文学在初创之时即显出成熟的面貌与格调。他们的文学创作在客观上成为徽州文学初创时期的代表。

齐时萧昭文曾为新安王,吕文达任新安内史代郡治事,后留居新安。① 入梁开浚歙西吕堨,灌田两万余亩,并有《吕堨记》一文传世。作品第一部分写他治理吕堨水利的背景,让人感到动乱不居的时代的可怕和安居乐业的美好。第二部分是文章的主体,作者细叙了治理吕堨的经过,既有客观叙述又有生动描写,文笔朴素自然、简洁流畅,特别是吕堨治理成功、造福村民的一段描写,令人感动和鼓舞:"数年之间,荒郊断陇,复见扶犁秉耒,老稚在田;禾稼青青,被满阡陌。由春抵夏,由夏抵秋,不动桔槔,而年书大有,远近相庆,椎牛炮羔,烹鲜载醪,鼓吹喧号,达于衡茅。有礼有文,斯乐陶陶。"此情此景,让人感到无忧无虑的乡间生活的无限美好。散文文笔简练,层次清晰,不仅具有史料价值,而且具有较高的文学价值,是新安文学中第一篇成熟的记叙散文。内容处理具有很大的现实与历史的跨度,结构处理上具有一定的对称性,语言艺术上具有特有的鲜活性,修辞艺术上具有政治生活与民间生活、个人生活与群体生活、个人不幸生活与幸福生活的对比性,由此造成巨大的反差性,包藏着丰富的社会与人生要义,令人回味不尽。

(四)文风初兴的特点与影响

在徽州文风初兴阶段,诗歌与散文这两种在早期文学中普遍出现的主要体裁都有了展现,特别是散文的主要文学体裁类型都显现出来,并且是成熟显现。有第一篇议论散文——程茂的《责萧衍犯顺书》;第一篇抒情散文——程誉的《东天竺赋》;第一篇记叙散文——吕文达的《吕堨记》。只不过散文创作是新安籍作家所创作;诗歌则是非

---

① 道光《徽州府志·水利》、民国《歙县志·水利》载齐时萧昭文曾为新安王,吕文达任新安内史代郡治事。入梁开浚歙西吕堨,灌田两万余亩。民国《歙县志·艺文》收录有吕文达的《吕堨记》。明万历《新安大阜吕氏宗谱》卷四《吕文达传》载:"公字于贤,幼好学,博览群书。既长举茂才,授嘉兴判官,寻知凤州,身先士卒,人爱慕之。……雍熙中,上谳疑狱不合,屡迁至刑部侍郎。退归,疏通西渠道,约两万亩有奇田赖灌溉。民祀之,故又吕堨之名。著有《决狱典要》及诗稿遗文行于世。"孰是孰非,本着"信以传信,疑以传疑"的原则,记录于此。

本籍的文学家所创作。

徽州文学在开始阶段主要依靠外来文学家的力量来推动,这符合徽州的文化力量来自于中原士族迁徙移民的史实,新安文学源于中原文化。文学是文化发展到一定阶段的成熟体现,新安文学是早期徽州文化发展的标志。

从一开始就直奔新安本土的题材领域,显出特别的亲切与魅力,如吕文达的《吕竭记》等。特别是从一开始就涉及乡村生活(农耕),体现了民间生活实态的情景,具有重要的认识价值。诗歌创作则开创了新安江题材,成为后来徽州山水文学创作的一个重点。这是十分可贵的。

徽州南北朝时期的文学,一开始就跨入文学的自觉时代,这与中国文学当时所处的现状高度吻合,使得徽州文学没有从头来过,由时代发展直接把徽州文学带进了文学发展的新时代。说明一定地方文学的发展,由于时代与社会发展的影响,可能会超越文学发展的阶段性规律。也就是说,当一个地方接受了外来文化的影响的同时,与文化相伴的文学也随之而来,并从一个新的起点上开始发展。这与经济基础与上层建筑之间的特殊规律极为相像。

由于徽州文学在南北朝时期有了一个很好的起步,也就为后来文学发展奠定了一个良好的基础。南北朝时期的文学对后来文学的影响主要是基础性影响。由于这个基础的成熟与厚实,也给后来的文学发展预示了方向,那就是:第一,徽州文学的创作队伍之组成,既有本籍的,也有非本籍的,既有任职徽州的,又有游历徽州的。第二,徽州文学的发展在一定阶段可能以诗歌与散文两种文学体裁为主。第三,徽州文学的创作题材既有本土的也有非本土的。总之,南北朝文学预示了徽州文学发展的多元化发展格局。

第 三 章

隋唐时期徽州土著文化与汉文化的深入融合

　　隋唐时期，随着徽州人口的增加，出现了田少人多、收不敷食的矛盾。为了解决这一矛盾，徽州人在山坡地上种植茶和其他经济作物。手工业生产有了显著发展，墨、砚、纸、竹编、漆器、麻、酒等手工业产品都很优良，以制墨、制砚为中心的文具制造业在全国处于领先地位。文化也得到很大的发展，州县相继设学校，各乡设乡学。作为中国传统文化重要组成部分的佛道两教，在徽州也开始传播。随着汉文化对徽州的影响越来越大，徽州文风崛起。文学有了长足发展，作家队伍扩大，文学作品质量提高，文学影响日益增强。特别是徽州本籍文学家吴少微凭借自己的实力，在文学领域第一次赢得全国性的地位和声誉。在绘画、书法领域，文人画家也为徽州注入一股清新之气。唐代著名诗人李白、张志和也与徽州结下不解之缘。

一 黄巢起义与第二次人口大迁徙

（一）黄巢起义对徽州的影响

唐天宝十四年（755）到宝应二年（763）这八年，中原发生安史之乱，其后又有黄巢起义。其中黄巢起义对徽州造成直接影响。

乾符五年（878），黄巢部队进攻宣歙，宣歙观察使派兵抵御，将黄巢部队拒之于南陵，不久黄巢兵入徽州。五月端午那一天，黄巢部队攻占了黄墩。唐末程淘所作《新安程氏谱序》记载："乾符五年，岁在戊戌，端午日，黄巢别部犯黄墩，淘之族人逃难解散，贼众遂营本宅，攻劫川谷，荡涤殆尽。至仲秋初，巢收所部犯阙。"[1]次年五月，黄巢部队与歙州官军激战，都将吴九郎战死。[2] 吴九郎是休宁五城人，至今休宁还流传有关吴九郎"倒马墩"的传说，说吴九郎战黄巢，率兵拒敌，战于五城。兵败城毁，吴自刎于马上，仍然奔逐半里许，至近郊，见乡里行人，始尸堕马仆。民因此名其地为"倒马墩"，并立庙祀之。这年的十一月，朝廷派泾原节度使周宝为镇海节度使兼南面招讨使，黄巢部队方才退出徽州。婺源镇将罗芟抗御黄巢起义军战死，汪武继为镇将，设镇由汪、黄、梁、董、倪五姓联防，故名"五福镇"。

其时，徽州一些士族也纷纷武装起来，抵抗黄巢军队。休宁程沄与弟程淘、程湘，儿子程南节，建东密岩寨，设立帅府，据地自保。并宣

---

[1] 程国熙：《新安伊川程氏宗谱》，清同治七年祁门胜一堂木活字本。

[2] 参见马步蟾：《徽州府志》卷六《武备志》，清道光七年刻本。

称不想做了三百年的太平百姓而被"匪贼"抓去当俘虏。该寨历五代至宋初才废去，前后约百年，程氏子侄相继为帅。程南节在休宁古城后山设平安寨，该处至今还有"唐兵寨"遗迹，岩壁上镌有程南节所书"古城岩平安寨。兵马先锋程南节领军驻此，作平安寨"等字。同时还有富昨、容山、黟山诸寨，以东密岩寨最为强盛。祁门王璧与女婿郑传召集附近乡村联合自保，在进入村庄的要道上设置鹿角、栈道，使黄巢兵马不能进去，村庄才得以保全。婺源胡瞳材勇为乡里人所敬服，黄巢兵乱之时，与子胡宅起兵保卫乡里。

受黄巢的影响，徽州也先后出现响应黄巢起义的反抗朝廷的武装，对统治阶级和地方政权都进行打击。郡邑文献称之"乡贼""流贼"，有"七姓逢难起"之说，"七姓"为毕鹍、陈孺、汪彖、赵言、熊宿、李重霸、余公美。中和元年（881），绩溪境内的"盗匪"竟然公开攻打州府。①

（二）中原士族的大规模迁徽

宋罗愿在介绍徽州居民主要源流时称："黄巢之乱，中原衣冠避地保于此。"②其实，这只是大体而言。唐朝自安史之乱后，中原一带就始终没有平静过。仅以首都长安为例，太原李克用、凤翔李茂贞、华州韩建也都先后以兵进入。而朱温不仅进入都城，劫唐昭宗迁都洛阳，甚至将长安的宫室、百司和民间庐舍一并拆毁，其木料则沿渭河和黄河顺流而下运到洛阳。可见，在唐末到五代的上百年里，中原板荡，狼烟四起，许多居民为躲避持续的战争，只能向相对安宁的南方迁徙。同时，一些原先居住在长江中下游开发较早的平原地区的民众，也逐步向更为安全的皖南、浙西山区乃至闽粤移居。隋唐时期，根据《新安名族志》的记载有朱、张、曹、江、夏、王、陈、叶、戴、罗、廖、潘、许、舒、姚、施、赵、毕、刘、康、李、周、查、吕、梅、齐、韩、顾、金、佘、谢、陆、冯、洪、孙、

---

① 参见席存泰：《绩溪县志》卷六《兵事》，清嘉庆十五年刻本。
② 罗愿：《新安志》卷一《风俗》，清光绪十四年重刊本。

范 36 姓迁居徽州。这 36 姓中,除余、谢、陆、孙、洪、冯、范 7 姓之外,其余 29 姓,《新安名族志》明确记载为躲避黄巢农民战争战乱而迁居徽州。简述如下:[①]

朱瓛墓

朱氏 朱氏迁徽始祖为唐末朱涔。朱涔,字山陵,号师古。历官至殿中丞,居姑苏洗马桥。生有四个儿子,朱瑾、朱驯、朱瓘、朱重。朱瑾历官至银青光禄大夫大宪御史爵,授江南领将歙州开国亭英侯,晚年隐居休宁鬲山。其弟朱瓘避黄巢之乱,道经歙之黄墩,爱其山水之胜,遂家于此。天祐中,歙州刺史陶雅命朱瓘领兵戍守婺源,官制置茶院,卒于婺源。后世奉朱涔为新安朱氏始祖,徽州朱氏基本为朱瑾、朱瓘的后裔。

张氏 张氏向徽州迁徙过程比较复杂,时间长、分支多、路线杂。张舟世居杭州,避黄巢之乱迁歙县黄墩,其子张君宁迁休宁杭溪;张保望携父张仁隐居绩溪吴楚山,唐乾符年间避黄巢之乱居歙县黄墩,生有衡、从、彻三子,乱后始迁婺源甲路。

曹氏 始迁徽州的曹氏有两支,一为曹尚贤后代,二为曹全晸后代,迁徙原因均与唐朝末年的战乱有关。始迁祖是曹尚贤的一支,唐时住青州益都县仁陕乡洱水里,为躲避黄巢农民起义战争,南迁安家于休宁县宣仁巷,始为休宁人。可见王仙芝、黄巢在山东的起义,引起地方民众的普遍不安,纷纷向当时尚称宁静的南方山区迁移。曹尚贤定居休宁后,其后裔又曾多方迁徙,如徽州境内的歙县叶西、岑川,休宁曹村、草市,祁门曹村等,都尊奉曹尚贤为徽州始迁祖。曹全晸(819—880)是唐朝末年朝廷的一员重要将领,字文宣,汴梁(开封)祥

---

① 所述各姓姓源及迁徽过程均据《新安名族志》。

符县忠良乡人。出身官宦世家，祖父曹勋曾任徐州刺史，父亲曹珙曾任淮安太守。《新安名族志》记载，曹全晸受命与黄巢作战之时，派遣儿子曹翊、曹翔在歙县黄墩与黄巢的部队作战。曹翊阵亡，曹翔非常悲痛，庐墓建祠，安家黄墩。这就是以曹全晸为始迁祖的徽州曹氏之源。

江氏　徽州的江氏来源有二。一为"济阳江"。徽州济阳江姓自称为东汉光武帝的江革之后，始迁居徽州的乃醴陵江滚淹的后裔。江滚淹十四世孙曰尚质，为歙州护军将军，再世曰洪，仕唐为谏议大夫，因黄巢兵乱避居于婺源谢源江村。其二由萧姓改易而来。萧祯者避黄巢兵乱，南渡时指江为姓，居歙之黄墩，卒葬歙之溪南。祯生三子，长郑居溪南守墓；次威迁衢州开化；三董迁婺源水皋径。此江为萧所易，故称"萧江氏"，奉萧祯为一世祖。

夏氏　唐末，会稽人夏元康，初知苏州，后改歙州刺史。当时，正值黄巢军队进入歙州、宣州、浙东，士民到处躲避，夏元康募兵以拒。随后草寇毕鹞、查高、范珠、陈儒等相继侵扰，夏元康又率兵力战乃免。刚平静了年余，又接报董昌占据于越。面对如此窘境，夏元康对国政信心顿失，于是不再为官，安家于休宁之南门，此即徽州有夏氏之始。

王氏　徽州王姓有两大支，一支望出太原，称为"太原王"；一支望出琅琊，称"琅琊王"。两支王氏迁徽都与黄巢农民战争有一定的关系。"太原王氏"王希羽，乾符五年，与诸弟避黄巢乱于歙之黄墩，广明元年（880），黄巢回兵中原，诸弟也相继迁回去或迁往其他地方。王希羽则徙居歙县泽富（今歙县王村）。新安琅琊王氏始祖为王璧，始居祁门之西苦竹港。王璧好骑射任侠。时值唐末，天下大乱。黄巢军队进入歙州时，王璧与其女婿郑传倡议召集乡民，保障州里，刺史陶雅屡奏其功，历补军职。后官至银青光禄大夫、检校兵部尚书加金紫光禄大夫。

陈氏　陈氏的迁徽也与黄巢农民战争有关，但其迁移路径则显得繁杂一些，呈现为诸支从徽州外围地区齐进的态势。休宁陈村（一名藤溪)的一支,其先世为浙江严陵人,唐广明间,陈禧为躲避黄巢农民起义战争之乱,始迁于此。祁门县西之石墅陈氏,也是在唐广明期间避战乱,从浙江桐庐迁歙县黄墩,始迁祖为陈秀。传二世陈贵,乾祐戊申始迁于此。还有一些宗支,虽然黄巢兵乱时没有迁入徽州,但是明显地更靠近了徽州,为后世更加容易地迁入奠定了基础。如祁门县西之竹源陈氏,其祖陈轶为山东益州人,官至大夫,居江西浮梁,为抵御黄巢军队战死,当地人立祠祭祀。传四世陈京,始迁祁门。婺源县城集贤坊的陈家巷陈氏也是如此。其祖原居颍川(今河南许昌一带),晋朝时先祖移居曲阿(今江苏丹阳一带)。唐广明期间,陈琚避乱南迁,分居饶州德兴,裔孙陈一清,宋嘉熙间任婺源州幕,因家于此。

叶氏 唐末,叶徙避黄巢兵乱居歙县黄墩,传三世叶林秀,唐长兴间率兵至婺源御寇,以功授越州司户,安家于婺源中平。

戴氏 晋代人戴夔,跟从琅琊王渡江住金陵小蔓村,唐末避黄巢之乱,迁居歙县黄墩。

罗氏 唐罗秋隐、罗文昌兄弟为躲避黄巢兵乱,从江西豫章迁歙县呈坎(今属徽州区)。

廖氏 福建人廖嵩,唐时官至金部郎,广明间同郑畋与黄巢军队交战,道过徽州,见山水清奇,非常喜爱。后辞职归隐,安家于祁门鸟门。

潘氏 徽州潘氏先世在福建三山,唐光启年间,潘良辅担任歙州刺史,因战乱隐居黄墩,为迁徽始祖。

许氏 徽州许氏出自东晋尚书太保许广之后,许广传七代,唐广明间,后人许居礼因黄巢农民战争,避乱迁居黄墩。

舒氏 徽州舒姓的先世是庐江人,唐代战乱,舒德舆避乱迁黟县长宁屏山下。

姚氏 徽州姚氏先世为陕西人,唐乾符年间,严州刺史姚郇避黄巢农民战争,辞官隐居休宁县南 60 里的小贺村。

施氏 唐代施耸任职通明殿朝请大夫,避乱迁歙县黄墩,接着迁往江西浮梁榔木田,后代又陆续回迁徽州。

赵氏　徽州赵氏先世为陇西人,唐中和年间,赵思避乱,迁休宁县西十里龙泉村。

毕氏　徽州毕氏先世在河南偃师县,唐乾符年间,毕师远任歙州中散大夫,黄巢农民战争以后,为了躲避战乱,安家于黄墩。

刘氏　唐末,翰林学士刘依仁奉旨出守江南,因战乱安家于休宁,休宁刘氏都是他的后裔。

康氏　唐末,康先避乱居歙县黄墩,后迁浮梁化鹏乡,其子康新复迁祁门武山乡尤昌里。

李氏　唐宗室昭王的第三个儿子李祥,为躲避黄巢兵乱,迁居歙县。祁门李氏皆此一派。

周氏　唐乾符年间庐州刺史周钦,因黄巢兵乱,避居黄墩。

查氏　唐查师诣,从九江迁黄墩。①

吕氏　唐黄巢兵乱期间,有多支派系的吕氏迁徙徽州各地,其中歙县李村一支称,出于唐尚书吕温之后。吕温第8代吕若仁,广明元年迁歙县黄墩,22代以后才在李村定居。

梅氏　唐代,梅思忠躲避黄巢兵乱,迁居歙县黄墩。

齐氏　唐乾符六年(879),齐亮迁居歙县黄墩,抵御黄巢起义军有功,被封为兰公。

韩氏　唐末韩恩先后担任池州、湖州的州事,避黄巢兵乱,居歙县黄墩。②

顾氏　徽州顾氏是汉济阳武陵伯顾杰的后人,顾杰36代孙顾文森任宣歙节度使,攻打黄巢起义军有功,居黄墩。

---

①　这段查氏姓源及迁徽州的记载,见于朱万曙等《新安名族志》点校本,其姓源与一般姓氏书籍不一致,明显有误。其校记又称:国图、北师大二册本"查"姓下均作"查出姬姓,后稷之后。曰延,食采于查,因氏焉。"民国《黔北查氏族谱》则记载:源出姬姓,为鲁伯禽后裔。周惠王时,姬延受封于□(查)邑,子孙于是以地为姓。姬延传三十六世至隋,查义祖为安阳令,自高邮迁歙州篁墩,卒葬州之西山,徽州查氏奉查义祖为始迁祖。

②　此据国家图书馆、北京师范大学图书馆藏《新安名族志》二册本,后卷"婺源·韩家巷"条。

金氏　迁徽的金氏支派很多,其中金博道一支原居浙江桐庐,唐广明期间(880—881)为躲避黄巢兵乱,迁居休宁县杉坑。其后散居休宁梅解、汪溪、杯坑等地。

其余7姓,隋大业年间,武卫大将军佘理在江都护驾,适逢统领骁果的武贲郎将司马德戡等发动叛乱,推宇文化及为主,缢杀炀帝。佘理于是渡江至休阳县(今休宁县),卜居县城东20里的金鸡峰下,形成村落后,改名“佘家坞”。隋朝谢杰为歙州教授,由会稽郡迁居歙县中鹄乡,后地以姓名,称为“谢村”,为迁徽始祖。陆俨因在歙州担任兵曹,于是安家歙县贵溪。冯繁唐贞元年间担任歙县县令,卒于任上,后代安家于歙。洪经纶为宣歙观察使,唐建中年间隐居婺源官源。孙万登仕唐为金吾大将军,咸通年间平交趾,凯旋回朝路过休宁,爱当地的风土人情,于是安家于黎阳唐田。范传正是贞元十年(794)进士,历任歙州刺史、宣歙观察使等职,元和末任光禄卿,不去上任,隐居于休宁博村。

(三)士族的黄墩叙事[①]

隋唐时期,迁徽的中原士族共有36姓,其中朱、张、曹、江、王、陈、叶、戴、潘、许、施、毕、康、周、查、吕、梅、齐、韩、顾20姓开始都是“始迁黄墩”或“始居黄墩”。加上隋唐以前就已经迁居黄墩的程、黄,以及吴氏休宁大溪派、胡氏婺源清华派、俞氏俞昌支派在唐黄巢兵乱期间从歙州以外始迁黄墩;另有余氏黟县城西派在宋绍兴五年(1135)也曾迁居黄墩。总共有27个中原士族曾在黄墩落脚,然后再向徽州各地迁徙。这一现象使黄墩与“洪洞大槐树”“宁化石壁村”一样,成为中国三大移民集中地。

黄墩原称“姚家墩”,最早提到黄墩的当数现已佚传的唐代《歙州

---

① 本节参考冯剑辉:《宗族历史的建构与冲突——以黄墩叙事为中心》,《安徽史学》,2007年第4期,第105—113页。

图经》。据《太平广记》引《歙州图经》云："歙州歙县黄墩湖，其湖有蜃。"①除程、黄、余三族之外，其他各族皆为唐末黄巢起义时为避乱而迁居该地。之后大部分很快迁出黄墩，散居到徽州各地，时间长的不过三代，短的只有一两年，甚至几个

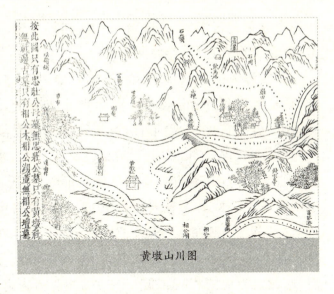

黄墩山川图

月。对这些宗族来说，黄墩与其说是可以久居的"风水宝地"，不如说是进入徽州的"中转站"，此种现象，耐人寻味。

最早对这一现象予以关注的是南宋初期休宁人程大昌。程大昌有感于自称出自黄墩的徽州宗族很多，于是遇人便问原因。时间一长，一位老人告诉他：黄巢兵乱天下，所过之处，杀戮无数，宣、歙等十五州也难于幸免，只有姓黄的人家独善其身。所以只要是姓氏、州里、山川但凡带"黄"字为名的，遇到黄巢的部队，都不会遭到侵犯。当时的一些士族曾在黄墩避难，得以保全，黄巢兵乱平定以后，虽然迁徙到其他地方，不敢忘本，于是就说我族出于黄墩。程大昌认为黄巢相信谶记，此说是真的。②

程敏政从族谱中获悉此说，加以引申，说是黄墩之"黄"本为"篁"字，以其地多产竹故名。黄巢兵乱，所过之地凡遇到带"黄"字的地名，都不会侵犯，程姓在此避难，改"篁"为"黄"。明成化十四年（1478）冬，程敏政回乡省亲，在祭拜始祖程元谭墓后，大书"篁墩"二字悬挂于程氏故居，遍告当世缙绅，大学士谢迁等都作诗撰文纪其事，程敏政将这

① 李昉等：《太平广记》一一八卷《程灵洗》，中华书局1961年版。
② 参见黄寅：《金溪程氏支谱》，婺源衍庆堂，清光绪十二年木活字本。

些诗文收集起来编成《篁墩录》一书，刊行于世。程敏政后以"篁墩"自号，所著文集亦定名《篁墩文集》。①

其实程大昌、程敏政之说，根据野老之谈，不足为据。唐末程淘所作《新安程氏谱序》记载："自淘而上止忠壮公，历十五世，世居黄墩。乾符五年，岁在戊戌，端午日，黄巢别部犯黄墩，淘之族人逃难解散，贼众遂营本宅，攻劫川谷，荡澉殆尽。至仲秋初，巢收所部犯阙。"②这段记载告诉我们，黄巢的部队曾经攻入黄墩，程氏家族遭到沉重打击，被迫四散逃亡。黄巢并未因州里、山川的名称带有"黄"字而不予侵犯，所谓"黄巢不杀黄墩人"纯为子虚，当然也不存在什么以"黄"代"篁"。至于各外来士族以"黄墩"为救命符，纷纷麇集于此，也绝不可能。试想，连黄墩当地的程氏家族已经被杀得"逃难解散"，其他各族逃灾避祸，千里迢迢，于疲惫不堪之余而必入于此，岂非飞蛾投火耶？既然黄墩"本宅"尚不免于"攻劫"，又何必非得自承系出黄墩不可？可知宋以来相沿旧说，其实无据。

黄墩虽然不是避乱的"风水宝地"，但它在徽州确实具有特殊的地位。

黄墩地望的价值首先表现在它是程灵洗的"忠壮故居"。程灵洗为南朝梁陈间人，梁末侯景之乱时，灵洗起兵捍卫乡里，后成为陈霸先的大将，位至镇西将军，开府仪同三司，殁后谥忠壮，配享高祖庙。后世累有加封，宋嘉定年间世忠庙，追封广烈侯。宋罗愿作《新安志》列为新安先达第一。《陈书》卷十《程灵洗传》只说他是新安海宁人，并未提到黄墩，但从程淘序来看，黄墩为程氏世居之地是可以肯定的。程灵洗在徽州历史上的特殊地位，为后人附会出许多神奇的传说。前引《歙州图经》中就有程灵洗曾经受黄墩湖蜃托梦，为其射杀其旁吕湖之蜃，后黄墩湖蜃报恩，灵洗于是因之富贵。罗愿撰《歙黄墩程忠壮公庙碑》也记载，程灵洗的墓与故宅均在黄墩，故宅在湖底，墓在湖边，湖水

---

① 参见程敏政：《篁墩文集》卷一三《篁墩书舍记》，台湾商务印书馆 1986 年文渊阁四库全书影印本。
② 程国熙：《新安伊川程氏宗谱》，祁门胜一堂，清同治七年木活字本。

清澈见底，经常有巨鱼出游，渔夫都不敢猎取。相传天气晴朗，可以看到程灵洗的故宅。老百姓在程灵洗的墓前设坛祭祀，凡遇水旱灾害都来请求程灵洗保佑，有求必应。① 程灵洗逐渐成为徽州的区域之神，黄墩也因此不凡，为各宗族所注目。

造成黄墩地望急剧升值的关键人物是朱熹。朱熹在《婺源茶院朱氏世谱后序》中说："吾家先世居歙州歙县之黄墩。"②朱熹殁于宋庆元六年（1200），身前尚被列为"伪学奸党"，抑郁而终，但身后地位不断攀升：嘉定二年（1209），赐谥文公，宝庆三年（1227），追封太师信国公，绍定三年（1230）改封太师徽国公。元明清三代，理学成为官方哲学，清康熙年间朱熹在孔庙中被抬升到十哲之列，获得了孔子之后儒者所能达到的最高地位。作为理学的集大成者，朱熹有着特殊的社会地位和学术影响，黄墩作为朱子故里，其地位亦扶摇直上。

明代程朱阙里的确立，使黄墩地望完成了升值的全过程。从元代开始，徽州学人在朱子故里的基础上，逐步建立起程颢、程颐和徽州、黄墩的历史联系。元代胡炳文撰《徽州乡贤祠记》，明确提出二程之先出于徽州。胡炳文的依据是欧阳修《冀国公神道碑》，称"中山之程出于灵洗"，中山之程徙河南，至宋遂有二程出焉，故二程"实吾新安黄墩忠壮公后也"③。程敏政更依此大加发挥，所纂《新安程氏统宗世谱》极尽考辨之能事，称二程之后有南渡回徽州者，休宁陪郭程氏即是二程的直系后裔。万历四十三年（1615），赵滂等人编成《程朱阙里志》，号称"新安第一书"。

清代，经徽州官僚士绅的不断努力，乾隆二十五年（1760），清高宗弘历为黄墩亲赐御书"洛闽溯本"，④此举标志着黄墩的特殊地位得到国家政权的正式承认。至此，黄墩地望不断升值而至顶点。徽州人引以为豪"程朱阙里，东南邹鲁"的地位，首先在于黄墩。在这个过程中，

① 参见程敏政：《新安文献志》卷四四，何庆善等点校本，黄山书社 2005 年版，第 946 页。
② 程敏政：《新安文献志》卷一八，何庆善等点校本，黄山书社 2005 年版，第 426 页。
③ 程敏政：《新安文献志》卷一四，何庆善等点校本，黄山书社 2005 年版，第 375 页。
④ 刘大櫆：《歙县志》卷二，清乾隆二十六年刻本。

原始的"忠壮故居"的成分在降低,徽州人有意识地用具有全国性意义的理学大师——二程、朱熹,代替了地方英雄程灵洗,作为徽州最重要的崇拜对象,将二程与朱熹联结在一起的黄墩相应地成了徽州的区域象征。系出黄墩,当然是具备徽州名族地位的重要条件。

黄墩水口

程、黄、朱、张、王、胡六姓上述各宗族的黄墩叙事,时间都在宋代以前。宋淳熙二年(1175)罗愿撰《新安志》,其卷三歙县山川条下记:"黄墩湖,在县西南四十五里","湖西北黄牢山下云黄墩,地广衍。黄巢之乱,中原衣冠避地者相与保于此。及事定,留居新安,或稍散之傍郡"。此记载,反映了唐末从中原迁居徽州的部分宗族,在宋代已经有意识地将迁徽经过与有几分灵异之气的黄墩相联系。但即使是这些宋代出现的早期的黄墩叙事,有的也有明显的后人加工成分。至中原衣冠纷入黄墩,与前述《新安程氏宗统世谱》显有不合。容纳如此众多外来人口的黄墩当为大镇,然《新安志》记歙县镇只有岩寺、新馆、街口,并无黄墩,看不出如何地广人繁。

《新安名族志》中有部分宗族的黄墩叙事,可以肯定是元明以后逐步完成建构的。如戴氏,《新安名族志》称戴夒于永嘉年间南渡居金陵,避黄巢乱居黄墩,晋永嘉至唐末黄巢时间跨度在570年以上,戴夒不可能为迁徽始祖,今传徽州戴氏宗谱甚多,皆以南唐年间戴护为一世祖,南唐保大乙卯(955)李克徵为戴护之孙戴安撰《忠恭庙碑》,[1]追溯先祖时,没有提及戴护曾居黄墩。今传康熙年间《隆阜戴氏宗谱》手

---

① 参见戴秉彝:《星江马源戴氏支谱》,婺源肇庆堂,民国十六年木活字本。

抄本(原件藏中国徽州文化博物馆),有一份戴安之子戴奢(应为北宋初年人)的遗嘱,提及戴安之妻廉氏葬于小练源。① 黄墩附近确有地名小练源,但戴奢在遗嘱中却根本没有提及黄墩。直到明代嘉靖年间戴氏子孙又重新在黄墩小练源"发现"了廉夫人的墓,并大张旗鼓地树碑铭记,显然戴氏宗族的黄墩叙事是晚出的。

一些在嘉靖年间编撰《新安名族志》时尚未形成黄墩叙事的宗族,此后亦逐渐出现了始祖曾迁居黄墩的记载。如许氏为新安世家大族之一。今传许氏族谱中最早的文献为宋嘉祐元年(1056)王安石所作《许氏宗谱序》,称新安许氏出于唐睢阳太守许远,许远的后裔许儒"不义朱梁,自雍州入于江南,终身不出焉"②。这里只说许儒"入于江南",至于具体在江南何处,王安石已不能知。景定二年(1261)许霖序、明洪武七年(1374)汪睿序都沿袭了王安石序,嘉靖年间的《名族志》据此亦未提及黄墩。至隆庆三年(1569)歙北许氏东支修世谱,出现了许氏宗族的黄墩叙事,谓许儒"不义朱梁,奉父仲元公自雍州入江南,隐居歙之黄墩,卒葬黄墩程门锹北坑"。③ 隆庆三年上距《新安名族志》成书不过十余年,可以肯定许氏的黄墩叙事就是此时完成建构的。

概括各宗族黄墩叙事的建构进程,与黄墩地望升值的过程有着惊人的一致性,即始于宋,继于元,而勃兴于明,尾声延续至清。

各宗族竞相建立黄墩叙事的诱因,显然寻求名族的地位是最大的动力。徽州风俗最重宗族门第。在等级如此森严的宗族社会中,一个宗族是否能位于名族之列,关系到该宗族的身份地位、社会声望和利益分配,这是生死攸关的大事。黄墩既为天地山川灵气所钟意,成为徽州的象征,自然也成了提高宗族地位的重要资源,取得"程朱阙里、东南邹鲁"的出身,对内可以提升宗族的自豪感,增强凝聚力和向心力,对外可以增强与其他宗族抗衡的实力。各宗族竞相建立与黄墩的

---

① 参见《隆阜戴氏宗谱》,清康熙六十年抄本。
② 许见心:《新安歙北许村许氏东支世谱》,明隆庆三年刻本。
③ 许见心:《新安歙北许村许氏东支世谱》,明隆庆三年刻本。

历史联系,具体事迹难有确证的唐末各宗族迁居徽州的移民历程,被演绎为具有高度同一性的黄墩叙事,以致形成了一股不可遏止的社会风气,波及了几乎所有的世家大族,连方氏这样资格最老的宗族亦有支派侧身其列。徽州方氏自称出汉哀帝时丹阳令方纮,方纮遭遇王莽之乱,遂家歙之东乡,成为今天浙江遂安和徽州六县方氏公认的共同始迁祖。但是,婺源荷田、枧溪等地的方氏支派却奉方纮后裔方雷为始迁祖,称方雷"以功授招讨将军,同子庚旺避巢乱于黄墩",①建构出了本支派的黄墩叙事。此种风气的盛行,到了清代,终于形成了"南中望族之谱,什九皆出黄墩"②的大格局。

二 徽州土著文化与汉文化的不同表现形式

(一)剽悍犯险习气泛滥

江南自东晋以来,世家士族一直欺压寒门庶族。隋灭陈统一中国后,南方士族豪强因对隋实行的限制政策不满,当时民间又纷纷传说隋朝要把江南人全都迁到关中地区去,引起一片恐慌。隋开皇九年,黟、歙二地并入海宁县,隶属于婺州,移民关中的传说更是甚嚣尘上。次年十一月,徽州人汪文进起义③,占据东阳,自称天子,设置百官,任命他的徒弟江西乐安县人蔡道人为司空,守乐安县。同时,黟、歙沈雪、沈能等占山为王,设立山寨,据栅自固。④ 同时,越州(治今浙江绍兴)高智慧、苏州沈玄侩等也自称天子,蒋山(今南京钟山)李忮、

---

① 戴廷明、程尚宽:《新安名族志》前卷《方》,朱万曙等点校本,黄山书社 2004 年版,第 98 页。
② 施化龙:《施氏宗谱》,浮梁莘涣堂,民国六年木活字本。
③ 《隋书》卷二《帝记第二》称汪文进是"婺州人",其时黟歙归婺州,故有此说;《北史》卷七六《来护儿传》载"黟歙逆党汪文进",由此可见汪文进为徽州人。
④ 参见魏征等:《隋书》卷四八《杨素传》,中华书局 1973 年版。

温州沈孝彻、泉州(治今福州)王国庆等,都自称大都督,举兵反隋。攻陷州县,反叛隋朝的起义遍及原陈属地。其规模大者数万人,小者数千人,互相呼应,残杀隋朝官吏。隋文帝杨坚命内史令杨素为行军总管率军平叛,其部将史万岁主要对付汪文进,汪文进兵败,退守黝歙,与沈雪、沈能等连成一气。隋文帝杨坚又命蒲山公李宽、建州总管来护儿、扬州总管郭衍等,进攻黝、歙,汪文进、沈雪、沈能等相继被镇压。

唐永徽五年睦州清溪(今淳安)陈硕贞起义,东南震动。歙县人蒋宝率众响应,活动于𝄞水、扬之水流域。起义失败后,朝廷将这一地域从歙县划出,置北野县,县治设在𝄞口。唐大历元年(766),旌德人王万敌起义,活动于旌德、歙县、北野之间。事平以后,撤销北野县,另建绩溪县于华阳镇。今𝄞口村略呈方形,有三条平行街道,其后街即当年衙前街,现𝄞口小学(程氏祠堂)是原县衙所在。其地后靠花园山,前有"牢间宝""浴马池""钱粮柜"等遗址。

唐开元二十四年(736),洪贞造反,以休宁县回玉乡鸡笼山为营寨,朝廷发兵讨伐。经过三年的艰苦作战,方才平息。为便于统治,析休宁县回玉乡和乐平县怀金乡,于开元二十八年正月十日置婺源县①。关于洪贞起义,有一段颇为神奇的传说。

相传唐开元期间,有一条蛟龙变为道士,洪贞拜其为师。道人想找一处修道之所,洪贞便随他遍游名山。到黄山,洪贞问此山何如?道士说:"山石过于坚硬,而且气候寒冷。"次到飞布山,洪贞又问如何?道士回答:"此山过于孤耸,没有辅助。"到了鸡笼山,洪贞又问如何?道士说:"这座山风水很好,宜于坟葬。葬者可致侯王,如果选穴不当,则出妖怪。"洪贞问其原因,道士不告诉他。道士白天回房休息,洪贞入房时但见一条蛟龙卧在床榻上,心中骇然。于是等道士睡着以后,偷偷溜走。道士醒后也往鄱阳而去。洪贞回去以后,把他父亲的骸骨

---

① 开元二十八年正月十日婺源建县,见《唐会要》卷七一《州县改置·江南道》。

迁葬鸡笼山。过了两年，鄱阳洪水大发，数千家受灾。洪贞本好道，经常焚香念咒，为亡者超度，为活人救治，很有灵验。所居回玉乡的老百姓，都将其看作神人，对他非常崇拜，威信也很高。时间一长，洪贞想到道士所说要出"侯王"的话，暗中起事，设置百官，州中豪杰也纷纷响应。州府发兵讨伐，俘获数十人，但洪贞不知踪影。于是朝廷便以鸡笼山所在的回玉乡和乐平县怀金乡设婺源县，以镇洪贞。这段传说见载于《太平寰宇记》《新安志》、弘治《徽州府志》①等官方图籍，《太平寰宇记》注明引自《述异记》，《新安志》没有注明出处，弘治《徽州府志》注明是引自歙州《祥符(图)经》。

接下来是方清起义。唐广德二年(764)，江南发生大规模疫灾，民不聊生。歙州人方清乘机聚集数万饥饿百姓造反。依托黟、歙毗邻地区群山，据守山洞险要，进行反唐斗争。另有陈庄和陈五奢领导的义军，则占据广德县山洞进行反唐活动。两支武装进而联合，以宣州秋浦县(今安徽贵池)西140里的乌石山及太平等古城作为据点，切断长江航路，抢劫往来官私行旅，使朝廷的长江航运受到严重影响。

永泰元年(765)正月，方清率领义军攻打歙州，州人杀刺史庞濬响应义军。在方清起义的震慑下，歙州官吏们躲避在休、歙交界的山中，就是《新唐书·地理五》所说："永泰元年，盗方清陷州，州民拒贼，保于山险。二年，贼平，因析置归德县。大历四年省。"归德县建制前后不到4年。

而黟县赤山镇吴仁欢则组织地方武装，凭借山地与之为敌。方清屯兵黟县赤山镇设置阊门县，部署防守。陈庄义军，接连攻占江南西道所属州县和舒州，官军偏将吕太一、武日昇先后归顺义军。方清等义军声威遍及东南一带。江西观察使判官李芃建议以秋浦县置州，扼守险要，使方清与陈庄不能联成一气，以便各个击破。唐代宗李豫采

---

① 参见《太平寰宇记》四二五卷《洪贞》，《新安志》卷四《休宁县》，弘治《徽州府志》卷一《休宁县》；《新安志》、弘治《徽州府志》"洪贞"作"洪真"。

纳此议,以宣州的秋浦(今安徽贵池)、青阳(今属安徽池州)与饶州的至德县(今安徽青阳西南),合并设置池州,命李芃暂时代理州事;又命河南道副元帅李光弼出兵讨伐方清、陈庄,李光弼派其行军司马袁傪率军前往。唐代宗还征发其他诸道官军助战,左武卫中郎将柏良器、江西观察使李勉和歙州刺史长孙全绪等相继发兵,淮南节度使崔园以张万福为舒州刺史,督军征讨淮河南岸的义军。永泰二年五月,在官兵的合围之下,方清固守石埭城。十七日,官军攻破石埭城,方清战死。朝廷以其旧城阊门县设祁门县。

与方清起义同时,休宁人沈千载亦聚众起兵,沈千载为当地豪杰,很有影响力,州县官府束手无策。朝廷于是派洪州观察使张镐遣兵围剿,对沈千载的起义队伍尽情杀戮,使其惨遭镇压。①

(二)保捍乡土之风涌现

剽悍犯险是反抗朝廷,保捍乡土则是在社会动荡年代,自发地组织起来保护乡里不遭破坏。

蔺亮歙县人,其人勇武。隋开皇九年,并黟、歙二县入海宁县,隶属婺州,而以歙州治立为新安镇。文帝喜欢他的骁勇,让他驻守新安镇。大业年间的战乱中,依赖他的保障,百姓得以免受干戈之苦。曾在浦口山上屯兵,当地人称为"蔺将军岩"。为纪念他保障乡里的贡献,老百姓专门为他立祠祭祀,建庙朝拜,庙在府城潮水门外。

汪华更是保捍乡土的典范。汪华(586—648),字国辅,一字英发,又名世华,歙县登源里(今属绩溪县瀛洲)人。3岁丧父,母郑氏带着他至歙县郑村舅父家寄居,8岁时母亦卒。相传汪华小的时候就很有王者气度,9岁为舅父放牛时,高坐在大石头上面,指挥一同玩耍的小伙伴,已然有王者气概。15岁时,长得身长9尺,广颡方颐,庞眉准隆,美髭髯,豪爽放荡,不事生产,整天放纵乡里,村里人非常

---

① 参见《新唐书》卷一三九《张镐传》。

汪华画像

惊异，认为汪华以后必成大器。17岁时听说东阳郡有一位"演公"武艺高强，于是便至东阳郡向其习武。次年艺成归来，以勇侠闻名乡里。同时广会当地豪杰，先后收揽汪铁佛、汪天瑶等人。

隋大业元年（605），婺源盗贼频起。受新安刺史招募，带领郡兵平定盗贼，被授予裨将之职。时值隋朝末年，朝廷已失去统治能力，群雄割据，纷纷称王立国号，战乱不断，生灵涂炭。大业九年（613），杜伏威在山东、江淮一带起兵反隋。大业十二年新安郡刺史想投靠杜伏威，但又忌惮汪华，便派遣汪华到箬岭山开拓道路，欲借机除去汪华。汪华带领兵士开拓山道，不几日便完成。回来以后，刺史不但不嘉奖，还申斥其差役不均，削其兵权。汪华大怒，带领将士冲入刺史府，欲讨说法。刺史惧怕，溜之大吉。其时休宁人程富，以勇力闻，隋末起乡兵据古城岩，力推汪华为刺史，镇守一方，保护地方平安。

义宁元年（617），宣城刺史遣兵进犯新安，汪华部署抗敌，并亲自带领八百精兵，先行攻入宣城境地。宣城郡将陈罗明出城应战，败走，被汪华追击斩杀。兵临城下，宣城刺史自缚投降，汪华为其解缚，不问其罪，安抚百姓，收编其精锐而归，遂兼并宣城郡。稍后，又带领军队先后攻占余杭、遂安、东阳、鄱阳郡，拥兵十万。诸将议论：中原纷乱，现占据有六郡，若以刺史的名义号令军队，恐怕以后仍要瓦解。于是建号称"吴王"，以程富为太尉，弟天瑶、铁佛为左右长史，王城设于休宁万岁山，次年迁歙县乌聊山。当时国家动荡、民不聊生，而汪华所治之地，为政宽宏，政清人和，且尽力调和土著与士族移民之间的矛盾，百姓安居乐业，十年不见兵戈，一派平和景象。

唐王朝建立，汪华顺应民意，于武德四年九月奏表归唐。唐高祖李渊下诏嘉奖其识时务、顺潮流和保护地方之功，并改新安郡为歙州、宣城郡为宣州、余杭郡为杭州、遂安郡为睦州、东阳郡为婺州、鄱阳郡为饶州，授予汪华歙州刺史之职，总管歙、宣、杭、睦、婺、饶六州诸军事，封上柱国、越国公，食邑三千户。

其时唐王朝虽已建立，但天下仍然没有安定。杜伏威起兵后，大业十四年（618）上表归降隋朝，被任为东南道大总管，封楚王。翌年，又降唐，被任为东南道行台尚书令、淮南安抚大使，封吴王。杜伏威对早先新安刺史归顺未成之事与汪华有隙，加上汪华号称吴王，杜伏威亦称吴王，形成对立。汪华归唐以后，杜伏威仍派遣部将王雄诞于当年十一月攻打汪华，汪华派遣汪天瑶拒战。

武德七年（624）汪华入朝晋见。贞观二年（628）奉诏入京，授左卫白渠府统军事，参掌禁兵。贞观十七年（643），改忠武将军，行右积福府折冲都尉。太宗李世民征讨辽东，留京担任九宫留守。李世民回朝后，称赞其忠心勤恳。贞观二十二年（648）三月三日，逝于长安。唐永徽年间，归葬歙县云岚山。

唐末，黄巢部队入歙州，歙州士族也纷纷武装起来，抵抗黄巢军队。休宁程沄建东密岩寨、程南节在休宁古城后山设平安寨，祁门王璧与女婿郑传召集附近乡村联合自保、婺源胡瞳起兵保卫乡里等，前面已经谈到，这里从略。

（三）犯险与保土所体现的文化意义

中原士族南迁，先进的中原文化进入徽州，给土著越文化带来巨大的冲击。两种文化在新安大地进行了旷日持久的碰撞、交流，这一过程就是两种文化"整合"的过程，也是徽州文化孕育的过程。每当社会动乱之际，如何应对动乱？剽悍犯险（越文化）还是保捍乡土（汉文化）？同样是"尚武"，但其中的文化意义则有土著越文化和中原汉文化的区别。晋陈寿曾说："山越好为叛乱，难安易动。"[①]魏晋南北朝和

----

① 陈寿、裴松之：《三国志·吴志》卷一五，中华书局1959年版。

隋唐之际，徽州发生不少犯险造反事件，这与土著越人的本性相关，其属性为越文化。孔子说："君使臣以利，臣事君以忠。"[①]"忠君报国"是儒家思想的重心，保捍乡土抵御寇乱，就是维护朝廷，这是汉文化的体现，两者有天壤之别。

历史事实证明，历朝历代引起的社会动荡，几乎都是由统治阶级对内争权夺利，对外穷兵黩武，对老百姓横征暴敛引起的。民不聊生，官逼民反，造反就是为求一个安定的生活环境。剽悍犯险的目的是为了过上更好更安定的生活，而士族的保捍乡土也是为了保境安民，符合老百姓的利益。正是这种保捍乡土的观念，促进了两种文化的融合，增强越汉之间共御外患的亲和力、内聚力，从而加速了民族融合的过程。大敌当前，土著越民与中原移民之间的矛盾不再是主要矛盾，利益的一致，迫使他们同仇敌忾、保卫家园。

隋末汪华是保境安民的英雄，还是敢于犯险的"贼寇"？最初是有争议的。唐代李吉甫《元和郡县志》记载睦州："隋氏丧乱，陷于贼寇。武德四年，讨平汪华，改为州取俗阜人和内外辑睦为义。"[②]该书称汪华是"贼寇"，是被"讨平"的，而不是主动降唐。《旧唐书》也只记汪华被杜伏威所遣的王雄诞打败而降，未记汪华主动降唐。[③]《新唐书》同样也是记载汪华被王雄诞打败而降。[④]《资治通鉴》记载：隋末，汪华占据黟、歙等五州，有部众一万余人，自称吴王。武德四年九月，派遣使者奉表来降，被任命为歙州总管。接着又记载：武德四年十一月，王雄诞前来攻打汪华，被汪华率领精锐部队拒之于关隘之外。王雄诞设计，将精兵埋伏在山谷中，自己带领数千羸弱的部下向汪华叫阵，刚一交手，就佯装战败，退回阵营。汪华率领部队乘胜追击，久战都攻不进王雄诞的阵营。等到日暮，只好带兵退回，这时王雄诞埋伏的精兵已经占据关隘，阻挡住了汪华的退路，汪华无法回到自己的阵

---

① 刘宗周：《论语学案》卷二，台湾商务印书馆 1986 年文渊阁四库全书影印本。

② 李吉甫：《元和郡县志》卷二六《睦州》，中华书局 1983 年版。

③ 参见刘昫：《旧唐书》卷五六《杜伏威传》，中华书局 1975 年版。

④ 参见欧阳修等：《新唐书》卷九二《王雄诞传》，中华书局 1975 年版。

营，"窘迫请降"。《资治通鉴》先是指出汪华九月"遣使来降"，后又称十一月战败"窘迫请降"，自相矛盾，而且称呼汪华为"歙州贼"。[①]宋真宗景德二年（1005）敕命编撰的《册府元龟》卷一六四《帝王部·招怀门》唐武德四年"九月甲子条"也记载："伪吴王汪华以黟、歙五州之地来降。华，隋大盗汪宝权之族子也。大业末为山贼，有兵一万。至是拜歙州总管，封越国公。"由此可见，作为官方认定的正史，是把汪华当作犯险的"贼寇"来看待的。

但受到汪华保护的歙、宣、杭、睦、婺、饶六州老百姓可不管这一套，他们崇敬汪华，不仅把他当作恩人来崇拜，还把他当成保护神来膜拜。汪华死后，歙州人民为了纪念他保障当地不受战乱之功，于贞观二十三年（649）在州衙之西建祠纪念他。大历十年（775），刺史薛邕将祠迁到乌聊山东峰。元和三年（808），刺史范传正又迁祠于南阜山之最高处，中和四年（884）和天复年间刺史吴圆、陶雅又相继修饰出新了汪王祠。[②]徽州六县及宣、杭、睦、婺、饶等地百姓也相继建立许多汪王（公）庙，封其为越国公汪王神。正所谓民意不可违，到了北宋大中祥符二年（1009），当歙州人方演担任知州以后，向朝廷呈上唐武德四年九月汪华《奉籍归唐表》，上奏请求追封汪华灵惠公。宋政和四年（1114）正式钦定建庙，赐匾额"忠显"，政和七年十二月，封英济王。

主动归顺还是被动投降，关系到汪华的"大节"，即是否忠君的问题。南宋淳熙二年，罗愿写《新安志》，对汪华的主动归顺还是被动投降进行了专门考证。他以《新唐书·本纪》记载汪华武德四年九月甲子归唐，用《资治通鉴》佐证，证明王雄诞来征伐之前，汪华已经主动归唐，捍卫了汪华忠君爱民的大节。"孝亲、忠君、爱民"是汉文化社会政治伦理的核心，汪华的忠君爱民体现了汉文化已经深深融入当时的徽州社会。

---

① 司马光：《资治通鉴》一八九《唐记五》，中华书局 1956 年版。
② 参见《新安志》卷一○附《汪王庙考实》。

三　徽州山区经济的发展[①]

（一）高度发展的茶叶生产

魏晋南北朝时期,徽州人口很少,刘宋大明八年(464),全境(含遂安、始新县,今浙江淳安地)共 2058 户,3665 口[②],粮食完全能够自给,所以才有张率贩运三千石米归吴的事。到了唐代,徽州人口剧增,天宝元年(742)人口达到 38832 户,240109 口(还不包括始新、遂安县户口)。[③] 出现了田少人多,收不敷食的矛盾。[④] 为了解决这一矛盾,徽州人民充分利用当地山多而田少,水清而地沃的自然地理优势,开展多种经营,种植茶叶。以至于"高下无遗土,千里之内,业于茶者七八矣。"[⑤]唐乾元元年左右,陆羽在他撰写的《茶经》里,明确提出"歙州茶"。唐贞元年间,王敷在《茶酒论》中载有"浮梁歙州,万国来求",体现出茶在唐代社会、经济、文化中的地位,也反映出歙州茶叶的影响。

徽州人种植茶叶的历史可以追溯到南朝,[⑥]到了唐代又看准茶叶,广为种植,是颇有眼光的。唐以前中国虽有饮茶的记载,但并不盛行,晋以后,江南人采茶叶煮食,称为茗粥。至开元至天宝之间,开始饮茶。至大历年间流行起来,建中以后,大为盛行。据唐德宗时御史大夫封演《封氏闻见记》卷六饮茶记载,开元中"自邹、齐、沧、棣渐至京邑。城市多开店铺煎茶卖之,不问道俗,投钱取饮。其茶自江淮而来

---

① 本节参阅陈勇:《唐代歙州经济发展略论》,2009 年《唐史论丛》第 11 辑,第 315—328 页。
② 参见沈约:《宋书·州郡志》,中华书局 1974 年版。
③ 参见刘昫:《旧唐书·地理志》,中华书局 1975 年版。
④ 参见罗愿:《新安志》卷十《杂说》,清光绪十四年重刊本。
⑤ 张途:《祁门县新修阊门溪记》,《全唐文》八〇二卷,中华书局 1983 年版。
⑥ 陆羽《茶经》卷下"七之事"中记载了魏晋时新安人任育长和南朝宋时新安王子鸾同茶叶有关的逸事,由此可见彼时徽州当已有茶。

夕舟车相继,所在山积,色额甚多"。又载:"始自中地,流于塞外。往年回鹘入朝,大驱名马市茶而归,亦足怪焉!"由此可见,当时饮茶之盛,所需之巨。歙州人在这个时候发展茶叶生产,正好适应了全国茶叶消费的需求。

徽州山区茶园

茶叶是商品化的农产品,大规模地种植生产茶叶,必然会吸引和产生大量从事茶叶贸易的商人。歙州司马张途在唐咸通三年(862)写的《祁门县新修阊门溪记》记载了徽州祁门县茶叶受茶商的欢迎盛况:"祁之茗,色黄而香,贾客咸议,逾于诸方,每岁二三月,赍银缯缯素求市,将货他郡者,摩肩接迹而至。虽然其欲广市多载,不果遂也。或乘负,或肩荷,或小辙,而陆也如此。"①张途在同篇文章中还记叙,为了改建阊门溪河道,"因召土客商人、船户接助"。这是文献记载较早,也较明确的徽州商人情况。唐大中年间,杨晔《膳夫经手录》记载了歙州、浮梁、祁门、婺源等地茶叶制作精良,"赋税所收,商贾所赍,数千里不绝于道路"的畅销情景。

由于徽州人看准时机发展茶叶生产,遂以致富,"由是给衣食、供赋

---

① 张途:《祁门县新修阊门溪记》,《全唐文》八〇二卷,中华书局1983年版。

役悉恃此"。① 同时，由于商人的来往信息传递，徽州的富名也响遍宇内。韩愈称歙州是"富州"。② 杜宣猷为了求得一个宣歙观察使的肥缺，竟然去走内宦的后门。③ 薛邕自左丞贬歙州刺史，"家中恨降谪之晚"。④

唐代徽州的茶叶生产和茶叶贸易彻底打破了徽州自给自足的小农经济状态，促使徽州人迈出闭塞的山区，在商品流通领域内大显神通，不仅对繁荣地区经济，加强地区间经济交流，促进市场的扩大和商品生产的活跃等方面起到积极作用，而且还对封建势力起着冲击和解体的作用。唐代歙州的茶叶生产和茶叶贸易不仅对当地，甚至对全国的农业和商业的变化也具有典型意义。首先商品的收购与销售已不再限于富人的奢侈品，也包括了平民日常生活的必需品；其次农民经济已不再单纯靠自给，必须依赖彼此间的交换，扩大了地区间的贸易往来；三是商品交换已不再局限于都市，贸易开始浸透到穷乡僻壤。

（二）名满天下的手工业制作

徽州的手工业在唐代有了显著发展，主要表现在制墨、制砚、造纸、竹编、漆器、织麻、酿酒等手工业部门中，以制墨、制砚为中心的文具制造业在全国处于领先地位。

制墨 墨是重要的书写工具，从其制作的原料来看，可分石墨、松烟墨、油烟墨等种类。石墨是一种如"墨"的矿石，可以用于写字。《元和郡县志》记载黟县县南有墨岭，出墨石。唐《歙州图经》记载："黟县有墨岭，上有石如墨色，软腻，土人取以为墨。"⑤《方舆记》也记载黟县"石墨岭上出石墨，土人采之以书"。⑥ 可见，歙州黟县一带很早就知道使用石墨书写了。

① 张途：《祁门县新修阊门溪记》，《全唐文》八〇二卷，中华书局1983年版。
② 韩愈：《送陆歙州诗序》，《全唐文》卷五五五，《全唐文》八〇二卷，中华书局1983年版。
③ 欧阳修等：《新唐书·食货志》，中华书局1975年版。
④ 赵翼：《陔余丛考》卷一七，清乾隆五十五年湛贻堂刊本。
⑤ 李昉：《太平御览》卷五四《地部十九》，四部丛刊三编本。
⑥ 罗愿：《新安志》卷五《黟县·古迹》，清光绪十四年重刊本。

据文献记载,秦汉时曾一度流行石墨,到魏晋之时被松烟所取代。歙州多美松,为当地制墨业的发展提供了优质原料。中唐以后这里的制墨业就有了一定的发展,但大规模的生产却始于唐末,这与北方制墨工匠奚超、奚廷珪父子南来有较大关系。河北易水在唐代是全国制墨中心,有许多制墨大家,奚超、奚廷珪父子就名列其中。由于唐末战乱,大量北方墨工纷纷南迁,奚超父子一家由

奚廷珪塑像

河北易水南迁至歙州,被黄山白岳之奇和练溪、新安江之美所吸引,尤其见皖南古松是制墨的好原料,于是定居歙州。奚氏父子本是制墨能工,此时得皖南的古松为原料,又改进了捣松、和胶等技术,终于创制出"丰肌腻理,光泽如漆"、经久不褪、香味浓郁的佳墨。徽墨的制作可视作徽州的丰富、优质资源与中原"易水"制墨技术的结合。这种结合使徽墨一问世即蜚声于世,而实现这一结合的开创者是奚超父子。

制砚　歙砚的发现,一般据唐积《歙州砚谱》之说,即唐开元中,有猎人叶氏追逐野兽至长城里,见叠石如城垒状,石质莹洁可爱,携之以归,粗制成砚,其温润超过端砚。后数世,叶氏裔孙将此砚献给县令,县令爱之,又访得名匠雕琢,"由是天下始传"。[①]"天下始传"一句说明,至少在唐代后期,歙县已经开始了大规模的砚材开采。

但据出土古砚考证,汉代就有歙砚,在晋代及南北朝时期不断出现,到唐代开始名声大噪。1956年出土于安徽省太和县李阁乡汉墓的三足歙砚,青石质,肌理含鱼子纹,质地极细,抚之似玉。分盖底两部分,盖纽雕成立体双龙盘绕状,龙首昂对,颈透成孔,龙身盘转,四足匍匐,盖内周廊略高,平面刻云纹,间有奔马、飞鹿、犬、鱼等物象。砚底有三足,呈三角形,线刻熊样纹饰,现藏安徽博物院。1968年,歙县项村西晋永嘉元年墓中出土一方如意池歙砚。

---

① 佚名:《歙州砚谱·采发第一》,台湾商务印书馆1986年文渊阁四库全书影印本。

造纸 《新唐书·地理志》载:"歙州贡纸。"说明歙州在唐代的造纸业十分发达,纸已经作为贡品被进贡到了朝廷。

竹编 徽州地处山区,竹类资源丰富。竹既可以用来建造房屋,又可以用来编织扇、簟等生活用具。徽州竹簟主要产于休宁,《新安志》称:"簟出休宁,所从来久"。① 入唐以后,歙州的竹簟做工更加精细,不仅是市场上享有盛誉的商品,而且也作为贡品,入贡朝廷。《通典》载新安郡贡"竹簟一合",②《元和郡县志》亦载歙州元和年间"贡竹簟"③。

酿酒 唐代歙人许宣平以贩卖柴薪为生,常自吟:"负薪朝出卖,沽酒日西归。"④早上挑着柴薪到集市上去卖,卖柴薪的钱换来美酒,迎着西下的太阳回家。杜牧《歙州卢中丞见惠名酝》:"谁怜贱子启穷途,太守封来酒一壶。"杜牧竟然把歙州太守寄来的酒视为"名酝"⑤。《沙溪集略》记载:唐朝凌荣禄一天在溪边遇到异人,于是将其邀请到家里,以酒相待。异人接受款待以后,为了表示感谢,传授给凌荣禄酿酒的方子,并指点他挖井的地点,说:"你在这里凿井汲水,然后按照我给你的方子酿酒,必定是佳酿。"凌荣禄按照异人的指点,果然制作出上等的美酒。唐光启元年(885),凌荣禄把酿酒良方进献给朝廷,皇上赐给他大量金帛,荣归故里。村里里社的名称,也改为"皇富"。⑥

麻织 徽州山地易于种麻,唐代麻织业相当发达。《唐六典》记载歙州"贡白苎布",把唐代主要产麻区的麻布按质量的高低分为九等,歙州所贡苎布列为第七等。唐代后期,麻织业有了进一步发展。《元和郡县志》载歙州"开元贡麻布","元和贡细苎布"。由此可见,在元和时,歙州的麻织品在质量上有了较大提高。

唐代徽州手工业大致可分为官府手工业和民间手工业两种类型,

---

① 罗愿:《新安志》卷二《叙物产》,清光绪十四年重刊本。
② 杜佑:《通典》卷六《食货六》,清乾隆武英殿刻本。
③ 李吉甫:《元和郡县志》卷二九《江南道·歙州》,中华书局1983年版。
④ 罗愿:《新安志》卷八《仙释》,清光绪十四年重刊本。
⑤ 曹寅等:《全唐诗》卷五四二,中华书局1960年版。
⑥ 凌应秋:《沙溪集略》卷四《文行·凌荣禄传》,《中国地方志集成·乡镇专辑》,江苏古籍出版社1992年版;戴廷明、程尚宽:《新安名族志·凌·沙溪》,朱万曙等点校本,黄山书社2004年版,第556页。

以后者为主。个体手工业基本属于商品生产，产品主要投放市场。官府手工业产品主要是贡品。手工业门类都是在原材料产地就地取材发展起来的，如婺源龙尾山石易于制砚，地多美松，是制墨的优质原料等。歙州手工业的发展与生产技术的不断改进有关，歙州的松树是制墨的优质原料，然而在奚超、奚廷珪父子南来以前，这里的制墨业一直默默无闻。奚超父子从北方制墨中心易水南迁这里，带来北方先进的制墨技术，遂使歙州的制墨业有了重大突破。

（三）流通四方的商品经济

商品性农业和手工业的兴旺，为当地商品经济发展创造了条件。大量的农副产品和手工业品进入市场流通，从而在徽州境内形成一支人数可观的经商队伍。活跃在徽州境内的商人首先是茶商。敦煌出土的《茶酒论》记载"浮梁歙州，万国来求"，形象地描写了外地茶商到徽州购茶的盛况。而本地从事茶叶贩运的商人也不少，前述"或乘负，或肩荷，或小辙"，就是当地中小茶商。其次是粮商。徽州山多地少，粮食不足，依赖外地供给。元和时宣歙观察使卢坦在境内放开米价，吸引大量米商运粮来徽州销售，使当地的老百姓得以度过荒年。再次是药材商、木材商。唐人陈藏器称："麦门冬出江宁小而润，出新安者大而白。"[①]《新唐书·地理志》载歙州"土贡黄连"，而当地产的白石英在南朝时即为医家所用，享誉当时。《元和郡县志》载黟县"昔贡柿心木，县由此得名"[②]，柿心木就是一种优质的黑木。《新唐书》《通典》《元和郡县志》均载歙州"土贡竹簟"，竹簟就是用竹子编织的席子。不难想象在歙州经济结构中，以养山植树、贩运药材、木材为主的山林经济占据重要比重。第四是文具商。歙砚、歙墨是徽州手工业品中的拳头产品，享有盛名，歙纸在唐代后期也是贡纸，因此当地经营这些产品的

---

① 陈藏器（约687—757），开元二十七年（739）撰《本草拾遗》10卷，今佚。该段叙述出于《本草拾遗》，此据《新安志》卷二《物产·药物》转引。

② 李吉甫：《元和郡县志》卷二九《江南道·歙州》，中华书局1983年版。

文具商,数量必然也不会少。第五是鱼商。歙州境内溪河纵横,水产资源丰富,在唐诗中不乏"驿路收惨雨,渔家带夕阳",[①]"寂寞荒坟近渔浦,野林孤月即千秋"[②]的诗句,说明境内天然捕捞业已很发达。宣州当涂县的渔民刘成、李晖贩卖鱼蟹,经常"自新安江载往丹阳郡"[③],就是活跃在新安江流域的鱼商。

唐代徽州商业活动的活跃,不仅刺激了当地商品生产的发展,而且也加快了商品周转的速度,丰富了市场交换的内容,拓宽了市场领域。贞元十八年(802),歙人张友正称歙州城里,"市嚣在耳,村烟在目"。[④] "市嚣"一词反映出徽州市场交换的繁荣。龙衮《江南野史》记载歙人汪台符,"博贯经籍,善为文章,不逐浮末,有王佐杂霸之才。见唐末天下苦于兵战,遂居乡里,执耒粗力于田稼"。[⑤] 文中将汪台符"不逐浮末"特别提出来,言外之意就是说徽州"逐末"的风气很浓,可以推测唐末徽州境内从事工商业的人数已经不在少数。唐大和年间,因婺源、浮梁、祁门、德兴四县茶叶贸易兴旺,升婺源县为都制置管理四县,为课税提供便利。作为经济意义上的镇市始于唐代,婺源县唐咸通六年(865)有弦高、五福两镇,两镇的设置虽然与军事有关,但也并不是纯粹意义上的军镇。中和二年,弦高镇将汪武在弦高决断政事,地方官员不再回原来的县城办公,婺源的政治、经济中心开始转移到弦高镇。天祐期间,歙州刺史陶雅以朱瓌为婺源县置制,巡辖婺源、浮梁、德兴、祁门四县,弦高镇成为新县治所在地。弦高镇由镇上升为县治所在地,一个重要的原因恐怕是与该地经济发展、人口增多有关。朱熹《婺源茶院朱氏世谱后序》载:"唐天祐中,陶雅为歙州刺史,初克婺源,乃命吾祖领兵三千戍之,是为置制茶院。"[⑥]婺源是

---

① 曹寅等:《全唐诗》卷一四八刘长卿《送康判官往新安》,中华书局1960年版。
② 曹寅等:《全唐诗》卷二〇七刘嘉祐《伤歙州陈二史郡》,中华书局1960年版。
③ 李昉等:《太平广记》卷四七〇《刘成》,中华书局1960年版。
④ 李昉等:《文苑英华》卷八二五张友文《歙州披云亭记》,台湾商务印书馆1986年文渊阁四库全书影印本。
⑤ 龙衮《江南野史》卷九《汪台符传》,台湾商务印书馆1986年文渊阁四库全书影印本。
⑥ 程敏政:《新安文献志》卷一八,何庆善等点校本,黄山书社2005年版,第426页。

唐代著名的茶叶集散地，这里因茶叶交换的兴盛而带来巨大的经济利益，致使地方政府都力图控制这一市场以牟利。

钱币使用普遍，是唐代徽州商品经济发达的一个重要表现。元和时崔玄亮为歙州刺史，见老百姓居住在山区，交纳税米，挑担跋涉，困苦不堪，于是取消实物交税，允许用钱币结算税赋。老百姓免去了长途挑米跋涉的辛劳，乐于交税，反而使官府的税收大增，官民两便。徽州山区农民乐以钱币交纳税赋，证明当地农副生产发达，农产品商品化程度高，农民与市场联系紧密，手中拥有了便于流通的钱币，反映了歙州商品经济的发达。

徽州商业发达，财力雄富，还体现在政府对徽州商税的征收上。建中三年(782)，朝廷采纳户部侍郎赵赞的建议，竹、木、茶、漆按商品价值的十分之一收税。[①]歙州是唐代竹、木、茶、漆的重要产地。刘津《婺源诸县都置制新城记》把婺源、祁门和浮梁、德兴四县列为"茶货实多"的富裕之区，并在婺源专门设置茶税机构。可以说，婺源县、祁门县在唐代后期，已经是全国首屈一指的茶税大县。

四　儒学与宗教在徽州的兴起与传播

(一) 儒学教育的兴起

隋唐两代都非常注重教育。隋开皇三年(583)，朝廷下《劝学行礼诏》，强调："建国重道，莫先于学，尊主庇民，莫先于礼。"[②]要求全国州县皆置博士习礼，京师国子寺也扩充规模，一时出现儒学繁荣的局面。唐代亦然，李渊建立唐王朝后，于武德七年颁《兴学敕》，申明"自古为

---

① 参见刘昫:《旧唐书》卷四九《食货下》,中华书局 1975 年版。
② 王钦若等:《册府元龟》卷四九《帝王部·崇儒术》,中华书局 1985 年影印本。

政,莫不以学为先,学则仁、义、礼、智、信五者俱备,故能为利深博。朕今敦本息末,崇尚儒宗,开后生之耳目,行先王之典训"①。由于朝廷的提倡,官学、私学都已有很大的发展。歙州随着中央政府行政管制能力的加强以及中原士族的融入,教育也有了发展。

隋唐时期,州学在歙城东北隅。隋朝,谢杰任歙州教职,由会稽迁歙县中鹄乡,后迁居地被命名为谢村。② 唐代州学课目除经学外,还设有律、书、算三学。州设经学博士一人,经学助教一人;医学博士一人,医学助教一人;各县均设置经学博士、助教各一人。开元二十六年(738),朝廷又诏令各州县,每乡都要设学校,择聘师资教授。这种乡学,相当于后来的社学。

儒学在隋唐教育体系中占主导地位,不仅种类多、学额多,而且上下贯通,体系完整。教师、学生的待遇和学校设备也比较优厚和完善。贞观四年(630),朝廷诏令各县学都要建立孔庙。隋唐两代,《孝经》和《论语》是儒家思想教育的基本内容。通过官方的提倡和行政手段的推行,儒学在徽州渐渐普及,以学入仕也成为人们的目标。

唐代的科举选官途径主要有三种,即生徒、乡贡和制举。其中地方各州县学馆的学生,皆为生徒,经学校考试合格后,便可直接参加朝廷于尚书省举行的科举考试。唐代徽州的进士有吴少微、吴巩、程谏、胡学、黄益逊、汪极、黄叔宏、王希羽。③ 吴少微,休宁人,周长安元年(701)进士,任晋阳县尉。吴巩是吴少微的儿子,开元年间进士,官中书舍人。程谏,字仲几,休宁人,开元二十七年(739)进士,累官至密州刺史,有政绩。胡学,婺源人,咸通九年(868)进士,任抚州司户,因上书得罪宦官田令孜被贬流放福州,不久授舒城县令。在黄巢兵乱中,由于作战有功,授宣歙节度讨击使,后又加封上柱国、新安郡开国男,食邑三千户。史称:"学以文臣秉兵柄,执锐赋诗,激以忠恳,故能感动

① 宋敏求:《唐大诏令集》卷一五○,台湾商务印书馆1986年文渊阁四库全书影印本。
② 参见戴廷明、程尚宽:《新安名族志》前卷《谢》,朱万曙等点校本,黄山书社2004年版,第259页。
③ 参见马步蟾:道光《徽州府志》卷九《选举志·进士》,清道光七年刻本。

三军,勘定祸乱。"①黄益逊,字尧天,祁门左田人,贞元元年(785)进士,任秘书省正字。汪极,歙县人,大顺二年(891)进士,生平不详。黄叔宏,字知国,祁门左田人,光化二年(899)进士,任长垣县令,升福州刺史,累官至武安将军开府仪同三司。王希羽,歙县人,天复元年(901)进士,其时已经70多岁。王希羽博通词艺,当时唐昭宗刚刚从宦官的叛乱中重新复位,改元天复,开放新进士,诏知贡举。礼部侍郎杜德祥推荐王希羽、曹松、刘象、柯崇、郑希颜应诏,各授校正。由于五人年龄都在70来岁,相差不大,人称"五老榜"。

政治统一和文化繁荣为儒学的复兴创造了条件,早先迁来的中原士族,很多人入朝为官,而后迁来的人本身就是朝廷文官,精通儒学,来到歙州后,更是以儒学思想,言传身教,影响着当地民风。如晋代就已迁居歙县的余氏后裔,歙县余岸余钦,唐上元期间,为国子博士。②另一位余氏后裔余远,唐肃宗时,也是国子博士,后来迁居歙县蓝田,在蓝田建"蓝田书屋",教育乡里。③ 唐时,程建从黄墩迁居歙县十亩坵,建"黄卷堂",贮书教子。④ 这些士族,不仅教育乡里。同时还以身作则,以自身的行为影响民风。隋末大业年间,鲍安国定居歙县棠樾,家业庞大,有良田千顷,金银珠宝无数,富甲江南。鲍安国兄弟10人,全家300余口同灶,时人称其居处谓"十安堂"。睦州芦茨源方氏唐末避乱,从迁居歙县瀹潭"义居七世,子姓蕃衍"⑤这种聚居一村、累世同居的行为,正是以儒家伦理为规范,突出宗族血缘和地缘关系,强调家族政治、经济地位和族众凝聚力的典型中原文化。这种儒家伦理、和睦之风深深影响着当地的土著居民,促使当地剽悍尚武的民族习性向着儒家的文雅之气转化。休宁巴氏,梁代迁入,其始迁祖巴播死后葬在琳田蜻蜓

---

①　赵吉士:康熙《徽州府志》卷一四《宦业》,清康熙三十八年刻本。
②　参见戴廷明、程尚宽:《新安名族志》前卷《余·余岸》,朱万曙等点校本,黄山书社2004年版,第146页。
③　戴廷明、程尚宽:《新安名族志》前卷《余·蓝田》,朱万曙等点校本,黄山书社2004年版,第148页。
④　参见戴廷明、程尚宽:《新安名族志》前卷《程·潜口》,朱万曙等点校本,黄山书社2004年版,第21页。
⑤　戴廷明、程尚宽:《新安名族志》前卷《方·瀹潭》,朱万曙等点校本,黄山书社2004年版,第116页。

头,后世 20 代也都陆陆续续葬在这里。每位去世的巴氏先人,都设置了守墓人,一代一代传下来,历经数百年不断。这些守墓人子孙见了巴氏族人,依然行仆妾之礼。如此等级森严、讲究礼节的儒家伦理,深深震撼了当地人。明嘉靖时,"其土人凡祀祖必先设祭于中堂,祭原地主人巴公毕,方行祀祖之礼"。①

儒家思想的核心是仁义忠孝,在朝廷的提倡和士族的践行之下,唐代歙州百姓的孝义故事也被载入史册。歙县人黄芮,对长辈极为孝顺。建中初年(780),继母洪氏患病,他听说用人大腿上的肉熬成羹汤喂她喝,病就会痊愈。黄芮于是割肉熬成羹汤,继母喝下后,病果然痊愈了。贞元时,父亲去世,庐墓期间,昼夜痛哭,哀声不绝。最后就在坟旁盖房居住,终身不离开。在他的孝心感动下,墓旁长出十四枝灵芝,四株连理树。刺史得知黄芮的孝义事迹以后,上奏朝廷予以旌表,《新唐书》列其名,②《新安志》专门为其立传。又有歙县人章氏二女,与母亲程氏一起上山采桑,突遇猛虎,母亲被猛虎所咬。二女不顾性命,与虎搏斗,老虎被二女的拼命精神所镇住,放弃了程氏,逃窜而去,母亲得以保住生命。刺史刘赞获知情况,大为嘉奖,蠲免章氏一家的户税,并改其所居合阳乡为孝女乡,以旌表章氏二女的孝义精神。观察使韩滉听了刘赞旌表二女事情,认为刘赞治理有方,对教化乡里有榜样效益,上奏朝廷,将刘赞升迁。这件美谈也被收入《新唐书》③。

(二)佛教在徽州的传播

隋文帝在崇儒的同时,对佛道也不排斥。他笃信佛教,多次尊称佛教为"圣教",并自言"我兴由佛",且诏令广立舍利塔,大量刻印佛经。隋炀帝同样笃好佛教,即位后,为文帝造西禅定寺,又在高阳、并州、扬州、长安等地大肆建造寺院,亲制愿文,创设翻经馆,开展译经事

---

① 戴廷明、程尚宽:《新安名族志》后卷《巴·河西》,朱万曙等点校本,黄山书社 2004 年版,第 429 页。

② 参见欧阳修等:《新唐书》卷一九五《孝友》,中华书局 1975 年版。

③ 参见欧阳修等:《新唐书》一三二《刘子元附刘赞传》,中华书局 1975 年版。

业。唐代尽管大力尊崇儒学,但也提倡佛、道及百家之说。贞观十九年(645),玄奘从印度求法回来,朝廷为他组织了大规模的译场,他以深厚的学养,作精确的译传,给予当时佛教界以极大的影响。安史之乱,佛教在北方受到摧残。但在南方,由于禅宗的兴起,佛教却呈现出欣欣向荣的景象。

在这样的大背景下,隋唐时期,尤其到了唐代后期,随着徽州经济得到较大的发展,佛教在歙州大兴,修建了不少寺、院、庙、庵、堂、塔,《新安志》记载歙州六县唐代寺院达 85 处之多,其中歙县 31 处、休宁县 13 处、祁门县 11 处、婺源县 19 处、绩溪县 5 处、黟县 6 处。具体如下:

表 3—1 隋唐时期徽州寺院一览表

县名	寺院名	坐落地点	建立时间	备注
歙县	报恩光化禅寺	州城北隅	唐光启三年(887)	旧名"护国天王院",景福元年赐额"报恩光化禅寺"
	兴唐寺	县西南	唐至德二年(757)	
	十方院	县西	唐天祐元年(904)	
	宝相禅院	县东	唐光化年间(898—900)	刺史陶雅建
	汤院	天都峰下	唐天祐九年(912)	刺史陶雅建
	白莲院	县治侧	唐天祐二年(905)	
	城阳院	县南三里	唐景福年间(892—893)	
	普安院	宁仁乡	唐乾宁二年(895)	
	西峰院	通德乡隐儒里	唐至德二年(757)	
	惠化院	仁爱乡	唐乾宁年间(894—897)	
	白阳院	长乐乡西村里	唐太和元年(827)	
	禅林院	登瀛乡宣化里	唐永昌元年(689)	
	灵山院	平辽乡新安里	唐天祐三年(906)	
	玉泉院	孝悌乡玉泉里	唐大中二年(848)	
	竹会寺	宁泰乡仁爱里	唐大中元年(847)	
	溪头院	仁礼乡溪头里	唐景福中(892—893)	
	杨干院	孝女乡漳湍里	唐咸通二年(861)	
	古城院	永丰乡安乐里	唐太和中(827—835)	
	汉洞院	仁爱乡富资里	唐大中二年(848)	
	古岩院	永丰乡寒山里	唐会昌元年(841)	
	兴福院	中鹄乡迁乔里	唐光化中(898—900)	

县名	寺院名	坐落地点	建立时间	备注
	坦平院	仁礼乡万安里	唐太和三年(829)	
	黄坑院	仁爱乡金山里	唐太和中(827—835)	
	灵康院	永丰乡	唐天祐八年(911)	
	富山院	仁礼乡	唐景福年间(892—893)	
	小溪院	仁爱乡	唐太和五年(831)	
	周流院	永丰乡岑山上	唐天祐八年(911)	
	保安院	孝悌乡	唐天祐五年(908)	
	资福院	明德乡	唐天祐元年(904)	
	陈塘院	孝悌乡	唐大中七年(853)复建	
	天王院	仁爱乡	唐景福元年(892)	
休宁县	报国禅院	忠孝乡孝义里	唐咸通六年(865)	
	崇法寺	忠孝乡孝义里	唐咸通九年(868)	
	新屯寺	黎阳乡合阳里	唐贞观十年(636)	
	齐祈寺	和睦乡太清里	唐会昌年间(841—846)	
	石桥院	履仁乡太平里	唐元和五年(810)	
	护国仁王院	良安乡万安里	唐咸通八年(867)	
	星州院	嘉善乡睦亲里	唐咸通年间(860—873)	
	吴山院	良安乡群贤里	唐天祐七年(910)	
	蜜多院	履仁乡太平里	唐乾符元年(874)	
	阳山院	忠孝乡怀义里	唐天祐七年(910)	
	烧香院	万安乡长汀里	唐咸通十四年(873)	
	方兴寺	和睦乡方溪里	唐贞观十年(636)	
	修善尼寺	忠孝乡宣化里	唐光化二年(899)	
祁门县	万安寺	制锦乡	唐咸通二年(861)	相传该处是梅鋗墓葬之所
	珠溪资福院	福广乡	唐光化二年(899)	寺院前有唐代谦禅师塔
	霄溪资圣院	福广乡	唐乾宁三年(896)	
	上元宝林禅院	仙桂上乡	唐光化二年(899)	
	青萝院	福广乡青萝岩	唐大历二年(767)	
	历口资福院	孝上乡	唐咸通二年(861)	
	石门禅院	制锦乡	唐光化二年(899)	
	灵泉院	福广乡泉水里	唐乾宁三年(896)	
	崇福院	仙桂上乡	唐咸通二年(861)	
	永安院	仙桂上乡	唐咸通二年(861)	
	横山尼寺	制锦乡	唐咸通六年(865)	

县名	寺院名	坐落地点	建立时间	备注
婺源县	中峰寺	游汀乡	唐中和二年(882)	
	大起禅院	万安乡	唐乾宁二年(895)	
	智林禅院	县城	唐乾符二年(875)	
	云兴禅院	丹阳乡	唐咸通元年(860)	
	万安崇福院	县城	唐中和三年(883)	
	荷恩寺	浙源乡	唐开元二十八年(740)	
	灵隐禅院	浙源乡	唐天祐元年(904)	
	荷恩院	县城	唐光启二年(886)	
	凤林院	万安乡	唐大中元年(847)	
	天王院	丹阳乡	唐乾符元年(874)	天复二年(902)赐额
	金刚般若院	浙源乡	唐天祐二年(905)	
	湖田院	怀金乡	唐中和二年(882)	
	龙祥院	游汀乡	唐中和元年(881)	
	松溪院	万安乡	唐景福元年(892)	
	黄莲院	万安乡	唐咸通年间(860—873)	
	灵河院	县西七十里	唐咸通四年(863)	
	诘曲院	游汀乡	唐大和元年(827)	
	国宁东尼院	县东	唐中和年间(881—884)	
	国宁西尼院	县西	唐光启三年(887)	
绩溪县	崇福院	修仁乡常溪里	唐光化二年(899)	
	兴福院	修仁乡守节里	唐天宝二年(743)	
	新兴院	惟新乡新安里	唐乾符五年(878)	
	药师院	新安乡永宁里	唐天祐二年(905)	
	前山院	宣政乡归化里	唐咸通五年(864)	
黟县	石盂崇福院	会昌乡延福里	唐天复三年(903)	
	阜口院	新政乡鱼亭里	唐大中三年(849)	
	子路院	顺仁乡怀仁里	唐会昌三年(843)	
	霞山院	新政乡明德里	唐大中三年(849)	
	精林院	会昌乡历阳里	唐乾宁五年(898)	
	石鼓院	顺仁乡顺化里	唐会昌五年(845)	

佛教禅宗强调众生皆有佛性,宣传佛性平等的理念,对一向认为"人性本善"、重视主体和个人修养的文人士大夫,对处在极端不平等的阶级社会中的普通民众,容易产生强烈的心理共鸣。文人士大夫和普通民众也都乐于捐资兴建佛寺禅院,是造成唐代后期歙州佛寺禅院兴盛的主要原因。歙县兴唐寺,开始只有圣像阁,经过普通民众的捐建,数十年时间,僧房经阁,飞跨岩谷,蔚为壮观。大历年间,吕渭任歙州司马,曾在寺旁空隙地建堂读书,晨入夕还。离任时,将书堂捐赠给寺僧。吕渭后来担任礼部侍郎,吕渭读书堂也改为"吕侍郎祠"。

祁门县上元宝林禅院,始建于唐光化二年,今称西峰寺

祁门县的上元宝林禅院的捐建,就更具传奇色彩。据说是有一位僧人,名叫清素,自称从五台山来。清素眉目端秀,卓异不凡。当地士绅郑传保拜其为师,并准备造一间禅院,供师傅修身坐禅。当地传说紫溪西峰,有数亩地,没有住户,那里古木参天,清秀怡人。峰旁有一条水涧,涧中有洞穴,洞穴里住着一条龙,是一块吉祥之地。郑传保想去看看,准备就将禅院建在哪里,并把想法告诉了师傅清素。清素说:"那我今晚就杖锡飞过去看看。"到了晚上,清素回到行馆里休息,关好门窗。到了半夜,郑传保发现清素不见了。等到天亮以后,发现清素在行馆睡觉,安然自若。清素告诉郑传保:"我昨夜已经过去看了,坐山面水,很好。从这里到紫溪西峰要过 36 条河,越 24 道岭。"郑传保派人去一看,果然要过 36 条河,越 24 道岭,而且紫溪西峰有人刚刚去过的痕迹。于是对清素更加崇敬,在紫溪西峰建寺院,并筑室百余间,供清素使用。寺院建成后,郑传保向刺史陶雅禀告,请吴王杨行密赐匾额"上元宝林禅院",开坛度僧。相传当地曾经大旱,百姓搭建彩楼,请清

素祈雨。清素在彩楼四周插上竹子,说:"就请雨下在竹子以外!"不一会儿,果然大雨倾盆而下,彩楼却不着一滴雨。扬州大旱,杨行密命令所属郡县都祈祷祭祀求雨。陶雅梦见一个非常威猛高大的人,自称汪王,对陶雅说:"清素是水晶宫菩萨,有五条龙,你可以去他那里求雨。"于是陶雅到紫溪西峰向清素求雨。清素说:"我已经派遣小龙到扬州施雨三天三夜了!"清素在紫溪西峰住了17年,聚集数百僧人。一天,召集众僧人,告诉大家自己将圆寂,叫大家都散去。死后骨身安葬禅院舍利塔下。

隋唐佛教的兴盛,也造就了不少高僧禅师。隋末唐初,新安郡人智琚(? —619),俗姓李。19岁出家,听坦法师讲《大智度论》,又随雅公学习《般若论》,从誉公学习三论。27岁,就能讲解《无碍》,与人谈论佛经,滔滔不绝,口才为众人所钦服。武德二年(619),智琚将《华严经》《大品经》《涅槃经》《大智度论》等的四部义疏嘱托给弟子明衍,可见他著有《大智度论义疏》,最后卒于常州建安寺。[1]

佛教禅宗善于谈论"机锋",就是因人、因时、因地进行传授佛法,或是辩论对佛法不同理解的一种方式。有时对同一问题作出不同的回答,有时对不同问题作出相同的回答,有时对提出的问题不作直截了当的回答,而是以种种反理性的形式发表自己的看法。只有深谙佛法的人,才知道其中的奥妙,《新安志》中就记载了唐代歙州茂源和尚、谦禅师与其他禅师"斗机锋"的故事。[2]

茂源和尚向吉州性空禅师学禅,有一天平田禅师来参见性空禅师,茂源和尚想起身拜谒,平田禅师按住茂源和尚的肩膀说:"开口即失,闭口即丧,去却任么时,请师道。"茂源和尚以手掩耳。平田禅师于是放开手,又说:"一步易,两步难。"茂源和尚回答:"有什么死急?"平田禅师答:"若非此个,阿师不免,诸方点检。"

谦禅师是歙州珠溪人,拜洪州云居道膺为师,学习佛法,很有成

---

① 参见释道宣:《续高僧传》卷一二《智琚传》,《大正藏》卷五〇,清光绪十六年金陵刻经处刻本。

② 参见罗愿:《新安志》卷八《仙释》,清光绪十四年重刊本。

就。饶州刺史为谦禅师建了一座大藏殿,谦禅师与甲僧人同去看大藏殿。他问甲僧人:"此殿著得多少佛?"僧人答:"著即不无,有人不肯。"谦禅师说:"我不问这个人。"僧人回答:"若此,则某甲亦未曾只对珍重。"谦禅师后来在兜率山去世。

茂源和尚、谦禅师的"机锋"含义,虽然我们并不知道其中的奥妙。但由此可知,唐代佛教在歙州的普及,以及歙人对佛教禅宗的学习和理解已经达到一定的高度。

另一位歙州定庄禅师,虽然没有"机锋"语录传世,但却是出自著名的禅宗高僧牛头山法融禅师门下。法融禅师是润州延陵人,姓韦氏。19岁就精通经史,在读了许多儒家的经典和佛经后说:"儒家的义理和许多世俗的文章,像糠秕一般,而佛家般若止观等道法,可以渡人到幸福的彼岸。"从此出家为僧。据说去世时,前往送葬的僧俗达1万多人。法融禅师一生只有12个徒弟,定庄禅师就是其一。

歙县兴唐寺僧清澜,性情孤傲高洁,颇有才情,喜欢丛林。与金华著名画僧贯休要好,贯休游兴唐寺,为兴唐寺画十六罗汉像,两人经常以诗文往还。与著名诗人杜荀鹤也有往来,杜荀鹤赠其诗云:"只恐为僧心不也,为僧心了总输僧。"清澜答诗云:"如何即是僧心了,了得何心是了僧?"诗句内含"机锋",为世传颂。

(三)道教在徽州的传播

隋朝因为统治时间较短,而且实行崇佛抑道的政策,佛教势力得到扶植,道教没有太大发展。隋朝末年,社会上广泛流传着"天道改,老君子孙治世"的政治谶语。大业十三年(617),李渊起兵晋阳,道士积极响应,利用老君李姓,附会李渊集团制造皇权神授,以此来号召社会民众,推翻隋朝腐败的统治。李氏唐朝建立后,尊崇老子为"圣祖",有目的地利用老子编造政治神话,对道教采取了一系列扶植、推崇的政策。尤其盛唐时期的唐玄宗,在他近半个世纪的统治中,自始至终地崇奉道教,使道教逐渐成为国教。开元二十九年(741),诏令各州都要建立玄元皇帝庙,立玄学(道学),置生徒,学习老庄之学,每年进行考试,道教从此走向全面发展的高峰。

道教是我国本土产生的宗教,源于自然崇拜、灵魂崇拜和祖先崇拜,神仙信仰、追求长生不死成为促进道教发展的动力。而这一切都与老百姓的生活信仰密切相关,道教在民间的发展,也成为一种潜移默化和自然而然的行为。关于道教在徽州的形成,已很难找到准确的文献记载。如歙县飞布山很久以前就有庙,附近的老百姓常去祈祷福佑,都说很灵验。唐建中末年(783),歙州大旱,百姓到庙中求雨没有效果。刺史刘赞便将庙宇重修翻新,晚上就天降暴雨,雨势由东而西,如人马之声。歙县灵山原来有灵坛,并有道士在此修道,祈祷时不烧香,自然散发出芬馥的香气。到灵山狩猎,忤犯山神,会一无所获。如果失火烧山,此人必定患病,故称此山为"灵山"。祁门县历山下,也是很早就有历山庙,是谁所建,已经很难考证,相传三国时期魏国术士管辂曾在这里学道,后人为其立庙。祁山梅锅故宅之前,原来也有祭坛祭祀梅锅,梅锅穿古冠服,旁边有一为垂髫女子,相传为梅锅的妹妹,后来成仙,号梅娘。唐大历年间,设龙禅观。绩溪梓山下曾是梁代良安县治故址,故址旁有一白石,有一天化为一双白乌飞去,于是百姓便在山下白乌栖处立庙。大家都非常敬畏白乌神灵,行立举止等生产生活行为,都不敢违背白乌显示的预兆。

其他不知建于何时的道观庙宇,《新安志》记载的还有:歙县飞布庙、灵山庙、窾山庙,休宁城隍庙、中顺庙、梢云庙、扬山庙、龙王庙、游山庙、夹溪庙,祁门历口庙、溶口庙、主者庙,婺源东岳庙、城隍庙、婺女庙、忠显庙、五龙庙、五通庙、洞灵观,绩溪忠显庙、将军庙、吴山太婆庙、茆司徒庙、归善庙、溪口庙,黟县土地庙、石将军庙、顶游庙、横江庙、霭山庙、复山庙、城隍庙、戢岳庙、五郎庙等。

明确记载唐代道士活动和建于唐代的道观有:唐乾封元年(666)在郡城内建龙星观。神龙二年(706),又在歙县西五里建灵星观。问政山在歙县城东门,有道士在这里筑室,名"向政山房",后改"兴道

齐云山栖真崖

观"。乾元年间，道士龚栖霞云游至休宁齐云山，在石门岩一带隐居，曾长期以"辟谷"方式修道练功。龚栖霞是齐云山有史记载最早活动的道士，后世徒众为了纪念这位开辟道教圣地的先驱者，特将他隐居的岩洞命名为"栖真岩"，以表示对栖霞真人的怀念之心。婺源县西北120里有灵岩三洞，名庆云洞、莲华洞、含虚洞。唐开成年间，浮梁郑全福游玩来到这里，有鹿将他引到半山坡，不再离去。于是郑全福便在此结茅居住修炼，与鹿为伴，收了不少门徒，后徙居莲华洞的石室之中。郑全福活了100多岁，有一天对门人说："我将仙逝，请将我葬回老家浮梁县白水乡。"卒后，弟子200余人与鹿抬棺将他送至夕阳岭上，发觉棺材越来越轻，打开一看，发现棺中只有履杖而已，人已不知去向，随即群鹤翔引，一直陪伴郑全福的鹿也不见了踪影。

唐代徽州道教活动，有一件重要的事情就是改黟山为黄山。黄山古称黟山，北宋景祐年间《黄山图经》引唐代《周书异记·神仙传》称黟山是轩辕黄帝"栖真之地"，唐玄宗信奉道教，于"唐天宝六年六月十七日敕改为黄山"。但《黄山图经》所载，仅据《周书异记》《神仙补阙传》等道教旧籍。天宝六年改名一说，在《旧唐书》《新唐书》以及《明皇杂录《开元天宝》等正史中均无记载，即使是当时道教名著如东晋葛洪《神仙传》、南唐沈汾《续仙传》等，也无轩辕黄帝上黟山炼丹得道升天的故事，故而历代史家均对此存疑。元明清时期，赵汸、吴度、陈鼎、汪洪度等学者相继提出异议，认为《周书异记》系唐人"伪撰"，是道家"附会之辞"，不足为据。另外，明人吴度引汉人刘向所著《列仙传》中陵阳子明"上黄山采五石脂"①一语，论证此处所指黄山就是徽之黄山。陵阳，汉代为丹阳郡属县，当时辖今石台、青阳、太平县一部分。今青阳县陵阳镇，即汉县故址。此说如能成立，则早在汉代就已名黄山，何须唐玄宗再改？黄山山名由来，虽有不同说法，但千余年来，传说黄帝在此炼丹成仙而引发唐玄宗敕名黄山之说流传最广，影响也最大。黄山的许多景名，也都与此传说有关。历代山志、府县志和史籍也都采用此说。

前述唐开元二十四年，洪贞造反也与道教有关。洪贞造反是一个很奇怪的历史现象，从洪贞造反到设置婺源县，前后历经 5 年，3 年征伐胜利，两年后才再设县镇压。照说 3 年才镇压下一个地方的造反，这个造反的声势也不小了，文献记载洪贞曾经"设置百官"也证明这个造反的声势的确不小。平息洪贞起义，然后又设县镇压，对朝廷来说也不是一件小事，但正史对洪贞起义却没有记载，耐人寻味。可以解释的是，洪贞是一个道士，他在做法事或治病救人的同时，灌输他的那一套"教义"，在思想上俘虏民众，从而获得极高的威望。《元和郡县志》称洪贞为"妖贼"，②也可以看出洪贞笼络人心的影响力。黄巢造反刀枪见血地与朝廷硬干，辗转作战，影响很大。而洪贞却是在民间秘密扩展意识形态，影响虽然没有黄巢那样给朝廷的打击猛烈，但持久而深远，形成朝廷三年征伐，胜利两年后又再设县镇压的局面。

既然好道，自然会产生一些修道成仙的故事，唐代徽州就出了一个修道成仙的著名人物许宣平。许宣平是歙县人，唐景云中，隐居在歙县城阳山南坞，绝粒不食，容貌就像 40 来岁的人，走起路来如奔马一般疾

---

① 原题刘向：《列仙传》卷下《陵阳子明》，台湾商务印书馆 1986 年文渊阁四库全书影印本。

② 李吉甫：《元和郡县志》卷二九《江南道·歙州·婺源县》，中华书局 1983 年版。

后人在李白访许宣平处所建太白楼，以纪念李白

速。经常挑柴薪到县城里去卖，用卖柴的钱换酒喝，醉归时独吟："负薪朝出卖，沽酒日西归。借问家何处，穿云入翠微。"每当有人遇到危难疾苦，多出手相救。很多人到城阳山去寻访他，都找不到他的踪迹，只能见到南坞崖壁上刻着诗："隐居三十载，筑室南山巅。静夜玩明月，闲朝饮碧泉。樵人歌垅上，谷鸟戏岩前。乐矣不知老，都忘甲子年。"有好事者把这首诗题写在洛阳驿站壁上。天宝年间，李白在洛阳看到了这首诗，说："此仙人诗也。"于是到徽州来寻访许宣平，跋山涉水，累访不获，于是在山中庵壁上也题了一首诗："我吟传舍诗，来访真人居。烟岭迷高迹，云林隔太虚。窥庭但萧索，倚杖空踟蹰。应化辽天鹤，归当千载余。"这年冬天，庵堂被山火烧毁。100多年以后的咸通七年（866），郡人许明奴家有一位妇人进山砍柴，见一人坐在石头上吃桃子，这个桃子非常大。这人对妇人说："我是明奴的祖父！"妇人说："我曾经听说过明奴祖翁已经成仙很多年了。"他说："你回去告诉明奴，就说我常在此山中。"此人即许宣平，他给了妇人一个桃子，妇人吃后觉得非常美味。回来以后，食量大增，容貌越来越年轻，同时觉得身轻如燕。中和年间以后，歙州城里相继遭到兵乱，许明奴全家迁徙避难，妇人入山不再回来。后来经常有人看见妇人身上披着藤叶，行动快捷如飞，想追赶她，她便腾飞上树梢而去。

许宣平的传说最早源于南唐沈玢《续仙传》，《太平广记》《太平寰宇记》《唐诗纪事》《诗话总龟》《新安志》等文献也都给予了记载和传播。

五　徽州文风的崛起

（一）吴少微对唐代文学的影响

随着中原文化对徽州的影响越来越大，唐代徽州文风崛起。与前期相比，这一时期的文学有了长足发展，作家队伍加大，文学作品质量提高，文学影响日益增强。特别是徽州籍文学家吴少微凭借自己的实力，在文学天地里第一次赢得了全国性的地位和声誉。

吴少微（659—743），又名远，字仲芳，号邃谷。休宁人。周长安元年（701）进士，任晋阳县尉。当时，文坛上崇尚南朝浮靡文风，赋诗撰文都以模仿"徐庾体"（徐陵和庾信）为正宗，文辞华美而骨气不振。有鉴于此，少微与同事富嘉谟独树一帜，倡导以儒家经典作为撰写文章的样板，强调内容充实，气格高迈，一时蔚为风尚，对文风的转变起了扭转方向的作用，时人称为"吴富体"。其中，吴少微所撰《崇福寺钟铭》、富嘉谟所撰《双龙泉颂》等是体现新风的代表性作品。吴少微在山西太原（唐代称"北京"）任职时间较长，由于文名卓著，因而当时人又将他同谷倚、富嘉谟合称为"北京三杰"。唐神龙元年（705），升任右台监察御史，兢兢业业，遵循法规，秉公办案，曾受唐睿宗亲笔嘉勉。天宝二年（743），少微卧病在床，听说至交富嘉谟不幸病故的消息，悲恸大哭，旋即病逝。著有《吴少微集》10卷，今存诗6首：《相和歌辞·怨歌行》《相和歌辞·长门怨》《哭富嘉谟》《和崔侍御日用游开化寺阁》《古意·长门怨》。

吴少微是有记载的最早享誉全国的徽州籍文人，《旧唐书》和《新唐书》把吴少微分别列入《文苑传》和《文艺传》来评定他的历史地位，称吴、富两人的创作，以经典（或"经术"）为本，词调高雅，被人倾慕和

吴少微画像

推重。《崇福寺钟铭》[①]是吴少微为崇福寺铜钟撰写的铭文,文章继承了先秦、西汉散文的写作特色,文字上简淡清新、朴质幽雅,毫无雕琢和浮华;句式上一反当时的四六文固定格式,用灵活多变的两字句、三字句、五字句,读起来节奏明快,起伏跌宕,语气上浑厚雄迈,气势不凡,显示了吴少微出众的才华和"吴富体"独特的风格。"吴富体"是作为古文运动创作实践上最早出现的新文体,开古文运动之端绪。"吴富体"以经典为本的创作特色,对其后的古文运动影响至深。盛唐的散文作家萧颖士、李华、元德秀、元结,中唐的独孤及、梁肃、韩云卿、韩会等,无不受富嘉谟、吴少微影响,以致最后在中唐时出现了韩愈、柳宗元,最终把古文运动推上了高潮。

虽然徽州在南北朝就有了自己的文学家,但在作品的数量和质量上都还不够充分,还没有在全国范围内赢得影响。吴少微以他的"吴富体"和"北京三杰"的美誉赢得了广泛影响,是唐代徽州第一位文学家,也是代表了唐代徽州籍文学家中最高成就的文学家。由于他的引领,不仅唐代徽州文学有了发展,并从此以后,徽州文学走向了自由自觉的发展时代。

吴巩是吴少微的儿子,迁居休宁石舌山。唐开元中为中书舍人。以文章道德闻名乡里,乡人于是改石舌山为凤凰山、莲池为凤凰池。有《白云溪》诗收入《全唐诗》,其诗曰:"山径入修篁,深林蔽日光。夏云生嶂远,瀑水引溪长。秀迹逢皆胜,清芬坐转凉。回看玉樽夕,归路赏前忘。"全诗意趣盎然,令人生爱。

张正甫,字友正,唐末歙县人,有诗一卷,《全唐诗》存《春草凝露》

---

① 《全唐文》作《唐北京崇福寺铜钟铭并序》,中华书局1983年版。

和《锦带佩吴钩》诗二首,《唐文粹》有《衡州般若寺观音大师碑铭》文。

(二)徽州文风的流行

唐代开创了贞观之治和开元盛世,国力强盛,经济繁荣,是当时世界上最强盛的国家,这为文化的繁荣奠定了雄厚的经济基础。唐代有着开明的文化政策和重视文人的态度,文人受朝廷重视、社会地位很高。唐代自由的思想,宏大的气魄,洋溢着奋发向上的青春朝气,激发着知识分子的生活热情,使他们对未来充满了无限憧憬。文人们可以自由地畅谈感想,放浪形骸,无拘无束,任侠、游历、狎妓、狂放,形成风气。唐代徽州与外界的联系越来越密切,秀丽风光也越来越被外界所熟知。一些在徽州任职和慕名前来游历的文人,在徽州写下很多脍炙人口的诗文,同时也为徽州留下很多文坛佳话,为崇尚剽悍尚武之风的徽州增添一份文雅灵秀之气。

天水略阳人权德舆(759—818),官至礼部尚书。工诗善文,时人尊为宗匠。曾游历徽州,写有著名诗篇《新安江路》,诗曰:"深潭与浅滩,万转出新安。人远禽鱼静,山深古木寒。啸起青萍末,吟嘱白云端。即事遂幽赏,何必挂儒冠。"言浅近而境深长,为吟咏新安江的著名诗篇之一,影响甚大。

并州文水人李敬方(?—约855),唐长庆三年(823)进士,大中年间初期任歙州刺史。大中五年(851)患风疾,到黄山温泉浸浴。次年十二月又到温泉,风疾遂痊。其《汴河直进船》和《题黄山汤院》颇为传诵。《全唐诗》存其诗8首,《全唐文》存文1篇。其中《题黄山汤院》一诗,长达400字,细叙温泉之美和浴泉之适,是抒写黄山温泉之美的最早篇章之一。

石埭人杜荀鹤(846—907),是唐末著名诗人,曾任翰林学士。共留下300多首诗,继承杜甫、白居易思想传统,感时伤世,反映民生疾苦,开辟了以近体律诗描写时事的新路。年轻时,听说黄山有汤泉胜景,于是独自前来探胜。在饱览黄山风光、沐浴温泉后,写下了《汤泉》

一诗。诗曰："闻有灵汤独去寻，一瓶一钵一兼金。不愁乱世兵相害，却喜寒山路入深。野老祭坛鸦噪妙，猎人冲雪鹿惊林。幻身若是逢僧者，水洗皮肤语洗心。"诗中抒发了对黄山温泉的赞美之意，表达了企求离尘脱世的思想，反映了唐末黄山风景区荒僻冷寂的情状。

僧人释岛云，仰慕东国掷钵神僧，来游黄山，登天都峰，为有记载以来最早登上天都峰的人，也是唐代诗人中写黄山诗最多的人。所作诗作被镌刻于黄山绝壁上，至清代还有人从石壁上读到《黄山怀古》《仙僧洞》《汤泉》《仙桥》诸诗。《唐诗纪事》称："岛云初为僧，诗尚奇险。"其《登天都峰》："盘空千万仞，险若上丹梯。迥入天都里，回首鸟道低。他山青点点，远水白凄凄。欲下前峰暝，岩间宿锦鸡。"

庐江人许坚，游黟县，作《入黟吟》一首，"黟县小桃源，烟霞百里宽。地多灵草木，人尚古衣冠。市向晡时散，山经夜后寒。吏闲民讼简，秋菊露清清"。诗作描绘了具有桃花源性质的古黟民风醇厚、山川灵异、政事简淡的情状，流露出对桃源社会的向往之心，是一首深受徽州人喜爱的作品。

除了文学，在绘画、书法领域，文人画家也为徽州注入一股清新之气。

已知徽州最早的一幅画是唐贞观十八年（644）的汪华画像，这幅画一直传到宋代。宋婺源许月卿写过一篇《唐越国公追封英烈王像赞》："天下鼎沸，六州太平；大明既昇，版图效灵；生为忠臣，死为名神。此贞观十八年之画，可以见旧衣冠之旧，王容貌之真。"[①]

薛稷（651—713）是唐代著名的花鸟画家，工书善画，他的书法和画鹤，被世人称为"二绝"。景龙间为黟令，在任时很有政绩，深得民心。老百姓在他离任50多年后的广德二年，在黟县专门建了一座"薛公祠"纪念他。相传李白曾专门去黟县拜访薛稷，薛稷画画，李白题赞，人称"二妙"。薛稷还曾为黟县永安寺题额，并在寺的西壁画了满

---

① 程敏政：《新安文献志》卷四七《唐越国公追封英烈王像赞》，何庆善等点校本，黄山书社2005年版，第375页。

满一壁佛像,笔力潇洒,风姿逸发。薛稷在黟县期间,带动了黟人对书画的喜好之风,宋代流传黟人写字画画为"薛公之余风"。[1]

贯休为唐末画僧,婺州兰溪人。歙县兴唐寺僧清澜与他非常要好,常在一起应酬交往。应清澜的要求,贯休为兴唐寺画了16幅罗汉像。相传宋时被朝廷征收进宫廷,后感梦歙僧十五六辈求还,于是赐还寺院,寺院专门建了"应梦罗汉"殿来收藏这16幅画。[2]

发生在徽州的一些文坛佳话,更为徽州平添一番雅趣。

唐中和年间,李擢任歙州刺史,光启元年任满,吴圆接任。李擢在向吴圆交接公务时,设酒宴请吴圆,请营伎媚川佐酒,并给媚川一个劝酒的职位,谓之"佐酒录事"。媚川颇有姿色,聪明敏慧,平时一直得到李擢的垂爱。席间,李擢请吴圆以后对媚川多存怜惜之心,予以关照。想到离开歙州,就要和自己心爱的人分开,不禁别情依依,当即吟诗一首:"经年理郡少欢娱,为习干戈间饮徒。今日临行更交割,分明留取媚川珠。"感叹这几年忙于治理政务,没有好好地对待媚川。吴圆听了,答诗一首:"曳履优容日日欢,须言违德涕汍澜。韶光今已输先手,领取蟆珠掌内看。"意思是,既然你把媚川托付给了我,我会珍惜的,会好好地对待她。这段故事把唐代文人狎妓之风演绎得淋漓尽致,文人狎妓除了玩乐的成分外,也不乏感人的例子。

赵嘏是唐代著名的才子诗人,不拘小节,一次游历歙州,刺史宴请他,大概是饮酒过量,有些失礼。醒后悔过,写了一首诗给歙州守,"叶履晴溪艳艳红,路横秋色马嘶风。犹携一榼郡斋酒,倾对青山忆谢公"。比起赵嘏来,唐丞相姚崇的裔孙姚岩杰则更加狂傲,目空一切。姚岩杰生性豪爽风趣,喜饮酒畅游天下,一生多以吟诗饮酒放游江左,历遍名川大山。卢肇担任歙州刺史时,岩杰在婺州,慕名新安大好山水,想来歙州看看,寄了一些自己写的文章诗歌给卢肇。卢肇知道他好酒,喝了酒又往往耍酒性,不想接待他。于是修书一封,对姚岩杰的

① 参见《新安志》卷一○《杂记》;《太平寰宇记》卷一○四《江南西道二·歙州》。
② 参见罗愿:《新安志》卷三《歙县·僧寺》,清光绪十四年重刊本。

文章诗歌大加称赞，并赠以锦帛，推辞说："经过战乱，郡中凋敝，没有什么好东西可以招待你。"岩杰回了一封长长的信，激将卢肇，说："你不就是不想接待我吗！"卢肇不得已，只好将姚岩杰迎接到郡斋的迎宾馆，并以公卿礼节接待他。时间一长，姚岩杰开始露出狂傲的本性，卢肇便写了一首诗斥责他，其中有一句是"明月照巴山。"岩杰看了大笑说："明月照'一天'，怎么单独讲'巴山'呢？"不多久他们在江亭宴会，诗人蒯希逸也在席，卢肇提议以席前看得到的事物行酒令，酒令的最后一个字必须是乐器的名称。卢肇先行酒令："远望渔舟，不阔尺八。"岩杰于是饮酒一杯，然后凭栏吐掉，即席还一令："凭栏一吐，已觉空喉。"实在是狂傲得无以复加。

诗人杨行敏出使时，骑马过歙州驿站，受到郡守的轻待，耿耿于怀，于是题诗于冬青馆："驽骀嘶叫知无定，骐骥低垂自有心。山上高松溪畔竹，清风才动是知音。"又曰："杜鹃花里杜鹃啼，浅紫深红更傍溪。迟日霁光搜客思，晓来山路恨如迷。"[1]

（三）李白与徽州

李白(701—762)，字太白，号青莲居士，四川省江油县人。晚年潦倒，寓居当涂县令族叔李阳冰处，游历皖南山川以抚慰心灵的痛楚。天宝十三年(754)，54岁的李白漫游宣城、南陵、秋浦诸地时，曾专门涉足徽州。李白游历徽州，与歙县人许宣平不无关系。李白徽州行的最早记载见于南唐沈汾的《续仙传》，后收进清人王琦撰《李太白集注》卷三十。李白尽管没见到许宣平，但秀丽宜人的新安山川景色使他陶醉，欣然在歙县一带饮酒作诗。后人为了纪念李白不远万里来歙访仙，将他畅饮过的酒肆改建为风雅的楼阁，取名为"太白楼"。李白后来在来到太平县碧山村，用诗歌同乡绅胡晖交换过一对灵慧的白鹇，留下了《赠黄山胡公晖求白鹇》诗。碧山村在黄山轩辕峰附近，村头建

---

① 上述四段文坛佳话，均见《新安志》卷一〇《杂记·诗话》，清光绪十四年重刊本。

有纪念李白的问余亭,亭联为:"绿柳桥边山径,青莲马上诗机。"李白在黄山风景区留下不少诗篇:"我宿黄山碧溪月,听之却罢松间琴"(《夜泊黄山闻殷十四吴吟》),"黄山四千仞,三十二莲峰"(《送温处士归黄山白鹅峰旧居》),"醉石饮酒醉吟诗"(在黄山鸣弦泉畔)等。"诗仙"逸韵在黄山不胫而走,长传不衰,使徽州自唐以来都弥漫着诗仙的气息和精神,有关他的逸闻和他所写的诗篇被

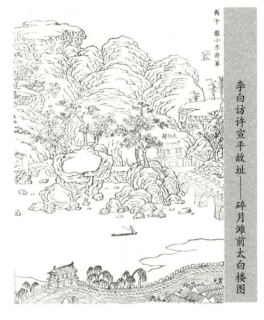

李白访许宣平故址——碎月滩前太白楼图

广泛传诵,他的游踪也被徽州人所追寻和纪念。

　　李白是否到过徽州,历史上一直有争议。既有人肯定,也有人否定。夏立恒对李白徽州行的时间和线路作过考证,[1]他认为:李白曾先后5次来到安徽,并在这里创作了200余首脍炙人口的传世佳作。唐天宝十二年(753)秋,53岁的李白第三次来到安徽,应泾县汪伦邀请到桃花潭游玩后到了黄山,又到新安江一带寻访许宣平。[2] 这与《续仙传》中所记在时间上大体相合,因为李白当时虽然作出寻访的决定,但并不等于即刻前往。这还要受到其他方面的限制和影响。其实,李白在《见京兆韦参军量移东阳二首》(其二)中就曾以"他年一携手,摇艇入新安"的诗句明确表达过想到徽州一游的愿望。因而后来李白的徽州之行只不过是对自己愿望付诸行动罢了。

　　其实李白是否到过徽州,并不重要。历史上对李白徽州之行有各种各样的书籍记载,徽州至今还留存着李白不少游览遗迹,至今保

　　① 　夏立恒:《"诗仙"李白五下安徽》,2005 年 9 月 1 日《新安晚报》。
　　② 　另有一说是李白先到歙州寻访许宣平,后到黄山、黟县,再到泾县。

存和流传着李白所写的一系列有关徽州和黄山的诗篇,民间至今流传着李白徽州行的生动的口头传说。这些丰富的物质和非物质历史文化遗存都体现了徽州人对这位伟大诗仙的崇敬,同时对徽州文风的发展起到了促进作用。况且,李白对徽州的 1200 多年的历史影响,已经成为一种抹杀不去的事实,已经客观地为地域文化赋予了丰富的意义。

李白在徽州的一系列游踪,成了后人追踪、缅怀和纪念的胜迹,成为徽州人发思古之幽情之所在,滋养了徽州人的诗意情怀。在歙县渔梁有李白当年问寻许宣平的"李白问津处",太平桥头有相传李白曾在此饮酒的"太白楼",桥下练江有以李白"槛外一条溪,几回流碎月"诗句得名的"碎月滩";在黄山有相传因李白饮酒听泉、酒酣醉卧石旁而得名的"醉石","醉石"上方有李白手书的"鸣弦泉"和"洗杯泉",有李白访问的温处士的隐居之处"白鹅岭",有李白梦见黄山美景、无法以诗表达而掷笔山谷之中,随后长出如花般盛开的黄山松的"梦笔生花";在黄山区碧山乡石亭村有根据李白在此所作《答山中人》诗句中的"问余"而命名的"问余亭";在黟县有相传李白曾垂钓于浔阳台的"李白钓台",等等;如此众多的李白游踪成了后人凭吊诗仙、发思古之幽情的场所,焕发了徽州人的诗情。

李白在徽州留下的一批诗作,鼓荡起徽州诗风,使这尚武的越人之地潜藏了"崇文"的因子。人们年复一年、日复一日地品味着诗仙李白的寻访故事和他所写的《题许宣平庵》《太平兴国寺》《青溪二首》《送温处士归黄山白鹅峰旧居》《赠黄山胡公晖求白鹇》《答山中人》和《石墨岭》等徽州风情的美好诗篇,被一种特有的亲切所深深吸引和感动,深受李白诗情熏染和陶醉,沉浸在诗仙所创造的无尽遐思之中,领略着诗意世界的美好,从而培育和形成了徽州人的诗化情怀。李白徽州行诗篇早已化作了徽州人的诗魂和血液,成了继南朝沈约《新安江水至清浅深见底贻京邑游好》后,对徽州文化影响最为深远的历史性作品,熏染了徽州的文风。作为文化因子,它对徽州文化的兴盛和发展给予激发。这种激发不但表现在直接催生了一批赞颂吟咏李白徽州行的诗篇,如清孙光启的《寻李白钓台》,而且还鼓舞了一代又一代徽州人对于文化事业的孜孜以求,提升了徽州文化的发展品位,催生了后来徽州时代的文风昌盛。

李白以"诗仙"的高度敏锐,发现了徽州人许宣平的魅力,从而叩开了徽州的大门,使"养在深闺人未识"的仙山——黄山开始向世人撩开神秘的面纱。李白因倾慕创造"仙诗"的许宣平而来,最终以领略黄山仙境之美而去。地域文化的形成和发展,与它的历史文化传统,具有血肉般紧密的联系。李白徽州行的文化影响,早已化作徽州历史文化传统中熠熠闪光的部分,因而它对后来的徽州文化在其源头上的发展影响是必然的。

(四)张志和与徽州

张志和是一个谜,他的生平事迹一直鲜为人知,关于他的籍贯或寓居地,有浙江金华、湖州、兰溪、山阴和徽州祁门五种说法。

说他与徽州有关,见于明永乐《祁闿志》:"张志和,字子同,本金华人,宦游寓居邑西张村……后浮家泛宅,不知所终,夫人李氏,广德三年殁,葬邑西北居所,子孙因家焉,故曰张村。"其后,祁门张氏修谱延续了这一说法。明嘉靖十一年(1532),祁门县塘头张彦宪、张阳辉修谱,称唐张弘始迁祁门,孙张志和官至金吾大将军,又称张周是张志和的五世孙,由浮梁迁婺源云云。[①] 清《润田张氏续谱》则进一步指出,张志和一世祖是汉留侯张良,传至七世禹,任扬州刺史,旋寓居湖州,其后裔福再迁金华,自此在金华居十五代。到了二十五世,张志和的祖父张弘,饶州判,后弃官寓居歙州之赤山镇。赤山镇就是后来祁门县治所。张弘来此之前,其原配夫人王氏已殁于任上,因娶赤山镇汪德钊之女瑞莲为继室,后双双寿终于此,合葬县南闿门牛栏坞。张弘有

---

① 谱成于嘉靖十四年(1535),名为《张氏统宗世谱》,10卷,木刻本一册,藏安徽博物院。

三子,长子润朝,居新平,守母墓;次子深朝,早卒;三子张游朝就是张志和的父亲,年十二中乡试第四名,二十授进士科除知扬州事,擢为监察御史,开元间侍讲东宫太保,至德二年卒。张游朝清真好道,著《南华象说》《冲虚白马非马证》。张游朝也有三子:霞龄、鹤龄、龟龄,龟龄即张志和。游朝妻李氏,葬于祁门润田放牛坞口,张志和在此守制三年,朝廷屡诏不起,隐居黄山,后游吴楚山,泛舟于江湖,自号烟波钓徒。这段时间,志和游历了很多地方,与颜真卿、陆鸿渐诸名士共唱和,留下了许多优美的诗篇。张志和妻程氏、李氏,均祁门人。妻程氏敕封越国贤德夫人,墓在天方坑源;李氏殁葬于赤山附近。张志和也有三子,其子孙定居于祁门润田。[①]

那么张志和究竟是不是徽州祁门人呢?

祁门《张氏宗谱》所载张志和画像

祁门张氏宗谱的说法,并不被徽州大部分的张氏族人所认同。顺治《新安张氏统宗谱》、乾隆《星源甲道张氏宗谱》、道光《张氏宗谱》等多部徽州张氏谱牒记载,唐乾符间,为避黄巢之乱,张周携季子彻奉父徙歙之黄墩。黄巢之乱平定后,张彻自黄墩迁婺源甲道。传四世,子孙76人复分迁徽州各地。徽州张氏尊张彻为一世祖。乾隆《星源甲道张氏宗谱》斥祁门谱为伪谱,载有各支派(祁门石溪派,歙县绍川派、满田派,婺源城东派,绩溪北门派,德兴新营派等)辨证书束,并专门列《伪谱辨证》予以澄清。《辨证》称:

> 博考群书,张志和浙之金华人,以明经任录事参军、翰林待诏。亲亡不仕,流寓湖州苕、霅二溪间终焉。伪谱谓志和官至金吾大将军,自祖父弘迁居祁门,世为祁人,冒妄可笑。查伪谱所

① 参见吴建之:《张志和探微》,《东南文化》,1991年第2期,第296—298页。

集,非出一源,几属张姓各自立派系,一概收入。其鱼目混珠,真赝杂陈,不问可知矣。[①]

张志和为唐代著名的文学家,以一首《渔歌子》"西塞山前白鹭飞,桃花流水鳜鱼肥。青箬笠,绿蓑衣,斜风细雨不须归"蜚声海内外。这首词描绘了春天秀丽的水乡风光,塑造了一位渔翁的形象,赞美了渔家生活情趣,抒发了作者对大自然的热爱。张志和不但精于诗文,而且书画双绝。唐代著名书法家颜真卿在湖州做刺史时,曾与张志和有过来往,张志和酒酣之余,当着颜真卿的面,边击鼓吹笛助兴,边挥笔作画,随兴挥洒,山水云石顷刻间便出现在白绢之上。这时候围观的人极多,以至于形成了一道密不透风的人墙,众人纷纷惊叹于张志和的绝艺。张志和还是一位科学家,他的著作《玄真子外篇》卷下《涛之灵》篇论述说:"烬火为轮,其常也;非环而不可断者,疾乎连(速)也。"这就是现代光学所谓的"视觉暂留现象"。但徽州的部分张氏宗族,并不因为张志和的名气大而承认为他的后代,这倒不流俗。

且不论张志和是否为祁门人,就张志和的传奇人生,就足以让人产生仰慕之心,何况还有志书谱牒所载作为依据。所以因为张志和的缘故,后人将润田称作"张村庇",将张志和在祁门的传说也演绎得活灵活现。如传说张志和殁后 11 年,张志和的儿子张浀寻至湖州,收集父亲的著作遗物带回祁门,在润田以北数里的方家源,为张志和立了个衣冠冢,张志和的夫人李氏亦葬在这里。

张村庇在祁城西 10 余里,是一个山清水秀的小山村。旧时村中有八景,也多与张志和有关。村前朝山形为席帽,正对恩荣朝圣坊,故谓之"席帽承恩";水口为令旗护驾,山如飞凤出入相随,故谓"旌德引凤";村后坞风景秀丽,有御书楼"小壶天",故曰"壶天胜概";村前有泉,传张志和曾在泉边架亭,名曰"玄真灵泉";村溪上有桥名"张公

---

① 参见张元泮等修:《星源甲道张氏宗谱》卷三《伪谱辨证》,清乾隆三十年木活字本。

桥",桥上有亭,亭中有画,名曰"仙桂丹青";村中有莲塘,村人思念张志和而作,列有祖宗昭穆牌位,亦有张志和画像在内,故谓"莲塘昭穆";水口外野郊自古为放牧之场,称之为"东郊野牧";村口桥头,两涧相逢溪内,两岸有鱼池,故号"西涧渔歌"。[①] 惜因岁月流逝,八景不复存在。还有人认为,张村庇村口的那座山,即是《渔歌子》中所说的"西塞山"。此说未必可信,但不管怎样,倒是给小村增添了无数诗情画意。

---

① 参见安徽省社会科学界联合会、黄山市社会科学界联合会编:《徽州五千村·祁门县卷》,黄山书社 2004 年版,第 102 页。

第 四 章

五代北宋时期徽州土著文化与
汉文化的完全融合

　　五代北宋时期，汉文化主导地位在徽州得以确立，教育兴起，科举兴盛。很多徽州人仰慕佛法，出家为僧，以至徽州出了不少名僧。五代北宋统治者都很崇道，促进了徽州道教的发展。这一时期，文化与科技都取得了一定成就。北宋太宗和真宗时期曾编纂《太平广记》《太平御览》《文苑英华》《册府元龟》"四大类书"，在这四大文化工程中，徽州人就参与了其中的三项，体现了当时徽州文人在全国文化领域的重要作用和影响力。藏书、刻书也都很丰富。文学创作方面无论是本地作者，还是在徽州做官的外籍文人，抑或游历徽州的文化名人，都留下很多脍炙人口的作品。在制瓷技术、医学、植物学、建筑技术等科技领域，也都有很高的成就。北宋末，北方的靖康之乱，掀起中原士族迁徙徽州第三次高潮，有11姓迁入徽州，为南宋徽州文化的形成增添力量。

一　靖康之乱与中原人口第三次大迁徙

（一）靖康之乱与迁徽士族

北宋宣和七年（1125），金国以宋国私纳叛金降将为由攻宋。宋徽宗听到金兵南下的消息后，不敢担当领导抵抗敌人的责任，企图南逃避难，传位给太子赵桓，是为宋钦宗。靖康元年（1126）闰十一月，金军攻克汴京，宋钦宗亲自至金人军营议和，被金人拘禁。靖康二年（1127），金下令废徽、钦二帝。四月初金军带着俘获的徽、钦二帝和后妃、皇子、宗室、贵戚等3000多人北撤，宋朝皇室的宝玺、舆服、法物、礼器、浑天仪等也被搜罗一空。北宋从此灭亡，史称"靖康之乱"。南宋建立后，宋高宗不承认北宋钦宗割让河北、河东两路等承诺，与金抗衡。南宋与金的军事对抗，造成了战区人口的大量损失或逃亡，人们纷纷南迁，掀起中原人口的第三次南迁高潮，其中就有相当一部分入迁徽州。

五代时期和两宋之交的战乱，以及随后的宋金对峙，使得中原民众再次遭受浩劫。而且这次战争在时间上的持久和空间上的广阔，在我国历史上也属少见。由此引起的人口迁徙对江南很多地区都有影响，徽州同样如此。在徽州比较著名的姓氏中，在这一时期迁入的就有宋、马、赵、佘、饶、庄、杨、项、阮、孔、臧等。

宋氏　宋南渡时，少师宋氏随驾驻当涂。建炎年间奉使金国，后来死在金国。其子宋觌，补将仕郎，担任新安尉，因喜爱徽州山水，安家歙县,此即世居徽州郡城东南隅的宋氏之源。

马氏　北宋时,马咸在宣和年间任龙图直秘阁,遂宁府知府。因劝谏权臣蔡京,遭到猜忌,辞职隐居于婺源北亭山下,子孙于是定居于此。这是迁居徽州的马氏最早的一支。

赵氏　北宋金兵攻破汴梁,太宗之后秉义郎赵不忉、朝散郎赵不彼、正义大夫赵不俄都随从高宗南渡,安家歙县岩镇。而聚居于婺源湖源的赵氏,则出自宋太宗的第四子商恭靖王之后,其五世孙赵不铠为武翼郎,南渡时寓居休宁。六世赵善佑,再迁婺源之绣溪。

佘氏　宋建炎三年(1129),桃源州佘潜以进士身份担任歙县县令,因留居于此。建炎时期是南宋初建、金兵南逼的困难时期,佘潜任职之后留居于歙,正是看中了歙县相对安宁的社会环境。岩镇樟森塘佘氏,始于佘荣,佘荣是扬州人,于宋宣和年间任徽州教授。宣和三年,正当方腊起义被镇压,歙州改名为"徽州"。佘荣拟谢政回归原籍,当时徽州知州庐宗原让他参画机务,接任的知州唐作求也对其学问、能力推崇有加,竭力挽留。结果,随后的靖康之变,使扬州遭受重创,无法还乡,佘荣只好安家于歙,是歙县佘氏的又一派祖。

饶姓　宣和年间,饶弘毅任歙州教授,退职后没有回原籍,侨居祁门,也当与此时朝廷不稳、时局不靖有一定的关系。

庄姓　庄氏在徽州以歙县为多。宋绍兴年间,庄大十迁新安东关,再迁城南之浦口,又迁阳亨。从新安东关到城南之浦口,再迁阳亨,与当地的政治中心是越来越远,或许这也是在动荡岁月中保全自我的一种自然反映。

杨氏　最早来到徽州并使后代定居的杨氏是杨通,其先为庐州合肥人,绍兴元年被授徽州司户参军,太守重其才,在任六年卒。杨通去世后,其子杨清才13岁,想把父亲的灵柩送回合肥老家。适逢国都南迁,北方不安宁,不敢行,于是安家歙县。

项氏　徽州项氏入迁有前后不同的两支,其源头和入迁动因相同。西晋永嘉年间,一支项氏后裔渡江南下定居浙江会稽。南朝齐永元二年（500），项调出仕为湖州德清令，后移居淳安。这样，项氏的一支就离徽州越来越近了。后唐应顺（934）时，项绶由淳安敦福乡再迁歙县南五十里的富溪（一名坑口）；吴天祚二年（936），项绍也由淳安迁歙县南五十里的小溪（一名贵溪），歙县项氏由此始。到了宋南渡，项五一由淳安敦福乡迁休宁溪阳，是为项氏入迁徽州的第二支。吴与宋南渡，都是战乱频仍的时期，相比于淳安，歙县与休宁更处于新安江的上游深山区，对于一般民众而言，有着更为安全的生存环境，因而亦为项氏所选中。明代时项氏族人反思这些迁徙的结果时，有这样的概括："渡江以后，散居江南，惟浙与徽子孙蕃盛。"[①]正是浙江和徽州山区的相对宁静，才给予了项氏更多的庇护，才使其有了繁衍后代的良好的社会环境。

阮氏 宋南渡时，阮文彦任徽州州判，子孙安家于歙，后嗣繁衍，代不乏人，世以耕读为业，不尚荣利。阮氏在徽州人数不多，社会影响也有限，其在歙县的主要居住地是岩镇。

孔氏 宋建炎年间，孔端明为黟县令，安家歙县城南。建炎时正值南宋立国之初，金兵经常南下，且深入到钱塘江流域，孔端明虽为一县之长，在那种政局动荡的岁月，让家人留居处于深山之中的歙县，无疑是一种求全的选择。传八世后，因为家庭的田产有许多在绩溪八都，出于方便管理的考虑而析居绩溪八都。

臧氏 北宋末年的臧楷，登宣和三年进士，授歙迪功郎，于是卜居婺源疆溪，为始迁祖。

方氏 是最早迁居徽州的大姓，方储的三子方洪后裔中的一支，在晋时居桐庐，尤以白云源一支为盛。唐朝末年，为避农民起义的冲击，方羽等迁移到新安江的上游歙县丰乐河畔定居，掀起了入迁歙县的高潮。留居原地的方氏族人还有不少，到了南宋之初，又有部分族人迁入歙县。如岩寺附近的环山派始祖方念五，就是绍兴中从睦州迁

---

① 戴廷明、程尚宽：《新安名族志》后卷《项》，朱万曙等点校本，黄山书社2004年版，第542页。

居于此。又如休宁县东十五里的东山（也名下山）方氏，据《新安名族志》，是"宋南渡时，太师七十大翁随驾驻睦州清溪县万年市，子曰三翁，避乱居黄墩，越六翁始迁于此"。可见，原先散居在徽州外围区域的一些民众，在战争的威胁可能降临之时，也会采取向皖浙赣交界的大山区迁徙的集体行动。

当然，即便在北宋中期或南宋后期这些比较安宁的时期，入迁徽州的姓氏也屡载史册。如苏氏，《新安名族志》记载，北宋初年，宋太师苏易简，谪官居新安，其子苏寿，景祐中始迁休宁。苏易简其实并未"谪官居新安"，倒是他的儿子苏寿，景祐年间担任过歙州知州，《新安志》有记载，可能是苏寿的后裔才始迁休宁。又如柯氏，南宋隆兴二年（1164），柯万三任徽州教授，道德学问都得到人们的肯定，留居徽城。歙县竹溪、黄柏源及绩溪岭北四都皆出此派。又如章氏，先世居福建建安，宋丞相章得象，卜居遂安貌山，因姓命名为"章村"。南宋咸淳年间，章胜始迁歙县。章得象初迁遂安，后世再迁歙县，也符合徽州大姓的入迁规律。

（二）迁徽士族对当地的影响与融入

中原士族迁徽从汉代开始，历经晋永嘉之乱、唐黄巢起义、宋靖康之乱三个高潮，基本告一段落。其后虽然还有士族陆陆续续迁来，但已经是尾声。

中原士族迁徽，导致该地区人口激增。晋代，新安郡歙、黟、黎阳、海宁、遂安、始新六县，只有 5000 户。[1] 永嘉之乱，掀起中原士族迁徽的第一次高潮，到南朝宋时，新安郡黟、歙、海宁、遂安、始新五县，人口一下就增加到 12058 户，36651 口。[2] 唐黄巢起义前的元和年间，歙州歙、休宁、祁门、婺源、绩溪、黟六县 16754 户，到北宋前期的太平兴国年

---

① 参见房玄龄等：《晋书》卷一五，中华书局 1974 年版。
② 参见沈约：《宋书》卷三五，中华书局 1974 年版。

间为 51763 户。① 宋靖康之乱前的元丰年间,歙州歙、休宁、祁门、婺源、绩溪、黟六县为 106584 户,②到靖康之乱后的乾道八年(1172 年),徽州六县达到 120082 户。按县域来分,靖康之乱前与靖康之乱后变动如下表:

表 4-1　靖康之乱前后徽属六县人口对照表

县　属	宋天禧年间	宋乾道八年
歙　县	主 16428 户 客 　46 户	主 25534 户 客 　409 户
休宁县	主 13825 户 客 　46 户	主 19579 户
祁门县	主 5617 户 客 　304 户	主 11575 户 客 3961 户
婺源县	主 13523 户 客 1091 户	主 41955 户 客 　909 户
绩溪县	主 7787 户 客 　304 户	主 8050 户 客 　341 户
黟　县	主 6216 户 客 　433 户	主 5901 户 客 1868 户

　　总的来看,徽州的人口户数,晋永嘉之乱后增加约 1 倍,唐黄巢起义后增加 3 倍多,宋靖康之乱后增加 1 万多户。靖康之乱后人口的增加以与江西接壤的祁门、婺源两县增长较快,歙、休宁县次之,这与当时婺源、祁门、浮梁、德兴的茶叶贸易经济区高度发达的状况相吻合。晋代,徽州当地居民只有 5000 户,到宋乾道八年的 120082 户,除了正常的自然增长,移民是人口增长的主要因素。中原人口的大量增加,其文化自然而然渗透、同化和融合了当地的越文化,以至于水乳交融,

---

① 参见乐史:《太平寰宇记》卷一〇四《歙州·户》,台湾商务印书馆 1986 年文渊阁四库全书影印本。
② 参见王存:《元丰九域志》卷六,中华书局 1984 年版。

产生出以先进的中原文化为主流的新质徽州文化。

迁徽士族中谁能很好地把握和融入当地的越文化,谁就能成为豪族。以迁徽年代的早晚为前提,迁徽越早,影响越大,势力也就越强。但是,尽管方氏迁徽的时间最早,汉代就出了像方储这样的名人,由于其固守汉文化所具有的崇文风气,没有很好地与徽州当地尚武风气相融合,子孙没有起到振兴其族的作用,方氏的地位反而逊于他族。而程氏、汪氏很快融入当地社会,除了涌现梁陈之际的武将程灵洗、隋末保捍乡土的英雄汪华之外,隋末汪文进起义、黄巢战乱时程沄、程淘、程湘、程南节等结寨自保等,都是以武力为后备,成为豪族。

迁徽士族对徽州经济发展贡献大小,决定其社会地位。相对于北方来说,徽州山区经济滞后。中原士族迁入徽州,带来中原地区先进的耕作技术,为当地土地开垦和经济开发作出重大贡献,同样跻身大族行列。如东晋咸和二年鲍宏在歙县岩寺潜虬山下建造大型水利工程鲍南堨;梁普通六年(525)胡明星倾资募工,修建江柏山堨;梁大通元年吕文达筑吕堨等。

读书登第,发扬文风使自身成为大族。迁徽士族除了通过融入当地尚武之风的社会氛围和开发当地经济成为豪族势力之外,也出现类似如吴少微等以登第为契机而成为大姓的例子。宋吴儆曾说:吴氏在休宁是最大的族姓,虽然没有统一的大宗,但散居在县境内的宗族派别有十多个。小族有数十家,大族数百家聚居。有的从事经济生产,致富乡里,成为大族;有的读书登第,光耀门楣,成为名族。尤其读书登第,比其他姓都多。也有隐居不仕或者读书未能考中进士,也都清风厚德,学问懿行,足以为人师表。①

方氏是迁入徽州最早的士族,至北宋在徽州已经定居一千多年。在与本地居民的融合中,开始本土化。同时延续着商周宗法制度和魏唐门阀世家大族制度,聚族而居,在族内实行宗族管理。尤其对本族

---

① 参见吴儆:《吴文肃公集》卷一一《隐微斋记》,台湾商务印书馆 1986 年文渊阁四库全书影印本。

名人方储的崇拜,使得宗族凝聚力愈加紧密。唐监察御史张文成称:方储"生平之日,羽驾乘空,仙游之时,蝉脱而去,咸以公为仙化,莫知所归,共建祠堂,以时祭享"。① 所谓"仙化",其实是对方储的神化。淳安县(原歙县东乡)当地传说,无论大旱或是洪涝,也不管是官府还是民间,只要到方储祠堂去祈祷,无不感应。每年春夏之交,邻近的地区都有瘟疫,唯有淳安没有疾病,都是因为方储护佑的功劳。于是称方储祠堂为"方仙翁庙"。宋政和七年,徽宗赐以"真应庙"额。② 方储祠堂一直是方氏子孙集结的场所,每年仲春三日诞辰,方氏各派子孙共同到真应庙行祭拜礼,读祝升歌,大家相聚畅饮,欢洽而散③。迁徽方氏也开始逐步向近世宗族制度过渡。

在与当地土著的共同生活中,当地人好武习战、易动难安的民族习性同样也影响了方氏士族。北宋末,方氏族人方腊造反,就是一个很好的说明。有象征意义的是,方腊起义是以打击宗族势力开始的,也是在宗族势力的打击下结束的。宗族在变乱中,有极强的应变能力和复制再造能力。《柘田分派世系》方愚小传载:"宣和之难,奉亲避于穷山,兄弟被戮,室庐灰烬,创兴于平复之后,葺墓修谱,追溯渊源,后世赖以传焉。"④方腊对柘田本家的叛逆和打击,也可见于方愚的谱序:"蒙又以族系日繁不可具载方册,略书世代名行纪于家谱之后,自元英先生干以来至我高祖承之,祖行共十一世,叙成一图,传宗人之家各图诸壁,庶几举目知敬,不幸贼炬一焚,悉为煨烬。"⑤谱图付之一炬,这是方腊对宗族统治的宣战和讨伐。柘田方氏在经历方腊和宋兵的双重打击之后,迅速地重建宗族统治,方愚小传所称"葺墓修谱"就是宗法统治重建的象征。

---

① 方善祖总修:《方氏会宗统谱》卷一八《碑记·后汉故大匠卿兼洛阳令加拜太常卿黟县侯赠尚书令丹阳方氏之碑》,乾隆十八年刻本。
② 方善祖总修:《方氏会宗统谱》卷一七《庙额·敕赐黟县侯庙额》,乾隆十八年刻本。
③ 参见方善祖总修:《方氏会宗统谱》卷一七《庙额·敕赐黟县侯庙额》,乾隆十八年刻本。
④ 方善祖总修:《方氏会宗统谱》卷一四,乾隆十八年刻本。
⑤ 《续修柘源方氏宗谱》,明天顺刻本。

二　徽州经济的全面开发

（一）五代北宋时期的重赋

陶雅担任歙州刺史，歙州四邻都不属吴国所有。钱镠以杭州、睦州扼其东南；钟传以饶州当其西；汪武割婺源县为顺义军鲠其侧。陶雅以一州之力对付三方强敌，在郡20余年，战事不断。西伐钟传，攻打汪武，东南袭击钱镠。为了筹集军饷，陶雅不得不大量增加歙州的赋税。宋人罗愿把五代歙州属县的田赋同邻县田赋作了如下比较：[①]

表 4-2　五代歙州辖县与邻县田赋比较表

歙州辖县	夏税（钱）			秋苗税（米）			邻县	夏税（钱）			秋苗税（米）		
	上	中	下	上	中	下		上	中	下	上	中	下
歙县	200文	150文	100文	2斗2升	1斗7升	1斗3升3合	太平	12文～9文			1斗3升9合～1斗5升		
休宁	同上	同上	同上	同上	同上	同上	开化	7文～4文8分			4升4合～3升		
祁门	同上	同上	同上	同上	同上	同上	浮梁	24文～14文			5升5合～3升3合		
黟县	同上	同上	同上	同上	同上	同上	石埭	12文～8文			1斗1升7合～6升5合		
绩溪	同上	同上	同上	同上	同上	同上	旌德	60文～40文			1斗8升8合～1斗4升		
婺源	42文	40文	38文	4升2合	4升	3升8合	乐平	13文～9文			3升8合～2升8合		

[①]　参见罗愿：《新安志》卷二《税则》，清光绪十四年重刊本。

歙州所辖五县分别比相邻县的田赋高出数倍,歙县、黟县竟然比相邻接壤的太平县、石埭县高出 15 倍,田赋之重可见一斑。婺源县原属汪武的顺义军,天复三年(903)十二月才被陶雅收复,田赋较歙州其他五县为轻,但同相邻接壤的乐平县比较,也高出 3 倍,可见陶雅占据婺源县以后,对婺源县也增加了田赋。

田赋之重,陶雅尤嫌不足,又增加了三色杂钱:盐钱、曲钱和脚钱。所谓盐钱,是吴初官府按照人口配给淮南食盐,又按人口定时收取数倍于盐价的钱;所谓曲钱,是官府配给百姓的酒曲,令民酿酒,同时高额收取曲钱;所谓脚钱,实际是一种商税,即按每一贯值收税钱五十文供衙役解差之用,脚钱又称“现钱”。南唐承吴重赋,有过之而无不及,征敛更无节度,甚至歙州的砚、墨都设有专务征收上贡,并专门设“澄心堂”用以储存歙州的贡纸。北宋亦然,且酒酤在官,不再向老百姓输送酒曲,但曲钱还得交。《续资治通鉴长编》记载,大中祥符四年(1011)六月,由于每年从歙州征收“宣敕大纸,其数甚多”,连宋真宗都觉得“颇劳民力”,要求三司减免。大中祥符八年(1015),由于朝廷挥霍无度,国库亏空,统治者解决财政赤字的办法,则是“以饶、歙等州及诸路所贡充还”。① 正如宋人沈括所指出的那样,五代、北宋时期歙州、福州受到高课税政策的压榨,赋役和苛捐杂税均重于其他地区。②

如此重赋,歙州人民怎么负担得起呢?杨行密幕僚说“歙州地狭而人富”。③ 看来之所以陶雅能够如此重赋盘剥,而且南唐、北宋能够延续下来,也的确是因为歙州有“油水”可供其搜刮。从另一个角度考察,这与五代、北宋时期歙州农耕经济的深度开发和山区经济多种经营的发达是分不开的。

(二)农业经济的深度开发

晋南北朝时期,徽州地区从事农耕经济开发主要是迁徽士族,前

---

① 李焘:《续资治通鉴长编》卷七六、八五,中华书局点校本 1979 年版。
② 参见罗愿:《新安志》卷二《贡赋·夏税物帛》,清光绪十四年重刊本。
③ 参见罗愿:《新安志》卷二《税则》,清光绪十四年重刊本。

述东晋咸和二年鲍弘建鲍南堨、梁普通六年胡明星修江柏山堨、梁大通元年吕文达修吕堨,就是很好的例子。隋唐时期,迁徽士族继续其开发的力度,尤其是唐末五代和北宋时期,相对于北方战乱的破坏,徽州相对处于安定的状况,士族和地方政府投入大量精力开发经济,使得山区农耕经济得到深度开发。①

歙县沙溪村南附近有很多荒地,唐光启年间凌氏迁居此地,随山形地势,兴修水利,在小溪上流筑堰濬渠,并命名为"皇呈渠",开拓荒地为沃土。五代南唐时,徐姓卜居朱吴村,又与凌姓共同开发,立有分水界石。② 南唐时,罗秋隐、罗文昌兄弟携族定居当时空荒之地的歙县呈坎,宋以后发展成前罗、后罗两支,宗族兴旺。熙宁年间,歙县郑德成因开创了各有数十亩的三座水塘,被称为"三塘居士"。③ 休宁的黄何,疏浚和重修乡里的清陂,灌溉田地 1000 余亩。④

如果说晋南北朝、隋唐时期士族的经济开发,主要还在农耕条件较好的祁门盆地、黟县盆地、休歙盆地和绩溪县盆地,那么到了五代北宋时期,士族的经济开发则进一步向山区挺进。⑤

唐代,率水流域还是"山洞幽深、溪滩险峻"的半开发地区。率水横贯休宁西南部分,全长 148.2 公里,是新安江最大的支流。溪口以上为率水上游,两岸山势陡峭,河谷窄深,仅通竹筏。唐代黄巢战乱,陈氏迁徽始祖陈禧避乱,沿桐庐县溯流而上,至休宁县西乡藤溪里。爱其溪山清奇,因安家于此。其后子孙繁衍,一村无二姓。故人称藤溪为"陈村"。陈禧为一介布衣,在藤溪开荒拓土,在传播农业生产技术方面作出了贡献,死后当地百姓在其墓前建庙祭祀,称他为"树艺之田

---

① 斯波义信:《宋代徽州地域的开发》,《徽州社会经济史研究译文集》,黄山书社 1987 年版。
② 凌应秋:《沙溪集略》卷二《水利》,《中国地方志集成·乡镇志专辑》,江苏古籍出版社影印本。
③ 戴廷明、程尚宽:《新安名族志·郑》,朱万曙等点校本,黄山书社 2004 年版,第 446 页。
④ 参见程珌:《洺水集》卷一五,台湾商务印书馆 1986 年文渊阁四库全书影印本。
⑤ 张宪华对唐末五代时期,迁徽士族在徽州山区的经济开发有专门的研究,撰有《唐末五代徽州的北方移民与经济开发》一文,发表于《安徽师范大学学报》2006 年第 6 期,第 72—76 页。以下所述,主要依据该文的研究成果。

祖"①。陈禧庙明代犹存,反映出他在休宁南乡的久远影响。此外,黄墩程氏在程沄领导下,分迁休宁东南,一批分布在率水支流颜公溪方向,一批分布于新安江支流汊水方向,建立宗族定居点。② 今天的会里、山斗、汊口等程姓村庄就是当时创建的。五城、龙湾一带地势开阔,水利条件良好。程氏从黄墩老基地迁入新的发展地,参加了率水流域的开发。

婺源县西南比较宽阔,东北则多依大山之麓。例如旃坑,在婺源县东 70 里。自从江董携子迁入,婺源萧江分别在江湾、旃源和龙尾,发展为巨族。光绪《婺源县志》记载唐末张彻"卜居本邑甲道,专务种植,遂致素封。乐善好施,积而能散"。可见张彻不仅以开发经营致富,而且以儒家伦理体恤民艰。可以想见,许多张彻类型的移民家族,他们利用山麓的山塘和溪流的水源,小规模地、分散地进行农业开发。如果累加起来,其土地开发的总量也不容小觑。

唐末以来,皖南发生多次战争,流寓境内的北方士兵特别多。据记载,进入婺源的士兵数目不少。陶雅收复婺源后,因为婺源是当时全国最主要的茶市,命朱瓌领兵三千守护,制置茶院。南唐昇元二年(938),以刘津为都制置使,巡辖婺源、浮梁、德兴、祁门四县,在西湖构筑新城,刘津领关西卒 1500 人在此镇守。由于当地土地荒芜,于是招募流浪百姓,开垦荒地。同时将军队分成五个营屯田,称武溪香田、思溪大田、激溪车田、浮溪言田、古溪丰田,其他如杨田、梅田、长田、罗田、冲田、仰田,凡以田名者,都是屯田之处。当时国家分裂,关西卒不能回家,长久留在婺源耕戍。于是政府便将耕地分给兵卒,成为他们的财产,使他们转化为乡居农民,为当地开发提供了劳动人手。后来婺源城西刘氏,都是刘津后裔。

迁入祁门南乡的谢铨,仕南唐银青光禄大夫、金吾大将军,号称"金吾谢氏"。今祁门县乔山乡,相传为谢铨之孙乔山居地得名。乔山

---

① 陈栎:《定宇集》卷一一《陈氏谱略》,台湾商务印书馆 1986 年文渊阁四库全书影印本。
② 参见程珌:《洺水集》卷一〇《程用之墓志铭》,台湾商务印书馆 1986 年文渊阁四库全书影印本。

村坐落于地势宽平、水流环绕的山间盆地,尚保存南唐建筑单孔石拱桥三座遗址,透露出移民在此修桥筑路、经营开发的情景。而在祁门山区,当地百姓为了开拓田地,在高山之上石砌梯田,以至于有"徽民凿山而田,高耘入云者,十倍其力"的记述。[①]

高山梯田

北宋结束了全国割据的局面,消除了南、北方交通的障碍,各地农民得以彼此交流培育农作物的经验。作物品种的交流,亩产量的提高,复种技术的推广也使得徽州农耕经济得到深度发展。例如"占城稻"原产于越南中南部,北宋初年首先传入我国福建地区。占城稻耐旱,适应性强,生长期短,适于普遍种植,从而扩大稻的栽种面积,歙州当时就引进了这种稻种。《新安志》记载:"占禾本出于占城国,其种宜旱。大中祥符五年(1012),诏遣使福建取三万斛,并出种法而布之江、淮、浙之间,亦曰旱稻。"[②]徽州当地还培育出许多优良稻种。北宋仁宗时,绩溪杨溪葛琳与王安石相好,王安石有一次问葛琳:"仙乡产何佳品?"葛回答:"惟香白粲为佳。"后来王安石过绩溪,拜访葛琳,葛琳不在家,于是王安石在其宅居壁上题了一首诗:"桥横葛仙陂,住近杨雄宅。主人胡不归,为我爨香白。"[③]东晋南朝以来,经过早期开发,徽州盛产一种早熟籼稻——桃花

---

①　方岳:《秋崖先生小稿》卷三八《徽州平粜仓记》,台湾商务印书馆 1986 年文渊阁四库全书影印本。

②　罗愿:《新安志》卷二《谷粟》,清光绪十四年重刊本。

③　席存泰:嘉庆《绩溪县志》卷一一《艺文》,卷一二《杂志·拾遗》,清嘉庆十五年刻本。

米,特征是谷粒微红,米粒正白,为饭香软。现在,葛氏在迁入地杨溪生产出"香白粲"的上等白米,可能是米质黏性较强的粳稻。

(三)文房四宝生产的高度发达

徽州境内的山地及丘陵占十分之九,峰峦叠嶂,山势陡峻,开发艰难。由于自然条件恶劣,生产能力低下,虽经徽州人民的辛勤开发,用力甚勤,但所得甚寡。一亩地的收入往往抵不上苏州、湖州等富庶地区的一半,靠农耕收入是不可能富起来的。五代、北宋以后,随着人口的增多,百分之七十的食粮仰赖江西和江浙供给。为了获得换取食粮的货币,徽州人充分利用当地自然地理特点,开展多种经营,尤以造纸、制墨、制砚、制笔文房四宝手工生产最为发达,形成特色。

"文房"之名起源于南北朝,当时所谓"文房",是指国家典掌文翰之处。唐宋以后,文房则专指文人书房而言,南唐后主李煜所藏的书画皆押有"建业文房之印"。北宋雍熙三年(986),翰林学士苏易简撰《文房四谱》,分笔、砚、纸、墨卷,分别记载笔、砚、纸、墨的历史和发展情况。故文房从此有"四谱"之名。北宋梅尧臣作《九月六日登舟再和潘歙州纸砚》:"文房四宝出二郡,迩来赏爱君与予。予传澄心古纸样,君使制之精意余。自兹重咏南堂纸,将今世人知首尾。又得水底碧玉腴,溪匠畏持如抱魋。拜贶双珍不可辞,年衰只怕歔欷鬼。"[①]这是"文房四宝"一词的首次出现。

造纸 唐代,纸为歙州贡品之一。到了五代,造纸工艺不断提高,所制纸,长的可以五十尺一幅,首尾匀薄如一,苏易简《文房四谱》记载这种纸的做法是,先是将楮书皮整理干净,然后将楮书浸泡在长船中,数十人抄取纸浆,旁边一人敲鼓,大家随着鼓的节奏共同抄浆。纸浆抄出来以后,用大熏笼围在四周烘干,不用上墙壁晾干。一些山民甚至以纸为衣。南唐后主李煜擅诗词书画,长期视歙州进贡的纸如至

---

① 梅尧臣:《宛陵集》卷三六,吉林出版集团有限责任公司 2005 年版。

宝,特辟"澄心堂"来贮藏。南唐覆亡,澄心堂纸落至北宋一些诗人、画家和文学家手中,一时名声大噪,梅尧臣赋诗称赞"滑如春冰密如茧"[①]。欧阳修、苏东坡、宋敏求也曾作诗相赞。宋诗人刘敞从宫中得到百枚澄心堂纸,即赋诗志喜:"当时百金售一幅,澄心堂中千万轴……流落人间万无一,我从故府得百枚。"[②]宋文学家欧阳修得澄心堂纸十枚时,亦惊叹不已:"君家虽有澄心堂,有谁下笔知谁哉……君从何处得此纸?纯坚莹腻卷百枚。"[③]

北宋时期,歙州已经成为全国的造纸中心之一,仅上贡纸每年就

造纸流程

①　梅尧臣:《永叔寄澄心堂纸二副》,《宋诗钞》卷八,中华书局点校本1984年版。
②　刘敞:《公是集》卷一七《澄心堂纸》,台湾商务印书馆1986年文渊阁四库全书影印本。
③　欧阳修:《文忠集》卷五《和刘原父澄心堂纸》,台湾商务印书馆1986年文渊阁四库全书影印本。

需 448632 张,其中还不包括学士院和右漕要纸以及盐、茶、钞引用纸。歙州纸有麦光、白滑、冰翼、凝霜等各种名称。歙县、绩溪之间,有一个叫做"龙须"的地方,专门出产一种龙须纸,质量很高,很有名气。罗愿解释说:"大抵新安之水,清澈见底,利以沤楮,故纸之成,振之似玉雪者,水色所为也。其岁晏,敲冰为之者,益坚韧而佳。"①

以澄心堂纸为代表的徽纸,质地硬密,光亮呈半透明,防蛀抗水,颜色美丽,寿命很长,虽历千年,犹如新制。正因如此,许多传世之作以徽纸为载体承传千年仍闪耀历史的光彩。五代十国时著名画家董源的《庐山图》《夏山林木图》《溪山风雨图》、宋代著名画家李公麟的《五马图》、宋代宋祁与欧阳修合撰的《新唐书》、欧阳修独撰的《新五代史》、宋版《汉书》、蔡君谟手迹前后二束,均取用澄心堂纸而作。

制墨 徽墨起始于唐末,河北易水名墨工奚超率子廷珪南渡至歙县,见地灵松郁水质好,遂留居重操墨业。奚氏父子所制松烟墨质量上乘,受南唐后主李煜赏识,赐其国姓李,擢廷珪为墨务官。《墨史》载李廷珪墨"其坚如玉,其文如犀,写数十幅不逾一二分也。常侍徐铉为太简言:幼年尝得李超墨一挺,长不过尺,细裁如筋,与弟锴共用之,日书不下五千字,凡十年乃尽。磨处边际有刃,可以裁纸"。② 李氏为制墨世家,廷珪弟廷宽,廷宽子承宴,孙文用,曾孙仲宣,玄孙惟益、惟庆皆承祖业。李氏世家之墨;通称"李墨",名品有供御香墨、新安香墨、或以名字命名如歙州供进李承宴墨、歙州供进墨务官李惟庆墨等。南唐国破,宫中李墨悉为宋室所得,宋帝宴请近臣,总以李墨赐之,宫室人等尽行糟蹋。到宋宣和年间已是黄金易得,李墨难求。

宋代,制墨高手激增。元陶宗仪《辍耕录》及明麻三衡《墨志》两书载宋熙宁至宣和年间,制墨业风头甚健的人物有 60 余人,其中制墨艺术成就更为引人瞩目的有张遇、潘谷、吴滋、戴彦衡、高景修、张谷、沈珪等人。张遇,宋熙宁、元丰年间著名墨工,以制"供御墨"闻名于世。

① 罗愿:《新安志》卷十《杂记·纸》,清光绪十四年重刊本。
② 陆友:《墨史》卷上,台湾商务印书馆 1986 年文渊阁四库全书影印本。

他用油烟入脑麝、金箔,制成龙香剂墨,为时人所乐用。连金国章宗宫中亦常买他的麝香小御团墨,烧去松烟,作画眉用,谓之"画眉墨"。宋代收藏家视张墨为瑰宝而争相购置。其子张谷、孙张处厚,都是在其直接传授下的制墨名工。潘谷,宋元祐时歙人,他所制松丸、狻猊、枢廷东阁、九子墨等墨,被称为"墨中神品"。北宋时,京城相国寺每月五次开放"万姓交易所",潘谷墨常是文人争购之物,其"香彻肌骨,磨研至尽而香不衰"①的特点成为吸引识者之处,故以翰墨因缘与潘谷成为至交的宋代大文学家、书画家苏东坡,极力称赞制墨"妙手惟潘翁"。潘谷还精于辨墨,凡墨经他一摸,即知精粗。他死后,苏东坡作诗悼之,其中两句"一朝入海寻李白,空看人间画墨仙"②,以诗仙李白比之潘谷,称为"墨仙"。北宋大观年间,名工高庆和以松枝蘸漆烧烟,又掺入三分之一的"三韩贡墨",制成漆烟再和墨,成为徽墨史上的首创。北宋制墨,在制造范围、制墨高手、采用原料、加工艺术等各方面,都比南唐有较大发展。

制砚　唐以后,歙砚备受重视。五代后梁太祖朱温于开平二年(908),曾赐给宰相张文蔚和杨涉等各一方龙鳞月砚。《清异录》称"龙鳞月砚,歙产也"。所谓龙鳞指砚石纹如龙鳞,而月砚,则指形状如月。歙砚在此时已成为御赐品,可见其珍重程度。苏东坡有一方歙砚,底部款识表明其制于吴顺义元年(921),且有处士汪少微铭"松操凝烟,楮英铺雪,毫颖如飞,人间五绝"。苏东坡自己说:"所颂者三物耳,盖所谓砚与少微为五耶!"意即墨、纸、笔加上砚与制砚者汪少微,合为五绝。③

南唐时期,歙砚进一步得到宠遇。宋代任婺源县令的唐积于治平三年(1066)所著《歙州砚谱》记载:南唐元宗李璟精意翰墨,雅爱文房,见歙州太守所呈歙砚,石色青莹,石理缜密,坚润如玉,发墨如油,十分喜爱,遂在歙州设置砚务,擢砚工李少微为砚务官。李少微也成为最早见于记

---

① 陆友:《墨史》卷中,台湾商务印书馆1986年文渊阁四库全书影印本。
② 陆友:《墨史》卷中,台湾商务印书馆1986年文渊阁四库全书影印本。
③ 罗愿:《新安志》卷一〇《杂记·砚》,清光绪十四年重刊本。

载的歙砚制砚名工。李少微所刻歙砚中有"砚山"一方,奇峰耸立,山水相依,亦是最早见于记载的名砚。李璟还令石工周全拜李少微为师,他与李少微之孙李明,即是继李少微之后的歙砚名工。随后砚工增益颇多,县城有三姓四家十一人。刘姓两家六人,为刘大(名福诚)、刘三、刘四、刘五、刘六,刘二单为一家;周姓一家四人,周四(即周全)、周二(名进诚)、周小四、周三(名进昌);朱姓一家一人,朱三(名明)。灵属里一姓三家六人,一家为戴二(名义和)、戴三、戴五、戴六,一家为戴大(名文宗),一家为戴四(名义诚);大容里济口有三姓四人,为方七(名守宗)、方庆子、胡三(名嵩兴)、汪大(号汪王二)。帝王新设置砚务官督理采制歙石歙砚,当是前无古人的盛举。这是歙砚最辉煌的时代,也是中国砚史上最辉煌的一页。宋代文学家欧阳修有一方自用20年的歙砚,"四方而平浅者,南唐官砚也,其石尤精",深得欧阳修的珍爱。[①]《砚谱》记载李后主一方青石歙砚,墨池中有黄石如弹丸,水常满,终日用之不耗,每以自随。歙县博物馆今仍收藏的五代风字抄手砚,外形同"风"字,砚堂前低后高,与墨池连成一坡度,背面为抄手式,有细直眉纹。

到了北宋,歙砚进入大发展的时期。宋景裕年间和嘉祐年间,钱仙芝、王君玉先后任歙州太守,督理采石雕刻歙砚。钱仙芝知歙州时,歙砚已停产50多年。他查访到歙砚产坑已被河水淹没,汇成大溪,当即与婺源县令曹平一起,采取措施,将大溪移还故道,并命曹县令主持重新开采,形成规模。王君玉继任歙州太守后,继续开采歙石,命县尉刁璆主持。大规模的开采,遂不断涌现歙砚精品。黄山谷曾作《砚山行》一诗,描绘了歙砚石产地地理环境、砚石品种、石质品位及砚石开采状况。北宋时,歙砚佳品甚多。书法家米芾《砚史》载有:"赵光弼砚,绿如袍,点如紫金,斑斑匀布,无罗纹;周昌谔砚,青罗纹,一星,金紫色,如鹅眼,最奇;金丝罗纹砚,半金半黑,光彩异常。"苏轼《东坡杂说》记载:"昙秀龙尾石砚,制以拱璧,而以阙月为池,涩不留笔,滑不拒

---

① 陶宗仪:《说郛》卷八八下《南唐砚》,上海古籍出版社1990年版影印本。

墨;段君璵风砚,大中祥符二年铅山观音院僧令休手琢,钱希白铭刻'荒灵'二字。"高似孙转《唐录》载:"翰林叶道卿砚,色淡青,如秋雨新霁,远望暮天,表里莹洁,无纹里,石之美者,得于歙,今不复有;殿丞崔岷砚,金钱环匝,池中有金鱼,心有金云;校理钱仙其二砚,一有金月,下有云翼之,一有金斗星,二云左右之,色颇青。"北宋末年何远《春渚纪闻》载:"涵星研,龙尾溪石,'风'字样下有二足,琢之甚薄。"[①]

制笔　徽州出笔,首见黄庭坚《山谷笔说》,其载:"歙州吕道人非为贫而作笔,故能工。黟县吕大渊心悟韦仲将作笔法,为余作大小笔20余支,无不可人意。见余家有割余狨毛,以手撼之,其毫能触人手,则以作丁香笔,今试作大小字,周旋可人,亦是古今作笔者未知也。"[②]罗愿《新安志》也记载:"旧别有四宝堂,以郡出文房四宝为义"。[③] 南宋宝祐年间,徽州知府谢墍与宋理宗赵昀有亲戚关系,每年都要向理宗进贡徽州生产的澄心堂纸、李廷珪墨、汪伯立笔和羊头岭古坑砚四种文房珍品,被称作"新安四宝"。

汪伯立笔制作精细,以精挑的毫毛作笔头,锋长腰直,锐利如锥。羊毫以细嫩尖锋为好;兔毫长而锐,秋取健,冬取坚;黄鼠狼尾毫以冬尾为最,尤以北尾见长。用作笔杆的原料也很讲究,一般以竹木制成,亦有以象牙、犀角为之。笔杆长约五寸,前端制成空管,将制好的笔头嵌于笔管中。制成的笔,锋长、毫细、管小、跗齐。

汪伯立笔的制作,主要经水盆、结头、装套、择笔、刻字等

汪伯立笔(仿制品)

---

① 转见《新安志》卷一〇《杂说·砚》,清光绪十四年重刊本。

② 黄庭坚:《山谷集·别集》卷六,台湾商务印书馆1986年文渊阁四库全书影印本。

③ 罗愿:《新安志》卷一《官府》,清光绪十四年重刊本。

工序。水盆,主要是选毫、齐毫和造型,水盆工在水中按毫的长短粗细梳理分类,如是兔毫,则要将紫毫、花毫、白毫分别选出,再按每个笔头的分量进行组合,制成刀片状,称为"刀头毛";然后进一步在水中梳选,剔除不合格毫,再按长短排列、梳直,根部拍齐;接着将拍齐的毫毛卷合成笔头,谓之"造型"。结头,把初步成型并晾干的笔头在根部用丝线结扎,再以黏合剂胶合,要求紧固,不使有一根毛脱下,底部须平整,笔锋尖锐,线箍深浅适当。装套,把笔头装进笔管,配好笔套。笔管笔套须事先拣选,剔除干裂、虫蛀、粗细不匀或皮色苍老者,按颜色、粗细、长度,分成各种档次。装套第一步,将竹管内侧用刀滚动挖出大小深浅与笔头根部相适应的空洞;然后按规格对号找出笔头,在根部蘸上生漆之类的黏合剂;再装入笔管,使两者牢牢胶住,遂制出半成品的笔坯。择笔,又称修笔,将笔头加淡胶择抹定型,同时对前几道工序所留疵病加以弥补修正,最终抹成光、齐、圆、尖的笔头。刻字,即在笔杆上刻上笔名及制笔者名,采取单刀或双刀两种刀法。刻完字后抹色,再粘贴商标,进行包装,等等。

三 汉文化主导地位在徽州的确立

(一) 徽州教育的崛起[①]

南唐的教育体系仿自唐朝,由于朝廷的提倡,州县设官学,教育向下层普及。北宋初期,天下初定,州县都不重视学校,官学不兴。直到范仲淹向朝廷建议兴学,庆历四年(1044),诏令天下郡县建学,并更定科举法。但徽州的官学自唐代就有,一直延续到宋初,没有受到战乱的影响。

[①] "徽州教育的崛起"、"徽州科举的兴盛"两节参考了李琳琦:《徽州教育》第一章《宋元时期的徽州教育》的研究成果,安徽人民出版社 2005 年版,第 1—31 页。

弘治《徽州府志》记载:"本府在唐,郡县皆置学,故前志载州之庙学自唐及宋在城东北隅是已。"①太平兴国三年(978),知州苏德祥迁州学于罗城东门内街乌聊山上,景德三年(1006)曾经修葺。由于乌聊山山高地狭,嘉祐四年(1059)将州学迁到城南门内。熙宁四年(1071),又因为城南门内靠近练江边上,地势低洼,每当洪水季节,常常遭水淹,又将州学迁回乌聊山。元祐初,再次将州学迁回城南门内。绍圣二年(1095),州学迁城东北隅。宣和二年(1120),方腊起义,州学被焚毁。南宋绍兴十一年(1141),知州汪藻按"左庙右学"的规制复建州学。

除州学外,六县县学也相继设立。歙县县学建于南唐保大八年(950),学址在县南。宋初,因歙县是州治所在地,县学附于州学,不另立。黟县在宋初就有学。祁门县学建于端拱年间,知县张式建。婺源县学原来在县城西,休宁县学原在县城南一里。庆历四年,诏令建学时,均在县城东重建。绩溪县学也建于此时。

徽州的开发比中原和江南其他地区晚,但官学在北宋的发展却非常迅速,主要得益于地方官对教育的重视。宋仁宗和英宗都将歙州列为"民事繁剧"的大州,并诏令"守臣尤当审择",适宜从中书舍人中选精干的能臣充任。② 所以当时的地方官大多为儒臣,尤其重视教育,上任后首先抓兴学。咸平年间担任歙州知州的进士季维,到任后第一件事就是修学舍,实行乡射之礼。绍圣二年以朝散郎担任歙州知州的黄浩,到任后先到学庙拜谒孔子像,升堂诵《周礼》。并告谕州民送子弟入学读书,修建学舍。第二年,歙州就有 10 人考中进士。

书院是中国封建社会特有的教育组织形式,书院数量的多少成为衡量一个地区教育程度和学术发展水平的标志之一。北宋徽州官学教育兴起之时,书院也同样建立起来。北宋时期,徽州建有 4 所书院,绩溪县、婺源县各 2 所。民国《明经胡氏龙井派宗谱》记载,北宋开宝八年,绩溪县令胡延进曾经将自己的儿子胡忠送到龙井开蒙读书,可见当时龙井

---

① 汪舜民:《徽州府志》卷五《学校》,上海古籍书店 1964 年明弘治十五年影印本。
② 参见罗愿:《新安志》卷九《叙牧守》,清光绪十四年重刊本。

的教育风气浓郁,教育水平也很不错。景德四年(1007),胡忠留恋早年学习过的地方,携家眷从浙江建德迁居龙川,在村中办起桂枝书院,以"兴一乡儒学,育一族之英"为宗旨,聚集当地名贤共同研讨儒家经典,为胡氏宗族培养人才。桂枝书院也成为徽州最早的书院。乐山书院位于绩溪县沉山,政和年间邑人许润建。许润博学洽闻,累试进士不就,于是在沉山构筑乐山书院及天月亭,时与文人讲道其中。又构南楼数楹,用以登览,有诗文传世。① 婺源县龙川书院,天禧年间邑人张舜臣建。② 婺源县"四有室",在大畈村,原来是北宋末年里人汪绍所建的义学,用来教授乡里子弟。靖康末,其子西京文学汪存辞官归里,招延四方之士讲学,于是演变成书院。北宋时期,徽州书院还处于初创阶段,学习制度、教学方式、讲学形式等都还没有完全确定。

　　蒙学教育是徽州教育重要的组成部分,也是徽州教育最具特色的一个方面。唐代以前,正规的小学教育乃是贵族的特权,直到北宋,这种情形才得到较大的改观。北宋朝廷曾明令在地方设立小学,并有小学章程出现。宋仁宗至和二年(1055)有《京兆府小学规》的颁布。宋神宗熙宁四年,诏令诸州设置小学教授。宋徽宗崇宁元年(1102),令州县置小学。崇宁五年(1106)又诏令小学隶属官学。政和四年,再次颁发小学条例,对地方小学的建置及管理进行了具体规定。③ 北宋朝廷的规定在徽州得到了很好的实施,当时的绩溪县龙井村一带的乡村教育水平就很高,使得绩溪县令胡延进肯将自己的儿子胡忠送到龙井去读书。

蒙学教材《珠玑杂字》书影

　　珠玑杂字
　　今具支用　帐月分明,对面算过
　　零碎凑还　减除饶让　净欠撞足
　　酒麴豆腐　油盐酱醋　桐子皮漆
　　芝蔴麦粟　赤白乌豆　糙米糯穀
　　皮叶茶盐　酒糟酒醅　桐籬蔴餅
　　徽郡乙照斋梓行

────────

① 参见赵吉士:《徽州府志》卷一五《隐逸传》,清康熙三十八年刻本。
② 参见江峰青:《重修婺源县志》卷七《书舍》,民国十四年刻本。
③ 参见徐松:《宋会要辑稿·崇儒》二之一一,中华书局1957年版。

　　虽有官办小学的设置，但蒙学教育的实施仍然主要依靠民间自己的力量。官办小学设置的同时，徽州地区出现了一系列私家创办的蒙学教育机构，如家学、塾馆、塾学、家塾、义学、义塾等。从教育和受教育两方面来看，这些私家创办的蒙学教育机构可以分为三种类型：一种是由家长对子弟实施的教育，称之为"家学"。如婺源县胡绍，从小就很爱学习。嘉祐年间，著名学者林希担任歙州的考试官，推荐胡绍的文章为第一。礼部尚书品鉴各州推荐上来的文章，又以胡绍的文章为第一。后任剡州主簿。晚年在家教育三个儿子胡伸、胡伟、胡伋，胡伸、胡伋同时考中绍圣四年（1097）进士。绩溪县胡咸，熙宁、元丰年间在太学讲学十多年，后来与教官不和，称病回乡。在家中督促、教授子弟读书，不数年，他的儿子舜陟、舜举相继考中进士。第二种是延师设馆教育子弟，称之为"塾馆""塾学""私塾""家塾"等。第三种是由"好义"人士创办，延师教育贫寒的宗族及乡里子弟，称之为"义学""义塾"。作为学校的义学，通常被认为起源于宋代。据记载："义学始于宋，若衡阳侯氏、建昌洪氏、婺源王氏、莆田林氏。而范文正公特建于姑苏之太平山，立斋庙、祀孔子，由是兴起，四方学者归焉。"[①]可见北宋徽州就有义学的存在。康熙《徽州府志·隐逸》记载：北宋婺源汪绍"辟义学教授乡里子弟，名曰'四友堂'，割田三百亩以充膳费，四方学者踵至"。赵汸在《商山书院学田记》中认为，徽州被称为"东南邹鲁"，时间在北宋的政和、宣和年间。婺源汪绍建四友堂，接待四方的学者。他的儿子汪存遂则以"明经"教授学生，被称为"四友先生"。当时的一些名士如金安节、胡伸等都是出自"四友先生"的门下。[②]

（二）徽州科举的兴盛

　　南唐初期，实行选拔制，政权稳定后，选拔制度被成熟的科举制度所取代。北宋开始，经学、教育和科举三位一体紧密结合，将教育的功

---

① 冀霖：《义学记》，《赣州府志》卷二六《书院》，清同治十二年刊本。
② 赵汸：《东山存稿》卷四，台湾商务印书馆 1986 年文渊阁四库全书影印本。

能简单地与仕途相联系,使教育成为科举培养人才的过程,沦为科举附庸,通过科举入仕也成为读书人的唯一出路。而通过科举跃入龙门,以光大门楣,重现世家大族昔日的光辉,也成了徽州士人孜孜以求的目标。科举有赖于教育,这是徽州教育在南唐、北宋得到迅速发展的重要原因之一。教育的发展,使徽州参加科举考试的人数大增。

五代时期,徽州考中进士的有六人:胡昌翼、王震、舒雅、查陶、吕文仲、吴逸。胡昌翼原本是皇室,是唐昭宗的儿子。朱温把持朝政,指使朱友恭、氏叔琮等人杀昭宗,另立其子李柷为帝时,皇子们到处躲避。当时婺源人胡三公在长安为官,将昌翼藏匿起来,后来把他带回婺源,改姓胡。后唐同光三年(925),胡昌翼考取"明经"科进士,隐居婺源考川,人称"明经翁"。其后子孙世世代代以经学传家,乡里人称之为"明经胡氏"。① 王震,字元威,婺源城北人,与胡昌翼同科,官山南东道节度使。舒雅,字子正,歙县人,南唐保大年间贡举入朝,得到吏部侍郎韩熙载的赏识,被拔为头名。入宋以后,担任将作监丞,掌管宫室建筑,金玉珠翠犀象宝贝器皿的制作和纱罗缎匹的刺绣以及各种异样器用打造。后来参与编纂《文苑英华》《续通典》等,校定《史记》、前后《汉书》《周礼》《礼记》《七经疏》《义雅》等书。累迁职方员外郎,以舒州知州致仕。查陶,字大均,休宁人,以明法科登第,任常州录事参军。入宋以后任大理寺丞,以熟悉律法,升任审刑院知事赐金鱼袋及紫衣。吕文仲,字子臧,歙县人,南唐进士。入宋以后为少府监丞,参与修《太平御览》《太平广记》《文苑英华》等书。累官至刑部侍郎充集贤院学士。文仲对词学、音韵学很有造诣,著有《文集》10卷。吴逸,歙县人,南唐进士,考中年份不详,入宋任柳州马平县令。

北宋徽州的进士人数,根据道光《徽州府志·选举志》的记载,共有251人。其中婺源县最多,101人。其次为歙县51人,黟县38人,祁门县25人,绩溪县18人,休宁县14人,县份不明4人。各县进士人

---

① 赵吉士:《徽州府志》卷一七《流寓》,清康熙三十八年刻本。

数及姓氏分布如表：[1]

表 4-3　北宋徽州各县进士人数及姓氏分布一览表

婺源县	汪27　李6　胡17　王9　方9　张5　江5　项5　余4　程2　黄3　俞1 腾1　董1　吴1　周1　朱1　詹1　洪1　魏1
歙　县	俞13　汪4　程1　许1　方2　胡2　聂5　吕3　罗1　闵3　张2　项1 洪2　黄1　余1　谢1　舒1　梅1　周1　陈1　鲍1　郑1　楚1
休宁县	吴2　程2　金2　曹1　洪1　宋1　查2　杜1　凌1　何1
黟　县	汪1　孙11　奚6　舒5　黄2　胡2　曹4　许1　程1　李2　邱1　卢1 唐1
祁门县	胡3　汪4　方1　程6　黄1　王2　许1　郑1　冯1　吴1　苏1　周1 叶1　傅1
绩溪县	汪10　胡3　俞1　许1　王1　程1　葛1
县份不明	程1　方1　洪1　张1

从进士分布的县域来看，婺源最多，歙县次之。婺源籍进士在徽属六县中最多，与婺源独特的地理位置、经济发达、文风昌盛关联密切。婺源地处连接徽州和江西的要冲之地，是唐末、五代、北宋时期茶叶生产重要集散地。经济发达以后，人们将一部分资金投入教育，资助子弟从学，为婺源士子顺利登第提供了一定的经济基础。北宋江西是全国经济文化发达地区，出现了欧阳修、王安石为代表的一批文化名人。受其影响，毗邻江西的婺源得风气之先，文风较徽州其他诸县更为浓厚。徽州最早的义塾"四友堂"，就是出现在婺源，可见婺源士人对文教的重视程度。歙县为徽州首县，是徽州政治、经济、文化中心，进士人数仅次于婺源理所当然。

从进士姓氏分布来看，以汪、胡、俞、孙四姓为最多，而且在一个时期内，一些特殊的家庭接连不断地出进士。如婺源汪震天禧二年（1018）进士，其子汪宗颜庆历二年（1042）进士，孙汪谷皇祐五年（1053）

进士,曾孙汪藻崇宁二年(1103)进士,元孙汪恺绍圣四年进士,汪恺的儿子汪鸿举到了南宋绍兴三十年(1160)依然考中进士,接连六世,汪震家族都以科举显耀乡里。歙县俞氏俞献可、俞献卿两支同样显耀乡里,俞献可端拱二年(989)进士,其长子俞希甫大中祥符五年进士,次子俞希孟宝元元年(1038)进士,曾孙俞正图,政和五年进士。俞献卿咸平二年(999)进士,其子俞希元景祐元年(1034)进士,俞希旦嘉祐六年(1061)进士;孙俞叔良嘉祐四年进士。歙县聂致尧咸平三年(1000)进士,其子聂世卿天圣五年(1027)进士,孙聂武仲皇祐五年进士,曾孙聂循炬元丰五年(1082)进士。黟县孙抗宝元元年进士,其后他的三个儿子相继考中进士,孙遇、孙迪同中熙宁三年(1070)进士,孙适中元丰二年(1079)进士,孙适的儿子孙略又中绍圣四年进士。这样的事例还有很多。这些姓氏都是汉唐以来迁徽的士族,具有良好的教育传统,通过长期的山村经济开发,在徽州拥有雄厚的财富,而财富则是教育和科举的物质基础。五代、北宋徽州进士人数的急剧增加,体现了土著越文化与中原汉文化的完全融合,诚如罗愿所说:"黄巢之乱,中原衣冠避地保于此,后或去或留,俗益向文雅,宋兴则名臣辈出。"[①]

(三)儒家思想的践行

汉文化源于中原地区的黄帝文化,周代文化提出以德配天,始有君权神授含义。春秋时期孔子从"仁性"推演出社会道德标准与行为规范,解决了君权神授的合理性。虽然孔子的理论并没有在当时得以发扬,但到了西汉,董仲舒等一些儒家思想代表人物吸收阴阳五行家、法家的理论,形成新儒学。他们提出"罢黜百家,独尊儒术",宣传三纲五常,提倡孝道,主张仁政,轻徭薄赋等,被统治阶级所接受。从此,儒学成为正统思想,研究经学也成为显学,确立了儒学的统治地位,儒家思想也因此成为汉文化中的主流文化。把徽州人在思想意识上是否

---

① 罗愿:《新安志》卷一《风俗》,清光绪十四年重刊本。

接受儒家思想并在日常生活中践行,作为衡量徽州文化从土著文化的"尚武"向汉文化的"崇文"转变的标志是适合的。

教育的发展以及进士及第人数增多,在徽州从尚武向崇文方面发展起到了决定性作用。五代以前,徽州还充满着尚武的风气,到了北宋时期,名臣文士辈出,完全改变了以往的"武劲"习气。康熙《徽州府志·人物志》记载五代以前的人物32人,其中勋烈2人、忠节2人、文苑2人、风节1人、宦业5人、武略16人、隐逸2人、风雅1人、孝友1人,尚武背景的有程灵洗、汪华(以上勋烈)、程文季、吴九郎(以上忠节)、梅锏、蔺亮、程富、吴仁欢、汪节、汪濆、王璧、郑传、汪武、戴获、胡瞳、彭龛、程沄、程湘、程南节、詹必胜(以上武略)20人,几乎占2/3。记载五代、北宋时期人物58人,其中经济7人、忠节3人、死事2人、文苑8人、风节5人、宦业17人、武略4人、隐逸3人、风雅1人、孝友7人、尚义1人,尚武背景的只有周继中、詹光国、钱鄂、蒋果4人,均归"武略",其他人要么是名臣,要么是文士,或者是崇尚儒家孝义的平民,社会风气的转变可见一斑。

在这些名臣文士或其他人物的身上,我们都可以看到他们践行儒家思想的行为。

祁门人许逊,仕南唐为监察御史。因国亡入宋,向朝廷献上自己写的文章,于是召试为汲县尉,官至司封员外郎。他有五个儿子:长子许恂、次子许恢、三子许怡、四子许元、五子许平,五个儿子"皆孝友如其先人"。[①] 其中以四子许元最为显贵。许元历任大理寺丞和扬州、越州、泰州知州,"居家孝友,所得俸禄,分给宗族,无亲疏之异"。[②] 许逊的弟弟许迥,南唐时任先庆殿丞旨。宋军伐南唐攻打金陵,许逊为光庆殿使,承担守护北城的任务,许迥协助许逊守城。战斗进行的异常激烈,弓箭如雨。许逊受了重伤,要许迥回去告诉亲人,自己准备为国捐躯。许迥用身体为许逊遮挡弓箭,逊骂曰:"君亲忠孝,我与汝均有,

---

① 罗愿:《新安志》卷六《先达·许司封》,清光绪十四年重刊本。
② 罗愿:《新安志》卷六《先达·许待制》,清光绪十四年重刊本。

不可乎?"许迥只好离开。入宋以后,许迥与江南文人金惟岳很有交情,金惟岳的儿子被沘水巨盗李某掳去,许迥单身入沘水,以义劝李某。李某被许迥的节义所感动,放还了金惟岳的儿子。王安石称:"迥事母,如逊之孝;事兄,如逊之悌。盖慷慨有大志者。"①

休宁人查道,端拱元年(988)进士。北宋著名的孝子,有一次母亲生病想吃鳜鱼汤,因正值天寒地冻,无处购买,查道亲往河中,凿冰钓鱼,终得之。②

歙县人许俞,大中祥符七年(1014)进士。从小丧母,对父亲极为孝顺。以贡生入太学学习,安排车马将父亲接到京城服侍。许俞与妻子相互恩爱,家中贫困,但早晚进膳都互道珍重,有"举案齐眉"遗风。

婺源汪廷美,数十年和族人和睦相处,400多口人在一起共同生活,与大家同甘共苦,致力家礼,教育子孙,被同代人尊为长者。吃饭时大家一起入席,如果有人没有到,绝不首先开席。廷美非常节俭,从不穿绫罗绸缎,身着粗布衣衫。除了祭祀,不吃肉,平时也不宴请宾客,常常整月都是素食淡饭。大中祥符年间朝廷大赦天下,减赋十分之二,廷美也为佃农减租十分之二。外地商人到乡里来卖香,丢下一个包裹,廷美发现包裹里有很多金子,立刻追上商人,将包裹还给他。他让侄子拿缣帛到外县去卖,卖了数百两银子,侄子回来交给廷美,廷美发现这些银子都是假的,也不说,将这些假银子丢到山渊了事。乡里有人偷他的鹅,被他抓住,问他为什么要做贼?偷鹅者回答:"夏至就要到了,我想祭祀祖先,可是家里很穷,没有祭品,偷鹅也是没办法。"廷美说:"你虽然很穷,但很有孝心!"于是送给他鱼和酒。③ 廷美的老乡王德聪有100多顷田,一家数代同堂,几千口人在一起生活70多年,同样"以孝友信义为乡里所称"。④ 汪廷美和王德聪虽然没有一官半职,但他们作为乡里和族里的长者,做出表率,平等待人,是具有儒学教养的处士。在他们的影响和

---

① 罗愿:《新安志》卷六《先达·许丞旨》,清光绪十四年重刊本。
② 参见罗愿:《新安志》卷六《先达·查贤良》,清光绪十四年重刊本。
③ 参见罗愿:《新安志》卷八《义民·汪廷美》,清光绪十四年重刊本。
④ 尹继善等:《乾隆江南通志》卷一六〇《人物志·孝义四》,清乾隆元年刻本。

带动下,他们的子孙也样具有孝道。王德聪的孙子王汝舟,皇祐五年进士,历官南剑州、建州、虔州知州,京东路转运判官和夔州路提点刑狱。"性豁达,以风节自喜……事祖父母孝。"①

歙县人谢泌,宋太平兴国五年(980)进士,曾任左司谏、谏议大夫,"太宗称其任直敢言"②。俞献可、俞献卿兄弟二人于端拱二年、咸平二年先后登进士第,俞献可官至龙图阁待制,俞献卿官至工部侍郎,史称两人"疆力敏给,以儒术自任,后遂相继成进士,名闻当世"。③ 吕溱,宝元元年进士第一,历任将作监丞、翰林侍读学士徐州知州、枢密直学士、给事中等。吕溱颇有干才,但为人耿直,不愿结交权贵,去世时,宋神宗手诏曰:"吕溱立朝最孤,知事君之节。绝迹权贵,故中废十数年,无人肯为达之者。朕近擢领要务,颇著风绩,今忽沦亡,甚可嗟悼。"④

黟县人孙抗,宝元元年进士,任浔州知州,庆历二年,擢监察御史。罗愿称其"在御史言事,计曲直利害如何,不顾望大臣",⑤同样以直言著称。同县黄葆光,以铨试优等,赐进士出身。政和七年,任监察御史。生性耿直,开口论事,无所隐讳,与太师蔡京发生冲突,被贬昭州。《新安志》评论:"葆尚气节,喜推挽后进。开口论事,无所隐讳。博涉经史,文尚理趣。素恶积财,俸余以周亲旧,为嫁女奉丧,家无所余。"⑥

休宁人洪中孚,元丰二年进士,历任徽猷阁直学士、河东路经略安抚使兼知太原府、真定府主帅等职,以中大夫龙图阁待制致仕。政和六年(1116),中孚主帅真定府,金国遣使与宋国相约夹攻辽国,并答应灭辽后以燕云十六州地归中国。宋徽宗密诏边疆诸帅商量是否可行,大家都认为可以和金国联合,唯独洪中孚反对。他上了一个数百言的奏章,大意是:我在辽国边疆任职时间很长,熟知辽人的情况。以前的

① 罗愿:《新安志》卷七《先达·王提刑》,清光绪十四年重刊本。
② 脱脱等:《宋史》卷三〇六《列传第六十五·谢泌传》,中华书局1977年版。
③ 罗愿:《新安志》卷六《先达·俞侍郎》,清光绪十四年重刊本。
④ 罗愿:《新安志》卷六《先达·吕状元》,清光绪十四年重刊本。
⑤ 罗愿:《新安志》卷六《先达·孙工部》,清光绪十四年重刊本。
⑥ 罗愿:《新安志》卷七《先达·黄侍御》,清光绪十四年重刊本。

辽主洪基,用丞相刘六符的主意,蠲免燕云十六州的赋役,现在国家虽弱,但民心仍在,而且与宋通好时间长,一旦将辽国灭亡,恐怕金国会得利,以后宋国想控制金国就困难了。当时朝廷派遣宦官谭稹主议与金国联合一事,中孚说:"谁为此谋,国之贼也!"①为此,遭到谭稹弹劾,被罢去官职。数年后洪中孚的担心终于成为现实,其洞察先机的一颗忠君爱国之心为后世所称颂。

婺源人胡伋,绍圣四年(1097)进士,政和四年任深州通判,官廨有菜圃1600多畦,每年可获利钱超过200万。胡伋将菜圃获利的钱全部上缴公使库。当时州县官通过经营菜圃获利,中饱私囊的事极为普遍。胡伋将菜圃获利的钱全部上缴公使的事被朝廷知道以后,宋徽宗嘉奖称胡伋:"遵条诏之严,挺洁廉之操,能却园利,悉归有司,庶几古人,可励流俗。"②胡伋之弟胡伸,崇宁初,召为太学正,进博士。后任秘书丞、著作佐郎、无为军知军,"政尚慈恕,民绘其像"。③

主张仁政、轻徭薄赋是儒家思想中的精华,以上徽州人践行三纲五常,提倡孝道;官员敢于谏言,忠君爱国,或者廉洁自守,为政慈恕,成为践行儒家思想的典范。由此可以看出汉文化在徽州的主导地位已经确立,土著文化已经完全融入汉文化之中。

四 徽州宗教流传与乡土神信仰

(一)佛教在徽州的流传

五代时期,虽然南方各国割据,但各国历时都比较长久,又大体相

---

① 罗愿:《新安志》卷七《先达·洪尚书》,清光绪十四年重刊本。
② 罗愿:《新安志》卷七《先达·胡金部》,清光绪十四年重刊本。
③ 罗愿:《新安志》卷七《先达·胡司业》,清光绪十四年重刊本。

安,互不侵犯,各国在境内还实施有利民生的政策,使经济有所发展、社会日趋安定。各国帝王都有浓厚的宗教信仰,佛教的建寺、造塔、造像、写经、度僧等佛事活动不断,所以当时南方佛教始终在发展。北宋政府对佛教采取保护政策,虽然个别朝代有排佛行为,但总体上来说,佛教的影响仍然很大,促使禅宗继续发扬,诸派宗师多推行教学,让佛学普及于民间。

这一时期,徽州的建寺活动延续唐代余风。歙县新建寺院主要有水陆院,在宁仁乡神山里,吴顺义期间建;香油院,在长乐上乡佛溪里,吴顺义六年(926)建;安国院,在登瀛乡清平里,南唐时兴建;仁义院,在中鹄乡礼教里,大中祥符元年(1008)建;傍溪寺,长乐下乡铜山里,大中祥符元年建;溪子寺,在长乐下乡铜山里,大中祥符元年建。

祁门县新建寺院主要有东松庵,在县西35里官道上。

婺源县新建寺院主要有保安禅院,在县城,吴顺义三年(923)建;乐崛院,在丹阳乡,吴顺义年间建;湖山院,在丹阳乡,吴顺义三年建;龙泉院,在游汀乡,吴乾贞元年(927)建;白塔院,在县西80里,吴大和元年(929)建;山房院,在怀金乡,吴大和元年建;明节尼院,在县东,吴乾贞三年(929)建;灵仙院,在万安乡,吴天祚二年建。

绩溪县新建寺院主要有义林院,在惟新下乡麟福里,天禧三年(1019)建。

整体上来说,五代、北宋时期徽州的建寺活动没有唐代兴旺。但宋太宗赵光义于大平兴国三年赐天下无名寺额曰"太平兴国"或"乾明"。宋英宗于治平三年(1066)下诏:"一应无额寺院,屋宇及三十间以上者,并赐'寿圣'为额,以英宗诞圣日号寿圣节故也。"[①]因此北宋时期,对建于唐代的寺院都进行了大规模的重修复建和重新命名,建寺、造塔及其他佛教活动依然活跃。如:歙县天宁万寿寺,旧名护国天王院,庆历三年(1043),寺僧募捐建塔,13层,高30仞,同时增建僧屋百

---

① 据《五朝隆平集》,转引自《新安志》卷三《歙县·僧寺》,清光绪十四年重刊本。

余间,至治平四年(1067)完成,赐名普安塔;崇宁二年十一月,改名崇宁寺;政和八年(1118),改天宁万寿寺。太平兴国寺,旧名兴唐寺,太平兴国四年(979)敕改今名。乾明禅院,原名安国院,太平兴国五年三月敕改。祁门县崇法禅院,旧名西林水陆院,南唐时置,太平兴国五年十月敕改。绩溪县太平兴国禅院,旧名华尹院,太平兴国五年二月敕改。

绩溪县明确记载建于何时的寺院并不多,但据《新安志》的记载,大部分寺院都是改名于宋英宗治平年间。如:光相院,旧名宁泰院,治平元年十月敕改。清福禅院,旧名清塘院,治平元年十二月敕改。普照院,治平元年十二月敕改。慈云院,旧名慈恩院,治平元年十二月敕改。求安院,旧名新恩院,治平元年十二月敕改。石门广福院,旧名石门院,熙宁四年二月敕改为寿圣院。广化院,旧名宣化院,治平元年十二月敕改。觉乘院,旧名幽山院,治平元年十二月敕改。灵鹫院,旧名幽院,治平元年十二月敕改。清隐院,旧名高峰院,治平元年十二月敕改。卢山广福院,旧名卢山院,改名与石门广福院同时。兜率院,旧名弥勒院,治平元年十二月敕改。正觉院,旧名菩提院,治平元年十二月敕改。天王广福院,与石门、卢山广福院同时改名。婺源普利院,旧名养田院,也是在治平二年(1065)三月敕改的。

宋真宗赵恒也很重视佛教,徽州有很多寺院也是在真宗朝修建或更名的。如歙县开化禅院,旧名十方院,大中祥符元年二月敕改;昭庆禅院,旧名宝相禅院,大中祥符元年二月敕改;大中祥符禅院,原汤院,南唐保大二年(944)改灵泉院,大中祥符元年十月敕改今名。休宁县普满禅院,旧名报国禅院,大中祥符元年十月敕改;建初寺,旧名崇法寺,大中祥符元年十一月改赐。祁门珠溪寿院,旧名珠溪资福院,大中祥符三年(1010)敕改。婺源普济院,旧名万安崇福院,大中祥符六年(1013)十月敕改;隆兴院,旧名永泰院,大中祥符元年敕改;如意院,旧名荷恩寺,大中祥符元年十月敕改。

徽州所有寺院,以歙县太平兴国寺的佛教活动规格最高,设有戒坛。按照宋朝的规定，每年释迦牟尼诞生日开坛，为沙弥受 360 戒，祠部给戒牒。当时全国沙弥受戒，祠部给戒牒的寺坛只有 72 处，歙县太平兴国寺就是其中之一。祁门青萝院原先很冷清，大观年间，禅宗大师僧道清来到此地，将这里设为禅院，经常叫徒弟到附近招揽禅宗游僧，到这里挂钵，使原本冷清的青萝院逐渐兴旺起来。僧道清卒年 90 多岁，青萝院专门为道清建了舍利塔。

佛教的微妙哲理及其对宇宙、人生的探索，可以帮助人们解开人生的迷惑，满足人们追求理想的渴望，并且开阔了人的思想领域与创作空间，所以历来为文人所喜爱。徽州佛教同样也和文人结下不解之缘。

祁门东松庵地处交通要道，来往行旅很多，但没有一间旅店，离道路两头的旅店也都很远。旅客稍有耽搁，只能连夜赶路，才能找到旅店歇息，非常不方便。悟法寺僧子珣，年轻时周游四方，暮年回到祁门，见此状况，于熙宁年间在官道边上盖了数十间邸舍，安排茶水米饭招待过往旅客，方便行旅。元丰年间，王安石担任江东提刑，经过这里并在东松庵留宿，留诗刻石山中。汪伯彦年轻的时候离开家乡，官至少傅时回来，也曾在东松庵留宿，作诗曰："万夫屹立若临冲，四十年前谒上峰。名遂归来人物改，青春惟有岁寒松。"子珣，俗姓朱，江西浮梁人，以试经度为僧人，晚年佛学尤为精深，昼夜坐禅、诵经，好为"西江月"词。王汝舟年轻时经常在婺源灵仙院中游戏，当时有人嘲笑他，指着寺院的石雕井栏说："你要登第考中进士，恐怕这石井栏杆也烂了！"等到王汝舟考中进士当官回乡，作诗云："乡人笑我无官分，烂却是仙石井栏。"后来此诗一直在乡里传诵。

很多徽州人仰慕佛法，出家为僧，出了不少名僧。如雪山子道茂，俗姓纪，歙县人。少年时代学习摩诃萨埵太子舍身饲虎的精神，每到盛夏黄昏，脱去上衣，卧睡在草丛中，以身饲蚊，二十年不间断。道茂开始住休宁普满院，郭三益为休宁县尉，经常与道茂闲谈，道茂便向郭三益灌输佛法，后来郭三益也皈依了佛门。晚年道茂住通州白狼山，自号觉庵。道茂从来没有为别人做过佛教仪式,有人问他为什么?道茂回答:"向佛,诚心是第一要义,怎么可以借别人之手达到向佛的目的呢?"有一个人死了妻子,找到道茂要求出家,道茂不接纳,说:"你这是一时的冲动,不是为向往佛法而来。"后来此人果然再娶,而且又买妾,正如道茂所料。大观年间,郡守命乡僧行月往天王院,行月自称云门下,想与道茂互通宗派,道茂不予答理。道茂去世时,行月说道茂是假死,于是郡守派人验尸,确认后火化,项骨诸根不坏,得舍利数十粒。道茂有《池阳百问》行于世。

宁道者是宋徽宗时期的著名僧人,俗姓汪,名道宁,人称宁道者,

道宁禅师担任过住持的潭州开福寺

禅宗史上称为开福道宁,婺源人。年轻时笃志向佛,以头陀(行脚乞食的僧人)游四方,在金陵蒋山寺削发为僧,每天以诵《金刚般若经》为常课,蒋山泉禅师认为他很有悟性。后随蕲州五祖山法演禅师参禅,法演禅师见他见识超卓,经常当众赞誉他,并命他做知事僧。见宁道者受法演禅师如此厚爱,与他同时参禅的僧人都很妒忌,晚上将他引诱到山上,揍了他一顿,脸都打肿了,无法到大堂当众做功课。法演禅师知道以后去看望他,问他为什么不来告知,好让他把这些无理的僧人逐出山门。宁道者说是自己不小心跌倒受伤的,与其他僧人无关。法演禅师听了眼泪都流了下来,说:"我的忍力不如你,以后你一定会有很高的成就。"后游潭州天宁寺,为被列为第一座僧。大观年间,潭州地方官席震,请道宁为开福寺住持,僧侣云集,达 500 多人。政和三年(1113)十一月四日,道宁净发沐浴。次日登堂说法,预示自己 7 日后圆寂,勉励僧众勤习功课,参悟佛法。到了第 7 天的酉时,跏趺而逝。火化后获得五色舍利子,归藏于寺塔。嗣法弟子有月

庵善果,以后依次传承是:老衲祖证—月林师观—无门慧开—法灯觉心(又称心地觉心)。觉心是入宋求法的日本僧人,说明早在 13 世纪时,道宁禅师的佛法一脉东传,就与日本禅宗的传播有过一定的交集。宋祖琇评论宁道者:"师出世才五年,而名满天下,丛林仰之。虽不克尽行其道,然宗风宏远云。"[1]后人将宁道者语录结集出版,名《开福道宁禅师语录》。

(二) 道教在徽州的流传

中国佛、道历来大都相辅而行,五代各国不少帝王因袭唐代风气,崇信道教。如歙县道士聂师道,隐居歙县问政山,在民间很有声望,吴王杨行密将他迎至扬州,并特意为他建紫极宫以示尊重。卒后,追赠银青光禄大夫、鸿胪卿。南唐对道士也都很崇敬。北宋的封建统治者继承儒道佛兼容和对道教的崇奉扶持政策,真宗和徽宗时期更是崇道的前后两个高潮。徽宗还以道教教主自居,政和七年四月授意道录院正式册封他为"教主道君皇帝",道教几乎成为国教。徽州这一时期的道教发展与全国同步。

大中祥符元年,真宗以正月三日天书降日为天庆节,[2]诏东京建玉清昭应宫,天下置天庆观,歙县当年在县西建天庆观。大中祥符五年闰十月,以玉清昭应宫玉皇后殿为圣祖正殿,天下州府军监天庆观并增置圣祖殿有延恩殿之祥,歙县天庆观按照玉清昭应宫降像及侍从之式布置。歙县城阳山紫阳观,本许真君祠,天圣二年(1024)四月,奉敕赐观额。歙县问政山唐末建有问政山房,道士聂师道就居住在这里,吴顺义七年(927)三月,聂师道枢自扬州还葬此山,杨行密为立坛给田,以其故居为归真观。天禧四年(1020),敕改兴道观。休宁县吉阳乡松溪里原有白鹤观,不知建于何时,大观元年(1107)八月敕改为崇

---

① 祖琇:《僧宝正续传》卷二《开福道宁禅师》,见《万续藏》第一三七册。
② 据《续资治通鉴》卷二七载,大中祥符元年正月,真宗于崇政殿之西序,告诉宰臣王旦、知枢密院事王钦若等人说:去年十一月二十七日夜将半,他忽见神人星冠绛袍来告之曰:"来月三日,当降天书《大中祥符》三篇,勿泄天机。"

宁观。南唐保大五年(947)，婺源县在县城东北建栖真观，政和四年敕改为紫虚观。婺源县还有通元观，在灵岩。黟县西南一里有洞灵观，不知建于何年。崇宁四年(1105)九月敕改灵虚观。民间乡里遍布各种祠庙，庙中供奉的既有道教神祇，也有民间崇拜的名人乃至一些不知名的神。

聂师道是五代时期著名的道士，歙县人。从小聪明淳直，言行谦虚谨慎，以孝闻名乡里。年轻时师事于方外，13岁披戴冠裳，15岁传法箓修真之要，后得内传服松脂法。关于聂师道得道，在道教典籍中有着很神奇的传说，北宋道士贾善翔所著《高道传》就专门列有《聂师道传》。

有一次他与其他道士一起登绩溪百丈崖采灵芝。到了半夜，峰顶上明月高照，东南紫云中响起天乐，声音越来越近。至石金山才停止，两山相距30里，但在山顶上相望才咫尺而已。不一会儿，响起小鼓点声，奏笙箫、金石、弦匏，又以大鼓拍节相和，其音清扬，不像人间人世的音乐。鼓乐一直响到鸡鸣才停息，山下居民，这天晚上也都听到了天乐。同行者感慨万分说："你第一次出来采灵芝，就听到了天乐，是你得道征兆。"

后来云游到南岳衡山，住招仙观。听说早年成仙的蔡真人就隐居在离此不远的地方，决定去寻访蔡真人。在观中辟谷7天，早晨起来，独自一人进山。来到一条大溪旁，见一位樵夫坐在沙滩上，便上前相问蔡真人住处。樵夫说："蔡君住在山中极深处，人迹到不了。"又说："天要黑了，你先走吧，过了这山，东边有人家，可以借宿。"说完樵夫涉水过溪没了身影。师道回头往东走了十多里，见有三间茅屋，篱笆边有一位30来岁的农夫。农夫说："你要到哪里去？"师道回答："是来寻访蔡真人隐居处的。"主人说："路上见到樵夫了吗？"答："见过呀。"主人告诉说："他就是蔡真人，刚才曾从这儿经过。"师道一听颇觉遗憾。见天色已晚，主人留师道住了一宿。第二天，师道继续寻访。往前走了几里，全是险峻的山崖，于是回转头来，找旧路，却已辨不清方向。

又走了 30 多里，碰到一位老人，邀他在石头上坐下，问他入山的目的。师道便把先前的事叙述了一遍。老人告诉他："蔡真人父子都隐居在这山中，昨天你所借宿的地方，便是他儿子的家。"老人折一茎草给师道吃，那草形状像生童茞，长有一尺多，嚼在嘴里味道甘美。又让师道取泉水喝，师道才喝着，一抬头，老人已经失去踪影。师道再次叹息自己遇上异人却当面错过，但饮水吃草之后，气力倍增，似乎身子轻快，走起路来也有劲多了。沿着山头再寻原来借宿之处，道路早被荆棘藤蔓遮住，往前再也走不通，只好出山回到招仙观。观中道士们见他回来，十分惊异，说道："南岳附近，毒虫猛兽很多，人极少能在山中独行的，怎么你去了一个月，我们都十分为你担忧。"师道听了这话，很是奇怪，答道："我昨天出去，只在山中经历一宿呀。"并把遇见樵夫，投宿，又遇老人的事述说一遍。有人说："和蔡真人一道隐居的还有一位彭真人，那老人恐怕就是他。"

师道在招仙观住了年余，回到歙县。上山采药砍柴，虎豹遇到他，都伏身低首极为驯服，等到师道抚摸它们的头，方才直起身子。师道还经常将自己所采的药或砍的柴薪，令虎豹背负着送回住所。因为聂师道的缘故，歙县城附近的山上，虽然有很多猛兽，却从不为害。

相传师道又游玉笥山清虚观，遇异人谢通修，授以《素书》。《素书》记载了西王母渡化众仙的秘要真诀，但不好理解，于是到九嶷山湘真观，寻访紫芝真人，以求释义。一个多月都没有寻问到紫芝的踪迹。有人告诉他，毛女溪有一隐者，有人见过，但不知道他的姓名。师道到毛女溪多次，也没有找到，于是便在石头上留字。后来梦中见到一位神人，自称紫芝，为他解释《素书》中的疑义，醒来记忆清晰。随后继续在外游历了一年多，回到歙县问政山。在居室中绘了蔡、彭、谢三位真人的画像，时时焚香瞻礼。并将自己参悟《素书》和其他道教经典的体会，写成文字，传授给道俗众人。

唐给事中裴枢任歙州刺史期间，吴王杨行密手下大将田頵举兵围攻歙州城数月，城中粮食耗尽，朝廷也没有援军。裴枢准备献城投降，但城中守军杀敌太多，没有人敢领命出城。师道自告奋勇请求前去，裴枢说："你是一个道士，怎么可以参与兵事？"叫他换了道士服。师道说："我已受了道法科教，不可以再换服装"。于是缒城而出。田頵开始见一名道士来与他们谈投降的事，觉得很奇怪。与师道一席交谈后，大为佩服，认为他是"真真人"，歙州城得以保全。田頵退兵后，师道又向杨行密推荐陶雅担任歙州刺史。杨行密对聂师道非常器重，将他召到扬州，请他担任国师，专门建紫极宫让他居住，尊称为"逍遥太师""问政先生"。

师道在扬州住了 30 年，有弟子 500 余人，其中邹德匡、王处讷、杨匡翼、汪用真、程守朴、曾景霄、王可儒、崔绰然、杜崇真、邓启遐、吴知古、范可保、刘日祥、康可久、王栖霞等，都是很有名的道士，散于诸州府，传道行教，朝廷皆授以紫衣，光大道教。一日，师道对弟子说："我为仙官所召。"说完话便仙逝了。收敛时，人们听见棺材中有声音，开棺时发现仅有衣冠在。葬后数日，有人从豫章来，说他在路上碰到过师道，还有一小童跟随。师道告诉他，自己离开衡山已经很多年了，现在想去看看。半年后，又有人在衡阳看见师道，说是去洞源。又过了 20 年，在歙县问政山故居之上，经常有云鹤盘旋。当地的民众向杨行密请求，将师道棺木中的衣冠归葬歙县问政山。从扬州到歙县，1000 余里路程，在运送师道衣冠的棺木之上，常有云气，仙鹤飞翔鸣啼向导，到问政山三日才散去。

道教讲究得道成仙，聂师道的生平有虚拟成分，但他对道教及五代时期的杨吴政权，却有着相当大的影响力，道教经典《高道传》《续仙传》《云笈七签》等都有他的传记。

聂师道的侄孙聂绍元亦好道，相传他的母亲程氏怀他时便不吃荤，梦到神仙指着她的腹说："此子当证道果。"长大后，爱好文史，尤精玄学。前往金陵受戒箓时，当天夜里梦中来到一座城池，官府非常庄严，守门人对绍元说："这里是掌管人间禄籍的地方，你可以进来自己查阅禄籍。"绍元进去翻开禄籍，只见上面写着："聂绍元，十八入道，二十授上清华坛,二十六往南岳。"合上禄籍便醒了。后来出外云游,回到问政山后筑室号"草堂"。每天孝敬,不交流俗。自号"无名子",人们都以"炼师"称之。有一天早上起床沐浴,召集家人劝勉说:"伯祖家训,要勤修炼,不要忘了太上教"。不一会儿有四鹤飞临草堂,有光自空而下,远望疑以为火,靠近了却什么也没有,同时绍元倏忽不见了。仆人却从门外进来报告说,绍元与三位道士,穿着红、绿色的道袍乘马往南去了。绍元回头说:"我往南岳矣!"绍元虽然没有师道那样的传道经历和众多的弟子,但他留下了两篇道教论著《宗性论》《修真秘旨》,翰林学士徐铉称:"吴筠、施肩吾,不能过也!"[①]

北宋时期徽州名道士还有丘濬、郑姑、程惟象三人,生平事迹中不乏得道成仙的故事,剔去此类内容,简介如下:

丘濬,字道源,婺县人。天圣五年进士。因读《易经》,领悟了其中损、益二卦的辩证关系,因此好道。早年游华阳洞,中进士后,要求担任句容县令,闲暇与茅山道士论道。任满,以诗寄茅山道友曰:"鸣凤相邀览德辉,松萝从此与心违。孤峰万仞月正照,古屋数间人未归。欲助唐虞开有道,深惭巢许劝忘机。明朝又引轻帆去,紫术年年空自肥。"历官至殿中丞。曾对家人说:"吾寿终九九。"后在池州,一日晨起梳洗沐浴,索笔为《春草诗》,诗毕,端坐而逝,年八十一。

郑姑住歙县东岳庙前,能预言人的灾祸。苏辙任绩溪令时,想会会郑姑,于是专门从绩溪跑到歙县来。苏辙向郑姑请教养生的道理,郑姑回答:"你的'器'已破,难成道。"苏辙便以一些社会上广泛流传的养生之术加以询问,如导引、咽纳、烧炼是否对养生有益。郑姑回答,这些都不是养生的正道。苏辙问:"那么究竟什么才是养生正道?"郑姑慢慢地回答:"人只要养成婴儿般,便什么事都能做了!"苏辙说:"你不曾出门,却有人在百里之外看见你,难道是婴儿到了那里吗?"郑姑微笑不答。

---

① 罗愿:《新安志》卷八《仙释·聂绍元》,清光绪十四年重刊本;吴筠、施肩吾均为唐代著名的道士和道教理论家,吴筠著有《玄纲论》,施肩吾著有《养生辨疑诀》,对道教基本理论多所阐发。

程惟象,婺源人,以占卜算卦游京师,预言人的贵贱福祸非常准确。因家近三灵山,自号三灵山人。宋英宗没有登基时,惟象预言英宗有帝王之相,英宗登基后赐给惟象御书以示尊崇。家中建有御书楼,收藏英宗御书。王安石赠诗:"占见地灵非卜筮,算知人贵自陶渔"①,说的就是这件事。诗人梅圣俞等也有诗送给惟象。

神仙思想是道教的核心信仰,追求长生成仙是道教徒的终极目标。新安大好山水,又有许宣平、聂师道遗风,故人们都多好仙。罗愿在家时就听闻了很多徽州人好仙得道的故事,并将其记下来,收录入《新安志·杂记》中。如歙县谢泌没有考取进士时,家中很穷,在乌聊山读书。住在歙县城中有位叫汪四的人,非常敬重谢泌的好学精神,经常资助他。有好几天汪四没有到乌聊山来看望谢泌,谢泌觉得不安,就下山打听,别人告诉他,汪四已经离开县城,不知道去了哪里。谢泌考中进士后,到四川担任县令。一天,有位道人来访,原来是汪四。谢泌将他引到书室,汪四在墙壁上画了一个岩洞,有朱门金锁。汪四从腰间解下钥匙开门,挽着谢泌一同进洞。谢泌说我去告诉一下妻子,汪四于是就先入洞内。等到谢泌跨出洞门,墙壁依然如故,汪四也不见了。

崇观年间,有位叫吕望天的,走路时喜欢头抬起来看天。经常用瓦片为人算卦,而且只起卦不说话。周殿撰于是戏赠一诗:"新安吕望天,一旦弃家缘。朝就市廛食,暮归空屋眠。为君打瓦卦,乞我一文钱。日日只如此,已经三十年。"方腊起义前,吕望天忽然失踪了。

弘治《徽州府志》也记有一位新安道人,歙县人,通异术。② 有一次拜访洪中孚③,告别之时,道人愿向他表演一术。时当年底,洪中孚指着园中枯萎的李树说:"你可使这枯萎的李树开花结果吗?"道人说:"能。"道士即用青幕盖在李树上,还告诉洪中孚可以请客人来置酒观赏。道士摸出一粒药,纳入李树根下,然后盖上。一会儿揭开,李树已

①　罗愿:《新安志》卷八《仙释·程惟象》,清光绪十四年重刊本。
②　汪舜民:《徽州府志》卷一〇《人物四·仙释》,上海古籍书店1964年明弘治十五年影印本。
③　洪中孚(1049—1131),字思诚,休宁人。元丰二年(1079)进士,官至中大夫、龙图阁待制。

经开花，又盖上幕布如初，及再揭，李树已结果。盖第三遍幕布，揭去后，一树全熟，青黄交枝，满座摘食，香味胜于常种。

（三）"汪王"及其他乡土神信仰①

英雄崇拜是一个社会群体选择、组织、重述"过去"，创造共同传统，维系群体凝聚的表现形式。在中原汉文化与土著越文化的交流中，创造英雄和崇拜英雄进而成为神话并形成信仰，是两种文化融合的一种契机，同时也成为徽州宗教信仰的一个组成部分。

不同时期的乡土神崇拜，反映不同时期的文化差异。北宋及北宋以前，徽州人崇拜的英雄人物主要有汪华、程灵洗、汪武等。他们武功卓著，捍卫乡土，这同徽州土著尚武的文化习性密切相关。在这些乡土神中，以汪华影响最大、最普遍。《新安志》在总述六县之神时，只提到汪华："新安之神讳华，姓汪氏，绩溪人，隋将宝欢之从子，少以勇侠闻。"对程灵洗、汪武的信仰记载散见在其他地方，没有着重加以记述。如在记黄墩湖时记："今人即灵洗墓处为坛，水旱祷者八十余社。"在记婺源县祠庙时记："汪司空庙在县东，南唐汪武，始迁今县者也。"②

关于汪华信仰的最早文献有三篇，一是唐末五代时期汪台符所撰写的《歙州重建汪王庙记》③（一下略称《庙记》），该文记述了汪华的生平，汪王庙的由来、迁移以及庙貌等详细情况；二是北宋后期胡伸撰写的《唐越国公汪华行状》④；三是罗愿《新安志》所附《汪王庙考实》。前一章曾提到，汪华究竟是保境安民的英雄，还是敢于造反的"贼寇"，最初是有争议的。无论是唐代还是北宋，朝廷一直把汪华当作"贼寇"来看，直到北宋元丰七年（1084）编纂完成的《资治通鉴》仍然称汪华为

---

① 本节参考了冻国栋：《唐宋间黟、歙一带汪华信仰的形成及其意义》一文的研究成果，《魏晋南北朝隋唐资料》，2009 年第 25 辑，第 117—129 页。

② 罗愿：《新安志》卷一《祠庙》、卷三《歙县·水源·黄墩湖》、卷四《婺源县·祠庙》，清光绪十四年重刊本。

③ 参见《文苑英华》卷八一五、《全唐文》卷八六九。

④ 参见程敏政：《新安文献志》卷六一《行实·神迹》，何庆善等点校本，黄山书社 2005 年版，第 1455 页。

"歙州贼"。但不管怎么说,汪华被唐高祖封为"越国公"的事实,是不可抹杀的。汪华由一介草民雄踞一方,一跃而为"公",理所当然地被其后人视为"英雄"。同时,视汪华为"英雄"的不仅仅是汪氏族人的骄傲,也是徽州所有人的骄傲。最早撰写《庙记》的汪台符自称"越公之裔",自不必论。北宋时期为汪华奏请追封为"公"的方演,对汪华大加推崇并为之作传的胡伸,为汪华考证正名的罗愿都不是汪氏后裔,但在他们心中,汪华是大家共同信奉的偶像。在隋唐以前的很长一段历史时期,在全国来说徽州还是属于经济社会发展相对后进的区域,名人屈指可数。对于当地老百姓而言,汪华就是他们引以为自豪的"英雄"。

绩溪汪村汪王大庙

汪王祠(庙)的建立以及汪华信仰的形成,有一段曲折的过程。《庙记》曾有一段记载:"济于时,死于国,功宣教化则祭之,其余不在祀典。狄梁公按察江淮,焚淫祠七百所,朝野韪之。所谓能执干戈以卫社稷,越公欲盖而彰,虽焚不可得矣。"狄仁杰出使江南道巡抚奏毁"淫祠"一事在唐垂拱四年(688)[①],距汪华归葬立祠约30年。可知当时"汪王"之祠是被视为"淫祠"之类而被取消过。但在中唐以后,汪王庙及汪华信仰已经获得地方官员的认可。唐大历十年至五代,汪王庙三次迁移重建,两次修陈出新,均由当地刺史主持,其目的在于"慰本城之人"。[②]为什么"慰"?显然是这些地方官出于更为有效的统治目的,不能不在某种程度上尊重当地的民间信仰。北宋大中祥符元年十月,真宗举办泰山封禅大典。十二月

---

① 参见司马光:《资治通鉴》卷二〇四,中华书局1956年版。
② 汪台符:《歙州重建汪王庙记》,《全唐文》卷八六九,中华书局1983年版。

颁诏:"天下宫观陵庙,名在地志,功及民者,并加崇饰。"①其时歙州人方演担任刺史,向朝廷呈报唐武德四年九月汪华《奉籍归唐表》,上奏请求追封汪华"灵惠公"。自此,汪华庙才被朝廷正式认可,北宋及其之后的各个朝代屡被加封,并获得朝廷的保护。苏辙担任绩溪县令时,就留有《汪王庙》诗:"石门南出众山巅,沃壤清溪自一川。老令旧谙田事乐,春耕正及雨晴天。可怜鞭挞终无补,早向丛祠乞有年。归告仇梅省文字,麦苗含穗欲蚕眠。"②

按照《新安志》的记载,最迟在唐大历十年薛邕担任歙州刺史,迁汪王庙于乌聊山时,汪华之"神"的地位便已确立,被称为"越国公汪王神"。北宋经方演赐庙号"灵惠"之后,又相继于政和四年赐庙号"忠显",政和七年封"英济王",宣和四年(1122)以阴平睦寇加"显灵"。南宋期间,同样屡次加封。在加封赐号的过程中,都赋予汪华新的"神力"。如宣和四年的加封,便明确提到其"阴平睦寇",所谓"睦寇"便是指方腊起义,方腊起义的核心区域正是汪华的故乡。另据《宋史·五行志》的记载,方腊起义这一年两浙大水、旱蝗灾情十分严重。可以想象,汪华的加封正是徽州父老或地方官巧妙利用社会动荡或天灾,对其"神力"加以渲染的结果。

宋以后至明清,汪华这一神祇一直受到尊重和保护。元至正元年(1341)改封为"昭忠广仁武烈灵显王"。③明太祖朱元璋即位之初,曾"大正祀典,淫昏之祠一切报罢"。④但徽州的汪王庙却得以保留下来,洪武四年(1371)朝廷还专门颁旨省、府发布榜文保护汪王庙。清咸丰七年(1857),朝廷也曾颁旨保护。⑤

汪华信仰不仅在徽州,在汪华号称吴王的宣、杭、睦、婺、饶五州同

① 脱脱等:《宋史》卷七《真宗纪》,中华书局1977年版。
② 苏辙:《汪王庙》,《栾城集》卷十三,台湾商务印书馆1986年文渊阁四库全书影印本。
③ 刘迎胜:《元史》卷四〇《顺帝纪》,中华书局1976年版。
④ 汪克宽:《黟横冈重修汪王庙碑》,《新安文献志》卷四五,何庆善等点校本,黄山书社2005年版,第962页。
⑤ 明清两例均见《汪氏世守谱》卷五《汪华传·附榜文》,民国五年(1916)活字本。

样流行。《宋稗类钞》卷二十五"曹泳"条记载这样一件趣事：曹泳担任"浙漕"（浙江转运副使）时，一天邀了一班人在家中闲聊，有人谈起"徽州汪王灵异"的事。曹泳就说，如果以"汪王"作对子，你们看如何对？在座有一位名叫唐永夫的，立刻回答称，可对"曹漕"。曹泳觉得非常工整，对唐永夫愈加偏爱。曹泳担任浙江转运副使的时间在南宋绍兴十八年（1148），说明南宋初期汪华信仰在杭州就已经很流行，竟然成为文人聊天的谈资。杭州也很早就有汪王庙，清雍正《浙江通志》载：

绩溪县余村正月十八抬汪公

"在吴山大观台之麓，王讳华，唐高祖时以保障有功，封越国称王，使持节歙、宣、杭、睦、婺、饶六州诸军事，明洪武间封广济惠王。"[1]明清时期，汪华信仰随着汪氏族人和徽商的流动播迁至许多区域。安徽长江南北的汪氏都以汪华为先祖，立庙建祠。庐江县万丰村有汪圣公祠，太湖县赵河村有汪圣庙，芜湖县方村镇汪氏宗祠大门的对联为"平阳望族，越国世家"，安庆市各县建有大量汪氏宗祠，多把汪华作为显祖。明洪太祖朱元璋为加强边疆地区的统治，曾在江浙招募士兵，让他们携妻带子进入贵州，居住卫所。其中有很大一部分是汪氏族人，他们也把汪华信仰带到贵州，使汪华信仰融入当地土著民俗，形成独特的屯堡文化。贵州屯堡九溪村就有汪公庙，屯堡文化中最有代表性的就是"迎汪公"节日文化。

但总的来说，比起关羽、妈祖等历史人物，汪华信仰的影响还很有限。自唐宋至明清，虽然屡被加封，受到尊重，但始终被朝廷视为"土神"，与宗教无缘。而关羽的"忠义"、妈祖的"佑民"得到朝廷的高度褒扬，两人也被列入道教神仙谱系，提高了信仰的信度。究其原因，可能

---

① 雍正：《浙江通志》卷二一七《祠祀·杭州府》，台湾商务印书馆1986年文渊阁四库全书影印本。

与汪华的出身有关,《册府元龟》称他是"隋大盗汪宝权之族子",同时又曾割据一方。唐代官方史籍和北宋官修文献中,都被称之为"贼寇"。这对于最高统治者而言,是非常忌讳的。因而,便体现出一种矛盾,一方面朝廷和地方官出于统治的需要,不得不在一定程度上尊重当地的民间信仰,有时甚至不惜赐封崇高的名号;另一方面,同样是出于统治的需要,对类似于"汪王"这种曾经有过割据或称王经历的神祇加以防范,使之始终限制在"土神"的行列之内加以约束和利用。

值得注意的是,罗愿提到汪王庙门前有两名武士,"土人谓之毛甘将军、汪节将军"。[①] 毛甘汉建安时占据乌聊山,时称山越,被吴将贺齐所破,因此置新都郡。汪节是唐德宗时绩溪人,一生下来就很有神力。相传长安城东渭桥边有石狮子,重约千斤,数十人都搬不动,汪节将石狮子提起来丢一丈多远,然后又将石狮子提回原处。于是有人就推荐他做神策军将。曾经背着一副石碾,碾上放一张木架床,由乐人奏乐一部,曲终以后汪节毫无负重之色。德宗对汪节非常宠惜。[②] 二人与汪华不是同一个时代,老百姓将他们放在一起祭祀,罗愿称是"民间特以有功及材武,故类而祀之"[③]。由此也可以看出,当地百姓对山越毛甘的崇敬之心以及对有武功之人的崇拜,这都是越文化尚武风俗的痕迹。汪王庙还绘有汪华的两个得力助手宣城长史汪铁佛、淮安长史汪天瑶的画像,与汪华同享祭祀。

程灵洗是继汪华之后的徽州第二位乡土神祇,程灵洗虽然早汪华 80 多年,但他乡土神祇地位的确立却迟于汪华。《新安志》在总述六县之神时,只提到汪华一人,在歙县、休宁县祠庙里也没有程灵洗,只是记黄墩湖时提到:"灵洗官仪同,封侯,宅在湖东二里。南有大楮,可数十围,号千年木,乡人立祠其下。墓在湖西北牢山下云……今人即灵洗墓处为坛,水旱祷者八十余社。"拜祭须设灵洗像,祭坛没

---

① 罗愿:《新安志》卷十《汪王庙考实·从祀》,清光绪十四年重刊本。
② 事见《太平广记》卷一九二《骁勇》引《歙州图经》。
③ 罗愿:《新安志》卷十《汪王庙考实·从祀》,清光绪十四年重刊本。

有房屋,安放塑像无法遮挡风雨。于是有一位方氏便盖了几栋屋宇,用于安放灵洗神像,成为最初的程灵洗庙,罗愿专门写了一篇《歙黄墩程忠壮公庙碑》记其事。由此可见,程灵洗至少在南宋初期还不是一个很有影响的乡土神。直到南宋宝庆年间,当地百姓(主要是程氏)一致要求为程灵洗祠讨个封号,里社具文报县,县报州,州报转运使,直至朝廷,理宗于是赐庙号"世忠"。程氏后裔程珌、程卓、程覃、程旂、程璋、程瑜六人于是在黄墩买地建庙,并捐田作为祭祀的经费,招僧庆如到庙里来侍奉香火。① 从此,程灵洗作为徽州乡土神祇的地位方才确立。程灵洗信仰迟于汪华信仰,或与程灵洗的后人迁徙他乡有关。欧阳修称:"中山之程,出自灵洗,实昱(按:曹魏安乡侯程昱)裔孙,仕与陈季。陈灭散亡,播而北迁。"②文中所言似乎透露出,程灵洗的后人随着陈朝的灭亡,大部分都已经迁往北方,徽州本土人才凋零。从《新安志》记载的情况来看,也的确如此。《新安志》共收录徽州人物传记(包括先达、义民、仙释)63 人,除了程灵洗父子以外,其他只有程迈(先达)和程惟象(仙释)两人;收录宋淳熙二年以前的进士 268 人,程氏只有 13 人。斯坦因敦煌文书 2052 号《新集天下望氏族谱》第 93 行录有歙州姓望:"歙州,郡出五姓:叔孙、方、谏、授、汪。"③此谱大约编于唐德宗时期,可以推定此前包括南北朝时期徽州望姓主要只有这几支,程氏并非徽州望姓。《新安志》记载当时徽州的姓氏,只有谏、余、汪、仰、聂、查、潜七姓,也不包括程氏。程氏虽然在南北朝时期由于程灵洗的关系兴旺过,但在他之后一直处于凋零的状况,直到南宋中期以后方才中兴,明清达到鼎盛,程灵洗信仰同样也随着程氏在徽州的地位提升而鼎盛。

---

① 参见罗愿:《歙黄墩程忠壮公庙碑》,《新安文献志》卷四四;程珌:《洺水集》卷七《世忠庙碑记》;程敏政:《篁墩文集》卷五三《与太守河汾王公文明论世忠庙产书》;弘治《徽州府志》卷五《祠庙·世忠庙》。

② 《欧阳修全集》卷二一《袁州宜春县令赠太师中书令兼尚书令冀国公程公神道碑》,中华书局点校本 2001 年版。

③ 唐耕耦、陆宏基编:《敦煌社会经济文献真迹释录》第 1 辑,书目文献出版社 1986 年版。

五通神也是北宋时期被敕封的徽州乡土神祇。相传婺源县民王瑜在城北有一处园林，一天晚上，园中红光照亮了天空，只见五位神人自天而降，自称受天之命，当食此方，福佑当地百姓，言毕，升天而去。第二天当地百姓

供奉五通神的杭州灵顺禅寺

聚集在一起，立庙供奉，名五通庙。祈祷求福，莫不应验。北宋雍熙年间，婺源县遭遇瘟疫，知县令狐佐梦到五通神教他在四月八号佛祖释迦牟尼佛诞生日，在五通庙做禳疫斋会，瘟疫自然消除。令狐佐于是照办，瘟疫果然消除。五通神灵验的消息于是传遍天下，并被朝廷所闻之。北宋大观三年(1109)三月赐庙额"灵顺"，宣和五年(1123)正月封通贶、通佑、通泽、通惠、通济侯；南宋绍兴二年(1132)五月并加封四字，十五年九月封六字，乾道三年(1167)九月封八字，淳熙元年(1174)进封显应、显济、显祐、显灵、显宁公。因首字为显，故又称五显神，庙称五显庙。五显庙祈之颇灵验，日后香火益盛。宋王逵《蠡海集》称九月二十八日为五显生辰，南宋时期影响已不止徽州婺源一带，临安(今浙江杭州市)亦有其行祠，其后传遍全国。五显之名也比五通之名更为响亮。方回《饶州路治中汪公元圭墓志铭》记载：婺源县"岁四月八日民谣五显神为佛会，天下商贾辏集"①。由于商人的信仰，五通(五显)神又被称为财神，并被列入道教神仙谱系。五显神的传说始于唐，见于典籍并被广泛传播，实始于北宋。

北宋时期徽州其他有影响的乡土神还有方储，方储是徽州历史上最早的名人。方储死后逐渐被神化，撰于建安二十五年的《开国公家世行实》②称他：博通经文，又懂图谶，对孟子《易经》非常精通，善于

---

① 程敏政：《新安文献志》卷八五，何庆善等点校本，黄山书社2005年版，第2074页。

② 参见方善祖总修：《方氏会宗统谱》卷二《历代谱牒序》，乾隆十八年刻本。

观察星象，占卜吉凶，洞知未来，会看奸谋，预知灾异。南朝宋明帝加赠方储为龙骧将军、洛阳郡开国公。唐监察御史张文成撰文立碑称：方储"生平之日，羽驾乘空，仙游之时，蝉脱而去，咸以公为仙化，莫知所归，共建祠堂，以时祭享"。[1] 方储祠堂后被称为"方仙翁庙"。宋政和七年，徽宗赐以"真应庙"额。《敕赐黟侯真应庙额》记载：方储"号仙翁，遂立庙，系在祀典今千余岁，前后灵迹不少。近年以来或因久旱，或苦淋雨，公私所祈，无不感应。所勘青溪县初乃歙之东乡，因储父子避地始为州县，故其庙正当县郭冲要之处，远近祈祷必会集其下。每岁春夏之交，虽邻近有疫疠，惟此无一疾病，实神以安也，委是功德及民最为深远"。[2] 生前显赫，死后神化的方储虽然不是方氏始迁江南的第一人，但由于仙翁庙、真应庙逐渐成为方氏子孙集结的场所，方储也成为宗族崇拜的偶像和方氏认同的标识。

五　徽州文化与科技成就

（一）编书、藏书与刻书

书籍是文化的载体，编书、藏书与刻书体现文化发展程度。北宋是一个极重文化的时代，各种大型丛书、类书的刊刻，都始于这个时代，为图书出版业的繁荣和藏书奠定深厚的社会基础。

北宋太宗和真宗时期曾编纂《太平广记》《太平御览》《文苑英华》《册府元龟》四部官方史书，因其内容是通过摘录各种书上的有关资料再分门别类地编排而成，所以在一起合称"四大类书"，四部书中除《太

---

[1]　方善祖总修：《方氏会宗统谱》卷一八《碑记·后汉故大匠卿兼洛阳令加拜太常卿黟县侯赠尚书令丹阳方氏之碑》，乾隆十八年刻本。

[2]　方善祖总修：《方氏会宗统谱》卷一七《庙额·敕赐黟县侯庙额》，乾隆十八年刻本。

平广记》为 500 卷外，其余三部各 1000 卷，其中《册府元龟》载史事，《太平御览》载百家，《文苑英华》载文章，《太平广记》载小说。"四大类书"辑录保存了北宋以前大量的历史资料和文化成就，是北宋的重要文化工程。在这四大文化工程中，徽州人就参与了其中的三项。舒雅参与编纂《文苑英华》，吕文仲则参与了《太平御览》《太平广记》《文苑英华》三部书的编纂。舒雅除了《文苑英华》一书的编纂工作以外，淳化年间又参与校阅《史记》《前汉书》《后汉书》的校订工作。至道年间，奉命编校《周礼》《礼记》《谷梁传》以及《孝经》《论语》等名作。咸平年间，还校正了《七经疏义》等书。咸平六年（1003），舒雅因长年编校古籍的卓越功劳，被真宗帝破格升任为舒州（今安徽舒城县）太守。

另外，聂冠卿景祐年间参与编纂《广乐记》，胡伸崇宁年间参与编纂《神宗日历》及《礼书》，汪藻元丰年间参与编纂《元丰九域志》等，体现了当时徽州文人在全国文化领域的重要作用和影响力。

藏书分公藏和私藏，刻书则有官刻和私刻。[①] 公藏图书是指官府衙署和州、县学校藏书，也包括官办书院以及寺庙中的藏书。五代北宋时期徽州州、县学校设置都已经比较健全，社学也有一定的发展，寺庙更是林立。但由于缺乏记载，藏书情况并不是很清楚，但藏书肯定是有的。如黟县人孙抗父母早亡，在没有考取进士之前，由于家里很穷，只好"寄食浮屠山中，步行借书数百里"。[②] 可见当时徽州寺庙中藏书很多，且不仅仅是佛经，也还有其他书籍。

私家藏书在五代北宋时期比较兴盛。南唐休宁查文徽，官至工部尚书，他在青年时代曾手抄书数百卷之多。休宁洪庆之在南唐后主李煜征集天下遗书时，以献书有功，授奉礼部郎、新喻令。歙县岩寺人闵景芬，建尊经阁，藏书万卷，日夕与子弟侄辈在阁内讨论学问。天禧三年向敏中曾为之撰《闵氏尊经阁记》。[③] 休宁吴瓘，熙宁、元丰年间人，

---

① 藏书与刻书部分，参考了刘尚恒《徽州刻书与藏书》一书的研究成果，广陵书社 2003 年版。
② 汪舜民：《徽州府志》卷七《人物·勳烈》，上海古籍书店 1964 年明弘治十五年影印本。
③ 余华瑞：《岩镇志草》利集《艺文上》，《中国地方志集成·乡镇志专辑》，江苏古籍出版社 1992 年影印本。

业儒，家有隐微斋，为其子孙与师友读书研讨学问之所，斋楼之上藏书万卷。每月的朔日和望日，都要召集家人拜所藏书，并祝愿："世世子孙其遵道好学，无为蠹鱼。"①婺源汪藻，崇宁二年进士，曾居晋陵（今常州），从聚书万卷的藏书家贺铸处借抄藏书。俸禄收入也都拿来买书或抄书收藏。婺源王汝舟，皇祐五年进士，以风节自许，手所校书万卷，著有《云溪文集》百卷。婺源胡霖，生于嘉祐五年（1060），喜欢读书著文。在山溪之间建造楼宇，藏书万卷，用来教育子弟。

以上是有记载的五代北宋时期的藏书家，是当时私家藏书的代表。但凡有成就的科举人才、文苑儒吏，为了学习，家中必然也藏有大量书籍。如歙县聂冠卿，大中祥符五年进士。曾入馆阁校勘书籍，又参与修《景祐广乐记》，担任过侍读学士。罗愿称他："冠卿嗜学，手未尝释卷。"②其弟聂世卿为宣州通判，聂宋卿是校书郎。五个儿子：友仲、平仲、仪仲、文仲、公仲，友仲以正字升亲民任使，平仲、文仲并以太庙室长升正字，仪仲任大名府通判，文仲的儿子聂循矩，元丰五年进士。这样一个书香门第，家中藏书想必肯定不少。而作为祖教孙或父课子的家学，离开家藏书籍，也是不可想象的。前述婺源胡绍晚年在家教导儿子胡伸、胡伟、胡伋读书，胡伸、胡伋同时考中绍圣四年进士；绩溪胡咸在家中督促、教授子弟读书，不数年，他的儿子舜陟、舜举相继考中进士，都是很好的例子。

徽州刻书始于何时，尚不能断定，但中唐时期就开始有雕版印刷，大致不会有误。根据张国淦《中国古方志考》所载，至少有两部书——《歙州图经》和《歙县图经》曾在当地刊刻。北宋初年的类书《太平御览》就征引过《歙州图经》③，罗愿明确地说："唐有《歙州图经》。"④《新安志》记载休宁县的石桥院建于唐元和五年（810），是刺史韦绶应僧梦而

---

① 吴儆：《竹洲集》卷一一《隐微斋记》，台湾商务印书馆1986年文渊阁四库全书影印本。
② 罗愿：《新安志》卷六《先达》，清光绪十四年重刊本。
③ 参见李昉等《太平御览》卷五四《地部一九·岭》，卷四一五《人事部五六·孝女》，《四部丛刊三编》，商务印书馆民国二十五年影印本。
④ 罗愿：《新安志·序》，清光绪十四年重刊本。

建,建之前还专门找来《歙州图经》参阅。^① 那么,《歙州图经》也必定编纂刻印在元和五年之前。另一部《歙县图经》,载于《太平御览经史图书纲目》,这是一部《太平御览》的引用书目。《太平御览》也引用了《歙县图经》的有关内容。^② 此书今有清王谟《汉唐地理书钞》辑本,可略见梗概。从这两本书的流传来看,当时利用雕版印刷术刻印成书,而方志的刊刻,又通常是本地官府所为。因此,将《歙州图经》和《歙县图经》视作徽州唐代刻书,不会有错。

北宋徽州官刻图书,可考的当以《祥符(歙州)图经》为最早。《祥符(歙州)图经》现在虽然没有流传下来,但被《宋史·艺文志》所著录,并被南宋王象之《舆地纪胜》、罗愿《新安志》所摘引。《黄山图经》北宋期间也曾两次被刊刻,一次是景祐年间僧人行民纂《黄山图经》,郡守为之作序刊刻;一次是元符三年(1100)歙县县尉周某纂辑刊刻。

(二)徽州文学创作成就

五代北宋时期徽州文风郁起,无论是本地作者,还是在徽州做官的外籍人,抑或游历徽州的文化名人,都留下很多脍炙人口的作品。

聂冠卿(988—1042),字长孺,歙县人。嗜学好古,手不释卷,工诗。大中祥符五年进士,庆历元年(1041)以兵部郎中知制诰拜翰林学士,召试学士院,校勘馆阁书籍。后迁任大理寺丞,参与修《景祐广乐记》,特迁刑部郎中。奉使契丹,契丹主仰慕他的文词,礼遇甚厚。累官至昭文馆,兼侍读学士。著有《蕲春集》10卷,但没能留传下来。所作《多丽·李良定公席上赋》词被收于朱彝尊所编《词综》第4卷《宋词》,该词才情富丽,北宋慢词始于此篇,在词史上有重要地位。词曰:

> 想人生,美景良辰堪惜。问其间、赏心乐事,就中难是并得。况东城、凤台沙苑,泛晴波、浅照金碧。露洗华桐,烟霏丝柳,绿阴

---

① 参见罗愿:《新安志》卷四《休宁·僧寺》,清光绪十四年重刊本。
② 参见李昉等:《太平御览》卷四六《地部一一·山》,卷六六《地部三一·湖》,《四部丛刊三编》,商务印书馆民国二十五年影印本。

摇曳，荡春一色。画堂迥、玉簪琼佩，高会尽词客。清欢久、重然绛蜡，别就瑶席。有翩若轻鸿体态，暮为行雨标格。逞朱唇、缓歌妖丽，似听流莺乱花隔。慢舞萦回，娇鬟低婵，腰肢纤细困无力。忍分散、彩云归后，何处更寻觅。休辞醉，明月好花，莫谩轻掷。

该词比较纯粹地写酒宴场景，上阕写酒宴，下阕写酒宴应酬的歌女。词人感慨良辰美景、赏心乐事四美难以兼得，这是酒宴间放纵自己，及时寻欢作乐的心理背景。那么，在"荡春一色"的大好春天里，"词客高会"，尽情享受，这是理所当然的了。酒宴间最引人注目的当然是陪酒的歌女，她的体态、歌声、舞姿处处令人着迷。词人因此要抓紧眼前时光享乐，以免分手后无处寻觅。这首词真实地写出了宋人歌舞酒宴的世俗场景，可见宋人生活的一种常态。

朱松画像

朱松（1097—1143），字乔年，号韦斋，婺源人，朱熹之父。政和七年进士，后迁著作佐郎、尚书度支员外郎兼史馆校勘，累官司勋、吏部员外郎。著有《韦斋集》12卷传世。傅自得《韦斋集序》称："其诗高远而幽洁，其文温婉而典裁。"《四库全书提要》亦称其"学识本殊于俗，故其发为文章，气格高远而自得"。诗五古《晓过吴县》、七古《答林康民见和梅花诗》，瘦硬中见清新，幽淡中见情味，具宋诗本色。文如《上赵漕书》《清轩记》等抒发苦闷，感慨甚深。奏议《上皇帝疏》《论时事札子》洋洋万言，典正有力。《答林康民见和梅花诗》：

寒崦人家碧溪尾，一树江梅卧清沚。仙姿不受凡眼污，风敛天香瘴烟里。向来休沐偶无事，谁从我游二三子。弯碕曲迳一携手，冻雀惊飞乱英委。班荆劝客不延伫，酌酒赋诗相料理。多情入骨怜风味，依倚横斜嚼冰蕊。至今清梦挂残月，强作短歌传素齿。韵高常恨句难称，赖有君诗清且美。天涯岁晚感乡物，归欤何时路千里？柁楼一笛雪漫空，回首江皋泪如洗。

该诗写友人林康民和自己所写梅花诗后的感慨。前四句写友人住家处一树江梅的仙姿与天香，一方面用以体现友人的品格，另一方面也暗寓了自身的遭际和品格。紧接其后的八句回忆往事，叙写自己在休假时间遇林康民，受到热情款待，在梅树下酌酒赋诗的美好情景。这种美好情景至今梦魂萦绕，由此写出诗作，但觉得与梅花的高韵难以相称，好在林康民的和诗"清且美"，才算没有辜负梅花。后两句转向对家乡的思念：因家乡出产梅花，由此"乡物"勾想出当年离开家乡的情景，寄托身世之慨。此诗以意胜，同时又体现了清新淡雅的艺术境界的创造，格调高雅而又意味无穷。《蝶恋花·醉宿郑氏阁》：

> 清晓方塘开一镜，落絮飞花，肯向东风定？点破翠奁人未醒，余寒犹倚芭蕉劲。拟托行云医酒病，帘掩闲愁，空占红香径。青鸟呼君君莫听，日边幽梦从来正。

该词以镜比喻人之明鉴，清晨之"方塘"清明如镜，表达理学家"正心"的修养境界，正如后来朱熹《观书有感》诗中所写的"半亩方塘一鉴开，天光云影共徘徊"一样，因有清明如镜之心境观物，只见天理流行，人欲尽退，飘荡的花絮破窗而入却不能惊醒睡眠，巫峡神女行云的诱惑不能激起心底波澜，谢绝了青鸟信使传来的锦书芳信。结句"日边幽梦从来正"中的"日边"犹言天边，借指为京都附近或帝王左右，表示作者关心朝廷大事。作者清明之心境不为人欲所动，是其"正心"之修养所致。"正"是天地之间的正气，体现为儒士气节。此词是从现实生活感悟理学思想境界，可见作者娴熟的艺术技巧与深刻的人生感受。

外地在徽州做官的文人，任内也留下不少诗篇，成为徽州文学的重要组成部分。

庐江人伍乔，南唐大保十三年（955），状元及第，任歙州司马，仕至考功员外郎。工七律，《全唐诗》有其《寄张学士泊》诗一首："不知何处好消忧，公退携壶即上楼。职事久参侯伯幕，梦魂长绕帝王州。黄山向晚盈轩翠,黟水含春绕槛流。遥想玉堂多暇日,花时谁伴出城游。"
其中"黄山向晚盈轩翠,黟水含春绕槛流"两句极尽徽州山水之美,于
此流溢出由衷喜爱之情。

北宋著名的文学家苏辙,元丰八年(1085),以奉议郎任绩溪县令。
在任勤政爱民,简政崇实,重农桑,轻赋役,兴水利,办学堂,政绩卓著。
政事之余,在绩溪也留下不少作品,其中有"行年五十治丘民,初学催
科愧庙神"、"笑煞华阳穷县令,床头酒尽只颦眉"等诗句,表现了其真
实的生活情态。南宋绍兴年间,绩溪人为了纪念苏辙,将城东南隅的
秋风堂改建为"景苏堂",汇集苏辙在邑任职时所写30余篇诗文,由范
成大手书后镌刻石上,并在堂内悬挂绒像。苏辙在绩溪的文学创作,
主要有《绩溪谒城隍文》和《祭灵惠汪公文》以及《初到绩溪视事三日出
城南谒二祠游石照偶成四小诗呈诸同官》和《绩溪二咏》等诗歌作品。
《初到绩溪视事三日出城南谒二祠游石照偶成四小诗呈诸同官》,四小
诗分别为:

梓 桐 庙

行年五十治丘民,初学催科愧庙神。

无限青山不容隐,却看黄卷自怜贫。

雨余岭上云披絮,石浅溪头水甃鳞。

指点县城如手大,门前五柳正摇春。

汪 王 庙

石门南出众山巅,沃壤清溪自一川。

老令旧谙田事乐,春耕正及雨晴天。

可怜鞭挞终无补,早向丛祠乞有年。

归告仇梅省文字,麦苗含穗欲蚕眠。

石 照 二 首

行尽清溪到碧峰,阴崖翠壁书杉松。

故留石照邀行客,上彻青山最后重。

雨开石照正新磨,鸟度猿攀野客过。

忽见尘容应笑我，年来底事白须多。

在这一组作品中，表现了苏辙初到绩溪的所见所闻、所思所感。在他眼中，绩溪的景象是"雨余岭上云披絮，石浅溪头水蹙鳞""指点县城如手大，门前五柳正摇春"，这是绩溪给他的总体印象。而后我们又可从此景象描绘中看出他的复杂心境："行年五十治丘民，初学催科愧庙神"，流露出几许愧意；"无限青山不容隐，却看黄卷自怜贫"，虽然生活困窘，但甘守清贫；"可怜鞭挞终无补，早向丛祠乞有年"，体现了治理"丘民"的理念和精神，深切体恤百姓的艰难生活；"忽见尘容应笑我，年来底事白须多"，委婉含蓄地揭示了近年来不幸遭遇与慨叹。字里行间，刻画出了一个有血有肉的诗人自我形象。这样的形象，真挚亲切，令人爱戴。《绩溪二咏》着重选取了豁然亭和翠眉亭来抒写情怀，情感婉致深秀，景致令人喜爱。

豁然亭

南看城市北看山，每到令人意豁然。

碧瓦千家新过雨，青松万壑正生烟。

经秋卧病闻斤响，此日登临负酒船。

径请诸君作佳句，壁间题我此诗先。

翠眉亭

谁安双岭曲弯弯，眉势低临户牖间。

斜拥千畦铺渌水，稍分八字放遥山。

愁霏宿雨峰峦湿，笑卷晴云草木闲。

忽忆故乡银色界，举头千里见苍颜。

从诗中可以看出，豁然亭和翠眉亭是苏辙非常喜爱的两个地方，甚或是他经常前往的地方。他在豁然亭，所见景象是"碧瓦千家新过雨，青松万壑正生烟"，且是"每到令人意豁然"，并情不自禁题诗其上；在翠眉亭，所见是"斜拥千畦铺渌水，稍分八字放遥山"，"愁"与"笑"的情绪随着景象的变化而变化："愁霏宿雨峰峦湿，笑卷晴云草木闲"，并勾起了思念故乡的美好感情。情真意切,感人至深。

北宋的另一位诗人崔鷗,也在政和年间担任过绩溪县令,写有《新安十咏》等诗歌作品。描绘了新安郡从山水到人文诸多方面令人心动神摇的名物,字里行间洋溢着作者对新安的一片爱恋之心。其中《新安十咏》之一写他对徽州文房四宝的珍爱:"我爱新安好,斋房四友全。砑成千样玉,扫得万毯烟。云气随银管,蛟龙入彩笺。周旋不能去,何待更论年。"

(三)科学技术成就

科技发展是一个地区文明的标志,它体现在社会发展的各个层面,前面提到的农田水利建设、茶叶生产、纺织业和手工生产都有着科技含量。这里主要就前面没有提到,且在五代北宋时期成就比较突出的有关内容,加以记述。

制瓷技术 徽州的制瓷技术早在西周时期就比较先进,屯溪西周墓葬中出土的大量原始瓷器,就是最好的证明。到了五代北宋时期,徽州制瓷技术有了明显提高,20 世纪 50 年代先后发现绩溪霞间、十亩园、仁里巷口、湖里,歙县辣口,休宁岩前,黟县下九都等窑址,时间大约都在唐末至五代北宋年间,均属龙窑系统。

其中绩溪县系列窑址最具特色。霞间窑址位于绩溪县华阳镇花

霞间窑址

根培村,1958 年夏在村西发现散布有大片的古窑群。1985 年 2 月,经省文物管理部门的专家考察,鉴定为五代北宋年间的窑址。这里随处可见有残陶瓷片堆积,面积占 8000 平方米以上。主要堆积地有黄金坦、陈家湾口、栗树

山、对面窑、姑嫂塘5处。据窑址显示的遗迹分析,这些古窑属龙窑系统。窑的腔道匍依山势而筑,窑道内还有木炭的残渣。瓷器分青、黑釉,有碗、盏、盘、钵、壶、瓶等;陶器分青釉陶、红陶和灰陶,有缸、钵、盆、碗、坛、罐、瓮等。多数用窑柱支烧,部分盘碗以匣钵装烧,碗底有支钉痕迹。瓷釉温润明亮,色泽柔和。青瓷器有碎瓷、胎薄,烧结度很高。部分盘碗口沿呈葵瓣状,壶身呈瓜棱形,执壶把手有模印文饰。黑釉瓷器主要为盏类器物,还发现一些体积较大、胎体较厚重的黑釉筒状器物,因标本破碎无法复原,难以确定其器型。十亩园窑址、仁里巷口窑址、湖里窑址与霞间窑址同期,产品也相差不大。

　　歙县竦口窑址位于歙县城东北12公里的竦口村,存在于唐代后期至北宋,以五代时期为盛。青瓷产品质量最佳,釉色均匀纯正,不很光亮,与越窑产品很相似。器型主要有碗、盏、盘、壶、盅等,执壶一般为喇叭口,腹部常有瓜棱,碗盏多为五瓣葵口式,腹部出筋,圈足外撇。烧成温度高,胎薄,釉色光亮碧翠,击之锵然,媲美越窑上乘产品。窑具除发现匣钵外,还有垫柱、墩子、窑砖等。岩前窑和下九都窑的烧造技术、产品与竦口窑大致差不多,由于没有进行很好的发掘,出土瓷器的质量不如竦口窑。

　　徽州地处"南青北白"两大瓷系交结点,古窑产品主流为越窑系,并融入北方文化要素,五代至北宋中期最为鼎盛。绩溪窑黑釉瓷器的生产,反映了北宋中晚期社会上斗茶风盛行,黑釉瓷器需求量大增的历史真实。当时中国瓷器大宗销往日本、东南亚、西亚,远至非洲东部诸国,尤其日本最为崇尚中国文化,屡派僧人来天目山各个寺庙进修,回国时带回黑釉茶具,被视为珍宝,因不知产地,统称"天目瓷"。宋代斗茶以黑瓷茶盏为最佳盛器,福建建窑兔毫盏为帝王喜爱,在黑瓷中名气最大,故大家都认为天目瓷产于建窑。但天目山不在福建,而在皖浙交界。仁里巷口窑、湖里窑就在天目山脉,霞间窑、十亩园窑在天目山北侧,其产品陆路可由徽杭古道入浙;水路可经练江、新安江、钱塘江至杭州或宁波出海。无论陆路还是水路,均要经过天目山。霞间诸窑都产黑釉瓷器,天目山是绩溪窑瓷器外销的必经之地,产品留在天目山各个寺庙,并被日本僧人带往国内完全合乎情理。建窑产品运来天目山,无论水路陆路都不方便,也不合理。对此,日本学者首先产生怀疑,奥田直荣就指出:"'天目'这个词最初意味着建盏或什么呢?实际上是不明确的……日本在中世纪似乎输入了大量非建窑的黑釉天目,建盏的出土似乎意料的少。"①因此,《绩溪县志》认为:"宋代天目山寺庙中使用的黑釉瓷器及日本僧人带回国的黑釉盏,当是绩溪窑产品。"②

医学 唐宋时期是中国医学发展的一个重要时期,北宋除有皇家的御药院外,还设立官办药局太医局卖药所与和剂局,由太医局负责医学教育,各府、州、县设立相应的医科学校,州设医学博士。唐代,歙州县尉杨玄操,精通医道,对吴太医令吕广所注《难经》不满意,重新予以疏注,附以音义,明其大旨,经十年之功,著成《黄帝八十一难经注》5卷,惜后佚,其部分内容保留在王惟一《难经集注》的注文中。另著有《素问释音》《针经释音》《本草注音》等,均未见传世。

张扩,字子充,号承务,歙县人,北宋中期著名的医学家。幼承家学,研习医理,成年后远游湖北、四川等地,拜名医庞安时和王朴为师。在庞、王的指点下,医技提高很快。归歙后,南陵有富人子弟患寒疾,昏迷不醒,仅有气息。延请张扩救治。张扩诊视后,开了药方,并嘱其家属:"这是嗜睡症,三日后自己会苏醒,醒后想喝水,就将此方煎汤喂他喝下,喝过此药,必然熟睡,睡觉时会满身出汗,醒后病也就痊愈了。"家属遵嘱用药,果然病愈。当涂县郭祥正的儿子经常咳嗽,骨瘦如柴,很多医生都以为是劳累所致,无医治良方。张扩看了以后说:"此症不必担忧。"当场开方煎药令患者喝下,患者喝下药后,忽然大吐,在吐出来的涎沫中有鱼骨。此后便不再咳嗽,宿疾痊愈。后来张

---

① 奥田直荣:《天目》,丁炯淳译,中国古外销陶瓷研究会《中国古外销陶瓷资料》第3辑,1983年6月厦门大学印;转引自《绩溪县志》,黄山书社1998年版,第839—840页。

② 绩溪县地方志编纂委员会编:《绩溪县志》,黄山书社1998年版,第840页。

扩至京师,医技"名满京洛"。一次权相蔡京的妻子患病,众医束手无策,他应召诊治,很快治愈,蔡京称赞其为天下最好的医生。张扩诊治患者以出手奇特、神机妙算著称,户部郎中黄漠父子均经张扩医治活命,黄漠认为张扩医术已经达到出神入化之境。晚年,被流放永州,走到江西南昌时逝世。著有《伤寒彻要》手稿本,另有《医流论》一书,只见于著录,未见流传。

张扩的次子张师孟,字彦醇,继承父学,医术也很著名。张扩弟张挥跟从张扩习医,一日,一妇人登门求张扩诊病,适逢张扩外出未归,张挥遂代为诊治。张扩回来后,张挥汇报了妇人的脉象和诊断结果以及所开的药方,张扩极为赞赏,认为诊治和用药都非常得当。张挥的儿子张彦仁,得父传授,亦以医名世。张彦仁之子张杲,医名更著。

植物学　五代北宋时期,随着印刷术的普及,我国编辑出版了一批植物谱录,黟县人邱浚编撰的《牡丹荣辱志》就是其中之一。植物谱录的大量出现,体现了植物学的发展。《牡丹荣辱志》品题牡丹,以姚黄为王,魏红为妃,又列"九嫔"9种,"世妇"10种,"御妻"81种(具品名者仅18种)。另将其他诸花名目分别列入"花师傅"至"花丛脞"等10个等第中,有的花还标注了产地,最后还列有"花君子""花小人""花亭泰""花屯难"等四目。[①] 该书虽然文同游戏,但记载了当时有关牡丹品种和其他花卉名目、产地,从植物学角度来看,具有一定价值。另据《文献通考》农家类著录,邱浚还有《牡丹贵尚录》1卷,专为牡丹而作,未见传世。

建筑技术　建筑是规划设计、建筑材料和工程技术的综合产物,有着很高的科技含量。徽州目前保留下来的最早建筑是祁门伟溪塔,该塔位于祁门县塔下村,建于北宋元祐八年(1093)。构造为六边形五层砖塔,平面底层内径5.66米,高23.1米。塔内中空,每层六面均有券门、佛龛,塔顶用石块砌成六边形塔刹。塔层之间有砖檐,间以四层菱

---

① 吴瑞:《日用本草·李汛序》,转引自《中国医籍考》,人民卫生出版社1983年版,第177页。

伟溪塔

角犬牙。塔身内外镶嵌浮雕佛像砖 400 余块,每块上各有佛像 3 尊。一佛居中,方面大耳,面相端正,上体半袒,肌肤丰腴,双手合十,跌坐莲台,台下有须弥座。两侧各立佛一尊,形体较小,三佛背后均衬以佛光。

另一处北宋建筑是歙县的长庆寺塔,建于重和二年(1119)。位于歙县城西披云峰麓太平兴国寺长庆院旧址前,楼阁式砖木混合结构,平面方形,承袭唐制。塔七层,高 23.1 米。底层为石须弥座,边长 5.28 米,高 2.34 米。须弥座束腰部分较高,有间柱、角柱。塔身实心,以黄土胶泥砌砖。塔每层边长由下向上逐层递减,形成自然圆和的收分,呈现出秀丽舒展的卷杀轮廓。檐口用砖叠涩出五层菱角牙子,叠涩砖上为木构腰檐。塔一层有回廊,各面辟有卷门,用叠涩砖砌成,当初应为圭角形塔门,后代维修时砍成发卷形状。门洞内有石雕莲瓣佛座。第二层以上每面均隐出假窗,塔身四角有方形倚柱,柱头作方形栌斗。塔顶有刹,作葫芦形,有链系塔顶四角,以稳定塔刹。整座塔既表现出鲜明的南方宋塔风格,又有浓郁的地方特点。

第 五 章
南宋时期徽州文化的形成

南宋时期,徽州教育发展较快,书院教育处于全国领先地位。科举人才辈出,共出进士536名,比北宋多出一倍有余。其中既有名臣,也有硕儒、诗人,还有集文武于一身的全才。他们以自己的才华获得人们的瞩目和尊重,极大地提高了徽州的文化知名度,使徽州成为当时的文化重镇之一。胡仔的诗歌理论,朱熹的诗论和文论,方岳的诗歌创作等,在全国文学史上都占有一席之地。南宋徽州靠近京城临安,得地利之便,经济有了较大发展。经济作物和手工业生产得到高度发展,外向型商品经济结构基本形成,出现了一批经商致富的大商人。作为徽州文化思想基础的新安理学和社会基础的宗族社会开始形成。宗教日衰,走向世俗化,使徽州成为以儒家思想为主,佛、道依附儒家而存在的局面。在科技领域,如医学、地理学、光学、生物学、宇宙学说等方面都取得一定的成就。

一 徽州人文的全面勃兴

（一）教育快速发展①

官学 北宋宣和年间，方腊起义，徽州州学被焚毁。绍兴十一年，知州事汪藻按"左庙右学"规制复建州学，中设知新堂，建有8所斋房供学生住宿。8所斋房分别命名为：殖斋、懋斋、益斋、裕斋、毓斋、定斋、觉斋、浩斋。淳熙五年（1178），知州事陈居仁建御书阁。淳熙十五年（1188），知州事许昌期重修儒学。次年，改八斋为六斋，名为上达、致道、适正、笃志、成德、资深。后又续添从善、时习二斋，仍为八斋，并改知新堂为"明伦堂"。绍熙二年（1191），州学教授舒璘在学校后面开辟花园，建风雩亭，栽种100余株松树和其他花草名木，作为学生休息娱乐的场所。嘉定十一年，知州事孔元忠又增制祭祀孔子时用的祭服20多套，以增加祭奠的肃敬气氛。

州学置教授、学正、学录、直学各一人。学官开始由州选聘，向朝廷请示任命。后来太学立三舍法，教职都必须经过严格的考试后方才录用，也有叫朝廷近臣举荐录用的。生徒到州学学习，不限多寡，也无定额。州学经费主要来自学田收入。宋初至元初，经历任知州事和教官筹划之下，共增置田地、山场18顷又88亩，每年的收入约在800石粮米。另外还有房、地和山场租赁出去的租金收入。从上可以看出，

---

① 该节参考和引用了李琳琦《徽州教育》一书的研究成果，安徽人民出版社2005年版。

宋时徽州州学的学田,明显高于熙宁四年(1071)朝廷规定的"州给田十顷为粮"①之数。

各县县学讲堂、殿宇、斋舍、亭阁、庖廪皆备,并有藏书、置学田。各县县学拥有学田数量多少不等,如淳熙十五年,绩溪知县叶楠为县学"买田三十六亩以养士";端平初,黟县知县舒泳"籍绝户田于学以养士,为亩二十";淳祐十年(1250),歙县县学初建时,知州谢堂即为其"置田二顷有奇"。②

县学学官置主学、直学、学长、学谕、学宾、斋谕各一人,学生不限。南宋时期,徽州官学生徒人数众多。绍兴初年,休宁县尉陈之茂学识渊博,精通经史,文章也写得很好,经常在县学讲学。县里的士子纷纷前往听讲求学,县学讲堂人满为患,很多学子只好站在讲堂外面听课,后来的人根本就没有地方了。③ 休宁如此,其他各县县学生徒可想而知。

书院 徽州书院教育在南宋得到较快发展,新建书院 14 所,加上北宋时期的 4 所,共有 18 所书院。按照《中国古代书院发展史》的统计,宋代全国书院总数约 400 所,徽州 18 所占全国总数的 4.5%,处于全国领先地位。南宋徽州新建的 14 所书院分别为:

徽州州属 1 所:紫阳书院,在州城南门外,淳祐六年(1246)州守韩补建,理宗赐匾"紫阳书院"。

歙县 4 所:西畴书院,在棠樾,南宋里人鲍寿孙建,名儒曹泾、方回皆曾在此讲学;秘阁书院,在西溪,南宋初汪叔詹、汪若海父子建;④灵山精舍,在山泉,约理宗时建;⑤友山藏书楼,在许村,南宋里人许友山、洪寿建。⑥

---

① 马端临:《文献通考·学校考七》,中华书局 2011 年版。
② 汪舜民:《徽州府志》卷五《学校》,上海古籍书店 1964 年明弘治十五年影印本。
③ 参见洪适:《休宁县学记》,载康熙《休宁县志》卷七《艺文志》。
④ 参见赵吉士:《徽州府志》卷七《书院》,清康熙三十八年刻本。
⑤ 参见赵吉士:《徽州府志》卷一三《文苑传》,清康熙三十八年刻本。
⑥ 参见许承尧:《歙县志》卷一《古迹》,民国二十六年铅印本。

紫阳书院砖雕

　　休宁县 3 所：西山书院，在会里，南宋高宗时程大昌建；秀山书院，在县东南藏溪之阳，咸淳年间王若楫建；①竹洲书院，在商山，绍兴二十七年（1157）进士吴儆建。②

　　婺源县 4 所：万山书院，在九都金竺，南宋程傅宸建；醉经堂，在九都金竺，南宋里人程忠建；山屋书院，在许村，淳祐四年（1244）进士许月卿建；③心远书院，在龙井，南宋乡贤俞皋讲学处。④

　　绩溪县 2 所：槐溪书院，在县东，淳熙年间戴季仁建；云庄书堂，在县西北 35 里狮子峰，淳熙年间汪龟从建。

　　南宋徽州书院的发展和兴盛，与新安理学的形成密不可分。朱熹于南宋淳熙三年（1176）第二次回故乡婺源省墓，在乡里讲学，带动了理学的兴起。徽州的士子在宣传与传播理学的过程中，或创办书院，或讲学书院，从而促进了书院的兴盛。正如南宋休宁人程若庸所说：

<hr />

① 参见汪舜民：《徽州府志》卷五《学校》，上海古籍书店 1964 年明弘治十五年影印本。
② 参见康熙《徽州府志》。赵吉士：《徽州府志》卷一二《硕儒传》，清康熙三十八年刻本。
③ 参见江峰青：《重修婺源县志》卷六《学校》、卷七《书舍》，民国十四年刻本。
④ 参见江峰青：《重修婺源县志》卷三〇《孝友四》，民国十四年刻本。

"创书院而不讲明此道，与无书院等尔。"①所谓"道"，即是理学之道。书院成为徽州士子光大和传播程朱理学的重要阵地，形成很有影响的理学流派——新安理学。如休宁吴儆建竹洲书院，亲自讲学，四方学者蜂拥而至，每年都多达数百人，各自在书院四周结茅而居。由于前来求学的人水平参差不齐，吴儆还专门分斋，根据各人的不同情况分别教授，造就了不少人才，学者称他为"竹洲先生"。② 其他的新安理学名儒，也都是以相关的书院为据点，从事讲学与著书活动。

蒙学　蒙学教育官办小学、私办塾学同步发展，一大批理学名儒热心训蒙事业坐馆教学。休宁朱权（1155—1232）"六岁入学"；③陈栎"五岁入学"，时在宝祐四年（1256）。这里所指之"学"，即官办小学。婺源滕洙是著名的新安理学家，屡试科举不第，于是在家"独教诸子为学"；④歙县方回（1227—1307）从五岁开始就和其他兄弟一起，受教于其叔父方璪。⑤ 以上是塾学的例子。

理学兴起之后，徽州地区出现一大批笃信朱子的理学名儒，这些人除了著书立说、讲学书院外，还热心训蒙教育。休宁朱权，淳熙十四年（1187）进士，历官至惠州知州。绍兴二年（1132）致仕回乡后，即开馆授徒，"学者来从，不远千里，率百余人，随才诱掖，后多知名人士"。⑥ 程卓（1153—1223），字从元，是理学名家程大昌的侄子，淳熙十一年（1184）礼部会试第一，历官至同知枢密院事，封新安郡侯。程卓也是一位学术精湛的学者，当他初登第而归时，四方学子即不远千里而来向其请教，"一经师承，其所得必粹，其文必有体制可观，门人

①　黄宗羲等：《宋元学案》卷八三《双峰学案·斛峰书院讲义》，清光绪五年刻本。
②　参见赵吉士：《徽州府志》卷一二《硕儒传》，清康熙三十八年刻本。
③　参见程珌：《洺水集》卷一一《朱惠州行状》，台湾商务印书馆1986年文渊阁四库全书影印本。
④　朱熹：《滕君希尹洙墓志铭》，《新安文献志》卷九一，何庆善等点校本，黄山书社2005年版，第2260页。
⑤　参见方回：《桐江集》卷四《叔父八府君墓志铭》，台湾商务印书馆1986年文渊阁四库全书影印本。
⑥　程珌：《洺水集》卷一一《朱惠州行状》，台湾商务印书馆1986年文渊阁四库全书影印本。

多达者"。① 在名儒硕士热心训蒙的同时,"择师教子"在徽州形成风气。如南宋初,程卓的曾祖父程士彦,"延礼名儒训迪子弟"。② 歙县汪沆的母亲吕氏,"教诸子侄甚严,虽隆暑不冠带,不许见。聘名师程课之,蚤莫不少替。已而诸从子居信行者,曰珙,登进士;璜,授司法参军;澄,授太湖尉"③ 这种风气作为一种传统,一直延续到明清时期。

(二)科举人才辈出

南宋时期,随着教育事业的快速发展,科举中也出现人才辈出的盛况。史载,南宋初年,仅休宁一县,每次应乡贡者"常过八百人"。④ 而整个徽州士子则"毋虑二千人云"。⑤ 这些带着父辈、宗族殷切期望的徽州士子,夜以继日,苦读寒窗,走出大山,与全国各地的英俊人才竞争,往往高中,为家乡获得荣誉。

根据李琳琦的统计,南宋时期,徽州共出进士 530 名,比北宋多出一倍有余。分县为:婺源县 179 名,休宁县 144 名,歙县 90 名,黟县 42 名,祁门县 47 名,绩溪县 20 名,县份不明 8 名。各县进士人数及姓氏分布统计如下⑥:

---

① 傅伯成:《赠特进资政殿大学士程公卓行状》,《新安文献志》卷七四,何庆善等点校本,黄山书社 2005 年版,第 1812 页。
② 傅伯成:《赠特进资政殿大学士程公卓行状》,《新安文献志》卷七四,何庆善等点校本,黄山书社 2005 年版,第 2260 页。
③ 汪琪:《汪母夫人吕氏墓表》,《新安文献志》卷九八,何庆善等点校本,黄山书社 2005 年版,第 2536 页。
④ 洪适:《休宁县学记》,康熙《休宁县志》卷七《艺文志》。
⑤ 罗愿:《新安志》卷八《叙进士题名》,清光绪十四年重刊本。
⑥ 参见李琳琦:《徽州教育》,安徽人民出版社 2005 年版,第 28 页。

表5-1　南宋徽州各县进士人数及姓氏分布一览表

婺源县	汪 24　李 32　胡 16　王 9　赵 25　方 3　张 6　江 5　项 5　余 5　程 6 黄 4　俞 6　齐 1　腾 4　董 4　吴 3　孙 4　周 2　朱 1　祝 2　马 2　詹 1 洪 1　叶 2　许 2　魏 1　韩 1　潘 1　吕 1
休宁县	吴 28　汪 22　朱 15　程 13　陈 14　夏 10　金 7　曹 7　赵 7　黄 5　洪 3 孙 3　苏 2　宋 1　毕 2　杨 1　许 1　王 1　戴 1　姚 1
歙　县	俞 2　汪 11　程 19　许 8　方 6　吴 8　胡 5　郑 4　赵 4　吕 1　罗 3　张 1 洪 1　毕 2　唐 2　黄 1　余 1　韩 1　徐 1　李 1　章 1　孙 1　江 1　宋 1 祝 1　陆 1　朱 1　杨 1
黟　县	汪 16　奚 5　舒 2　黄 4　胡 3　许 3　程 2　李 1　鲍 2　刘 1　赵 1　郑 1 朱 1
祁门县	胡 9　汪 5　方 6　程 1　谢 7　黄 3　王 2　陈 4　许 2　郑 1　李 2　康 2 邱 1　章 1　赵 1
绩溪县	汪 10　胡 9　戴 1
县份不明	赵 6　程 1　胡 1

　　从进士人数的县域分布来看,婺源县和休宁县进士人数最多,与北宋相比增幅也最大,这与两县受朱熹思想影响较大有一定关系。朱熹回徽州省墓、讲学,婺源县和休宁县的及门弟子最多,在后人论定的朱熹在徽州的 12 名高弟子中,婺源县和休宁县就占了 9 名。在朱熹这些及门弟子和再传弟子的影响下,婺源县和休宁县的教育和文风在南宋时相对较盛。而教育和文风,无疑是科举业繁荣的先决条件。

　　从进士姓氏分布来看,南宋与北宋比较,汪、胡仍保持前位,孙姓则下滑,程姓增加最多。程姓是中原士族最早迁徽的大姓之一,在与徽州土著的融合过程中,受当地"性刚喜斗"民风的影响下,亦以尚武为荣。梁末,程灵洗聚众抵抗侯景。其裔孙程育仕隋为车骑将军,程育的儿子程富追随汪华而被封为总管府司马。唐末,程沄、程淘兄弟组织族众抗击黄巢部队,其子孙亦多袭武职。宋代开始,科举社会逐渐形成,以武出仕受到抑制。程氏在"抑武崇文"风尚的驱动下,开始走上科举仕宦之途。但在北宋,程氏的科举成就并不高。以歙县为例,北宋时歙县俞氏一族有13人进士及第,而程氏仅有1人。南渡后,朝廷定都临安,南方士子在统治集团中占据越来越显赫的地位。徽州程氏在科场崛起,从数量上看,比北宋有很大提高。统计显示,南宋时期程氏家族的进士数量达到40余人,进步明显,同时出现累世科第之家。如歙县槐塘程氏,程元凤绍定二年(1229)省试第二,其从弟程元岳宝祐元年(1253)进士,程元凤侄子程扬祖景定四年(1263)进士;休宁汉口程氏,程珌绍熙四年(1193)进士,其族弟程琼、程洙分别为嘉熙二年(1238)、淳祐七年(1247)进士,其侄程若颜、程若庸、程若畴分别为绍定二年、咸淳四年(1268)、嘉定七年(1214)进士;休宁会里程氏,程大昌绍兴二十一年(1151)进士,其侄程卓淳熙十一年(1184)礼部会试第一,程卓侄程以升嘉定十三年(1120)进士。

教育与科举的兴盛,形成南宋时期徽州人才辈出的局面,呈现欣欣向荣的人文盛况。《新安文献志》记录徽州两宋时期先贤144人,其中北宋只有39人,其余105人都是南宋人。其中既有名臣,也有硕儒、诗人,还有集文武于一身的全才。这些名臣、硕儒、诗人在与他人的交往中,以自己的才华获得人们的尊重和瞩目,极大地提高了徽州的文化知名度,使徽州成为当时的文化重镇之一。

名臣中汪伯彦处两宋之交,是一位在民族气节上有污点的人,但他官至右仆射,为丞相之职,是徽州历史上第一位达到如此高位的人,对提高徽州文化的知名度起到重要作用。因此在徽州文化史中不能不提到这位名人。汪伯彦(1071—1141),字廷俊。祁门县城北人。少年聪慧,青年时就很有文才,被祁门知县王本看中,请他当塾师,王本把外甥秦桧、秦棣都从南京接到祁门,师从伯彦。北宋崇宁二年考中进士,后官至尚书虞部郎。靖康元年,战事紧张,京城戒严,备战御敌之事,都由其兼办。宋钦宗召见时,献《河北边防十策》,被提升为龙图阁直学士、相州知州。至相州,大修城壁,整顿军队,积聚粮草,赏罚分明,军声大振。同年十一月,康王赵构受命充使臣赴金营求和,至磁州,遭数百金兵围城。伯彦遣将刘浩率兵二千,护卫康王回相州,自此深得康王信任。不久康王奉旨开天下兵马大元帅府,以伯彦为副元帅,并采纳其计策,率兵驻扎在商丘县(时称南京)。金兵逼近京城汴梁时,副元帅宗泽主张立即起用康王所部军马抵抗,伯彦以金人志在通和为名加以拦阻,致使防卫失当,京城陷入敌手,徽宗和钦宗成了金人的俘虏,北宋因此而灭亡。建炎元年(1127),康王在商丘即帝位,是为宋高宗,汪伯彦升任知枢密院事、右仆射等职。其时,是还都东京抗金,还是放弃中原继续南迁,主战派与主和派斗争激烈。伯彦与黄潜善反对宗泽、李纲等人的抗金主张,促请高宗南迁。当年十月,高宗南迁扬州,继迁镇江、杭州。朝野激愤,伯彦与黄潜善被罢职。革职后居永州,绍兴元年起任池州知州、江东安抚使,后以开府仪同三司加食邑二千七百户致仕,赠太师,返里家居,筑昼绣堂,次年病卒于家。著有《中兴日历》5 卷,《春秋大义》10 卷,《汪伯彦文集》25 卷、续编 1 卷。又集有《三传本末》30 卷。

　　黟县碧山汪氏一门出了 5 名进士,一家 11 人相继入仕。汪勃(1088—1171),字彦及,18 岁被州以第一名举荐,出仕辟雍太学。绍兴二年登进士第,历官至签书枢密院兼权参知政事,封新安郡侯,后以端明殿学士兼摄东府事。因与宰相秦桧政见不合,以端明殿学士领外祠。6 年后,复任湖州知州。任期内极为廉俭,治政以慈爱为主,百姓称之"贤哲太守",进秩三等。孝宗即位,汪勃年已近八旬,没多久便以年迈辞官归里。回乡后,筑培筠园,以教育子孙,吟诗作文为乐,安度晚年。著名诗人张九成曾专程赴黟拜访,并在培筠园题诗留念。诗曰:"万仞巍然叠嶂中,泻来峻落几千重。森森桧柏松杉老,又见黄山六六峰。"诗成,刻碑竖培筠园内。乾道七年(1171),朝廷下了一道诏书,复他为龙图阁学士。然而诏令方下,他已溘然长逝,卒于碧山家中,享年84岁。汪勃长子作砺,字必成。从小就很有文名,乡荐入太学,补承务郎,授浙西仓属江右帅幕,主管临安府城北右厢。南宋乾道五年(1169),其次子义荣、三子义端同科中进士。作砺因教子有方,升桐川知县,后累官至湖北提点刑狱。义荣登第后,授崇仁知县,后官至大理丞。义端殿试第三名(探花),受奉国军节度推官,官至徽猷阁待制。作砺长子义和,南宋淳熙八年(1181)进士,官至侍御史兼侍讲。义和长子纲,字仲举,淳熙十四年(1187)铨试后,授镇江府司户参军,历任高邮知军、绍兴知州、右文殿修撰、户部侍郎等职,告老还乡时,朝廷特加二级俸禄,赐金带。汪纲不仅是一位颇有政绩的名宦,还是一位学者,对兵、农、医、阴阳、律历无一不精通,著有《絮斋集》《左帑志》《漫存录》等,同时,又是一位刻书家。义端的长子纮,庆元五年(1199)进士,历任兴国知军。由于父、祖及曾祖的荣耀,义和的次子纪、三子统,义荣的儿子绥,义端的次子绎,都相继以荫入仕。

黟县南山人程叔达(1120—1197),字元诚。幼时聪明异常,其伯父很是惊奇,便让他跟随枢密使巫及学习,少年时期就有才智过人的名声。绍兴十二年(1142)进士,任兴国军、光化军教授,不久改宣教郎、湖州教授。时值宋金不和,朝廷议论不一,叔达写信给时任参知政事的陈康伯,主张"厉兵马守淮汉,募义军,遣间谍,理财用",陈康伯大喜,认为非常鼓舞士气,于是授临安府通判。后历官至显谟阁待制。宁宗继位,庆元二年(1196),特授叔达华文阁学士。逝世后官宣奉大夫,爵新安郡开国侯,谥壮节。叔达嗜学,至老不释卷,六经诸史,都有研究,著有《台省论谏存稿》《歌诗书启记序杂文》等共68卷。叔达为官数十载,历经四代帝君,有《四朝遗老传》自述宦海生涯。时南宋著名诗人杨万里闻知程叔达噩耗,恸哭曰:"已矣,世无此知我者矣!"[1]并为之写下数千言墓志铭。叔达曾任江南东路转运副使,家乡徽州属江南

---

① 杨万里:《宋故华文阁直学士赠特进程公墓志铭》,《诚斋集》卷一二五,台湾商务印书馆1986年文渊阁四库全书影印本。

东路管辖。当时徽州赋税杂捐很重，有本司耗米、和籴本钱、去秋苗钱等，叔达到任后皆除。

休宁县汉口人程珌（1165—1242），字怀古，号洺水遗民。宋绍熙四年（1193）进士，历官至礼部侍郎兼直学士院薇垣。宋宁宗赵扩去世，丞相史弥远连夜召程珌入宫，一晚制诰 25 份。理宗即位，珌升刑部尚书，后来又相继兼礼部尚书、吏部尚书，深得理宗信任；之后又相继担任提举隆兴府玉隆宫、宁国知府、赣州知州、福州安抚使等职。淳祐二年（1242）以端明殿学士致仕，不久去世。程珌为政颇有才干，讨论备边、蠲税等国计民生大事，剖析详明，切中

程珌画像

时弊利；知识渊博，文章以儒学理论为宗旨，风格雅健，蕴意情深。闲暇时喜爱作小词，同一代词宗辛弃疾时有来往，撰有《洺水词》1 卷；主要著作有《洺水集》60 卷、《内外制类稿》30 卷。

歙县槐塘程元凤、程元岳堂兄弟二人，一为丞相，一为名诗人，号称"双杰"。程元凤（1200—1269），字申甫，号讷斋居士。绍定元年（1228）进士，历任太学博士、宗学博士、秘书丞兼刑部郎官、饶州知州、右正言兼侍讲等职。宝祐四年，升任右丞相兼枢密使，封新安郡开国公。提出"进贤、爱民、备边、守法、谨微、审令"12 字方针作为施政纲领，并亲自从全国挑选了数十名德才兼备的人士，推荐给朝廷加以重用。因不愿与右谏议大夫丁大全同殿为臣，辞去丞相职位。咸淳元年（1265），度宗登位，封少保。咸淳三年（1267），再拜右丞相兼枢密使，封吉国公。咸淳五年（1269），以少保、观文殿大学士致仕，不久卒，赠少帅，谥"文清"。著有《讷斋文集》。程元岳（1218—1268），是元凤的堂弟，字远甫，号山窗。宝祐元年进士，历任江西安抚司参议、监察御史、

工部侍郎。咸淳三年,出任太平知州。次年卒。著有《山窗集》。元岳善诗,《全宋诗》收有其《观黄山仙人药臼》《和竹坞过曹柘岭》《游黄山慈云》《云岩》等诗。

祁门县善和乡程鸣凤(1225—?),字朝阳,号梧冈,文武双全。21岁时,参加乡试考中武举。宝祐元年赴临安参加会试和殿试,总成绩第一名,成为武状元。被任命为殿前司同正将,在禁军中任职。宝祐三年和六年,又先后以经学两次赴漕举,可见其文武兼备。他与当时歙县的文状元程元凤一起被誉为新安"程氏二凤"。为人刚直,在向朝廷进谏时,得罪了皇上,被降为德庆州(今属广东省)知州。在前往赴任时,听说该地发生叛乱,有人劝他暂缓上任,他却认为国家正处于内忧外患之际,作为一个臣子,不能像木偶一样,只作为一种摆设。于是他立即赶到德庆府,平定了叛乱。后来,改任南雄州(今属广东省)知州,关心人民疾苦,屡次上书请求免除该地常赋之外的"折银钱"。由于朝政昏庸,奸臣当道,三年后,愤然辞官归里。在梧冈山上筑了一个书院,名为"梧冈书院",从此,每日在书院中写诗作画,并教授村中子弟武艺。著有读史心得30卷,寄托感慨,书名《读史发微》,另著有诗文集《盘隐》《梧冈》行世。

朱熹和程大昌是南宋最著名的硕儒、理学家,其事迹见"新安理学的兴起"一节。胡仔、吴儆、方岳也都是南宋文学史上很有成就的文艺理论家、散文家和诗人,朱熹的文学成就也很高,将在"文学创作成果丰硕"一节中论及。

(三)文学创作成果丰硕

南宋是徽州文学创作成果最为丰硕的时期,单从《宋诗纪事》《宋诗纪事补遗》《宋诗纪事续补》《全宋诗》等统计,整个宋代徽州籍诗人多达118人,其中歙县35人,休宁35人,婺源30人,黟县8人,绩溪7人,祁门3人,这些诗人大部分都是出自南宋,形成了一支蔚为壮观的文学创作队伍,把徽州文学推向新的发展高度,显示了可喜的成就。

　　整个宋代徽州文学的创作队伍，主要由本籍文学家、任职徽州的文学家和游历徽州的文学家构成。徽州籍文学家在数量上以前所未有的速度增长，随之而来出现了一个前所未有的收获期。首先在诗歌理论、文论上出现了代表性成就，如胡仔的《苕溪渔隐丛话》，朱熹的诗论和文论等；其次在诗歌和散文创作上出现了长足的发展，如吴儆的《钱塘观潮记》、朱熹的诗歌和散文创作、方岳的诗歌创作等。任职徽州和游历徽州的文学家同样留下了精美篇章，如范成大、岳飞、杨万里等。同时出现了更多的在全国有重要影响的文学家，使徽州文学的地位得到进一步巩固。

　　胡仔生活在南宋初期，是中国文学史上著名的文艺理论家。胡仔（1110—1170），字元任，号苕溪渔隐。绩溪县城东人。建炎四年（1130），其父胡舜陟以徽猷阁待制任临安知府，胡仔也以父荫授将仕郎转迪功郎，经历短暂的仕宦生涯。绍兴十三年（1143），父亲胡舜陟因语言忤逆秦桧，以诽谤朝政罪下狱，冤死狱中，胡仔丁忧离任，迁居苕溪，日以渔钓自适，因自称"苕溪渔隐"，开始了二十年的卜居生涯。在隐居苕溪期间，获读阮阅撰《诗总》（后人改编为《诗话总龟》），发现元祐诸家诗作，都未加收录。于是取诸家诗话及史传小说所载事实，开始《苕溪渔隐丛话》（以下简称《丛话》）的编纂工作，绍兴十八年（1148），《丛话前集》粗具规模，撰序杀青，其后的工作是长期的修订增补。

胡仔《苕溪渔隐丛话》书影

　　胡仔所编《丛话》是一部综合性的诗话汇编，又是一部诗论著作，为北宋诗话总集。它采撷各家诗话之长，搜集大量自国风、汉、魏、六朝至南渡之初,近百位诗家名作的内容、艺术技巧、格律、掌故等历史资料,汇集成一部简明而形象的诗歌发展史。具有丰富的文献价值和珍贵的诗学意义,对后人的诗学研究裨益匪浅。

《丛话》突破前人以"品"分类的体例,以大家、名家为纲编纂。以作者先后为序,博采诸家之作,北宋各家略备,阮阅编书时因党禁而不用元祐诸人文章,此书则广为搜采,品藻特多,足补阮书之缺。所收诗话,评论对象上起国风,下至南宋初。以人为纲,按年代先后排列。晋有陶渊明;唐有李白、杜甫、韩愈、柳宗元、白居易、杜牧等,以杜甫为详;宋有欧阳修、王安石、苏轼、黄庭坚等,以苏轼为详,共列作者100多人。余入杂记。此书诗词分辑,事有所归,搜集前人资料,既有抉择,亦较详审,可资考证。其中评论词人名作,记述词坛轶事,历来被后人称引。书中所载三山老人语录,即其父舜陟之说,间有作者所加按语。前集采录诗话约33种,后集31种。其中除胡仔本人诗话多达400多条外,如《复斋漫录》亦多达114条,次如《王直方诗话》71条,他如《石林诗话》《冷斋夜话》《西清诗话》《蔡宽夫诗话》《漫叟诗话》《后山诗话》等均在40条以上。

胡仔阐述了自己对诗歌创作的理解,论诗以李、杜、苏、黄为诗之集大成者,多所品藻,而以杜诗为宗,称学诗当以杜甫为师,写诗必须出自出胸臆,思维新,语句奇,方得其妙;循规旧习,语言陈旧,模仿旧作,则不足道。诗又贵含蓄,托物以寓言,意在言外,不可以一览而意尽。抒情、写景、状物,皆应当合理,以简为妙。他还论及诗格、句法、声律与鉴赏,诗人修养等。

吴儆(1125—1183),初名偁,字益恭,休宁人。绍兴二十七年(1157)进士,调明州鄞县尉,历官奉议郎,知邕州兼广南西路安抚都监,以朝散郎致仕。朱熹、张栻、吕祖谦等皆与之友善。张栻称其忠义果断,缓急可仗。其诗文以元结为法,近于陈师道。程珌称其诗文"峭直而纡徐,严洁而平澹,质而不俚,华而非雕,穆乎郁乎有正笏垂绅雍容廊庙之风,平生湖海之气"。① 代表作有《宰相论》《钱塘观潮记》等文,《和吕守环秀堂三首》等诗。著作今存《竹洲集》20 卷。其《钱塘观潮记》具有独特的认识价值和审美价值。

钱塘江潮,为壮观景象,历来被文人所欣赏、乐道。但真正能见到此一景象又加以艺术表现者则是少数。吴儆的《钱塘观潮记》是属于较早叙写钱塘江潮的佳作。在这篇散文中,不但叙写了钱塘江潮的壮观景象,而且描绘了弄潮人的胆略和豪气以及人们对勇者的倾慕,还写出了大自然的威力,使得弄潮人有时不得不望而却步。虽然全文似乎都是客观叙写与描绘,但笔底有波澜、有情致,读后颇有余味,具有一定的艺术价值。

朱熹是北宋以来理学思想之集大成者,以"天理"为其哲学的最高范畴,倡导"去人欲,存天理"。基于这一道德哲学,他对古代文化典籍重新作了系统整理与解释,以"思无邪"说《诗经》,以"忠君爱国"论屈原,文论上主张"文道合一"及"雍容和缓""自然浑成""平淡自摄"的艺术标准,反对"巧为安排""故作艰深""无一字无来处"。论历代作家颇有见地,自为诗文亦很有特色。文以平易畅达、说理缜密见长。所写诗词作品达 1000 余首,狭义散文达 200 篇以上。诗《春日》《观书有感二首》等,文《记孙觌事》《百丈山记》等为广大读者所传诵,是宋代文学中的经典性作品。朱熹在文道观上,继承了北宋理学家"文以载道"的传统,体现出重道轻文倾向,同时又认为文道一体,并未完全忽视文学的艺术性,他的文论观念对当时和后世的文学创作都有深远影响。由于朱熹学力宏肆,见识高远,他的文学成就远远超出其他理学家。

朱熹的诗歌创作从《朱文公文集》中所收集的诗歌作品来看,《远游》一诗为朱熹最早的作品,最后一首诗是庆元六年所作的《南城吴氏社仓书楼为余写真如此因题其上》。保存下来的诗 1150 首,词 18 首。

---

① 程珌:《竹洲集序》,《洺水集》卷八,台湾商务印书馆 1986 年文渊阁四库全书影印本。

从诗歌创作数量上说,这在同时代作家中也是很大的,从创作质量上说,在理学家中成就是最高的。

朱熹诗歌创作,语言净洁简练,自然平易,句法巧妙纯熟,尤其流水对如行云流水,一气贯注。他不用僻典,不押险韵,但其气韵高古而音节流畅,并无拗折艰涩之感、雕琢之痕。创作方法上往往寓情于景、寓理于情,熔理、情、景于一炉,既以义理为指导,又抒发了诗人的情感。风格雅正明洁,不乏高峻寥廓的气韵,又时常深含理趣与意蕴。朱熹具有很丰富的诗学史知识、有着很明确的诗学观点,他崇尚平淡自然的美学境界,反对在形式、技巧上多费心力。他具有敏锐的审美能力,常常把自然景色当作纯粹的审美对象加以吟咏。当然他同时又是一位理学家,难免要写一些述志明理而缺少审美意味的作品。然而在自然平易这个方面,他的各类诗作都表现出同样的倾向。朱熹的诗作达到了相当高的水平,有不少好诗既富情趣,又深含哲理,脍炙人口,为后人所传诵。朱熹诗作所达到的成就不在于其诗摆脱了理的束缚,而恰恰由于其诗与理相结合,具有深厚的内涵。

朱熹的《观书有感》是借景喻理的名诗。诗曰:

半亩方塘一鉴开,天光云影共徘徊。

问渠哪得清如许?为有源头活水来。

昨夜江边春水生,蒙冲巨舰一毛轻。

向来枉费推移力,此日中流自在行。

全诗以方塘作比,形象表达了一种微妙难言的读书感受。诗人笔下的池塘并不是一泓死水,而是常有活水注入,因此像明镜一样,清澈见底,映照着天光云影。这种情景同一个人在读书中贯通问题、获得新知、提高认识时的情形颇为相似。这里所表现的读书有悟、有得时的那种灵气流动、思路明畅、精神清新活泼而自得自在的境界,正是作者作为一位大学问家切身的读书感受。他表达的这种感受虽仅就读书而言,却寓意深刻、内涵丰富。特别是"问渠哪得清如许,为有源头活水来"两句,因源头活水不断注入造成水之清澈,暗喻人要心灵澄明就得认真读书、时时补充新知。人们常用此来比喻不断学习新知识才能达到新境界,也用来赞美一个人的学问或艺术成就自有其深厚渊源。它给我们的启发是,只有思想永远活跃,以开明宽阔的胸襟,接受种种不同思想和鲜活知识,方能才思不断。

朱熹还有一些精美绝伦的山水游记,如《百丈山记》完全可与唐宋八大家相媲美。《云谷记》《卧龙庵记》《记孙觌事》等叙事散文,即置于唐宋八大家散文之中,也毫无逊色之处。他还写了《名堂室记》《徽州休宁县新安道院记》和《徽州婺源县学三先生祠记》等有关徽州的散文作品,体现了"新安朱熹"的特有情结。郑振铎认为:"朱熹的散文,功力深刻,理致周密,不矜才使气,而言无余蕴,物无遁形。在许多道学家的文章里,他的所作是最可称为无疵的。他的论学的书札,整理古籍的序文,尤其是精心经意之作,看来似是平淡无奇,却是很雅厚简当,语语动人的。"[①]朱熹的议论文周详畅达,很有气势,叙事散文则是简洁明快,质朴平正。

朱熹散文代表作《百丈山记》写于淳熙二年的夏天,所写之百丈山位于福建建阳东北。百丈山风景繁复众多,若原委悉载,头绪纷繁,一篇几百字的文章必不能胜任,好的结构是成功的关键。文章开门见山,没有把笔墨花在记述出游的时间、行程等上面,而是着力于描写百丈山的优美风景。作者写其最可观者为石蹬、小涧、山门、石台、西阁、瀑布,写其不足观者为山庵、壁其后、石台之东,使得对景物的描写脉络清晰,把详略、呼应等问题纳于完整的结构中,形成了纵向上顺承呼应、横向上对称关联的描述框架。第一节重在表现其险奇之美,第二节重在表现幽秀之美,第三节则重在表现其壮美。通篇状物写景,准确而形象,细致而生动,表现出作者精细的观察能力和

---

① 郑振铎:《插图本中国文学史(三)》,人民文学出版社 1957 年版。

运用语言的功夫。朱子通过自己的审美选择和详略安排,既向我们展示了百丈山风景之美,又向我们展示了其独特的艺术之美,给我们以诸多启迪。

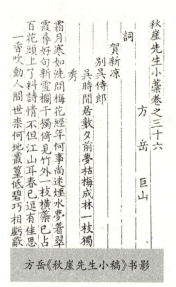

方岳《秋崖先生小稿》书影

方岳(1199—1262),字巨山,号秋崖,祁门县城北人。绍定五年(1232)进士,官至饶州知州。方岳气貌清古,声如钟,性刚正,所居何家坞,自名为"归来先生馆"。著有《宗维训录》10 卷、《重修南北史》117 卷,今皆不传,唯《秋崖小稿》83 卷行世。方岳擅诗,受杨万里、范成大影响,以疏朗淡远见长。洪焱祖说他"诗文与四六,不用古律令,以意为之,语或天出"。① 所作表、奏、启、策,用典精切,文气纡徐畅达,为时人所称道。议政论事的文章,流畅平易,且颇有见地。方岳的诗多反映他罢职乡居时的心情和感慨,以疏朗淡远见长;词作属辛弃疾派。善用长调抒写国仇家恨,往往能于祝寿或自励之中抒发爱国情怀。词风慷慨悲壮,豪气不减辛弃疾与刘过,散文化及用经史语入词的倾向也与辛、刘相近。方岳对故乡怀有深厚感情,写有《休宁县休学记》《荷嘉坞记》等散文和《婺源道中》《入歙》等诗篇。《婺源道中》和《入歙》两诗如下:

婺 源 道 中

梦中绿遍谢家池,梦觉山村雪拥篱。

尽道春寒花未在,晓来开到野棠梨。

入 歙

野竹吾乡路,逢人似故知。

社寒催燕早,夜雨勒花迟。

---

① 洪焱祖:《方吏部岳传》,《新安文献志》卷七九,何庆善等点校本,黄山书社 2005 年版,第 1933 页。

草入思连梦，山邀到歙诗。

客中春一半，煞是负春彝。

《婺源道中》选取一个特殊视角，"梦中"与"梦觉"的不同、"尽道"与所见的差异来写徽州婺源的美丽，体现了对乡土情感的特别体味。《入歙》写作者入歙后的"逢人似故知"的情感体验以及"山邀到歙诗"的创作冲动，在"煞是负春彝"的感慨中，流露出对故乡春天的赞美与珍惜。官场生活不顺，故土生活难离，是方岳生活的主线，也是他创作中的应有主题。

任职和游历徽州的文学家主要有范成大、岳飞、杨万里。

南宋著名诗人范成大于绍兴二十四年(1154)中进士后，得任徽州司户参军一职，在徽州盘桓达六七年之久，游历了徽郡诸县众多胜景，写下了数十首感慨民生和记述游踪的诗篇。"老父田荒秋雨里，旧时高岸今江水。佣耕犹自抱长饥，的知无力输租米。"[1]"黟山郁律神仙宅，三十六峰雷雨隔。碧城栏槛偃双旌，笑挹浮丘为坐客。"[2]作为中国古代田园诗巨匠，范成大恬淡闲逸的情调颇为切合徽郡文士的心境，他在徽之日交友甚多，离开徽州以后影响也较大。名学者吴儆同范成大结为至交，徽籍名士方岳、方回对范成大极为景仰："心情诗卷无佳句，时节梅花有好枝，较似后山更平淡，一生爱诵石湖诗。"[3]范成大另有《天都峰》《温泉》[4]诸诗记咏黄山风光。其《天都峰》《温泉》诗如下：

天　都　峰

维帝有下都，作镇此南国。孤撑紫玉楼，横绝太霄碧。

晶荧砂窦红，夭矫泉绅白。晴云无尽藏，竟日袅幽石。

诸峰三十五，离立侍傍侧。会稽眇小哉，请议职方籍。

① 范成大：《后催租行》，《石湖诗集》卷五，台湾商务印书馆1986年文渊阁四库全书影印本。

② 范成大：《浮丘亭》，《石湖诗集》卷七，台湾商务印书馆1986年文渊阁四库全书影印本。

③ 方回：《至节前一日六首》，《桐江续集》卷二八，台湾商务印书馆1986年文渊阁四库全书影印本。

④ 均见范成大：《石湖诗集》卷七。

温　泉

砂床毓灵源,石液漱和气。郁攸甑常蒸,髴沸鼎百沸。

人生本无垢,安用涤肠胃。一瓢涴清肥,回首谢罗尉。

山深人迹罕,政以远为贵。君看华清池,谈者至今讳。

在《天都峰》里,作者对天都峰的奇崛与雄伟发自内心的赞叹,特别是其中的"会稽眇小哉,请议职方籍"。对列为九大名山之首的会稽山发出了质疑之声,当时把会稽山列为九大名山之首的"职方",是不是与他的籍贯有关才这么确定?在作者看来,黄山天都峰应该是列为名山之首的。这种认识和发现,要比明代徐霞客所说的"薄海内外无如徽之黄山,登黄山而后天下无山,观止矣"少说也早了四百年。于此可见作者的独到识力和发现。在《温泉》中,作者对黄山温泉的特点进行了形象写照,同时又结合人生、历史与现实发出感慨:"人生本无垢,安用涤肠胃"、"山深人迹罕,政以远为贵"、"君看华清池,谈者至今讳",拓宽了题材内涵,引人深思。

南宋民族英雄岳飞绍兴元年率"岳家军"赴江西,经歙县老竹岭、岩寺镇、休宁县抵祁门县城,宿于城西 40 里处的东松庵,在庵壁上题记一篇,以答谢住持僧子珦的盛情:"万木森郁,密掩烟霭,胜景潇洒,实为可爱。所恨不能款曲,进趱速。他日殄灭盗贼,凯旋复得至此即留,聊结善缘,以慰庵僧。"[①]这虽是随手而写的一篇简短题记,但运笔从容,情文并茂,富有意趣,耐人品味,是一篇不可多得的绝妙佳作。绍兴九年(1139),邑人在东松庵前建岳王行祠,县尉黄维撰《岳武穆王生祠记》。庆元五年,岳飞之孙岳珂曾专程赴东松庵前祭祀祖父。

南宋著名诗人杨万里绍兴二十四年进士,赠任秘书监和江东转运副使。其任江东转运副史时,驻节南京,曾游历徽州。见新安江水,清澈见底,诗人描写道:"金陵江水只咸腥,敢望新安江水清。皱底玻璃还解动,莹然鄱渌却消醒。泉从山谷无泥气,玉漱花汀作珮声。水记

---

① 岳飞:《岳武穆遗文》,《四库全书·集部四》,台湾商务印书馆 1986 年文渊阁影印本。

茶经都未识,谪仙句里万年名。"①杨万里经绩溪、歙县、休宁至祁门往江西浮梁。来到祁门,经历了无数危壁险滩,叹为奇绝,作有《明发祁门悟法寺溪行险绝六首》《过阊门溪》《阊门外登溪船五首》等诗。其中《阊门外登溪船五首》有句:"上得船来恰对山,一山顷刻变多般。初堆翠被百千折,忽拔青瑶三两竿。夹岸儿童天上立,数村楼阁电中看。平生快意何曾梦,老向阊门下急滩。"②这表达了诗人游历徽州后的"平生快意"。

(四)藏书、刻书与书画艺术成就③

藏书　由于教育与科举的需要,南宋时期徽州藏书比北宋有了较大发展。尤其是公家藏书发展迅速。绍兴十一年,知州汪藻复建州学,增购藏书《周易》《尚书》《毛诗》《周官》《中庸》《春秋》《左传》《论语》《孝经》《孟子》《乐毅论》《羊祜传》,以及法帖、《御制文》、《宣王赞》、《七十二子赞》、《损斋记》等,这也是州学藏书最早的记录。此后,淳熙五年知州陈居仁创御书阁;十五年知州许昌期重修州学大成殿时,重新修补州学所藏刻书版片。州学之外,各县学也大量藏书。如休宁县学,绍兴七年(1137)"买书千卷"④;绩溪县学,淳熙十五年"买监书经、史、子、传、记二千七百余卷"⑤;淳熙三年,婺源知县林虑为县学藏书阁捐书并购置藏书,朱熹作有《婺源藏书阁记》:"婺源学宫讲堂之上,有重屋焉,榜曰'藏书',而未有以藏。莆田林侯虑知县事,始出其所宝《大帝神笔石经》若干卷以填之。又益广市书凡千四百余卷,列庋其

---

① 杨万里:《新安江水自绩溪发源》,《诚斋集》卷三四,台湾商务印书馆 1986 年文渊阁四库全书影印本。

② 杨万里:《阊门外登溪船五首》,《诚斋集》卷三四,台湾商务印书馆 1986 年文渊阁四库全书影印本。

③ 本节中的"藏书"与"刻书"参考了刘尚恒《徽州刻书与藏书》的研究成果,广陵书社 2003 年版。

④ 洪适:《休宁县学记》,康熙《休宁县志》卷七《艺文志》。

⑤ 马步蟾:《徽州府志》卷八《营建志·学校》,清道光间刻本。

上,俾肆业者得以讲教而诵习焉。"①歙县县学,知县彭方于嘉定年间"捐俸贮书数百卷于学宫,以淑后学"。②州县学藏书以外,又有书院藏书。宝祐二年(1254),知州魏克愚修葺紫阳书院,并在书院招工刻其父魏了翁《九经要义》《周易集注》藏于书院。

私家藏书更为兴旺,主要有:

歙县:祝穆,字和父,歙县人,拜朱熹为师,侨寓建阳,藏书颇富,著有《诗文类聚》《方舆胜览》等。黄宣,字仲宣,生于嘉定十二年(1219),在歙城东山,建丛书堂,方回为之撰《丛书堂记》。汪杲,曾为严州幕官,平生廉洁,俸禄用度之余,全部用来购书收藏,常对人说:"与其金玉满堂,孰若诗书克栋之为乐哉!"③潘纶,字子绶,岩寺人,好读书,曾在溪上建堂藏古今异书,命名为"经畬",因以自号经畬居士。其长子洋发,继承其父的藏书事业。吴豫,字正甫,向杲人,生于嘉定二年,理学家吴昶之孙。建延芬楼,藏书万卷,允许乡里士子阅览,算得上是徽州历史上第一个对外开放的私家藏书楼。

休宁:程大昌,理学家,曾在吴兴城东建尚书园,藏书万卷。金青松,字彦澄,建家塾,购书数千卷,延名儒教授子孙读书。宋松年,字德操,绍兴八年(1138)进士,酷嗜史学,尤精唐史,建细书阁藏书,以唐代文献最为精全。汪一龙,字远翔,咸淳四年进士,家筑经畬楼,储书万卷,其读书处曰"定斋"。程珌,在家乡汊川建万卷堂,可见藏书之富。程卓,字从元,会里人,淳熙十一年(1184)礼部会试第一,曾在故居建楼藏书,四方学子不远万里投其门下求教。程明,闵川人,筑书屋屏山书舍于所居之南阜,后以明经登第。

婺源:詹廷坚,字朝弼,生于淳熙七年(1180),建楼名"静胜",聚万卷书,日于楼上,手不停卷。许大宁,字宁之,理学家许月卿之父,曾筑

---

① 朱熹:《婺源县学藏书阁记》,《新安文献志》卷一二,何庆善等点校本,黄山书社2005年版,第329页。

② 马步蟾:《徽州府志》卷八《职官志·名宦政绩传》,清道光间刻本。

③ 汪舜民:《徽州府志》卷八《人物·宦业》,上海古籍书店1964年版明弘治十五年影印本。

群书楼藏书。胡博，子元举，考川人，一生无私储，唯古书和平生所为文。胡博弟胡持，字元克，家藏书皆是自己亲手所编及自校。游克敬，字务德，济溪人，其藏书之所，四周植桂，匾额为"生桂"。汪杞，字南美，居家二十年，筑室藏书万卷，以教子弟。滕璘，字德粹，曾任闽浙帅司参议，在闽得官书数千卷，在家乡溪东建书楼"博雅堂"，闲居无事，早晚翻阅。

以上所列实系南宋徽州私家藏书的代表，其他如祁门汪伯彦、程鸣凤，绩溪胡仔、汪晫，黟县程叔达、汪纲等，学问宏富，虽无藏书的准确文献记载，但从他们的著述和编刊活动中，仍可以窥见肯定有相当规模的藏书。

刻书　南宋时期是徽州刻书快速发展的阶段，所刻图书或见于文献记载，或有刻本传世，徽州跻身于江南刻书重点地区。

官刻本见诸文献记载的《黄山图经》有：绍兴二十六年（1156），徽州知州胡彦国编纂刊刻的《黄山图经》，今存胡彦国《黄山图经跋》。[①]嘉定元年（1208），当地文人焦源，再次重编《黄山图经》，并予以刊刻，焦源《黄山图经跋》亦存。[②]　地方志可考的有：淳熙二年《新安志》，绍定六年（1233）《新安续志》，嘉定十五年（1222）《新安广录》，淳祐年间的《新安广录续编》等。上述诸书均为徽州州衙所刻。

以新安郡衙、新安州学以及以紫阳书院名义刊刻的图书有以下数种：

绍兴末年，知州洪适刊刻苏易简《文房四谱》5 卷，附《歙州砚谱》1卷、《歙砚说》1 卷、《辨歙石说》1 卷；尤袤《遂初堂书目》著录此书，《四库全书总目提要》称"当时甚重其书，至藏于秘阁"[③]，可见其刻甚精。

---

①　胡彦国《黄山图经跋》："绍兴甲戌季冬，彦国自行在所被召，命守是郡……闻前人尝言此山（黄山）《图经》所载甚详，昔因睦寇之祸，焚毁不存，广行搜访旧本于士人楚赟家，遂命镂版于公使库。"《黄山志定本》卷五《艺文·跋》。

②　焦源《黄山图经跋》："予于是搜采名贤题咏，图摹旧迹，缀成一集，使工镂版，以广其传。"《黄山志定本》卷五《艺文·跋》。

③　永瑢等：《四库全书总目提要》卷一一五《子部·谱录类》，中华书局 1997 年版。

绍兴二十六年，洪适又辑刻其父洪皓《松漠记闻》2 卷、《续》1 卷，该书跋称："伯兄（适）镂刻歙、越"。吕祖谦的《皇朝文鉴》150 卷、《目录》1 卷，在徽州曾三度开雕：其一为嘉泰四年（1204）郡守沈开有刻本，其二为嘉定十五年郡守赵彦适刻本，其三为端平元年（1234）郡守刘炳刻本。今《四部丛刊》影印《皇朝文鉴》所据底本，即为徽州所刻。开禧二年（1206），郡守赵彦卫刻自著《云麓漫抄》15 卷。淳祐十二年（1252），魏克愚任徽州知州，刻其父魏了翁《九经要义》和《周易集义》，共 10 种。今存《要义》三种：《周易要义》10 卷、《义理要义》50 卷、《礼记要义》33 卷。今《四部丛刊》影印所据底本，即为徽州所刻。淳祐十二年，徽州郡斋刻王佖续编《晦庵先生朱文公语录》40 卷，世称"徽本"。另有咸淳元年刻汪莘《方壶存稿》8 卷，咸淳六年（1270）郡守王应麟刻罗愿《尔雅翼》32 卷。

此外，见于陈振孙《直斋书录解题》，并明确著录为徽州刻本的有：《中兴登科小录》3 卷、《姓类》1 卷、《忘荃书》2 卷。其他见于文献记载的官刻本还有：咸淳四年，婺源县知县洪从龙重刻林虑所撰《县官题名记》[①]；咸淳五年，婺源县衙刻《星源图志》[②]。

南宋徽州私家刻书也是很发达的。清乾隆四十年（1775）就宫内昭仁殿藏书编成《天禄琳琅书目》10 卷，乾隆皇帝亲撰内府藏书诗，众大臣相和，其中纪昀和诗咏宋时私家刻书姓氏为："赵（衢守长沙赵淇）、韩（临邛韩醇）、陈（临安挽鼓桥南陈宅书铺）、岳（相台岳氏家塾）、廖（世綵堂）、余（建安勤有堂）、汪（新安汪纲）。"[③]汪纲是黟县碧山人，被纪昀列为宋代七大私家刻书之一。汪纲以父荫入仕，官至户部侍郎。先后在高邮军、绍兴州任上刻过陈敷《农书》3 卷，秦观《蚕书》1 卷附楼璹《耕织图诗》，叶适《习学记言》50 卷，赵晔《吴越春秋》10 卷，袁康、杜平《越绝书》15 卷等。其中《吴越春秋》《越绝书》两书版片又曾加

---

① 参见汪舜民：《徽州府志》卷四《职制·名宦》，上海古籍书店 1964 年版明弘治十五年影印本。
② 《星源图志》已佚，现存洪从龙序，载康熙《婺源县志·艺文》。
③ 于敏中等：《天禄琳琅书目·茶宴诗》，台湾商务印书馆 1986 年文渊阁四库全书影印本。

新安郡斋牌记，再度印行。还刻过彭晓《周易参同契分章通真义》3 卷、《明镜图诀》1 卷。

歙县祝氏系朱熹外家，从朱熹外祖父祝确到祝康国、祝穆、祝洙，为歙县世家，其斋名祝太傅宅，家产占徽州城之半，故有"祝半城"之称。嘉熙三年（1239），祝穆刻自编《新编方舆胜览》70 卷。淳祐元年（1241），刻自撰《四六宝苑》。淳祐六年，刻自撰《事文类聚》170 卷。这三部篇幅浩大的原书刻本今已不存，但祝穆之子祝洙于咸淳三年在寄居地福建崇化县重新修补的《方舆胜览》尚存，可窥其貌。

朱熹一生著述宏富，在他为官和讲学期间，刊刻自著、编纂的著作甚多。他的著作在家乡徽州也屡有所刻。他曾在给黟县表弟汪义和的答信中称："所寄《大学》，愧烦刊刻，跋语尤见留意。"①在给休宁杨伟的信中曾要求停刻他的一种著作，因为此书未及订正，恐误后人。又称："近闻婺源有人刻熹《西铭》等说，方此移书毁之。"②婺源程可绍曾刻朱熹所著《孝经刊误》1 卷，后收入《朱子遗书》中。

由于南宋期间徽州人文勃兴，名人辈出，很多名臣、学者都撰写了不少著述，自己刊刻行世。他们的后人为了使自己先人的著述能够流传于世，也大量刊刻了很多先辈的著作。如：婺源游克敬端平年间刻自著《狐首经》，程大昌的后人就刻有程大昌所著《文简公词》1 卷，南宋末程景山刻其高祖程珌《程端明公洺水集》60 卷、《内制类稿》10 卷、《外制类稿》20 卷等。婺源鲍宜翁"凡先民之言可为劝世者则刻之，每岁四月斋会，印其文以授四方之来者"。③ 这种通过印刷品来倡导社会风气的做法，具有积极作用。刘尚恒统计，两宋徽州刻书可考的约 74 起、68 种④，主要在南宋时期。由于时代久远，文献无征，纸质难以保存，这些只是历史实际刻书中的极小一部分。

---

① 席存泰：《绩溪县志》卷一三《艺文·宋文》，清嘉庆十五年刻本。
② 朱熹：《朱子文集大全类编》卷三《与杨教授（伟）书》，台湾商务印书馆 1986 年文渊阁四库全书影印本。
③ 汪舜民：《徽州府志》卷一○《人物·艺术》，上海古籍书店 1964 年版明弘治十五年影印本。
④ 参见刘尚恒：《徽州刻书与藏书》，广陵书社 2003 年版，第 26 页。

随着刻书业的兴起,在徽州也产生了一批以刻书为业的刻工。虽然随着宋版书籍的散佚和文献无征,后人对南宋徽州刻工的情况不甚了解。但方岳曾为刻工写下诗篇,留下南宋徽州刻工的一些信息,同时也体现出南宋时期徽州刻工的精湛技艺。方岳诗曰:

题刊匠图书册①

黄金汉鼎青错落,绿玉秦玺红屈蟠。

龙翔凤翥入刀笔,宝晋山林风月寒。

题刊字蔡生②

六经四十三万字,古未版行天所秘。

鲁才得见易春秋,书到汉时尤默记。

不知何年有尔曹,误我百世惟寸刀。

日传万纸未渠已,宇宙迫窄声嘈嘈。

一第竟为吾子恩,辨笔如椽补龙衮。

生母谓我不读书,待捡麻沙见成本。

书画　徽州文房四宝的兴盛和文风郁起,必然带动书法绘画艺术的发展,北宋舒雅就精于绘画,咸平二年在他担任秘阁校理期间,整理馆阁图书,见梁张绘所画《山海图》10卷,于是重绘收藏。③　与他同时的休宁人查道篆书,也被誉为"其劲健端妙又过于阳冰"。④　南宋时期,徽州以书画知名于世的艺术家,并未见载于史籍。但一些名臣、硕儒、诗人虽不以书画名世,但他们的书画造诣都很高。

朱熹的父亲朱松,从小喜爱书法,临摹王安石书,几可乱真。⑤　朱熹本人的书画造诣也很高,《书史会要》称朱熹:"善正行书,尤工大字。

---

① 方岳:《秋崖集》卷四,台湾商务印书馆1986年文渊阁四库全书影印本。
② 方岳:《秋崖集》卷一四,台湾商务印书馆1986年文渊阁四库全书影印本。
③ 参见《御定佩文斋书画谱》卷一一《论画一》,台湾商务印书馆1986年文渊阁四库全书影印本。
④ 董更:《书录》卷中,台湾商务印书馆1986年文渊阁四库全书影印本。
⑤ 朱熹说:"先君少好学荆公书,家藏遗墨数纸。伪作者,率能辨之,临写荆公本,恐后数十年,未必有能辨之者。"见《御定佩文斋书画谱》卷一三《书家传》,台湾商务印书馆1986年文渊阁四库全书影印本。

尝评诸家书,以谓:蔡忠惠以前皆有典则,及至米元章、黄鲁直诸人出来,便自欹斜放纵,世态衰下,其为人亦然。"[1]书法初学汉魏,崇尚晋唐,主张复古而不泥古,独出己意。下笔点画圆润,善用中锋,运转沉着顺畅,入笔藏锋隐芒,绝无狂躁之迹;结构稳健典雅,行气连贯,不刻意工整,风格洒脱自然。书法代表作有《城南唱和诗》《致教授学士尺牍》等。黄宾虹《黄山丹青志》专门写有《朱熹画学》一章,称其"画法衣褶深得吴道子家数,落笔迅疾,无意求工,寻其点画波磔,无一不合书家矩度"。[2]

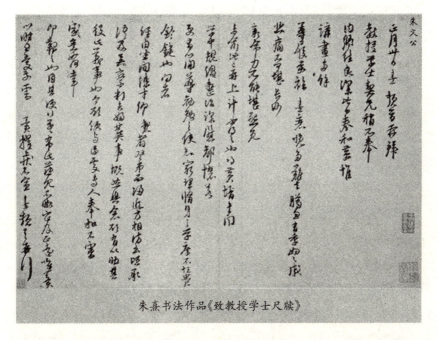

朱熹书法作品《致教授学士尺牍》

程珌书法造诣也较高,宝庆三年,程珌曾手书《水府静鉴观记》,并被刻石立于杭州水府静鉴观。[3]齐云山上今天仍存有他手书"云岩"两字摩崖石刻。程鸣凤不仅文武兼优,书法、绘画造诣都很深,尤工草

① 陶宗仪:《书史会要》卷六,台湾商务印书馆1986年文渊阁四库全书影印本。
② 《黄宾虹文集·书画编》(下),上海书画出版社1999年版,第225页。
③ 参见倪涛:《六艺之一录》卷九五《石刻文字·宋刻·祠庙》,台湾商务印书馆1986年文渊阁四库全书影印本。

书,淳熙元年手书《兰皋诗集跋》传世。

二　徽州经济结构的转变

（一）徽州经济结构转变的基础

南宋时期,随着徽州土地资源得到充分利用,农业经济全面发展,为农业经济发展形态向商品经济发展形态转变奠定基础。

南宋是中国封建社会发展较快的时期,社会生产力有了较大的发展。经济重心的南移,使得南方经济,特别是长江中下游和东南沿海地区的经济得到快速发展,其作用和地位超过了北方。徽州靠近京城临安,得地利之便,经济也得到较大的发展,田土得到充分的开辟和利用。

绍兴十二年(1142),宋高宗派两浙路转运副使李椿年措置"经界",在各地清丈土地,明确土地的数字,以达到官府增加赋税收入的目的。徽州在经界前只有 151.62 万亩,经界后增加到 300 多万亩。经过南宋后期的进一步开发,至元延祐二年(1315),达到 335.9278 万亩。[①] 徽州地处山区,开发田土只能依山势开辟梯田。南宋徽州诗人方岳就记载了当时徽州人开山造田的壮举,称"徽民凿山而田高,耕入云者十半"。[②] 南宋时,祁门叶氏由于开辟了祁门的荒地,同时伐石为埠,成为集市,这就是"叶家埠"的由来[③]。

农田水利的发展是农业增产的必要条件,南宋徽州水利也得到了长足发展。歙县莘墟吴大用,买田捐资,修筑昌埸。[④] 地方官府也有

---

① 参见汪舜民:《徽州府志》卷二《食货·田地》,上海古籍书店 1964 年版明弘治十五年影印本。
② 方岳:《秋崖集》卷三六《徽州平籴仓记》,台湾商务印书馆 1986 年文渊阁四库全书影印本。
③ 参见戴廷明、程尚宽:《新安名族志》后卷《叶》,朱万曙等点校本,黄山书社 2004 年版,第 416 页。
④ 参见戴廷明、程尚宽:《新安名族志》后卷《吴》,朱万曙等点校本,黄山书社 2004 年版,第 366 页。

组织地对徽州经济进行开发。嘉靖《徽州府志》引用南宋时编纂的《新安广录》称:嘉定年间,"邑令王梣木叔,尝开陂、塘三十六所。其大者古塘,在杨山乡,广三十余亩"。王梣在短短几年就开筑塘堨 36 处,可以看出他对农田水利建设的用心之勤。[1]

根据官方的统计,南宋淳熙二年徽州的水利工程有 3941 处,如下表:[2]

表 5-2　南宋淳熙二年徽州水利工程一览表

县　别	陂	堨	塘
歙　县	——	226	1207
休宁县	——	210	510
祁门县	——	975	237
婺源县	157	17	——
绩溪县	——	117	95
黟　县	——	190	——
合　计	157	1735	2049

农业生产工具和生产技术也都有了较大的进步,如在灌溉中使用水车,在稻米加工时使用水舂。水车有一种是筒车,利用水力推动水轮,带动轮上的水筒旋转,把水引到高处。徽州当地称水车为"龙骨",方岳淳祐二年至四年(1242—

踩水车

---

[1]　参见汪尚宁:嘉靖《徽州府志》卷一〇《水利》,明嘉靖四十五年刻本。

[2]　参见罗愿:《新安志》卷三、四、五,清光绪十四年重刊本。

1244)遭史嵩之罢职,闲居祁门老家时,时值大旱,①当地农民用水车抽取藕塘里的水用于抗旱,破坏了藕塘里的满塘莲花景色,方岳很是感慨,写下即事诗:"龙骨翻翻水倒流,藕花借于稻花秋。鱼兼熊掌不可得,宁负风光救口休。"②水春则是利用水力将稻米或其他农作物放在石臼捣掉皮壳或捣碎,效率大大提高。方岳的即事诗中也有关于自己割稻春米的叙述,使人能够体验当时徽州人的劳动场景。诗曰:"自刈香秔税水春,旋篘新酒搦泥封。晚菘种已无余地,不枉归田学老农。"③

作物的品种增多,优良的品种得到推广。仅稻种,《新安志》记载的早稻就有大白归生、小白归生、红归生、桃花米、冷水白、笔头白、肥田跛、早十日、中归生、晚归生、占城禾,粳稻则有大栗黄、小栗黄、芦黄、珠子稻、乌须稻、婺州青、叶里青、斧脑白、赤芒稻、九里香、马头红、万年陈、沙田白、寒青,糯稻有青秆、羊脂、白矮、牛虱糯、早归生、交秋糯、七月熟、秧田糯等 32 种之多。④ 方岳也有记载当时稻种的诗句:"秧田多种八月白,草树初开九里香。但得有牛横短笛,一蓑春雨自农桑。"⑤诗中的"八月白"大概指的是《新安志》中所说的"晚归生",按照《新安志》的说法,晚归生"近八月社熟"。优良品种的培育和耕作技术的讲究,促进了水稻单位面积产量的提高。高宗时,徽州上田亩产米达到二石。作为土地贫瘠的山区,同土地肥沃的平原地区相比,也不遑多让。

经济作物也有较大的发展。茶叶的利用,开始是生煮羹饮或晒干收藏,后来采用捣叶做成饼茶或蒸叶捣碎制成团茶。宋时茶叶制作方法改为洗涤、蒸青、压榨、烘干,名为散茶。《宋史》说:"茶有二类,曰片茶,曰散茶。"⑥片茶仍是饼茶,散茶则是经蒸青后直接烘干呈松散状的茶。《新安志》记载:"茶则有胜金、嫩桑、仙芝、来泉、先春、

---

① 参见方岳:《秋崖集》卷二八《答洪宗谕》,台湾商务印书馆 1986 年文渊阁四库全书影印本。
② 方岳:《秋崖集》卷三《即事》,台湾商务印书馆 1986 年文渊阁四库全书影印本。
③ 方岳:《秋崖集》卷一《即事》,台湾商务印书馆 1986 年文渊阁四库全书影印本。
④ 参见罗愿:《新安志》卷二《物产·谷粟》,清光绪十四年重刊本。
⑤ 方岳:《秋崖集》卷三《田头》,台湾商务印书馆 1986 年文渊阁四库全书影印本。
⑥ 脱脱等:《宋史》卷一八三《食货志·食货下五》,中华书局 1977 年版。

运合、华英之品；又有片茶八种。散茶通称茗茶。"①胜金、嫩桑、仙芝、来泉、先春、运合、华英都是片茶中的名品。建炎初，婺源还出产一种谢源茶，被称为"绝品"。② 隆兴年间，徽州每年产茶210万斤③，约占全国产量的二十四分之一。由此可见茶业在徽州经济中的分量。当时休宁齐云山还出产一种香风茶，民间称之为"香风草"。该茶生长于齐云山一带的旷野山坡溪边，属于腊梅科落叶灌木，树高一般2至4米，树叶粗糙，叶面深绿，背面粉绿，形似茶而非茶。用这种树叶按照茶叶制作方式做出的茶，碧绿芳香，冲泡后味醇带甜，别有风味，且有解表祛风、理气化痰之功效，是齐云山的特产。由于香风茶原料不是真正的茶类品种，产量不大，所以在史籍上并无记载。但齐云山香风茶名声在外，以至于流传久远，至今不衰，一直在生产。淳熙年间，每年都要上供绸4598匹、绢83377匹、绵12226两、丝200两。④ 同时，每年还要征收夏税物帛，品种主要是绸、绢、绵。这说明当时蚕桑和棉麻的种植也相当发达。

方岳写有五首《农谣》诗，描写家乡春日农事民俗。春雨初晴，水拍堤岸，鸟啼林梢。田间青青的小麦和黄黄的大麦相映，农人披着蓑衣独自在田中犁地，秧田浅浅的水中露出秧苗的柔绿。村中家家冒着炊烟，饭菜的香味荡漾在空气中，穿着青色衣裙的老姥正在担忧家中因春寒尚未作茧吐丝的蚕宝宝。花草、桑麻、池塘、青蛙、门巷、燕子等，勾勒出一幅浓郁的农村景象，形象鲜明，历历如画。这形象地体现了当时徽州农村经济的发展，老百姓安居乐业的情景。诗曰：⑤

---

①　罗愿：《新安志》卷二《货贿》，清光绪十四年重刊本。
②　参见脱脱等：《宋史》卷一八四《食货志·食货下六》，中华书局1977年版。
③　参见李心传：《建炎以来朝野杂记》卷一四《江茶》，台湾商务印书馆1986年文渊阁四库全书影印本。
④　参见罗愿：《新安志》卷二《货贿》，清光绪十四年重刊本。
⑤　方岳：《秋崖集》卷二《农谣》，台湾商务印书馆1986年文渊阁四库全书影印本。

春雨初晴水拍堤,村南村北鹁鸪啼。

含风宿麦青相接,刺水柔秧绿未齐。

问舍求田计未成,一蓑锄月每含情。

春山树暖莺相觅,晓陇雨晴人独耕。

小麦青青大麦黄,护田沙径绕羊肠。

秧畦岸岸水初饱,尘甑家家饭已香。

雨过一村桑柘烟,林梢日暮鸟声妍。

青裙老姥遥相语,今岁春寒蚕未眠。

漠漠余香着草花,森森柔绿长桑麻。

池塘水满蛙成市,门巷春深燕作家。

此外,水果、药材的种植也是经济作物的主要项目。《新安志》记载南宋时期的徽州水果,很有特色。其中枣子有两种品种,一种脆而多津,一种大而理疏。还有一种名叫"丁香枣"的果子,紫黑色,其实不是枣子,而是柿子,古名叫"牛乳柿"。山枣则呈现橄榄圆形,剥开后,肉白如涕。栗子有壳上长毛和皮壳光泽两种品种。榛子花长而果实很细。霜后枳椇味绝甜。木瓜果实小,没有宛陵出产的大。梨的种类最多,歙县产的梨子汁多,皮很薄,如果被蜜蜂等虫子叮咬以后,容易结瘢,故当地人用柿油渍纸,在梨还是梨苞时,就在树枝上用纸将它包起来,霜后收获。这样一来,梨子表面不受损坏,皮薄雪白,肉嫩汁多。这种保护梨子的办法,至今仍在沿用,以歙县上丰最为著名,当地梨被称为"上丰雪梨",全国闻名。其他如桃、李、梅、杏、含桃、来禽、枇杷、胡桃、安石榴、橙、橘、柚等也都有大量的种植。

药材的种植与采集,在经济作物中也占有很大一部分。草本芝兰、芍药、兔丝、昌羊、石香薷、火枚、香附子、薏苡、射干、车前、苍耳、陵霄、羊蹄、樟柳、乌药、菊花、牡丹、黄精、淫羊藿、马兜、五倍子、地黄、茯苓、五味、茈胡、白芨、黄檗、旋覆、菴闾、木贼、谷精、五加、细辛、鹤虱、百部、通草、木通、玄参、狼毒、栝楼、地松、萍艾、苦参、谨火、忍冬、萱草、卷柏、蓖麻、草犀、杜仲、蒴藋(音朔濯)、茜草、蜀葵、金星、地锦、葎草、夏枯、懷香、薄荷、覆盆、草乌、瞿麦、芫花、白敛、前胡、天门冬、霹雳矢、何首乌等，在徽州都有大量出产。北宋大观二年（1108），艾晟所编《大观本草》专门绘出荆门军、齐州、石州、舒州、商州、歙州、越州七个州所产白术，可见徽州白术的质量优良。徽州出产的麦门冬大而白，黄连也比其他地方出产的好。

（二）徽州经济结构转变的契机

徽州由农业经济发展形态向商品经济发展形态转变，得益于手工业的高度发展。手工业产品要拿到市场上进行交换，以此为契机，促进了商品经济的发展。

南宋时期是徽州文房四宝生产的全盛时期，绍兴二十九年至三十一年（1159—1161）洪适任徽州知府时，在府城建了一座类似于展览馆的建筑，专门陈列当地的笔、墨、纸、砚产品，并将苏易简所著《文房四谱》书于展室四壁，取室名为"四宝堂"。南宋宝祐年间，徽州知府谢塈与宋理宗赵昀有亲戚关系，每年都要向理宗进贡徽州生产的澄心堂纸、李廷珪墨、汪伯立笔和羊头岭古坑

千锤百炼成墨泥

砚四种文房珍品，被称作"新安四宝"。康熙《徽州府志》在"古迹"门里列有"四宝堂"之目，说其"以郡出文房四宝为义"。[①]

南宋期间，随着徽墨制作技艺的不断发展，在制造范围、制墨高手、采用原料、加工艺术等各方面，都比北宋有较大提高，出了不少名工。如戴彦衡，绍兴年间人，所作复古殿供御墨，墨面为双角龙、珪璧、戏虎等，传为米友仁所绘。吴滋，亦绍兴时人，其制墨法创造对胶法，

---

① 赵吉士：《徽州府志》卷一七《古迹》，清康熙三十八年刻本。

收到"淬不留砚"之妙。沈珪,嘉禾(今浙江嘉兴)人,因贩卖绸缎来黄山,在徽州学得制墨本领,且善于用胶,取古松烟,杂以脂漆淬烧之,得烟极精细,名为"漆烟",提高了墨的凝固性和防断裂性,故其墨铭曰:"十年如石,一点如漆。"

砚石开采和砚雕技艺也有很大提高。宝祐年间,谢墍出任徽州知府,曾在旧坑覆有五色云气之处凿得佳石,制成白文绕两舷、宛转如二龙的歙砚,奉于与其有"椒房之亲"的宋理宗赵昀。1952年,休宁县从南宋进士朱晞颜夫妇合葬墓中出土一方牛尾纹三足歙砚,粗罗纹,纹似朱尾,色黑乏青,略泛银光,圆形,琢新月形池,为歙砚上乘之品,后为安徽博物院收藏。馆藏宋代名砚,还有安徽博物院眉纹枣心砚。休宁县博物馆银色冰纹砚,正视纹路为山峦起伏,侧视则银丝万缕,砚背镌有隶书"歙石绝品"四字。黟县博物馆抄手砚,左侧阴刻隶书"世路艰,人业异,与石交,不相弃",右侧刻隶书"结邻"。南宋文人汪藻有《刷丝砚诗》,赞美歙砚:"冰蚕吐茧抽银色,仙女鸣机号月窟,故令玉质傲松腴,万缕秋毫添黼黻。"[1]周必大也有《得吴秀才赠歙砚诗》:"旧曾起草向明光,独与罗文近赭黄。三载瓦池研灶墨,因君聊复梦羲皇。"[2]南宋名砚虽多,但名工只见万历《歙志》所记载的鲍天成一人。

南宋徽纸也有很多名品,陈槱《负暄野录》载:"新安玉版,色理极腻白,然质性颇易软弱,今士大夫多糯而后用,既光且坚,用得其法,藏久亦不蒸蠹。"[3]明代屠隆《考盘余事》载:"有歙纸,歙县地名龙须者,纸出其间,光滑莹白可爱。有黄白经笺,可揭开用之。有碧云春树笺、龙凤笺、团花笺、金花笺。"[4]明人文震亨《长物志》云:"宋有澄心堂纸,有黄白经笺可揭开用,有碧云春树、龙凤团花、金花等笺。"[5]徽纸的制作技艺,有取料、沤腌、镬煮、复沤、拣杂、捣细、入槽、滑水、搅和、抄纸、榨

---

① 高似孙:《砚笺》卷二,台湾商务印书馆1986年文渊阁四库全书影印本。
② 吴之振:《宋诗钞》卷五,台湾商务印书馆1986年文渊阁四库全书影印本。
③ 陈槱:《负暄野录》卷下《论纸品》,台湾商务印书馆1986年文渊阁四库全书影印本。
④ 陈元龙:《格致镜原》卷三七,台湾商务印书馆1986年文渊阁四库全书影印本。
⑤ 文震亨:《长物志》卷七《纸》,台湾商务印书馆1986年文渊阁四库全书影印本。

干、摊焙、截沓等十多道工序。徽纸还可用以制衣，罗愿《新安志》记载："今黟歙中有人造纸衣，段可如大门阖许。近士大夫征行亦有衣之者，盖利其拒风于凝沍之际焉。"[①]这种纸衣的制作是用许多层纸，与胡桃、乳香合在一起蒸煮阴干而成，拒风保暖，可作风衣穿之。制纸业的发展带动了印刷业的进步，南宋时期用徽纸印刷刻版书，见于记载的有：南宋初画家李嵩的《骷髅幻戏图》，以及拓印《淳化阁帖》；舒州刻本李清照《金石录》及《大易粹言》；宣州刻本谢朓《谢宣城集》、龙诞之《文选》；徽刻朱熹《诗集传》、王佖续编《朱子语录》、吕祖谦《皇朝文鉴》、魏了翁《九经古义》和祝穆《方舆胜览》，等等。

（三）徽州经商风气的兴起

随着大量土特产品和著名手工业品的兴盛，商品交换更趋发达，徽州经商风气逐渐兴起。尤其南宋建都临安，朝廷的中枢机构如枢密院、中书门下省、尚书省及六部等官衙也纷纷建立，由此带来了一场大规模的城市建设。大兴土木所需材料，大多来自附近州县。徽州距此不远，物产丰富，交通便捷，自然也就与临安有了更多的联系。罗愿称休宁"山出美材，岁联为桴下溮河，往者多取富"[②]，与临安的城建是有关联的。伴随着大量人口拥入，临安成为全国最大的城市，全盛时人口达百万，商业也很繁盛。"自大内和宁门外，新路南北，早间珠玉、珍异及花果、时新海鲜、野味、奇器，天下所无者悉集于此。以至朝天门、清河坊、中瓦前、灞头、官巷口、棚心、众安桥，食物店铺，人烟浩穰"，而"夜市除大内前外，诸处亦然，唯中瓦前尤盛，扑卖奇巧器皿百色物件，与日间无异。其余坊巷市井，买卖关扑，酒楼歌馆，直至四鼓方静，而五鼓朝马将动，其有趁卖早市者，复起开张，无论四时皆然"[③]。临安成为当时中国最为繁华的都市，四时八节，商贾云集，勾栏瓦市，偏安一

---

① 罗愿：《新安志》卷一〇《杂记》，清光绪十四年重刊本。
② 罗愿：《新安志》卷一《风俗》，清光绪十四年重刊本。
③ 耐得翁：《都城纪胜》，台湾商务印书馆1986年文渊阁四库全书影印本。

隅的帝都沉浸在醉生梦死中。临安居民需用的物品，多从外地运来。其中一些商品，也来自徽州。吴自牧《梦粱录》就有这样的记载："严、婺、衢、徽等船，多尝通津买卖往来……如杭城柴炭、木植、柑桔、干湿果子等物，多产于此数州耳。"显然，这对徽州商品经济的初步发展是有积极的引导作用的。

山出美材，岁联为栲下溯河，往者多取富

　　徽州商业活动的发展，除了满足本地区的需求，也是其他地区对徽州特产和手工业产品需求增加的结果。因此，徽州山区商业化进程，一方面是农业收入和人口增长，另一方面则是贸易路线从外地逐渐向本地区延伸。这就促进了徽州居民更多地转向商业性农业或其他非农业活动，并利用当地特有的资源来生产土特产品和手工业产品。徽州林业资源丰富，林木、竹属品种繁多。按照其用途分类，主要有杉、松、梓等用材林，桐、漆、乌桕等经济林，桔、柿、栗、梨等果林。此外，由于邻近的制瓷业中心景德镇烧制瓷器以及徽州本地烧制瓷器、砖瓦需要大量燃料的刺激，徽州境内作为燃料之用的林木产品也得到进一步开发、使用，烧炭、发卖窑柴也因势发展成为徽州社会普遍经营的手工业行业，临安的柴炭、竹木、水果等也多从徽州等地输入。自唐宋以来，林业生产一直是徽州人民生活资料和生产资料的重要来源。举凡日用生活器具、生产工具制造以及房屋建筑的原材料以至于柴草燃料等都直接取自于山林。许多树木的果实、花、叶、皮、茎等，经过加工可以作为辅助食物，甚至作为商品买卖。如徽州所产的茈草根皮紫色，可入药，亦可作紫色染料。乾道年间，西安染坊专门从徽州购买茈草用作染料。当地人还在春、秋季采收茅苍，除去茎叶冒充人参拿到外地去卖。[①] 而林木的种植发卖也为山区社会提供了价值可观的经济来源。徽州山多田少的自然地理条件使得徽州人纷纷选择从山林经营中去寻求出路，"土人稀作田，多以种杉为业"[②]，自南宋起，林业生产在经济生活中的地位已显著提高。而境内外水系的畅达又为木材及林产品的运输贸易提供了极大的便利。有不少徽州人便是从贩卖本地林木和林产品走上营商之途的。

早在南宋时期，徽州人就已从事木材贸易，徽州各地林木输出贸易十分兴盛，"山出美材，岁联为桴下潙河，往者多取富。女子始生则为植杉，比嫁斩卖以供百用，女以其故，或预自蓄藏"[③]，"祁门水入于鄱，民以茗、漆、纸、木行江西"。[④] 徽州人往往于冬季入山伐木，待至第二年梅雨季节河水涨泛时，便利用水利之便运载出山，转销各地。由于徽州杉木输出量较大，南宋时严州官吏曾把征收徽州山税作为该州的"利孔"[⑤]，严州税收的很大一部分便出自于对徽州木材的抽税。沿及明清时期，由于城市建设对木材需求量的日益增大，而同期全国森林资源相对愈益缺乏，导致木材价格日益攀升，遂使木材经营成为更加有利可图的行业。受此影响，徽州的林业生产也较前更为发达，当地山区盛产的木材，被徽商源源不断地输往全国各地售卖，成为众多徽州人赖以生存、致富的重要手段。

为了同国内其他区域进行贸易竞争，徽州内部开始形成一定的社会分工，使产品更加特产化，从而占据市场，促进本地区商业活动的开

---

① 参见罗愿：《新安志》卷二《物产·药物》，清光绪十四年重刊本。
② 罗愿：《新安志》卷二《物产·木果》，清光绪十四年重刊本。
③ 罗愿：《新安志》卷一《州郡风俗》，清光绪十四年重刊本。
④ 罗愿：《新安志》卷二《物产·木果》，清光绪十四年重刊本。
⑤ 范成大《骖鸾录》载："休宁山中宜杉，土人稀作田，多以种杉为业。杉又易生之物，故取之难穷。出山时价极贱，抵郡城已抽解不赀，比及严则所征数十倍。严之官吏方曰：'吾州无利，孔微歙杉，不为州矣。'观此言则商旅之病何时而瘳。"台湾商务印书馆1986年文渊阁四库全书影印本。

展。以家庭手工业为主的民营手工业作坊以造纸、制墨、制砚、制茶业最为兴盛,甚至出现专门为商旅运送货物的职业挑夫。如《夷坚志》就有"徽州婺源民张四,以负担为业"的记载。① 南宋时期,在徽州人的生业中,经商已经开始占有一定位置。嘉熙元年(1237),郡守申报行省,将岩寺镇官废除,以镇务酒税均分为万户,以便居民行商。每年四月初八日,婺源县都要举行祭拜徽州特有神祇——五显神的活动,这时全国各地的商人都要云集婺源县城,同时进行贸易活动②,可以看出徽州商业活动在江西、江浙一带的影响。端平二年(1235),徽学教授李以申在《新安后续志序》中指出,徽州"物产之多,流布四方"。徽州制造的纸远销四川,夺得当地蜀笺的市场。

南宋时期,歙州设有 9 个镇:歙县的岩寺镇、新馆镇、街口镇,祁门的大共镇,婺源的弦高镇、五福镇、清华镇,黟县的西武镇、厢口镇。③五代北宋时期,"镇"主要设在一些有军事价值的地方,以示镇守之意,

岩寺古镇

① 洪迈:《夷坚志·支志》乙集卷一,台湾商务印书馆 1986 年文渊阁四库全书影印本。
② 关于五显神的情况参见"'汪王'及其他乡土神信仰"一节。
③ 参见罗愿:《新安志》卷三、卷四、卷五,清光绪十四年重刊本。

镇将兼事行政管理。到了南宋,由于社会经济的发展,"镇"在徽州已经不再起到军事作用,而是作为乡村经济中心而存在。如歙县岩寺镇距离州、县城只有 20 里,路途平坦,道路便捷,同时又是徽墨、漆器和酒的制造中心。宋初在岩寺设镇,目的就是为了收税。新馆镇、街口镇到南宋初期时候已经废置,但"市井如故"[①],可见这两个镇也是乡村贸易集镇。黟县渔亭南宋时为里治所在,并因其处在交通要道上而设有驿站,商业也较繁兴,成为黟祁两县的重要集散中心。由杭州转运而来的货物多由此登岸转输黟祁各地;而两县的农副、土特产品也多在此汇集,运往外地。

婺源县弦高镇原来是作为军事镇寨来设置的,但由于这里交通便利,商业活动频繁,后来索性将婺源县治迁此,南唐检校司空刘津镇守婺源,又增"建东、南两市"[②],使弦高镇由商业中心进而成为政治经济中心。五福镇又称"还珠里",相传有一贩卖珠宝的商人雇了挑夫挑着珠宝经过此地,挑夫对商人有意见,想到了县里以后告发商人漏税,谁知被商人知道了。在五福镇歇脚住店以后,秘密地将珠宝寄存在途中的一位老翁处。到了县里,挑夫果然告发商人偷漏税。官府派人搜查商人的行囊,无颗粒珍珠,挑夫受到诬告的处罚。商人考虑到当时是仓促之间将珠宝寄托给老翁的,并没有留下凭证,如果要不回来,又要诉讼到官府,于是索性不去要,直接回去了。到了五岭,老翁已在松树下等他,并告诉商人,你寄托给我的行李现在还给你,请查验封记。商人喜出望外,感谢万分,准备分一部分珠宝给老翁,老翁没有接受就离去了。人们都觉得当地的民风淳朴,称赞五福镇为"还珠里"。[③] 这段故事告诉我们,五福镇也是一处商贸要冲。

徽州本土商业化的发展,使商业路线沿途出现许多集市和贸易点,具有多层次市场功能的大都市很难发展起来。从文献记载来看,

---

① 罗愿:《新安志》卷三《歙县·镇寨》,清光绪十四年重刊本。
② 汪舜民:《徽州府志》卷一《地理·坊市》,上海古籍书店 1964 年明弘治十五年影印本。
③ 参见康熙《江南通志》卷一九六《杂类志·纪闻·徽州府》,台湾商务印书馆 1986 年文渊阁四库全书影印本。

南宋徽州较大的 6 个市镇，除了以制作漆器闻名的歙县岩寺镇之外，其他市镇都是交通要道上的一些小贸易点或歇脚点，这也是徽州山区商业化发展的一个特点。

有商品交换，就有商人存在。由于中国是一个重农抑商的国家，加上史料湮没，唐以前还很少见到有名有姓的徽州商人载于史籍。见于记载较早的徽州商人，有唐末歙县人洪廷二和南唐时的休宁人臧循。据民国歙县《洪氏宗谱》记载，唐末歙县洪岭人洪廷二在黄巢起义战乱平定以后，贸易福建泉州南安。南唐休宁人臧循同查文徽是同乡，文徽当时任江西安抚使，欲兴兵攻打占据福建号称殷王的朱文进。臧循早先曾经在福建经商，知道当地的山川险易，便向文徽献进兵之策。① 南唐和北宋初期，休宁博村范邵、范知证等致力于典当业经营致富，从而获得较高的社会地位。② 宋初，祁门县程承津、程承海兄弟经商致富，号称"程十万"，分别被人们称为"十万大公""十万二公"。方勺在《泊宅编》中记述北宋末年方腊起义事件时，提到当时歙州就有富商巨贾往来江浙的情况。③ 宋高宗时，边关不宁，国库空虚，两程的后代程旻，一次捐纳边饷五万缗，受到高宗的敕褒。敕文称："旻以巨商为义民，输家佐国，理宜嘉擢，以表忠庄，特授朝散郎。"④歙县吴用清、吴福父子也因善于经商，以财富称雄乡里。徽商朱元经营茶业，遇蔡京改茶法，说其私贩茶叶有罪，因而入狱。婺源县有一方姓盐商，南宋初年曾带仆人到芜湖经商。南宋后期，逐渐出现长期在外、多年不归的商人。方回《桐江集》就曾记有一位黟县商人，远出经商，离家竟达十年之久。

----

① 参见司马光：《资治通鉴》卷二八四《齐王中》，中华书局点校本 2005 年版。
② 参见范涞：《休宁范氏族谱》卷八"范邵传"、"范知证传"，明万历二十八年刻本。
③ 参见方勺：《泊宅编》卷下，台湾商务印书馆 1986 年文渊阁四库全书影印本。
④ 张瑗：《祁门县志》卷四《孝义》，清康熙二十二年刻本。

三　新安理学的形成[①]

（一）新安理学的学术渊源

理学是中国古代哲学中的重要派别,理学家们认为"理"是永恒的、先于世界而存在的精神实体,世界万物只能由"理"派生,故称"理学"。新安理学是朱熹理学的重要分支之一,该学派由徽州籍理学家为主干组成,奉祖籍徽州婺源的朱熹为开山宗师,以维护继承、发扬光大朱子学为基本宗旨。

理学萌芽于唐中叶以后韩愈、李翱和柳宗元之手,经北宋的周濂溪、邵康节、二程（程颢、程颐）、张横渠发展,再到南宋的朱熹、陆九渊分别集道学、心学大成。韩愈对于佛教的批判,以及他所提出的以

程颐画像　　　　程颢画像

"仁、义"为儒学之"道"的内容,以尧、舜、禹、汤、文、武、周公、孔、孟为儒家的传授谱系,并且自己以继道统自任,而开儒学讲"道统"之先河,所有这些都启发后来的儒者以一种复兴儒学为己任的意识。李翱的"性情说"以"性善情恶"论为儒家性善论作出的新论证、"复性"的思维方式和把儒学当作"性命之学"的观点,以及融汇儒佛的做法,使理学家们深受启发。柳宗元以阴阳元气为"天道"、以"仁""义"为"人道",

---

① 本节参考和引用了周晓光《新安理学》一书的研究成果,安徽人民出版社 2005 年版。

并由此构筑了一个以"道"为核心范畴的合天地自然、社会伦理一体化的理论体系,实开宋明理学之端绪。

北宋学者大胆抛弃汉唐学者师古、泥古的学风,敢于疑经改经,由"我注六经"走向"六经注我",注重发挥义理,并敢于发前人所未发。各派学者相互辩论,相互启发。学派之多,成果之盛,与先秦诸子百家争鸣相较,有过之而无不及。正是这种独立思考、大胆立论、讲注义理的学风,才为理学的产生提供了一个相对宽松的思想环境。更为重要的是,他们不仅怀疑早期传注的权威性,而且结合现实社会需要复兴儒学,抛开传注,直探经文本义。换句话说,儒学复兴的真正出路,不在于对传统传注的因袭,而在于通过注经,阐发与现实相关的微言大义,从而使儒学在内容与形式上都能回到经典的形态。这一思潮的必然结果,不只是对传统儒学以极大的冲击和挑战,而且意味着儒家精神的解放,为抛开传注、自由议论的性命义理之学开辟一条通路。

北宋"五子"(周敦颐、邵雍、张载、程颢、程颐)的学说,经朱熹的发扬光大,并延伸到朱熹的弟子、后学及整个程朱的信奉者的思想。二程曾同学于北宋理学开山大师周敦颐,著作被后人合编为《河南程氏遗书》。他们把"理"或"天理"视作哲学的最高范畴,认为理无所不在,不生不灭,不仅是世界的本源,也是社会生活的最高准则。在穷理方法上,程颢"主静",强调"正心诚意";程颐"主敬",强调"格物致知"。在人性论上,二程主张"存天理,灭人欲",并深入阐释这一观点使之更加系统化。二程学说的出现,标志着宋代理学思想体系的正式形成。

南宋时,朱熹继承和发展了二程思想,建立了一个完整而精致的客观唯心主义的思想体系。他认为,太极是宇宙的根本和本体,太极本身包含了理与气,理在先,气在后。太极之理是一切理的综合,它至善至美,超越时空,是"万善"的道德标准。在人性论上,朱熹认为人有"天命之性"和"气质之性",前者源于太极之理,是绝对的善;后者则有清浊之分,善恶之别。人们应该通过"居敬""穷理"来变化气质。朱熹还把理推及人类社会历史,认为三纲五常都是理的"流行",人们应当

"去人欲,存天理",自觉遵守三纲五常的封建道德规范。朱熹学说的出现,标志着理学发展到了成熟的阶段。

由于朱熹继承和发展了二程思想,建立了一个完整而精致的客观唯心主义的思想体系,故又简称为朱子学或程朱理学。程朱理学在南宋后期开始为统治阶级所接受和推崇,经元到明清正式成为国家的统治思想。

新安理学崛起于南宋,与北宋理学有极深的渊源。新安理学直接传承于二程,作为新安理学宗师的朱熹曾正式拜李侗为师,李侗师从于罗从彦,罗从彦受学于杨时,而杨时是二程的得意门生,被称为得二程"不传之学"的弟子之一。也正是杨时将理学传至江南,并最终形成以朱熹学术为主体的新儒学,开启儒学史上的新篇章,这便有了其后的新安理学。

新安理学家继承了北宋理学大家的学风,学者治学与汉唐古文经学重训诂义疏的传统背道而驰,抛开传注,直接从经文中寻求义理。如吴昶的《易论》《书说》,程永奇的《六经疑义》《四书疑义》,程大昌的《演繁露》《易原》《毛诗辨证》《易老通言》等,都明显地体现了这种学风。他们撇开了汉唐古文经学家所注重的训诂义疏,借助经文,并参以个人体会和见解,从中探求性命义理之说。南宋的新安理学家还直接继承了北宋理学先辈的论题和思想成果,吸收了他们的一系列重要观点。比如,程大昌在《义原》中所论的"太极""阴阳""五行""动静"等,在周敦颐著作中已屡屡提及,又为北宋理学家所反复讨论和发挥。程大昌还特别发挥《中庸》中"诚"的观念,将它作为修身养性的核心。这一思想其实就是接受了周敦颐的观点,与周敦颐"诚立明通"[1]极为相似。程永奇注释了《明道定性说》《伊川好学论》《太极图说》《西铭》等,梳理了二程、周敦颐、张载等北宋理学家的思想及其思维方式,从中汲取营养。

---

[1]　周敦颐:《周子全书·通书·诚上》,中华书局《丛书集成初编》本。

新安理学除了直接承续理学的学术思想以外,还从中国"三教合流""儒道互补"的哲学传统中汲取营养。其中最有代表性的人物,就是新安理学的开山祖师朱熹和南宋著名新安理学家程大昌。

朱熹早年孜孜于佛学并受其影响,朱熹曾自言:"某年十五六时,亦曾留心于禅。一日,在病翁所会一僧,与之语。其僧只相应和了说,也不说是不是。却与刘说,某也理会得个昭昭灵灵底禅。刘复说于某,某遂疑此僧更有要妙处在,遂去扣问他,见他说得也煞好。"①绍兴十八年,朱熹赴临安应考进士,行李带了一本宗杲的《大慧语录》,②在吏部考试时用禅理解释《易》《论语》《孟子》之义,结果高中进士。朱熹能以禅理说动当时对佛老颇有研究的主考官周执羔、沈该、汤退思等人,可见其对佛老的钻研。不少研究者指出,朱熹的理学思想反映了华严宗的印迹,他的《中庸章句》的《序说》,实际上脱胎于华严宗的理事说。此外,朱熹所著《参同契考异》,也明显地表现出对道教典籍的关心。③

程大昌的学术思想也带有道家色彩,他关于宇宙生成和万物化生的观点,直接由道家宇宙生成观脱胎而来道教始祖老聃在《老子》中,提出了一个"先天地生",并且超越时空、无形无象的精神实体"道",同时勾勒了一个宇宙生成图式:"道生一,一生二,二生三,三生万物"。程大昌在《易原》一书中阐述宇宙以及万物生成模式,正是老子这一图式的翻版。程大昌在政治论中提出了无为而治的思想,尽管赋予"无为"以新意,将"无为"与"有为"有机统一在其政治论中,但我们仍然能够发现道家政治学说的印记。

新安理学的学术渊源,还可以追溯到唐以后迁入徽州的北方士族的经学传统以及部分前代先贤的学术传统。正是这些地域因素,导致了新安理学的一些特征。

（二）朱熹与新安理学

朱熹,字元晦,号晦庵,江西省婺源县人（原属徽州府）。朱熹的父亲朱松,宋政和八年同上舍出身,以迪功郎调建州政和县尉。朱熹的祖父朱森随朱松到任,卒时逢方腊起义,道路梗阻,祖父仙逝,遂葬政和县护国院侧。朱松守父丧,为庐墓计,入籍建州。守丧服满,调南剑州尤溪县尉监泉州石井镇。建炎四年九月,朱熹生于尤溪寓所。

朱熹画像

朱松曾在歙州学宫读书,常往徽城南门紫阳山游玩。朱松到福建以后,曾刻制了一颗文为"紫阳书堂"的印章。朱熹牢记父亲的徽州情结,也将"紫阳书堂"作为自己住宅的名字,还写了一篇《名堂室记》的文章。因此,后人都以"紫阳"称朱熹,朱子之学也称"紫阳之学"。朱熹在其序、跋和论著中,也都自称"紫阳朱熹"或"新安朱熹"。

宋绍兴十八年,朱熹考中进士后,曾两次回徽州省墓、探亲。第一次于绍兴二十年（1150）春回婺源省墓,赎回其父当年卖出去的100亩田地,请族中父老主持祀事。同时,到歙县紫阳山拜见外祖父祝确。第二次于淳熙三年二月回徽州,祭祀先祖,并撰写《归新安祭墓文》。在乡人子弟汪氏敬斋讲学,为《婺源茶院朱氏世谱》作序。朱熹这次回徽州共停留了100多天,到六月初才离开。朱熹回福建后,一直怀念徽州故里与其外大父,并作有《对月思故乡》和《外大父祝公佚事》等诗文。

朱熹第一次回婺源期间,年龄还轻,学术尚未大成,但对徽州的学风和徽州学人非常关心。他在《书徽州婺源县〈中庸集解〉版本后》中说:"熹故县人,尝病乡里晚学见闻单浅,不过溺心于科举程式之学。

其秀异者,又颇驰骛乎文字纂组之工而不克专其业于圣门也。是以儒风虽盛而美俗未纯,父子兄弟之间其不能无愧于古者多矣。"①朱熹对当时徽州儒风虽盛而不能致力于圣贤之学,深表遗憾。因此,在他第二次回徽州省墓时,从事讲学活动,阐述自己的思想,理学由此在徽州广为传播。

徽州学者对朱熹的学说非常崇敬,听他讲学、拜他为师的人很多,据《紫阳书院志》载:"文公归里,乡先正受业者甚众。今论定高第,弟子十二人列于从祀……"②即婺源的程洵、滕璘、滕琪、李季;绩溪的汪晫;歙县的祝穆、吴昶;休宁的程先、程永奇、汪莘、许文蔚;祁门的谢琎。这12个人是朱熹徽州弟子中的佼佼者。许多人在朱熹返回福建后,还专程跟随求学。休宁程先听说朱熹回婺源扫墓,于是登门求见。朱熹将自己的著作出示给程先,程先大为佩服。可惜已经70多岁,不能随从朱熹求学,便命自己的儿子程永奇拜朱熹为师,随朱熹到福建。后来,程永奇成为著名的新安理学家。歙县吴昶曾徒步到福建建安,向朱熹求学,得到朱熹亲笔《四书注稿》带回歙县。至于书信往来,向朱熹求教的徽州士人更多。淳熙二年,滕璘兄弟"修书辞以请教,先生报书,示以为学之要"。③ 在《朱文公文集》中,存录了不少朱熹答复徽州士人求学的书信,表明了朱熹与当时徽州学术的密切关系。

通过朱熹多种途径的传授,徽州学风为之一变。朱熹去世后,其门人、弟子或是崇仰朱子之学的士子,均以研习传播朱子理学为己任。原来醉心于科举功名的徽州士子,转而"多明义理之学"。④ 这些奉朱子之学为学术宗旨的徽州士子,在徽州兴修书院,大力提倡理学。他们在朱熹周围形成环护,精研性命义理之学,重在阐发"朱子之学"的学派宗旨。他们秉承朱熹的四书章句之学,致力于对儒家"四书"的研

---

① 程敏政:《新安文献志》卷二二,何庆善等点校本,黄山书社 2005 年版,第 491 页。
② 施璜等编:《紫阳书院志》卷八《列传》,陈联等点校本,黄山书社 2010 年版,第 191 页。
③ 程敏政:《新安文献志》卷二二《题晦庵先生真迹后》,何庆善等点校本,黄山书社 2005 年版,第 500 页。
④ 汪舜民:《徽州府志》卷一《风俗》,上海古籍书店 1964 年明弘治十五年影印本。

究。如程大昌著《中庸论》四篇，探讨心性修养问题；吴儆则阐发了《孟子》一书的民本思想。受朱熹重易学的影响，新安理学家大多用心于易学。如朱熹三传弟子胡允终身致力于对朱熹易学的阐发，所著《〈易本义〉启蒙通释》《外翼》及《易余闲汇》等书，就是新安理学阐发朱熹易学的重要代表作。新安理学家以传承光大朱子之学为己任，程大昌发挥朱熹的"理为万物之源、太极为众理之总"的观点，建立了"太极生万物"的宇宙观；吴儆受朱熹忠孝伦理观念的影响，提出了"君亲一心，忠孝一事"的观点，对当时存在的忠孝不两全的观念予以纠正。学宗朱熹、发扬光大朱子之学成为南宋徽州地区的普遍学风。

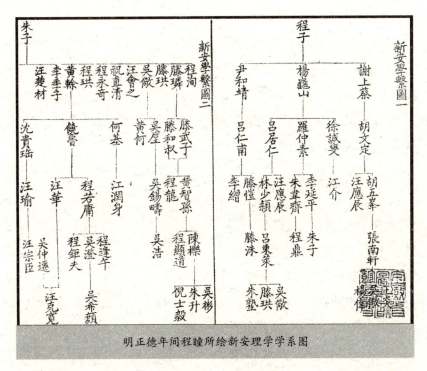

明正德年间程瞳所绘新安理学学系图

庆元六年三月初九日，朱熹去世，徽州士子为了纪念他，当年就在州学绘像悬挂，以示纪念。嘉定七年，又在州学讲堂的北面建朱文公祠。淳祐六年，以朱熹号"紫阳"，在郡城南门外紫阳山建书院纪念朱熹，宋理宗还专门题写了"紫阳书院"匾额。宋度宗咸淳五年诏赐婺源朱熹故居为"文公阙里"。元朝至正年间，诏赐婺源朱熹故里建"文公家庙"。明朝诏赐朱熹与二程的新安始祖居住地——歙县黄墩（今属屯溪区）兴建"程朱阙里"牌坊和程朱"三夫子祠"。清康熙二十六年（1687）御书"学达性天"，乾隆九年（1744）又御书"道脉薪传"颁悬于紫阳书院。

在徽州，朱熹被看作是最得孔孟之道真传的"圣人"，而加以顶礼膜拜。紫阳书院被视为朱子道学所在，是传播理学的"圣坛"。《紫阳书院记》载，每年正月、八月和九月，书院都要举行纪念朱熹的讲会。休宁茗洲《吴氏家典》中更是明确规定：徽州是朱熹的桑梓之邦，应该读朱子之书，行朱子之礼。

朱熹理学是南宋以后封建社会的统治思想，也是中国历史上最完整的客观唯心主义体系。它统治思想界数百年，影响深远。徽州人读朱子之书，秉朱子之教，以邹鲁之风自恃。加上徽商崇朱好儒，不惜投入巨资建书院、兴义学，因此，朱熹理学在徽州流传之广、影响之深，远非其他地方可比。朱熹理学在徽州广为流传，对徽州社会形态的形成和演变起到了关键的作用。

（三）南宋新安理学的特点

南宋的新安理学家群体以朱子学为学派宗旨，以朱熹为核心人物。其代表人物，或是朱熹的学生，或与朱熹为学术之友。如婺源程洵，开始以诗文求教朱熹，朱熹一见，非常喜爱，因此也尽量给予指导。他劝程洵多看古代有思想的书籍，不要局限在诗文上面，并亲自将程洵的"道问学"斋名改为"尊德性"。两人书信往来不断，程洵向朱熹请教的书信多达数十封。自从程洵投入朱熹门下，对理学深入研究，著有《克庵尊德性斋集》10卷。在他担任衡阳主簿时，前往士子云集的衡阳，拜见他的都说进了程洵的门，等于进了朱熹的门。由此可知，程洵的学术造诣已经深得朱熹的真传。又如歙县吴昶，在朱熹回婺源扫墓时，听了朱熹讲学以后，幡然醒悟，觉得世俗学问都很简陋，率先拜朱熹为师。庆元三年（1197），韩侂胄擅权，排斥赵汝愚，朱熹也被革职回家,他的学说也被诬之为"伪学",很多弟子都改投其他老师。但吴昶对朱熹的信仰不变,跟随朱熹的意志更加坚定,徒步从徽州走到福建建安朱熹寓所寒泉精舍,向朱熹讨教,是朱熹的忠实信徒。至于列为朱熹在徽州的 12 位高弟子程洵、滕璘、滕珙、李季、汪晫、祝穆、吴昶、程先、程永奇、汪莘、许文蔚、谢琎,均为南宋时期新安理学的重要代表人物。因此,新安理学的主要代表人物,大多是朱熹的及门弟子。

南宋新安理学中,有两位重要人物程大昌和吴儆,他们虽然不是朱熹的弟子,但与朱熹往来密切,交情深厚。朱熹在《答程大昌书》中,称程大昌的《禹贡图论》"披图按说,如指诸掌"①,大有益于学者,并对《易老通言》推崇备至。程大昌所著《雍录》《禹贡图论》《演繁露》诸书,曾得到朱熹弟子吴昶的指正。吴儆长朱熹 5 岁,两人交情很深,吴儆曾作《尊己堂记》,朱熹读后,大为推崇,堪称学术知己。

南宋新安理学以朱熹为核心,以朱子学为学派宗旨,理学家以研学和传播朱熹学说为己任,奠定朱子学在新安理学中的中心地位。

"养性"与"入世"的统一　南宋新安理学家强调个人品格的修养,同时在民族矛盾和社会矛盾尖锐的状况下,又积极参与政治,深得儒家积极入世的人生要旨。

宋儒讲心性,主张"养性"。新安理学家也强调个人修养,如程洵以"尊德性"为座右铭;程用奇奉"敬"为学问根底;程大昌著《中庸论》,提出心性修养的终极目标及其方法、步骤;朱熹在论修养方面,更有一套完整的体系。

南宋新安理学家与后世迂儒空谈性命义理不同,他们在提倡心性修养和至诚体道的同时,也主张积极入世,参政议政,将其学术付诸实践。新安理学创始人朱熹,虽然一生官运不佳,但他始终没有放弃自己的社会责任。早在他 18 岁参加乡贡考试时,三篇对策谈的都是国家大事,可见他年轻时便是以关心国家大事为己任。在同安县主簿任

---

① 程瞳:《新安学系录》卷五,台湾商务印书馆 1986 年文渊阁四库全书影印本。

上，办事公正认真，曾说："某向为同安簿，许多赋税出入之簿，逐日点对金押，以免吏人作弊。"①绍兴二十五年（1155）夏，同安县饥民暴动，朱熹一方面组织吏民积极防守县城，以免县城百姓受劫掠之苦，同时又组织赈济，以缓饥民冻馁之急，结果很快稳定了社会秩序。人们对他在同安县主簿任上的评价是"莅职勤敏，纤悉必亲"。② 以后朱熹虽然在官场几经沉浮，但对朝廷吏治、经济、和战的事，都提出过积极建议。

吴儆曾任明州鄞县尉、宣教郎、邕州知州兼广西四路安抚都监、提举钦廉等州盗贼公事等职，生平志向是"使吾得当一面，提精兵数万，必擒颉利以报天子"。③ 汪莘曾三次应诏入朝，"论天变、人事、民穷、吏污之弊，行师布阵之法"。④ 可见他们目光所注，心意所及，并非只是心性义理，对国家大事、社稷安危也非常关心。

在南宋新安理学家中，以程大昌官职最为显耀，历经高宗、孝宗、光宗三朝，曾任太学正、礼部侍郎、吏部尚书等京官。一次在殿上，孝

程大昌画像

宗说："我治理朝政，一直不见效果，不知何故？"大昌答道："陛下勤俭治国，比古帝王有过之而无不及，北边金、辽各国前来讲和，尊崇中国，不能说治国无效。只要求贤纳谏，政事一天天好起来，治国大业也就在其中了。不必听一些迎合你的话，求奇策速成。"又说："筑城守边，耗财费力，城多兵少，无兵可收，不如训练士卒，整顿军备为好。"孝宗深以为然。程大昌还担任过江东转运副使、浙东提点刑狱、江西转运副使等地方官。在浙东提点刑狱任上，为减轻百姓负担，

---

① 黎靖德：《朱子语类》卷一〇六，台湾商务印书馆1986年文渊阁四库全书影印本。

② 王懋竑：《朱子年谱》卷一上，乾隆十七年宝应王氏白田草堂刊本。

③ 程敏政：《新安文献志》卷六九《吴公儆行状》，何庆善等点校本，黄山书社2005年版，第1681页。

④ 程敏政：《新安文献志》卷八七《汪居士（莘）传》，何庆善等点校本，黄山书社2005年版，第2131页。

拒绝增加酒税数额。在任江西转运副使时,立志为百姓兴利除害。当年粮食歉收,他出钱10余万缗,代输吉州、赣州、临江(江西清江)、南安(江西大庾)夏税折帛,以减轻百姓负担,得到当地民众拥戴。清江县原有破坑、桐塘两个塘堰,用来防止江水泛滥,保护田地和居民。后来塘堰颓坏,40多年来连续发生水灾,程大昌带领当地百姓将塘堰修复,使2000顷土地变成旱涝保收的良田。①

从南宋新安理学家对世事的态度以及从政经历和政绩上,可以看出,他们已将儒家传统的积极入世的人生要旨,融汇到自己的立身行事中。

排斥佛老的心态和行为　宋代理学家深受佛教和道教的影响,但又极力排斥佛老,这种现象普遍存在,其中新安理学家表现得尤为突出。

如前所述,朱熹早年受佛教的影响很深。在他有了自己的思想以后,以儒为宗,旁及佛道,圆融三教,但在表现形式上却是竭力排斥佛老。他曾说:"圣人之道,必明其性而率之,凡修道之教,无不求于此,故虽功用充塞天地,而未有出于性之外者。释氏非不见性,及到作用处,则曰无所不可为,故弃君背父无所不至者,尤其性与用不相管也。异端之害道,如释者极矣。"②类似上述言论,在《朱子语类》中随处可见。朱熹不仅依据佛学,从道理上分析批驳佛教,还在政治活动中排斥佛教。朱熹在任同安县主簿时,就曾禁止妇女当尼姑。在向孝宗上书时,称老子、释氏之书都是一些无用之书,认为佛老不足以成事,斥责禅学悟人是断绝人的思考。朱熹的排佛言行,对弘扬儒学起到重要作用。

程大昌自称一生不与和尚、道士打交道。淳熙二年,上奏反对六和塔寺僧以镇压海潮为功,要求免除科徭,并不无讽刺地说:"自修塔

---

① 参见《宋史》、弘治《徽州府志》、道光《休宁县志·程大昌传》。
② 黎靖德:《朱子语类》卷一二六,台湾商务印书馆1986年文渊阁四库全书影印本。

后,潮果不啮岸乎?"①可见其对佛门的态度。

由于新安理学家们的排佛,南宋以后,佛、道两教在徽州一直不得势。民国时期的学者许承尧就曾说,"徽州不尚佛老之教",原因就是徽州是"文公道学之邦",他的教诲深入人心。②

四　徽州宗族制度的形成

一、程颐和朱熹的宗法思想

宗族是以父系血缘关系为纽带,并按照一定规范结合起来的社会组织形式。商周行宗法制,氏族的财产和权力都是按照内部血缘关系来加以分配。春秋时宗法制度遭到破坏,然而权力仍归世家大族,直至魏晋隋唐时期,世家大族一直占统治地位。尤其魏行九品中正之法,世重门第,政府选拔官吏,首先看出身。北宋开始,宗族制度与政治制度脱钩,宗族制度由上层向基层渗透。在理学家们的倡导和朝廷的支持下,一种区别于商周及魏唐世家大族制度的新的家族制开始形成,它以尊祖、敬宗、睦族为宗旨,根据理学的伦理纲常制定宗规家法,约束族众。"尊祖"必叙谱牒,"敬宗"当建祠堂,"睦族"需有族产赈济。有谱,有祠,有田,成为这种新的家族制度的特征。徽州先贤程颐、朱熹尤其重视宗族伦理,朱熹还撰修《家礼》等书,制定了一整套宗法伦理的繁礼缛节,用以维系与巩固宗族制度,并编纂有《婺源茶院朱氏世谱》,推动和促进了徽州宗族社会的形成。

程颐与其兄程颢不但学术思想相同,而且教育思想基本一致,合

①　程敏政:《新安文献志》卷六八《程公(大昌)神道碑》,何庆善等点校本,黄山书社2005年版,第1672页。

②　参见许承尧:《歙事闲谈》卷一八《歙风俗礼教考》,李明回等点校本,黄山书社2001年版,第601页。

称"二程"。程颐在考察了历史上家族制度的演变过程之后,提出要恢复或重建古代的宗法制度。对于宋代以前的家族制度,他认为可以分成两个阶段:宗子法和谱牒。前者是指西周的宗法制度,在其逐渐废弛之后,魏晋隋唐时期的世家大族制度发展起来,谱牒尚存,血缘关系在一定程度上还以某种形式存在着。但是,唐末五代之后,谱牒废弃,结果"人不知来处,以至流转四方,往往亲未绝,不相识"①。在原有的血缘关系的纽带松弛之后,至亲恩薄,骨肉相残,社会矛盾激化,统治秩序不稳。作为统治阶级中一个有忧患意识的成员,程颐面对这样的社会问题,提出恢复或重建古代的宗子法,认为只要宗法制度建立起来,人们之间的血缘关系才会清清楚楚。所谓人和人都是至亲骨肉,恩厚情重,争斗就不易发生,就能达到人心向义、风俗淳厚、宗族团聚、血亲相爱的境界,社会秩序自然也就稳定了。程颐对重建宗法制度的内容也提出了一些具体构想。第一是立宗子,即在地主官僚的家庭中,区分大宗和小宗,设立宗子;第二是立家庙,家庙不与居室混为一体,而是另修建专室,后世的祠堂即由此演变而来;第三是立家法,与国家法律相互补充、同样具有一定强制性、只是适用于本族;第四是常会族,族人多往来,情感会日厚,宗族团聚力才会渐强,内部的矛盾和分歧才可能减少。

如果说程颐的宗法思想还只是一种粗线条的勾勒,与具体的社会生活实践的对接还有所脱离的话,那么,朱熹的宗法思想则要高深、严密和具体得多。朱熹的一系列论述,基本上奠定了宋元以后宗法制度的理论基础和实践架构。

朱熹的宗法思想,通过《家礼》《古今家祭礼》等著作得到体现。朱熹从理论的高度论证了宗法制度是"天理之自然",为家族制度的存在提供了理论上的根据。三纲五常是封建宗法制度的统治思想和道德规范的主要内容,对于它的产生,朱熹认为:"宇宙之间一理而已,天得之而为

---

① 程颢、程颐:《河南程氏遗书·入关语录》,清光绪十八年传经堂刻本。

天,地得之而为地,而凡生于天地之间者,又各得之以为性,其张之为三纲,其纪之为五常,盖皆此理之流行,无所适而不存。"①这样,伦理纲常成了绝对真理。朱熹十分强调封建礼节对于维系与巩固家族制度的重要性,认为一个人不仅要在思想上认同三纲五常、三从四德等伦理道德,更应该在日常的生活中主动践行之。在《家礼》中,他对于家族中冠、婚、丧、祭等四项主要活动以及人们起居、言语、出行等日常生活细节都提出了明确的规定。如婚礼,要按照议婚、纳采、纳币、亲迎、见舅姑、庙见等程序依次进行;长者去世,则应该有沐浴、设灵、铭旌、小敛、大敛、成服、迁柩、发引、下棺、成坟等具体环节。为使少年儿童从小就受到良好的教育,养成自觉遵守礼仪、循规蹈矩的习惯,朱熹专门编写了《蒙童须知》一文,其中如"凡为人子弟,须是低声下气、语言详缓","于长上之前,必轻嚼缓咽,不可闻饮食之声","凡侍长者之侧,必正立拱手",等等,既细致入微,又表述简明,很合适儿童学习。祠堂和族田是近代宗法制度的两大主要特征,程颐在设想重建宗法制度时,曾把立家庙作为重要内容,朱熹则借助历史上人们祭祀乡贤名士的"祠堂"一词,把家庙改称祠堂,作为一个祭祀祖先、团聚族人的中心。为保证祭祀活动的延续和吸引族众,他又提出设置族田作为物质基础。此外,朱熹还特别强调家长、族长在家庭和家族中的地位,维护他们至高无上的权威。唯有这样,整个家族的秩序才会得到维护。

程颐、朱熹如此热心于宗法建设,有着重要的社会原因。随着经济的发展,宋代以后,庄田制完全瓦解,租佃关系普遍化,农业经营方式进一步个体化和细小化,更多的农户成为国家的编户。农民对地主的人身依附关系相对松弛,使得地主阶级需要寻找一种新的办法来加强对农民的控制。而宗法制度恰好能满足这样的现实需要,它不仅使地主对农民的剥削关系披上颇具温情的血缘的面纱,还往往能促使农民积极缴纳赋税,无需督察,帮助政府顺利实现对农民的经济索取。

① 朱熹:《朱文公文集》卷七〇,台湾商务印书馆 1986 年文渊阁四库全书影印本。

族内的公产也能在一定程度上赈济贫穷,起到缓和阶级矛盾的作用。同时,由于农民战争的冲击和商品经济的发展,社会面临礼制崩坏的局面,统治阶层试图采取加强"礼治"的措施,以礼入法,通过法律和行政手段来强化礼制建设,而民间家礼的建设就是一个不可忽视的阵地。庶人阶层的崛起,也使宋代统治阶层看到了民间家礼的重要性,积极推进"礼下庶人",成为统治者管理百姓的一个有力工具。宋代统治阶层很多人都具有"家国一体"的政治观念,在他们看来,家庭、家族既是国家的基本组成单位,又是国家的缩影;治家的目的是为了更好地治国。朱熹在《家礼》序言中明确指出:"庶几古人所以修身齐家之要,慎终追远之心,犹可以复见;而于国家所以崇化导民之意,亦或有小补云。"可见,朱熹推行家礼,实际上是想通过修身齐家的方式,帮助国家达到崇化导民的最终目的,自然而然获得统治阶级的赞赏和提倡。

(二)族谱的编纂

谱牒是记载家族世系繁衍和本族成员事迹的文献,它伴随着家族制度的产生而出现。谱牒萌芽于商代,形成于西周,与宗法制度同步发展。商周谱牒为君王诸侯和贵族所独有,是血统的证明,为袭爵和继承财产服务,随着宗法制度的瓦解而衰绝。魏唐时期,世重门第,选拔官员须稽查谱牒,婚姻缔结讲究门当户对,谱牒则是作为官员升迁、判断门第高低的依据。随着科举制度的实行,朝廷用人主要根据考试成绩,不再重门第出身,因此谱牒也不再具有选官、品人作用。随着唐末五代的战乱,世家大族式家族组织逐渐瓦解,谱牒也再次趋于衰绝。

徽州士族基本都由北方迁入,除了个别姓氏有不同的支派从不同的地点迁入以外,大多数均为同宗、同源派衍而出,聚族而居。出于对世家大族历史的留恋,很多士族都保留着魏唐时期的谱牒,随着近世宗族制度的逐渐形成,更是修谱之风盛行。近世宗族制度的最初提倡

《朱氏宗谱》书影

者，为北宋时期的欧阳修、苏洵等儒学之士。他们发慎终追远之幽思，起孝敬之心于后人，率先修谱，寓宗法之遗意，定九族五服之规，仿效史书，创立图谱法式。朱熹尤其重视宗法伦理，撰修《家礼》等书，制定了一整套宗法伦理的繁礼缛节，用以维系巩固宗族制度，并编纂有《婺源茶院朱氏世谱》。

从现有记载来看，徽州宗族修谱之风，大都始于宋代，以南宋为多。如徽州吕氏有谱始于北宋天圣七年（1029），吕从谦续唐元和五年吕温化《吕氏举要族谱》而成，南宋建炎年间吕开运作《吕氏世谱》；徽州朱氏统宗有谱始修于北宋开宝七年（974），其后休宁首村朱氏于宋天禧四年、徽州建阳朱氏于南宋淳熙十年（1183），徽城朱氏于南宋宝祐六年（1258）先后修谱；徽州许氏有谱始于北宋嘉祐元年，许元初纂，南宋庆元年间许文蔚续编；歙县余氏谱，始于南宋余汝灵所修，纂于南宋咸淳三年；徽州张氏有谱始于南宋嘉定年间，张安仁、张山泉纂；休宁城南吴氏谱始修于唐神龙年间，吴少微编，南宋咸淳年间吴起续修；婺源严田李氏有谱始于南宋咸淳二年（1266），李次修、李桃纂；歙县许村东支许氏家谱始纂于南宋景定二年，许霖编。① 许多名宗大族每隔一段时间就会修一次族谱。如《歙西溪南吴氏世谱》要求族众"谆谆修族谱、修茔志，近则三年五年，远则三五十年，以其本固而末不摇"。②

虽然宋元时期徽州的修谱比较活跃，撰修的谱牒也有一定数量，

---

① 参见《余氏会通谱》，明正德元年刻本；《新安大阜吕氏宗谱》，明万历五年修，民国二十四年德本堂木活字重刊本；《许氏统宗世谱》，明嘉靖十八年刻本；《新安张氏统宗谱》清顺治十六年刻本；《吴氏忠孝城南支谱》清乾隆二十四年稿本；《严田李氏宗谱》，民国十一年木活字本；《新安歙北许氏东支世谱》，明隆庆六年刻本；《朱氏统宗世谱》，明嘉靖三十四年刻本。以上谱均藏中国徽州文化博物馆。

② 《歙西溪南吴氏世谱》，吴元满纂修，明末清初抄本；转引自赵华富、谢坤生：《徽州文化之根在中原》，《河洛文化与汉民族散论》，河南人民出版社 2006 年版。

但是由于年代久远,加上元末长达十余年的红巾军与元军的拉锯战、明末清兵南下、太平天国时期的战乱,还有纸质谱牒的易损、政治活动的冲击,以及明代中期之后徽州人外迁频繁等因素,都在一定程度上影响了宋代谱牒的保存。时至今日,相对于徽州清朝和民国谱牒的汗牛充栋,宋代的谱牒可称是凤毛麟角了。

家谱体例最初基本都是以世系为主,后由简而繁,发展成一族之全史式的氏族典籍。欧阳修的族谱体例是先列世系图,然后列传。苏洵的族谱体例是世系图下注人物事迹,五世一揭。朱熹所修谱从民国《新安月潭朱氏族谱》中保存下来的部分内容和体例来看,同欧阳修的谱式基本相同。先是世系表,然后是人物传略,传略的内容包括名讳、字号、生卒年月、茔葬、婚娶、子嗣等。[①] 后来朱熹又曾作仙游《王氏谱序》:"谱牒之系大矣哉！ 自公卿大夫以及庶人,必有谱牒。夫谱牒有二:一曰文献,则详其本传诰表铭状祭祀之类;一曰世系,则别其亲疏尊卑嫡庶记统之分。非世系无以承其源流,非文献无以考其出处。"[②]这里朱熹扩大了家谱记载的内容,除了世系和传记之外,把有关"诰表铭状祭祀之类"文献也列入了记载范围,体例上肯定也有所创新。元代和明代早期族谱同宋谱差不多,比较简单。直到明代隆庆、万历时期,近世家谱内容和体例方才定型,成为利用多种体裁记载一个家族(统宗或支系)源流、世系、人丁、先世功绩、氏族居住地、茔墓、族产、族规和家族文献等各种情况的综合性典籍。[③]

宋时,徽州民间族谱基本是各族群分支各自为谱,但也出现了统宗活动。如北宋元丰年间,浮梁人程筠任婺源县知事,专程到歙县黄墩寻找同宗族人,就有程氏族人拿出家谱与他叙同宗之谊,但该谱文字已经不够清晰,世系也不够连贯,属家庭私录、祖孙私传的家谱;休

---

① 参见翟屯建(署名腾剑)《新安朱氏考述》中《新安朱氏宗谱的编纂》一节,《徽州社会科学》,1997年第 3 期,第 9—11 页。
② 《仙游县志》卷四八《艺文》;转引自束景南《朱熹轶辑考》,江苏古籍出版社 1991 年版,第 230 页。
③ 参见翟屯建:《略论家谱内容与体例的演变》,《中国谱牒研究》,上海古籍出版社 1999 年版,第131—138 页。

宁海宁程立也献出一谱,同样词句粗陋,不成句读。后程筠之子程祁历时十六年,对各谱所载世次进行诠释修订,于绍圣年间完成程氏谱的贯通,即唐朝以后徽州最早的程氏总谱。

（三）祠堂的建立[①]

南宋时期的徽州,由于地理环境封闭,战乱较少,此前迁入的士族保持了聚族而居的传统,在自给自足的自然经济条件下,宗族制度逐渐得到强化,其中因祭祖需要的祠堂建设也得到较快的发展,呈现出祭祖形式多元、独立祠堂渐兴的特征。

绩溪龙川胡氏宗祠

宋以前,祠与庙不分,从皇帝到庶民,都有祭祀祖先的祠庙。各个朝代的祠庙制度不同,而周朝从天子到庶人都保持着庙宇,但按其身份高下,庙制也有区别。西周时期规定天子七庙、诸侯五庙、大夫三庙、士一庙,庶民则祭于寝。[②] 圣贤、忠臣、烈士死后被封为神,成为名人的特种祠庙或专祠,这类祠庙不单是一族一姓祭祀祖先的场所,同

---

① 本节参考了常建华《宋元时期徽州祠庙祭祖的形式及其变化》一文,《徽学》2000 年卷,安徽大学出版社 2001 年版,第 51—64 页。

② 参见《礼记·王制》:"天子七庙,三昭三穆,与太祖之庙而七。诸侯五庙,二昭二穆,与太祖之庙而五。大夫三庙,一昭一穆,与太祖之庙而三。士一庙,庶人祭于寝。"郑注云:"此周制。七者,太祖及文王武王之祧与亲庙四,太祖后稷。殷则六庙,契及汤与二昭二穆。夏则五庙,无太祖,禹与二昭二穆而已。"台湾商务印书馆 1986 年文渊阁四库全书影印本。

时也是一方百姓祭祀神灵的地方。《新安志》就专门设了"祠庙"一目，记载徽州地区的乡土神祇。另外，徽州早期还盛行社神与族祖同祭、寺观立祠等多种形式。

徽州早期祠堂主要是名人专祠，属于一方百姓共同祭祀的公祠，前述汪王祠、世忠庙都是属于这种情况。对于被纪念者的家族来说，这种公祠是一种先祖祭祀，同时也是本宗、本派的荣耀。为了便于祭祀，往往在本宗、本派的居住地设"行祠"祭祀，如在婺源二都，南宋德祐元年（1275）裔孙程思孝建"世忠行祠"①，行祠介乎公祠与家祠之间。从形式上看，行祠是作为公祠的分祠存在的，实际上行祠除了具有地域性外，主要是作为子孙立祠祭祀始祖或先祖存在的，是一种宗祠。

墓祠比较普遍，墓祠是指建于墓旁的祠堂，以供岁时节日上冢祭祀先人及合族，多以堂、亭、庵、精舍命名。徽州大姓汪氏的墓祠极为典型。汪氏称徽州始迁祖为汪文和，其孙汪澈，汉封新都侯，来孙汪道献为晋黟县令。汪澈、汪道献的墓在歙县东七里吴清山，

歙县洪坑洪氏家庙

因汪道献之后裔越国公汪华的功勋，天祐三年（906）于墓前建祠，奉这三位祖先图像。南宋绍兴初年，婺源汪介然以武经大夫出使金国，当时徽猷阁待制假礼部尚书洪皓充当使节到金国，被扣留多年，杳无音讯。汪介然到了金国以后多方打听，并秘密地与洪皓取得联系，将洪皓写的书信用蜡封住，剖开大腿的肉，将蜡丸藏在其中带回国内交给洪皓的儿子。洪皓回国后，命自己的几个儿子拜汪介然为师，汪介然也因此而闻名。去世后，他的后裔汪周将专门在他的墓旁建了一座墓

---

① 汪舜民：《徽州府志》卷五《祠庙·婺源·世忠行祠》，上海古籍书店1964年明弘治十五年影印本。

祠,祠内存放有汪介然的手泽,故名"泽存祠"。

在原始社会的农耕时代,人们对土地十分崇拜,每年都举行祭祀土地之神的活动。后来,"社"固定为土地之神。祭祀土地神之庙为社庙,人们"春社"祈谷,"秋社"报神,世守不殆。在徽州,社庙也是一种极为普遍的公共建筑,一些宗族就将宗祠与社庙结合起来。歙县黄墩程灵洗的世忠庙,就源于社祭祖先。祁门郑氏祖先司徒公也经历了由社祭尔后为祠庙祭祀的过程。按照郑氏族人的说法,始祖司徒公在唐黄巢战乱时,保障八州有功,乡里人非常感恩,在他死后在社庙中祭祀他。宋代郑氏建有家庙,祭祀的神主就是始祖司徒公。[1] 歙县沙溪是凌氏聚族而居的一个大村落,唐显庆间凌安任歙州通判,在沙溪安家。光启年间,凌荣禄遇仙指点,掘出的井水甘甜清冽,酿出的酒也是香甜醇厚、甘美异常。乡里人为了感谢凌安、凌荣禄对家乡作出的贡献,为两人立社,名曰"皇富公社"。凌安、凌荣禄等所受的香火一直不断,而该族至明代才有宗祠。估计在凌氏没有宗祠的时代,其祭祀凌荣禄等祖先是在皇富公社举行,即族祭依附或结合于社祭。[2]

朱熹在设计近世宗族制度时,单独设《祠堂》一节,提出将祠堂立于正房的东面,设四龛,各奉高祖、曾祖、祖父和父亲四代。[3] 朱熹所主张的"祠堂",是近世宗族祭祀祖先的场所,与前面谈到的祠庙是有区别的。近世宗族制祭祀祖先的祠堂,在宋代主要是家祠,少数宗祠。如休宁藏溪汪氏祠堂,"宋汪时若、汪士良等建,以奉其先"。[4] 歙县瀹潭方氏宗祠,"宋时已建祠祀祖",明嘉靖三十六至四十二年(1557—1563)重建。[5] 休宁古林黄氏宗祠、竹林汪氏宗祠、泉源谢氏宗祠等[6]。限于资料,对于这些祠堂是否完全是后世意义上的宗祠,还很难做出

---

① 参见郑岳修:《奇峰郑氏本宗谱》卷四《祁门奇峰郑氏祠堂记》,明嘉靖四十五年刊本。
② 参见吴子玉:《沙溪凌氏祠堂记》,《大鄣山人集》卷二二,四库存目集部第 141 册第 512 页。
③ 参见朱熹:《家礼》卷一《通礼·祠堂》,台湾商务印书馆 1986 年文渊阁四库全书影印本。
④ 汪舜民:《徽州府志》卷一〇《宫室》,上海古籍书店 1964 年明弘治十五年影印本。
⑤ 参见方承训:《复初集》卷二四《瀹潭宗祠记》,四库全书存目丛书本,齐鲁书社 1997 年影印版。
⑥ 参见《新安黄氏大宗谱·古林黄氏宗祠碑记》,道光《休宁县志·氏族·祠堂》。

判断。程敏政就曾指出:"礼之废也,祭为甚。盖中百以来,诸侯卿大夫率无庙以奉其先人,而况其下者乎? 至文公朱子制《家礼》,易庙为祠堂,使事力可通乎上下,而礼易行。然当时仅讲授于师生闾里之间,其说未广也。"[①]严格意义上说,朱熹讲的"祠堂"未脱离寝室,只能算是"家祠",而非以宗族名义建立的独立建筑"宗祠"。休宁泉源谢氏宗祠,根据明代曹嗣轩编撰的《休宁名族志》,泉源谢氏自称出自南唐金吾上将军谢诠之后,其世系为:谢诠—谢端(次子)—谢昌—谢谦(始迁休宁土湧,即泉源附近)。从谢诠生活的南唐到熙宁二年(1069)谢氏宗祠的建立,只有百余年的时间,宗祠建立之时,谢氏始迁休宁泉源时间也不到百年,此时的祠堂,准确地说,应属于"家祠"的范畴。在此后日趋规范的祖先祭祀的社会实践中,家祭成为与祠祭、墓祭并存的祭祀形式之一。从神坛到家庙、祠庙、社屋以及寺院道观祠堂,最后发展到真正祭祀意义的宗族祠堂,这一演变过程直到明代中叶徽州宗族制度的完全建立才告一段落。

(四) 族产的设置

族产是宗族的公有财产,是维持家族制度的物质基础,包括土地、耕牛、山场、祠堂、族学等生产和生活设施。其中又以族田最为大宗,成为宗族经济的主要来源。朱熹一生致力于近世宗族制度的建设,在《家礼》中,对于祠堂存在和延续的物质基础相当重视,系统地提出了具体的规定:"初立祠堂,则计见田,每龛取二十之一以为祭田。亲尽则以为墓田。后凡正位祔者,皆仿此。宗子主之,以给祭用。上世初未置田,则合墓下子孙之田,计数而割之。皆立约闻官,不得典卖。"捐献祭田或墓田是族众必须承担的一种宗族义务。朱熹的话,对于徽州人来说,就犹如经典,奉行不悖。"祠而无祀,与无同;祀而无田,与无

---

① 程敏政:《篁墩文集》卷一四《赵氏祠堂记》,台湾商务印书馆 1986 年文渊阁四库全书影印本。

祀同。"①"凡祭田之置,所以敬洁备物,诚不可缺。"②这些在族谱中经常见到的阐述,反映了徽州人对其普遍的认同。

见于文献记载的徽州族产,北宋时期就有。北宋歙州人许元,多年为官,"性孝友,所得俸禄,悉以给宗族"。③南宋时期,捐献族产的事例开始多了起来。南宋初年,休宁县许文蔚一生从政,把积累起来的财产,不留给子孙而是捐给宗族。④休宁旌城人汪泳,乾道间进士,家中有数百亩田,留给几个弟弟一半,留下百亩备家族的岁时祭祀,多的全部捐献给了宗族。⑤宝祐时休宁人金文刚,将捐献给族里的田分为两类:一为祭田,作宗族祭祀之用;一为义庄,所产赈济宗族中贫乏者,并制定了管理规则,以求永远。婺源庆源詹公昌设置孝义庄,以救济族中贫者。⑥

"祭之有田,业可久也。"这是徽州大族的共同想法。一些族人为了祭祀祖先,纷纷捐助田地。绩溪《盘川王氏族谱》记载,宋时王氏就有墓地400余亩。此处的"墓地"不是仅指坟墓,而是包括了收入用于祭祀、可耕种的土地。婺源茶院朱氏为祭祀朱熹,捐献了祭田100亩。

南宋时期,徽州人对读书参加科举有比较强烈的愿望,一些大族于是捐资助学。祁门城东人汪浚,在画绣坊旁边建义学,聘请老师教授学生,并设义田作为常年的开销经费。⑦绩溪六都人汪龟从,在狮子峰建义学,拟朱子义学遗规,置田为学费。⑧黟县人汪绎,在家乡设义仓,救济族中穷人。⑨

族产来源除了个人捐赠以外,还有一种情况是众存族产。出于赡

① 《古歙城东许氏世谱》卷七《朴庵翁祭田记》,清乾隆六年刊本。
② 黟县《环山余氏宗谱》卷一《余氏家规》,民国六年刊本。
③ 席存泰:《绩溪县志·人物志·经济》,清嘉庆十五年刻本。
④ 参见方崇鼎:《休宁县志·人物·儒硕》,清道光三年刻本。
⑤ 参见方崇鼎:《休宁县志·人物·宦业》,清道光三年刻本。
⑥ 参见戴廷明、程尚宽:《新安名族志》前卷《詹》,朱万曙等点校本,黄山书社2004年版,第278页。
⑦ 参见汪韵珊:《祁门县志·人物·义行》,清同治十二年刻本。
⑧ 参见席存泰:《绩溪县志·人物志·宦业》,清嘉庆十五年刻本。
⑨ 参见程汝翼、俞正燮:《黟县志·人物·宦业》,清嘉庆十七年刻本。

养、祭祀甚至风水保护等方面的考虑,不少家族在诸子均分家产时,墓地、墓山、阳基山及部分养老田地都不能分析,也不得典卖,作为家族公产世代留存。如绩溪《胡氏宗谱》中《六架祖宗合立禁养荫庇基墓山地文约》记载[①],南宋庆元四年(1198),龙川胡氏宗族二十一世祖胡之纲的子孙分家析产时,众存祖墓山地有:始祖胡焱墓,地 70 步,山 3 亩;十世祖胡思谦墓,地 4 亩;胡之纲墓,地 1.5 亩。众存荫护阳基山有:汪盉石山、水口石山 9 亩,白石山等处共 19 亩。有些家族共产也会以转卖的方式并入宗族,成为更高一级的血缘组织的公产。

五　宗教在徽州的世俗化倾向

（一）佛教在徽州

南宋基本上对佛教取折中态度,既不毁其教灭其徒,也不崇其教信其徒,而是不让它过于强势。所以,南宋时期徽州佛教的发展较为平稳。据弘治《徽州府志》所载,明确记为南宋新建的寺院共计 40 处。其中歙县 10 处、休宁县 11 处、婺源县 14 处、祁门县 4 处、黟县 1 处,[②]绩溪县南宋时期未见新建寺院。具体如下:

歙县　金紫院,在县西三十里黄罗峰之北,绍兴年间建;湖田寺,在宁任乡,绍兴二年僧怀一建,咸淳九年(1273)僧惠明重建;华严院,在孝女乡,宝祐二年(1254)建;玉岐寺,在长乐上乡大尖山,咸淳八年(1272)建;褒忠寺,在长乐上乡,绍兴八年建;山旁寺,在长乐上乡,宝祐三年(1255)建;揭湖寺,在孝女乡,淳祐元年建;中峰寺,在长寿乡,景定年间建;左昌寺,在长乐乡,绍兴四年(1134)建;高眉庵,在宁仁

---

①　转引自赵华富:《徽州宗族研究》,安徽大学出版社 2004 年版,第 316 页。

②　参见弘治《徽州府志》卷一〇《寺观》,其中黟县泗洲庵未载,据康熙《徽州府志》卷一八《寺观》补。

乡,淳熙年间建。

休宁县　永庆寺,在二都,嘉定三年(1210)建;松罗庵,在三都,淳祐五年(1245)建;英山庵,在五都,嘉定二年建;等慈庵,在璜原,淳祐年间建;觉慈庵,在汉川,淳祐年间建;玉枢庵,在汪潭,程珌建,祭祀其父程文夷;审坑庵,在县东南四十里,淳祐四年建;施水庵,在二十四都,淳祐二年(1242)建;锦堂庵,在二十四都,绍兴元年建;碛口寺,在三十一都,淳祐三年(1243)建;普照寺,绍兴二年建。

婺源县　龙居寺,在二都,绍兴十七年(1147),僧勤、邑人程孝思建;慈尊寺,在十八都,淳熙年间僧滋,邑人大监、汪炎建;保福寺,在十九都,端平年间僧佑、邑人张伯四建;高峰寺,在十一都,绍兴五年僧世英、邑人胡金判建;新田寺,在二十一都,绍兴十七年建;泗州寺,在二十五都,咸淳六年僧知新、邑人胡三五建;宏山庵,在三十一都,绍兴二十年僧弥寿、邑人胡十三建;开化寺,在五都,绍兴十七年僧奉超、邑人俞彦昇建;忠裔堂,在七都,景定元年(1260)僧至清、邑人江均干建;三礼堂,在九都,淳熙二年僧善现、邑人程十五建;曹溪寺,在十九都,绍兴二年僧妙果、邑人程万五建;钱塘寺,在二十一都,绍兴七年(1137)僧友华、邑人江瑞建,贻祐堂,在十七都,景定元年僧宗一、邑人施全庆建;广福寺,在四十五都,绍兴二十七年僧道悦、邑人戴彦章建。

祁门县　理堂庵,在二都,绍兴年间建;登山古寺,在五都,嘉定五年(1212)建;报慈庵,在六都,绍兴十七年建;山门庵,在九都,咸淳年间建;钟山庵,在一都,王汝扇建。

黟县　泗洲庵,在十二都怀远乡丰乐里青山之西。唐泗洲大师飞锡至此,卓穴涌泉。宋嘉泰奉敕建。

南宋徽州由于理学兴盛,虽然建有40所寺院,但与隋唐、五代北宋时期很多徽州人仰慕佛法、出家为僧的盛况相比,总体来说佛教处于下行趋势。南宋徽州新建寺院,则多是功德寺、坟庵和寺祠,这与南宋宗族社会的逐步建立密切相关。^①值得一提的是,南宋初期徽州出现了一位颇有名望的高僧——嗣宗禅师,被佛教界称为"曹洞宗僧",曹洞宗乃是禅宗五家之一。

嗣宗禅师(1085—1153),俗姓陈,名嗣宗,因头发白,故称"宗白头"。歙县徽城人。早年在歙县水西寺剃度为僧,20岁时云游四方,游历江浙、庐皖、荆楚、湘汉之间,只要是稍有名气的寺院禅林,都前往造访。在随州洪山寺与首座正觉禅师谈"机锋"。正觉问:"皓月当空时如何?"宗云:"正是恁时节。"反复酬答,忽有省悟,于是拜正觉为师。

建炎元年,正觉禅师到泗州普照寺担任首座,宗白头也随其去。正觉离开普照寺后,宗白头任首座,继承正觉禅师曹洞宗正脉,开堂云:"喝井庵畔,似真似伪;断足岩前,乃精乃粹。"不久,宗白头前往常州善权、明州翠岩、雪窦等寺宣讲曹洞宗,绍兴二十三年(1153)在雪窦寺圆寂,其身建塔于雪窦,而翠岩

嗣宗禅师圆寂于雪窦寺,图为雪窦寺正殿

寺则取其衣藏于无际庵。径山宗杲禅师对其非常钦佩,称赞其:"太湖三万六千顷之渺茫,即师之口也;洞庭七十二峰之峻峭,即师之舌也。不动口,不饶舌,已说未说,今说当说也。大奇也大奇,此是吾家真白眉!"^②嗣宗禅师是徽州本籍出现的最后一位高僧,也是徽州佛教较为兴盛的时期。此后,徽州佛教开始走下坡路。

---

① 关于"功德寺"、"坟庵"和"寺祠"将在《徽州宗教的世俗化》一节中讨论。

② 罗愿:《新安志》卷八《仙释·宗白头》,清光绪十四年重刊本;僧正受:《嘉泰普灯录》卷一四《庆元府雪窦闻庵嗣宗禅师》,海南出版社点校本2011年版。

（二）道教在徽州

南宋统治者对道教不再像真宗、徽宗那样狂热，高宗还对徽宗崇道的流弊作了纠正。加强对道教的管理，建立宫观和道士出家等皆有限制。南宋时期，徽州的道教宫观建设不多。据弘治《徽州府志》和康熙《徽州府志》的记载，整个南宋新建宫观只有 14 处。① 其中歙县 3 处：东岳道院，在岩镇，绍熙二年建；紫极宫，旧在城南，绍兴元年移岩镇南山，真人章梦符居此；南山道院，在岩镇，绍兴二年建。婺源县 7 处：天仙观，在四都，咸淳二年邑人李万四捐地，道士张开甫建；栖真观，在六都，景定三年（1262）邑人俞畴捐地，道士黄承正建；龙潭道院，在六都，咸淳二年邑人俞颐轩捐地，道士黄承正建；通元观，在十七都，绍兴十八年邑人李三长、道士郑全福建；神光寿圣观，在清化灵芝山，嘉定十六年（1223）因孙法箓、胡高士立石祈祷屡屡灵验，知府创永兴道院居之，接着又捐田度人，州县报省部建，赐额"神光寿圣院"；山房道院，在城西，淳熙七年查安礼建；清新道院，在四都，咸淳元年道士俞崇清建。祁门县 1 处：龙兴观，在六都，伟溪之源，其山曰"不老山"，峰曰"彭公尖"，乾道间道士高景修爱其清邃，开创宫宇，邑人王汝扇乐成之。绩溪县 1 处：白鹤观，在县北门，原名介福道院，嘉定年间邑人王晫、戴适之因休宁县有废白鹤观，请用其额，有忠烈行祠在此。休宁县 2 处：恒山堂，在十九都，程珌建；常清宫，淳祐年间赐额。

府志虽然没有记载南宋时期休宁齐云山的道教宫观，但据程敏政说，齐云山有一块旧碑，上面记载：宝庆三年道士天谷子从黔北移居齐云山弥陀岩，一日遇见一位异人告诉他，前山高旷空野，你可以到那里去隐居。天谷子于是前往前山探访，见其处已有雕塑神像。当地人听说后，也前来观看，都觉得惊异，说是这个塑像很像玄武大帝。于是在这里创设道院，供奉玄武大帝。② 明万历《齐云山志》则载："宝庆丙戌

---

① 歙县南山道院，休宁恒山堂、常清宫见康熙《徽州府志》，其余均见弘治《徽州府志》卷一〇《寺观》。
② 参见程敏政：《篁墩文集》卷一三《游齐云岩记》，台湾商务印书馆 1986 年文渊阁四库全书影印本。

（1226），方士余道元初建佑圣真武祠于齐云山。"①相传真武帝神像为百鸟衔泥塑立，崇拜道教的居士信徒，纷纷献地输财，筑祠建观，香火日盛，道士渐增，从而创立了齐云山道教基业。

佑圣真武祠，今称玄天太素宫

徽州道教建筑不多，但信奉神仙之说的人却不少。《新安志》记载，有位自称金野仙的人，名字叫梁之，担任江西奉新县尉。为人狂放不羁，肆无忌惮，突然称病辞去官职，妻子也带着两个女儿离开了他。从此以后经常不吃饭，但精神却很好，脸色非常红润健康。寒冬时常睡卧在冰雪之中，也不叫冷。晚年，回到歙县，经常在市集上为人作诗，和人交谈。与他谈话的人都觉得他说话很深奥，而且知道别人的心事。当时每三年从州、县学中选送廪生入国子监读书，他都预先写好名字，称这些人可以入国子监，事后果然如其所书。他说："让我称为方外神仙比较难，但是让我当尘世间的仙人，救生度死，或许还是可以的。"他还经常说："我当在明年的八月死，希望你们不要焚化我。"一直到淳熙元年八月十三日夜凌晨，他起来坐在榻上，挥扇自若，等别人去看他，已经坐化了，郡人将他葬在紫阳山。②

弘治《徽州府志》还记载了不少其他好道之人的事迹，如黟县人舒道翁，遇异人传授养生秘诀。于是弃家入山，结茅而居，与世隔绝，妻子找他找了数十年也没有他的踪迹。一次上山打柴的樵夫看见他，告诉了他的家人，邀请他回家。舒道翁烧了茅舍，迁到人迹罕至的东山之巅。又过了十余年，才有人知道他的行迹，问他养生之法，他以"无

① 鲁点：《齐云山志》卷一《道士》，明万历二十七年刻本。

② 参见《新安志》卷一○《杂说·记闻》；并见洪焱祖：《金野仙传》："金野仙梁之，字彦隆，休宁人，野仙其自号也。两浙提刑受长子，以荫为奉新尉。"载《新安文献志·先贤事略上》。

欲"回答。活到 105 岁,无疾而终。

婺源县李坑人李玉琳,宝祐二年生。自幼就崇慕道家,不事生产,周游大江南北,寻访道家名师。快 30 岁时,拜谒灵顺庙,遇到一位异人,遍身长满疮疥,用手不停地搔痒,大声呼喝着玉琳,态度十分傲慢。玉琳非常惊讶,对他很是谦恭。此人要酒要食,玉琳都满足他,并不嫌弃他的邋遢。酒足饭饱之后,说"此子可教",吩咐玉琳第二年此时再来。第二年玉琳如期而至,异人给他一部《玉皇经》,并授以真文符箓,言毕人便不见了。一年以后,凭着这部《玉皇经》和真文符箓,玉琳应人祷雨救灾、捉妖驱邪。

不仅男人信道,女子也信道。绩溪县良安乡汪氏女,自幼洁身奉道,不愿出嫁。父母非要她出嫁,于是她跑到县里的石金山去修道,不再下山。时间一长,终于成道。如遇大旱,乡里人都去向她求雨。[①]

(三)宗教的世俗化

佛教修行的个人终极目标是超越世间种种烦恼与痛苦,但人世间总是充满了财、色、名、食、睡等五欲,色、声、香、味、触、法等六尘,只有让世俗的五欲六尘生厌、离欲、灭尽,才能达到解脱清净,即所谓"跳出三界外,不在五行中",超脱人世凡尘,所以带有强烈的出世色彩。同样,道家讲修炼,要超然世外,隐居潜修,无拘无束,羽化成仙,也是以出世为最高境界。

从表面上看,佛、道讲出世,实际上佛、道和儒家一样,也有入世的特征。无论是佛教还是道教,都生活在人世中,不能不关注现实社会人生。观音菩萨解救现实生活中众生的种种苦难,满足众生现实生活中的种种愿望和要求,就具有入世的特征。道教要求修道者必须在社会生活中积功累德,才有长生成仙的希望,同样具有入世的倾向。尤其他们积极参与政治,利用统治阶级来扩充本教的势力,这就使宗教

---

① 舒道翁、李玉琳、汪氏女的事迹,均见于弘治《徽州府志》卷一〇《人物四·仙释》。

与政治有了直接的联系。北周武帝"兴道灭佛",佛教徒就助隋灭周;道教徒伪托教祖李耳与李渊的关系,李渊便尊道教为三教之尊。儒家讲入世,但儒家思想在历朝立国过程中一直没有起到过决定性作用,在治国过程中又一直被置于利用的位置。原因主要在于儒家"六经"文字艰深,晦涩难读,学者却步,难以在民间普及,统治者不便利用儒家思想来统治民间。佛教禅宗主张"佛就是我,我即是佛",只要"顿悟",念一声"南无阿弥陀佛",人人即可成佛,真是太简单了。僧人以说故事的方式来讲解佛教经典,佛教教义也就容易渗透到一般老百姓的生活中。至于道教,直接就是民间信仰的一种集合。唐代道士洪贞起义,北宋方腊自称"得天符牒"造反,在民间都很有号召力,就是很好的说明。

面对佛老思想的挑战和儒学式微的局面,作为中国正统文化思潮的儒学家们认识到了自己的责任,他们以振兴儒学为己任。理学的兴起,使儒家思想得到广泛的普及,而徽州作为践行儒家思想的典型区域,儒家思想渗透到社会基层和民间生活中的各个方面,由于新安理学对佛、道的排斥,促使佛、道向世俗化转向,使徽州呈现以儒家思想为主,佛、道依附儒家而存在的局面。

寺观是僧人和道士进行修行参禅、修炼传道和举行各种宗教仪式以及生活的场所,徽州宗教世俗化以后,使得很多寺观依附于宗族,成为宗族祭祀祖先的地方。宗族则借助功德寺、坟庵、寺观立祠,为祖守灵护坟,岁祭祖先。功德寺最早出现于唐,由皇帝敕赐达官贵人,用佛教仪式荐福祖先亡灵。到了南宋,建寺观招僧守墓,已经较为普遍,但徽州尤为典型。

北宋大中祥符八年,丞相汪伯彦的祖父重建祁门霄汉资圣院,南宋建炎初,汪伯彦向朝廷请命,敕改忠国显亲下院,并在寺中建祠,设置祖宗画像,以便四时祭祀。① 祁门人程伯原之母是丞相汪伯彦秦国

---

① 参见汪舜民:《徽州府志》卷一〇《寺观》,上海古籍书店 1964 年明弘治十五年影印本。

夫人之女,绍兴十七年在六都建报慈庵以奉丞相。淳祐年间,休宁程氏在汉川建觉慈庵祭祀程珌。咸淳四年,南宋丞相程元凤去世葬在歙县古城关,并在墓旁建祠建寺,招僧住寺管理墓祠。元代寺毁于兵火,元凤的六世孙程孟、程亿担心寺毁以后,祠没人管理也会逐渐荒芜。于是捐资重新建寺,同时扩建墓祠,方便岁时子孙前往祭祀。① 昭孝积庆寺既是程元凤的功德寺,也具有墓祠的性质。明代,为了方便子孙岁时展谒,增葺墓祠,则新祠更具宗祠特征。

与功德寺差不多的是坟庵,功德寺通常由朝廷敕建,坟庵则是由家人或族人自建,以委托僧道于墓旁房屋守墓,庵便于祭祖而似墓祠,同时也具有寺的性质。婺源武口王玹,号"老椿居士",富甲六乡,两宋之交立宝严庵守墓。② 绍兴年间歙县汪若容、汪若思奉敕葬其父汪叔敖于县西30里黄罗峰之北,并奏立金紫院,附祠像其中。淳祐四年,休宁孙万登在县东南40里建审坑庵,并在庵东建堂,安放孙、吴二姓的神主牌位。程珌还曾在汪潭建玉枢庵,祭祀其父程文夷。

以寺庙附祭先祖在徽州更为普遍,唐大历年间,吕渭任歙州司马,曾在城西兴唐寺旁空隙地建堂读书,离任时,将书堂捐赠给寺僧,吕渭后来担任礼部侍郎。北宋时,吕渭七世孙刑部侍郎吕文仲将读书堂改建为家祠,以纪念吕渭。吕文仲去世后,就葬在家祠前,并招僧祝代为看管。太平兴国四年,兴唐寺改为太平兴国寺。宝元元年(1038),吕渭九世孙吕溱中状元,后来也担任礼部侍郎。吕文仲、吕溱后来都入祀家祠,由于三人都曾担任侍郎一职,故人称"吕侍郎祠"。为了使吕侍郎祠长久运转,吕氏后人先后在太平兴国寺周围建了12座寺院,"每寺给田地山十余亩,按轮奉祖祠香灯"。③ 北宋乾德二年(964),李德鸾从浮梁界田举家迁婺源严田。到明嘉靖年间,严田李氏先后创立九观

---

① 参见程敏政:《篁墩文集》卷一三《宋丞相程文清公墓祠记》,台湾商务印书馆1986年文渊阁四库全书影印本。
② 参见戴廷明、程尚宽:《新安名族志》后卷《王》,朱万曙等点校本,黄山书社2004年版,第278页。
③ 吕仕道编修,吕龙光重刊:《新安大阜吕氏宗谱》卷六《负冤秉帖历朝实录》,明万历五年修,民国二十四年德本堂木活字重刊本。

十三寺,寺观傍立祠,奉祀祖先,不仅招僧道行祭礼,还专门招佃仆守祠。① 婺源永川俞氏南宋度宗咸淳二年建道院,设致思祠于寒食、忌日祭祖。② 休宁率口程氏始祖程敦临有功于齐祈寺,死后寺院为他筑祠立像祭祀,程氏也为寺院捐置祭田。③ 祁门程村程氏因向颐真道院施田,而附设祠堂祭祖。④

宗族兴建坟庵赡养僧道,让其管坟茔,诵经焚修,为祖先荐福,也为族众岁时祭扫坟墓,提供了祭祀和休息的场所。僧道在寺观修行的同时,增加为宗族看管坟墓、为死者诵经荐福的义务,这就使得僧道与社会紧密地联系在一起。尤其宗族所召之僧道住持,只是负责看管、打扫祠庙、侍奉香火,所谓"募僧住持,不过奉香灯、供扫除而已"。⑤

僧道在一个寺观能否住持长久,已不再是看他修行讲道的修养如何,而是看他能否与业主合作融洽,从出世走向世俗。《夷坚志》记载一则徽州"汪氏庵僧"的故事,谈到寺僧与宗族关系就很有意思。说的是徽州城外3里,有一座汪朝议祖父坟庵,绍兴间招僧惠洪住持。僧惠洪饱食终日,也不见他诵经念课,对供事香火也极简略。但僧惠洪循规蹈矩,没有其他过失,主家也由他去。这样过了20年,乾道二年(1166)僧惠洪病终,汪氏便将他葬在近山。近山处原来有一株大楮树,枝繁叶茂,数月后却突然枯死。接着就在枯树干上长出很多蕈菇,汪氏的佃仆牧羊经过此处,见蕈菇肥而白,油光粲然。于是采下来献给主人,烹烧以后,味道鲜美胜于肉。蕈菇当天采过,第二天又长出来,源源不断,三年都是如此。其他人听说以后,纷纷拿钱向汪氏购买,汪氏一概拒绝,并做了一道围墙将枯树围了起来,以便保护蕈菇。邻居眼红,于是乘夜翻墙前去偷采。枯树干忽然发出人言说:"蕈菇不

---

① 参见李文瑞:《李氏寺观记》,《严田李氏宗谱》卷二《记》,民国十一年木活字本。
② 参见《重修俞氏统宗谱》卷一八《东园公撰龙潭道院记》,明万历天启刻本。
③ 参见汪循:《仁峰文集》卷一一《柏山祠堂记》,台湾商务印书馆1986年文渊阁四库全书影印本。
④ 参见程敏政:《篁墩文集》卷一七《务本堂记》,台湾商务印书馆1986年文渊阁四库全书影印本。
⑤ 方祖善、方大成:《歙淳方氏柳山真应庙会宗统谱》卷一八《纪事·歙令钱公中选谳语》,清乾隆十八年木活字本。

261

是你所能吃的,如果强取必受殃灾。我是当年的庵主,因为受了汪氏的供施,没有很好为汪家服务,死后阴曹罚我为菌蕈偿还汪氏,菌蕈之所以肥美,都是我的精血所化。今天我的受罚日期已满,可以离开了。"邻人听了以后,吓得赶快退了出来,并把此事告诉了汪氏。汪氏不信,亲自到山上去看,果然枯树干上不再有蕈菇。于是便将枯树干砍了当柴薪。[①] 这则故事真实地反映了僧道在徽州百姓心目中的地位,他们认为僧道不再是不问世俗的独立个体,生前必须很好地为业主服务,否则到了阴曹,也要受到惩罚。

徽州宗族制度是在程朱理学直接影响下形成和发展起来的,对儒家的传统道德极为讲究,在处理人与人的关系上非常注重礼仪,有一整套"礼"来规范人们的行为。僧道在与宗族打交道的世俗化过程中,同样被纳入"礼"的规范中。歙县丰川宋氏始祖宋贶卒于淳熙十五年,与夫人黄氏合葬于歙城后的白莲院,坟前建有定光寺,供佛祭祀。在定光寺僧与宗族长期的交往中,寺僧与宗族的关系处得非常融洽,日久竟成为一家人,每年春节寺僧都要到宋氏祠堂拜年,族长都要亲自相迎、相送,酒席相待,其乐融融。中国徽州文化博物馆收藏一册手抄《丰川宋氏传流祭祀家谱》,记载了定光寺长老到宋氏宗祠拜年的细节,颇具史料价值。由于是手抄本,极为罕见,兹录如下:

> 正月初十日,定光寺长老来拜年,尊长、族长、年头同在祠堂首接。
>
> 尚书公(按:指宋贶)前自办香烛、拜垫,长老四跪八拜,尊长、族长以及年头转身一揖。座上吃好酒、果盒,用后长老分一半,再吃饭菜二碗。同年头到上门贺节,一分下贺节,回来吃下午面。夜腊酒用一两头烛。
>
> 晚饭菜:豆腐,羊角,粉皮,萝卜丝,腐干,枣三盆,栗三盆,鱼一尾,鸡一只,肉一方,长老、族长、年头各分一半。香资纹银

---

① 参见洪迈:《夷坚志》丙卷八,台湾商务印书馆1986年文渊阁四库全书影印本。

三钱。

十一日吃早汤,豆腐皮用后到上门吃早饭。煎豆腐,羊角,粉皮,萝卜丝,腐干,针针,枣一盆,栗一盆,对分热油、花椒。香资银五分。

和尚同年头到落村拜年,长老四跪八拜。吃冻米茶,果盒,枣栗,对分。菜用煎豆腐、羊角、针针,腐皮,萝卜丝,腐干,黄条糕,酒,饭。香资银五分。到屯田四揖揖,同横楼里。同到祠堂里吃夜饭,酒,菜八碗。

十二日吃早汤,用豆腐皮。用后到一分下吃果子茶。

菜用豆腐,包,香尽(芹),木耳,针针,粿,芋头,米粉,油果,腐皮,粉糕,小菜,酒。

祠堂内酒饭,用菜八大碗。吃后,尚书公前作揖,尊长、族长、年头一齐送到门口,一躬。

六　徽州科学技术成就

(一)新安医学的兴起

南宋是新安医学兴起的时期,淳熙十六年(1189)张杲撰成《医说》10卷,人称"医林之珍海",是第一部较为完整的新安医学著作。此后,又涌现出休宁吴源、婺源程约、马荀仲,歙县黄孝通等一批名医,标志着新安医学的兴起。

张杲(约1149—1227),字季明。歙县人。他的伯祖父张扩、祖父张挥,皆是当时名医。张杲深得家学渊源,以儒医著称于当时。其安贫乐道,专心致志研究医学50余年,平素广征博采诸子百家的著作,凡是议论养生、治病等古往今来的医学传记,专志采录。淳熙十六年,张

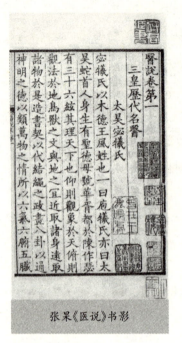

张杲《医说》书影

杲写成《医说》一书,计10卷,全书共47门,前7门记叙了了自三皇一直到唐代的名医110多人;其次是杂症28门,杂论6门,妇儿科2门,疮疡及五绝、痹、疝3门,最后是医德报应等杂说。此书博采宋代以前多种文史著作中有关医药典故、医学传说等史料,以及古代医书、医案,凡是各科怪病的治疗事迹无不搜罗,全书取材面十分丰富,涉及面也很广。后面是记录张氏医学世家的前代及自己的医疗实践。该书是我国现存最早的医案、医话、医学传说和有关医史文献资料的汇编本,是后世研究疾病史的重要参考书。《四库全书总目提要》称其"取材既富,奇疾险症,颇足以资触发。而古之专门禁方,亦往往在焉。盖三世之医,渊源有自,固与道听途说者殊矣"。[①]此书开始刊刻于嘉定十七年(1224),可惜印刷量不多,流传不广;到了明嘉靖二十三年(1544),顾定芳仿照宋本重刊,分12册;嘉靖二十五年(1546)有潘藩再刊本;天启三年(1623)有楚澧受莲道人的仿宋重刊,由名家田启亮撰写跋文。田氏称张氏书为"医林之珍海"。《医说》东传,朝鲜李氏王朝成宗十五年(1488)刊行;日本万治三年(1659)于日本刊行。《医说》是中国医学史上第一部医史传记。

吴源(?—1174),字德信,休宁县凤山人。吴源祖上世代均以医为业,活人无数,传到吴源时已经是历经五代,为民诊治疾苦,医术精湛,民间称之为"神医"。吴源不仅精熟医道,而且博学多才,善工诗词散文,并常以诗文著称于世。绍兴初,经黟县人枢密使汪勃的保荐,赴京参加全国医生应考。考试的内容包含《内》《难》等经。参加考试的

---

① 永瑢等:《四库全书总目提要》卷一○三,清乾隆六十年刻本。

医生有数百人之多，而吴源一举夺魁，被朝廷封为御医，后又晋升为"翰林医官"，就任于太医院，服务于皇宫上下，享誉甚多。吴源医术高超，尤擅长治疗当时尚属绝症的肺痨（肺结核病），用药其效如神，治病善于辨证。当年，都中一位重臣的妻子黄氏患了急病，太医院名医均治不效，无奈中有人提议让当时尚还很年轻的吴源诊治，吴源诊后断其为"饥中伏暑"，三剂药下便病情见好，人皆盛赞吴源医术。一日，吴源行路途中，见一着破衣烂衫的男子手捧肚子倒在路边满地翻滚，疼痛难忍之中发出阵阵哀鸣。吴源见状便上前救治，通过望诊、把脉，诊断该男子为"虫症"。吴源取出灸针以针刺之，不一会儿，那男子吐出痰涎及虫子后便不再疼痛。于是男子千恩万谢，吴源嘱咐其后即淡然离去。晚年，吴源辞去医官返乡回到故里，过着隐居的山田生活，著有《南熏诗集》，载诗千余首，并自号"南熏老人"。其整日吟诗咏词，教子修性，作有训子诗词："五世活人功已积，一经教子意难忘。尔曹好展摩云翻，伴我黄花晚节香"①。乾道九年（1173）冬，建康（今南京）留守洪枢密一场大病不起，都中各名医均被召集为洪诊治，且一一束手而退。黟县人程叔达与洪枢密关系很好，派车马强行将吴源请到建康。吴源诊治为"惊气入心"，洪枢密十分惊讶，便向吴源道出了自己不久前受到了一场大火的惊吓而后病倒的原委。洪枢密服下了吴源开出的方药，不久便转危为安。洪枢密万分欣慰，于是备厚礼答谢款待，且百般挽留吴源留在建康任职，吴源均婉言谢绝，答曰："吾无春脉也。"尔后告辞返归，到家后不久，于次年初春在家中安然逝去。

程约，字孟博，婺源人，家中世代业医。其幼承家学，颇得真传，医术高超，求治者络绎不绝。其祖上有号"种德居士"的先人，婺源县宰许应龙有感于程约医术高超，很有医德，特地把程约居住的地方改为"种德坊"。当时婺源有个名医姓马名荀仲，擅长针灸，自称与程约齐名，但程约却不以为然。一次，徽州太守韩瑗患病，马荀仲在太守的右

---

① 洪焱祖：《南熏老人吴源传》，《新安文献志》卷一〇〇下，何庆善等点校本，黄山书社 2005 年版，第2606 页。

胁扎进一根银针,不料针扎进一半突然折断在太守体内,马荀仲当时急得满头大汗,大惊失色地说:"现在非程约救治不可。"太守连忙延请程约,程约到后,不慌不忙地在左胁扎了一针,神奇的是,不一会工夫,右边的断针自己露了出来,拔出针后,韩太守的病也随之而愈。由此可见,程约的医术要高出马荀仲,优劣立判。[①]

马荀仲也是当时的名医,与大诗人辛弃疾交往甚密。约在淳熙十五年(1189),辛弃疾用药名写了一首定风波《用药名招婺源马荀仲游雨岩·马善医》:"山路风来草木香,雨余凉意到胡床。泉石膏肓吾已甚,多病,提防风月费篇章。孤负寻常山简醉,独自,故应知子草玄忙。湖海早知身汗浸,谁伴?只甘松竹共凄凉。"[②]这首词里写山、写水、写石、写草、写风、写雨,眼前这些自然景象,都寄托着诗人对往昔坎坷不平道路的情思,抒发了诗人内心世界的愤懑。其中用药名及谐音字等嵌入的药有木香、禹余粮(雨余凉)、石膏、吴萸(吾已)、栀子、紫草(知子草)、防风、海藻(海早)、甘松等,药名与词意,浑然一体。因为辛弃疾懂医,他以这首药名词招马荀仲同游,被当时传为佳话。

江矞,字明远,婺源人。江矞祖上世代为医,传到江矞已经十五代。他继承家学,通儒精医,尤其擅长妇科,他家中设有诊室并且自己配备中药,远近不少人慕名求治,大多一剂见效。江矞不仅医术高超,而且医德高尚,遇上家乡疫病流行时,江矞就会依据疾病的症情,制定出对症的方子,并以大锅煎药,挨家挨户地送药上门,救治病人。凡吃过他药的,很多都渐渐好转,于是,江矞名声远播。宋理宗久病不愈,京都群医束手无策,原来在徽州担任郡守的范钟举荐江矞入京为其治疗。江矞的医技果然不负所望,经过江矞精心调治,理宗的病情渐渐安稳。理宗上朝,江矞随侍,受到理宗赐座的待遇。理宗几次想赐给他官做,都被他推辞了,宫中的人都称呼他为"江先生"。江矞居住在

---

① 程约、马荀仲事迹附于洪焱祖《南薰老人吴源传》,《新安文献志》卷一〇〇下,何庆善等点校本,黄山书社 2005 年版,第 2606 页。

② 辛弃疾:《稼轩词》卷三,台湾商务印书馆 1986 年文渊阁四库全书影印本。

皇宫 10 年,后称病辞归,理宗无奈之下,只有准其告老还乡,并为其在故里购置了很大一栋房产。果不其然,两年后,理宗一病不起,众位太医回天乏术,于是一命归西。由此可见江嚞医术之精妙,非同一般。[①]

(二)地理学上的成就

南宋是中国古代地理学最有成就的一个时期,由山、水等自然名词、概念组成的"地"和由"州郡"构成的疆域地理被纳入具有明确地理学观念的"地理"部类名下,从而构成一套比较完整的地理知识体系。闰年图和图经作为地方定期搜集并上报中央的两种不同形式的王朝地理档案,在北宋中后期就逐渐停废,向由地方官组织或士大夫私撰的州县地方志过渡,至南宋成为风尚,其中程大昌的《雍录》、罗愿的《新安志》都是南宋时期的名志。学者对于《禹贡》的认识开始摆脱经学的束缚,尤其在朱熹、程大昌的努力下,经过归纳与总结,形成一套持之有据、行之有效的地理考证理论与方法,为士大夫所易于实践,将囿于经典传注的禹贡学导入地理学专题研究的时代。

在地理学研究方面,朱熹重视实地考察,并对地理位置、山脉的走向、河水的流向等做详细的记录。《朱子语类》卷二《理气下》《天地下》以及卷七十九《尚书二》《禹贡》中有不少这样的记述。朱熹还非常重视地图的作用。当他听说某人有木刻立体地图时,便吩咐人前去模仿;甚至他后来还用胶泥自制了立体地图模型。朱熹对古代地理学经典《禹贡》进行了细致的考订。朱熹认为,《禹贡》是禹治水之后仅仅依据治水的经历编撰而成的,所以"余处亦不大段用工夫"。他还通过实地考察,发现《禹贡》中有关南方地理的论述与实际"全然不合",说:"盖禹当时只治得雍冀数州为详,南方诸水皆不亲见。恐只是得之传闻,故多遗阙,又差误如此。"又说:"禹治水时,想亦不曾遍历天下……

---

①　参见洪焱祖:《江先生嚞传》,《新安文献志》卷一○○下,何庆善等点校本,黄山书社 2005 年版,第2608 页。

故今《禹贡》所载南方山川,多与今地面上所有不同。"①朱熹针对当时学者不以实地考察为据而牵强附会地对《禹贡》中错误的方面进行辩解予以了批评。朱熹还认为,地理、地貌是变化的,研读《禹贡》必须以当今实际的地理为依据。他说:"《禹贡》地理,不须大段用心,以今山川都不同了。理会《禹贡》,不如理会如今地理。"朱熹对《禹贡》以及如何研读《禹贡》的评述,充分体现出他重视实地考察并以此作为理论依据的地理学思想。这种不以经典的是非为是非的怀疑精神和以实地考察为依据的实证精神与现代科学精神是相一致的。

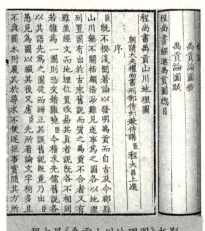

程大昌《禹贡山川地理图》书影

程大昌所著《禹贡山川地理图》,引各家成说,辨析疑难讹误,论江水、河水、淮水、汉水、济水、弱水、黑水,皆纠正旧传之误,并论河水、汴水之患。所绘 31 幅禹贡山川地理图,均以宋以前诸家注释《禹贡》旧说绘图,详加辨证,另定新图。关于大河径流,九河故道,济汴分合,三江、九江、弱水、黑水等较为复杂的问题,皆历引各家成就,指出讹误难通的症结。并对后世改变的水道,均有考论。给后人以很大启发,堪称传世名著。记述北疆史地的《北边备对》,描述关中地理沿革的《雍录》和《函潼关要志》知名度也较高。《雍录》考订关中古迹,图文并茂,搜罗资料极为丰富,辩证也很详细,是早期地方志中的善本。他还为《元和郡县图志》作序,认为编写志书应该博览群书,互相考证,不要因为前人有记载就是对的。这一思想对后世方志编纂有很大影响。

罗愿(1136—1184),字端良,号存斋,歙县呈坎人。乾道二年进士,官至鄂州知州。罗愿对地方文献有着浓厚的兴趣,公务繁忙之余,

---

① 黎靖德:《朱子语类》卷七九,台湾商务印书馆 1986 年文渊阁四库全书影印本。

在故乡访求故志、搜觅遗事,于南淳熙二年编撰成《新安志》10 卷。《新安志》记载徽州一地的历史沿革、地理险要、典章制度、吏治得失、风俗民情和忠孝节烈等事迹,遍及古今人、事、物诸大端,熔地理书、地记、图经之载舆地,郡书之载人物于一炉,承上启下,自成一体,成为定型方志的先驱。《新安志》中阐述的"同民利"主张,提出了方志应注重民生这一重要课题,并且注意记载经济方面的内容,提高了方志经世致用的价值。《新安志》除了用整一卷的篇幅详载物产,细列贡赋外,在每县目下,又单独列门载田亩、租税、酒税,足见罗愿于此用心之深。罗愿还在编纂方法上提出方志是著述之书的见解和志书编纂执笔者应该具备一定学术水平的主张,为后世方志学的建立,开拓了道路。另外"扬善隐恶"的著述笔法,一直影响着后世方志的撰写,这在方志发展史上也是应该值得重视的。

(三) 光学与生物学成就

光学成就主要体现在程大昌《演繁露》一书中,该书中记载的光学知识,包括关于日食观察中的光学知识和色散现象的见解,很有真知灼见。我国对日食的观测,最初是用肉眼直接观察。西汉学者京房曾用水盆照映的方法,以避免强烈日光刺眼,这是观测日食方法的一大改进。但是,这种方法的缺陷在于,如果盆水不深,盆底又非黑色,光的漫射仍很强烈,像的反衬度差,效果不好,因此后来又由水盆照映改进为油盆照映。首先记载这一改进的就是程大昌的《演繁露》。该书卷一记载,淳熙丙申三月朔日(1176 年 4 月 11 日),作者在开封观测日食时,用油盆照映的方法,观测出食分不到十分之一的日食。这是由于油面对可见光的反射率比水面更低,而且油的透明度差,可以减小盆底的漫反射光线,增大像的反衬度。再加上油的黏度大,反射面比较平稳,所以人们可以更清晰、更持久、更准确地对日食进行观测。对于月光的成因,程大昌在沈括关于"月如银圜"的类比基础上,充分说明了月面明暗与其离日远近和日光向背的关系,揭示了月面变化的本质。

对于小水珠反射折射日光之后的色散现象,程大昌指出:"凡雨初霁或露之未晞,其余点缀于草木枝叶之末,欲坠不坠,则皆聚为圆点,光莹可喜。日光入之,五色俱足,闪烁不定,是乃日之光品著色于水,而非雨露有此五色也。"①他认为光经过一些透明的天然晶体折射后也能产生色散现象。北宋初年杨亿著《杨文公谈苑》一书,曾记载菩萨石折射日光而产生色散的现象。程大昌说:"《杨文公谈苑》曰:'嘉州峨嵋山有菩萨石,人多收之。色莹白如玉,如上饶水晶之类,日光射之有五色如佛顶圆光。'文公之说信矣。然谓峨嵋山有佛,故此石能见此光,则恐未然也……峨嵋山佛能现此异,则不可得而知。此之五色,无日则不能自见,则非因峨嵋有佛所致也。"②从而否定了五色粲然与佛有关。程大昌认识到,日光通过液滴的色散现象,同日光通过自然晶体(菩萨石、水晶)的色散现象同出一理。明确提出了"五色"光的生成来源于日光,批判了对于色散现象的神秘传说,表现了科学的态度和精神。

罗愿所著《尔雅翼》32 卷,专述动、植物,解释各物,考据精博,里头包含了很多生物学方面的知识,被学术界称为"博物之书",罗愿本人也被誉为"博物学家"。《尔雅翼》共 32 卷,记述植物 180 种,动物 230 余种。《释草》8 卷,120 种,以记述草本植物为主,兼及灌木、丛木。《释木》4 卷,记 60 种木本植物。《释鸟》5 卷,述 58 种鸟类。《释兽》6 卷,皆记哺乳动物。《释虫》4 卷,记述 40 种昆虫。《释鱼》5 卷,55 种,以鱼类为主,兼及哺乳类之鲸,爬行动物之蛇类、龟鳖、鳄、湾鳄,两栖类之蛙,以及贝类,节肢动物之虾、蟹等。每类之下将形状、生境或功能(用途)相同者排在一起,以示其同类。草本之下有粮食植物,染料植物,瓜类、纤维植物,水生草本植物,葱韭蒜类植物等。每种植物,又列出不同品种(变种)之名目,如黍有赤、白、黑,黏、不黏之分。稻有

---

① 程大昌:《演繁露》卷九《菩萨石》,台湾商务印书馆 1986 年文渊阁四库全书影印本。
② 程大昌:《演繁露》卷九《菩萨石》,台湾商务印书馆 1986 年文渊阁四库全书影印本。

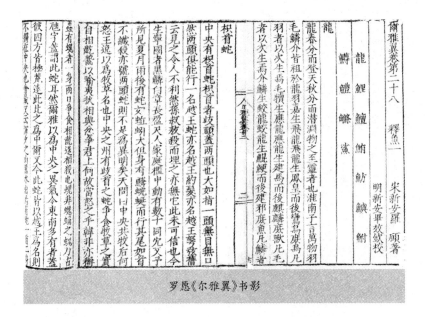

罗愿《尔雅翼》书影

水、旱，早、晚，有芒、无芒及从东南亚引进的"占城稻"。

罗愿写《尔雅翼》不仅参阅古籍两三百种，而且重视实际知识。因此在形态分类上，有的远胜于前人。如指出："乌喙（乌头）和附子同根"，鲤鱼黑线（侧线）"在胁中，非脊也"，鼯鼠与服翼（蝙蝠）"皆鼠"，鲮鲤（穿山甲），"盖兽之类，非鱼之属也"，比目鱼和王鲦（鱼）"绝不相类"等。他对蚊、蜻蛉、蛙的生活史和飞蚁的交尾现象观察细致，认识到众蛇之中，独蝮蛇"胎产"，（鳝）"腹中自有子"，而否认鳝由"荇芹根及人发所化"。

（四）朱熹的自然观[①]

朱熹的哲学思想体系属于唯心主义范畴，但由于他本人对自然科学的关注，他的自然观宇宙观也有积极的一面。对于以地球为中心的宇宙生成理论，他继承了《淮南子》《易纬·乾凿度》《列子·天瑞篇》的思想，即太易→太初→太始→太素→浑沦→天地，并根据后世认识的

[①]　本节参考了孔令宏：《朱熹的科学思想与道家、道教》，《自然辩证法通讯》，2002 年第 2 期；《朱熹的自然观》，《安徽科学技术史稿》，安徽科学技术出版社 1990 年版。

深化而作出创新。在宇宙演化的形式上,吸收道家阴阳二气生化万物的思想。天运转的动力机制是一个长期困扰古人的问题,盖天说和浑天说都把天想象为硬壳,北宋张载以其气本体论为天运的物理机制提出了七曜左旋说。[①]朱熹从小就被宇宙之谜所困扰,"某自五六岁,便烦恼道天地四边之外是什么。见人说四方无边,某思量也须有个尽处。如这壁相似,壁后也有个什么事物。某思量得几乎成病。到如今也未知那壁后是何物"[②]。为此,朱熹一直想从实践和理论上弄清它。在实践上,他最早设想了中国的圆天象仪,曾经力图复原苏颂所造的水运天象仪。在理论上,他在阐述周敦颐和邵雍的两个宇宙图式的基础上,把它们与张载的气化宇宙论结合起来,运用太极生化模型提出了一个离心式宇宙起源假说,依据它反驳前人关于天左旋而七曜右旋的天运图式,论证张载的七曜与天共左旋之说。以今天的眼光来看,左旋说和右旋说均有一定的道理。二者都是基于运动的相对性来解释天体的视运动,虽然右旋说与实测相符,但从理论的自洽性来看,左旋说更优越。右旋说主张七曜如磨盘上的蚂蚁随天左旋的同时在磨盘上右行,除此之外没有任何物理依据支持。张载认为,虽说天地七曜都顺气左旋,以七曜顺迟来解释所见左旋,但仍停留在运动现象上而未深入动力学机制的探索上。朱熹则从宇宙形成的动力学机制上阐明所有天体的物理运动方向的一致,对左旋说作出了新的解释。

朱熹设想天地的初始是阴阳二气,他说:"天地初间,只是阴阳之气,这一个气运行,磨来磨去,磨得急了,便拶许多渣滓,里面无处出,便结成个地在中央。气之清者便为天、为日、为星辰。"[③]朱熹在这里提出了阴阳二气处于不停顿的运动中,组成庞大的气团,由于摩擦和碰撞作用的加剧而形成渣滓向中心聚拢,便形成地球在中间,而气之清者形成天和日月星辰在地球外周运转。这种宇宙生成论,不但克服

---

① 参见张载:《正蒙·参两》,古籍出版社点校本 1956 年版。
② 黎靖德:《朱子语类》卷九四,台湾商务印书馆 1986 年文渊阁四库全书影印本。
③ 黎靖德:《朱子语类》卷一,台湾商务印书馆 1986 年文渊阁四库全书影印本。

了东汉张衡以来浑天家所谓的"载水而浮"，"天表里有水"的严重缺陷，把浑天说的传统理论提高到新的水平；而且给张载关于气的聚散学说提供了一个比较具体的说明，其中"磨来磨去，磨得急了"这种高速运动概念的提出，为张载学说增添了运动力学的性质。尽管这种天体演化理论仍属思辨性的，但无疑充满着唯物主义的气味。

朱熹的这种宇宙形成理论与笛卡尔的宇宙旋涡理论有某种相似之处，不同在于朱熹以地球为旋涡的中心，而笛卡尔以太阳为旋涡的中心。但朱熹比笛卡尔早了六百多年。朱熹企图用离心力来解释天地的空间结构的形成，就当代科学来看，这种解释当然不对。大尺度的气态物质的弥漫和分化，主要是由各部分的运动速度不同造成的，并非离心力的缘故。但在当时，朱熹的观点毕竟对驳斥盖天说的错误观念起了作用。基于气而用离心力来解释宇宙的形成，只是就无极而太极的一次生成而言。朱熹还根据邵雍的循环思想提出了宇宙就是太极生灭、明暗交替的无尽循环的思想。这与现代宇宙论的周期循环假说基本一致。

关于宇宙结构，当有人问"天有形质否"时，朱熹回答说："只是个旋风，下软上坚。道家谓之刚风。人常说天有九重，分九处为号，非也。只是旋有九耳。但下面气较浊而暗，上面至高处，则至清至明耳。"①朱熹把它由八个空间方位加中央改为"圆则九重""天有九重"。他之所以这样改造，是因为在《易》的象数中，阳之象为"一"，最大的数为"九"；阴之象为"二"，最大数为"六"。天为阳，地为阴，阳数至于九，九为老阳之数，故天有九重。

朱熹认为，"天无体"，天由气构成，地只是天的一部分。天是无形之气，地就是气旋转之渣滓而成的"一块实地事物"。所以，"天以气而依地之形，地以形而附天之气。天包乎地，地特天中之一物尔，天以气运乎外，故地榷在中间，岿然不动。使天之运有一息停，则地须陷

---

① 黎靖德：《朱子语类》卷四五，台湾商务印书馆 1986 年文渊阁四库全书影印本。

下"①。根据"天无体"的观点，朱熹认为，日月星辰都是由"清气"构成，并且"只在外常周环运转"，不是缀在天球之上。朱熹在物质性气范畴的基础上，将天体演化、宇宙结构和气的运动变化三种学说紧密结合起来，组成了完整的，也可以说是比较先进的宇宙学说。

对朱熹的上述思想，英国的中国科技史专家李约瑟博士给予了很高的评价。他说："中国人提出了一种早期的无限宇宙的概念，认为恒星是浮在空间的实体，他们认为在整个宇宙有机体中，作为组成部分的有机体各按其部分循着自己的道去运动，对于抱着这种见解的人来说，河外星系的发现似乎证明了他们的信念，最后，朱熹给这一观点提供了伟大的哲学论据，他说：'天无体'。"②

---

① 黎靖德：《朱子语类》卷一，台湾商务印书馆 1986 年文渊阁四库全书影印本。
② 李约瑟：《中国科学技术史》第四卷《物理学》第一分册，科学出版社 1990 年版，第 129 页。

第 六 章
元代徽州文化的成长

元代科举几乎中止,迫使大量业儒者另谋出路,徽州很多儒生转向以讲学教书为业,促使元代徽州的教育事业非常发达。尤其蒙学教育,由政府所立的小学、社学和民间自办的家学、塾馆、义学等共同组成,形成体系,涌现"十家之村,不废诵读"[①]的盛况。这极大地提高了徽州人的文化素质,为明清时期徽州文化的高度发展,奠定人才基础。文学领域出现了以方回、吴龙翰、胡炳文、汪泽民、汪克宽等一批作家及其文学作品。藏书丰富,著书立说之风盛行,刻书事业也较为兴旺。由于儒学的强大,宗教进入衰落期,佛道蜕变为儒学的附庸。新安医学有了新的成就,出现了不少名医和医学著作。

---

① 蒋灿:《婺源县志》卷二《风俗》,清康熙三十三年刻本。

一　徽州人文的稳步发展

（一）教育与科举

官学　南宋德祐元年，元兵南下，郡将李铨守御，将州学撤毁近半。元兵占领徽州以后，军队进驻州学，生徒被解散，学校里的书版、祭器等都遭到破坏。至元十五年（1278）秋，江东按察副使奥屯希鲁至徽州，才将军队迁徙出去，恢复学校，并大兴土木，修复殿宇、讲堂、楼阁、斋庑，新建先贤阁，后又续增置文公祠、大成殿。在奥屯希鲁提倡和带动下，各县县学也相继恢复。至元二十年（1283），少中大夫康天锡任徽州路总管，劝农桑，兴学校。大德年间，嘉议大夫郝思义任徽州路总管，将路学修葺一新，带头祭祀孔子，亲自到儒学讲课，并在儒学刊刻《朱文公语类》。同时，任歙县县尹的宋节，认为县里的首务就是劝农兴学，将自己的俸禄捐献出来修县学，并要求各乡都要设立乡塾。婺源州知州干文傅，创设晦庵书院和州学，建文公庙宅。天历年间，祁门县达鲁花赤张蒙完得，兴建学校，创设门廊。

由于地方官的重视，徽州士民对官学也非常热心。至元二十八年（1291），休宁人朱震雷私人出资，重修学宫。大德五年（1301），朱震雷又独建文公祠。[①] 至顺年间，祁门县尹张希浚、刘炳、王琛、徐忽都不花等先后重修县学，规模宏丽，焕然一新。至顺三年（1332），祁

---

①　参见马步蟾：《徽州府志》卷三《营建志·学校》，清道光七年刻本。

门县主簿宋也在县学南立《加封先圣诏旨碑》,邑民汪元相盖翼亭将碑保护起来。元贞元年(1295),黟县尹刘德,重建县学两庑,邑人则增置学田。

书院 元代,科举的中止①迫使大量业儒者另谋出路,改变了社会人才流动的方向,很多儒生转向讲学教书为业。同时,朝廷也鼓励民间设立书院,元至元二十八年元世祖下令广设书院,民间有自愿出钱出粮赞助建学的,也立为书院。这促进了教育事业的发展,推动了书院与塾馆的繁荣。元代徽州书院,正是在这一背景下兴盛起来。这一时期,徽州除了对宋代的一些书院,如紫阳书院进行重建之外,还新建书院约 25 所,如下:

歙县:虚谷书院,在临河,元初方回建,用以读书著述;初山精舍,在石耳山,元初名儒曹泾讲学于此;有陶书院,在丛睦,元初名儒汪维岳建,隐居教授;倚山书院,元初邑人程国宝建;斗山精舍,在府东城斗山上,元末姚琏、唐仲实等讲学处;师山书院,在城西十里,元末名儒郑玉讲学著述之地;凤池书院,在深渡,元末名儒姚琏讲学之处;三峰精舍,在槐塘,元末名儒唐仲实讲学之处;枫林书院,在石门,元末名儒朱升建,作为讲学著述之所;南轩书院,在棠樾,元末棠樾鲍氏建。

休宁县:商山书院,在县南浯田,元末枢密院判官汪同建,并置学田,请名儒朱升为师,延陈栎侄儿陈光分教;东山精舍,在吉阳乡龙源,元末名儒赵汸建;共学斋,在东山,元末名儒赵汸讲学之所。

婺源县:晦庵书院,在文庙侧,至元二十四年(1287)知州王元圭创建;明经书院,在县北二十里考川,至大三年(1310)里人胡淀建,由名儒胡炳文主持教事;石丘书院,在县北考川之南,元末里人胡孟成建;阆山书院,在阆山,至正年间行枢密院判官汪同建,延乡儒赵汸为师,教授乡里青年;湖山书院,在南乡太白,元乡贤胡一桂讲学之地;行易

---

① 元代从至元十三年(1276)至延祐元年(1414)中断科举。

厂,在武溪,元末里人汪埜翁建,用于讲学,从学者很多。

祁门县:中山书堂,在县南二十五里桃塾,元末里人汪应建,其子汪克宽用以讲学;查山书堂,在县西南三十里西坑,元时汪时中建,为讲学之所;乐安庄书舍,在旸源,元末谢俊民建,汪克宽讲学处;竹溪书院,在城北隅,元方贡孙建。

绩溪县:辇阳书院,在十一都任里,元忠显校尉、梅州同知程璲建,用以教育族中子弟和乡里的优秀青年。

黟县:遗经楼,在七都霞阜,元末名儒汪泰初建,延请倪士毅讲学;集成书院,在黄村,至正十一年(1351)黄友仁建。

上述书院主要是为名儒讲学而设,而徽州的儒士都是以朱熹的卫道者自居,并以发挥朱子之学、传播朱子之学为己任。他们将书院作为自己研究和传播的重要阵地,通过在书院的讲学活动,使程朱理学在徽州迅速普及,并渗透到民间生活的各个方面。如休宁的程逢午,曾两次乡荐科考,没有考取,于是放弃科考,与族叔父程若庸一起研究和讲授程朱理学,著有《中庸讲义》3卷,阐明朱熹理学之旨。由于研究理学颇有成就,元贞二年(1296)被荐授紫阳书院山长。婺源的胡一桂,深得朱熹理学精义,著《周易本义附录纂疏》,疏正朱子之言。南宋景定五年乡荐,参加礼部考试,没有考取,于是回乡建湖山书院讲学,远近学者纷纷前来听讲。婺源胡炳文,精通理学渊源,凡诸子百家、阴阳医卜、星历术数,都有研究,与其族侄胡淀共创明经书院,并任山长,四方闻风来学者云集。其他的新安名儒,也都以相关的书院为基地,从事讲学与著述活动,这从上述的书院名录中就可知大概。由此可见,这一时期,徽州书院的发展与新安理学结下不解之缘。

蒙学 元代是徽州蒙学教育最为繁荣的时期,元初,休宁名儒陈栎记述其所居陈村的读书情况时写道:"读书者比屋,各家之老遇风月良宵,杯酒向叙。饮罢,步街上听子弟弦诵声,自村首至尾,声东西相震,是以快惬为乐事。每岁秋赋,终场可读之卷几七十。"①这是休宁陈村一个地方的情况,而陈村在徽州并算不上是一个文风鼎盛的村落,赵汸对元代徽州的读书情景有一句典型的话:"自井邑田野,以至于远山深谷民居之处,莫不有学、有师、有书史之藏。"②后来《婺源县志》将这句话归纳

《眼前杂字》书影

成"十家之村,不废诵读"。由此可见元代徽州蒙学的发达。

元代徽州蒙学教育由官学所立的小学、社学和民间自办的家学、塾馆、义学等共同组成,形成体系,涌现"十家之村,不废诵读"的盛况。至元二十三年(1286)朝廷规定:"诸县所属村庄,五十家为一社……每社立学校一,择通晓经书者为师,农隙使子弟入学。"③至元二十八年三月,朝廷又命"江南诸路及各县学内设立小学。"④朝廷的命令在徽州得到了很好的落实,大德四年(1300)"教授徐振辰重建讲堂",大德五年休宁县学整葺,在西廊设小学。⑤ 关于社学的情况,虽然缺乏记载,但汪克宽指出:"吾邦儒风之丕振,俊彦之辈出,号称东南邹鲁,遝迩宗焉。比年矛戟抢攘列城兵燹,学者逃难解散,非唯里闾废学,而郡邑学宫悉为丘墟,此家塾之所为作。"⑥"里闾废学"指的就是社学遭到破坏,可见宋元社学还是相当普及的。

南宋以降,徽州文风郁起,家学渊源,代代相传。虞集称元初祁门汪应新,"资干耸特,伟然丈夫。平居无惰容,媟语刚正自任,议论慷慨

① 陈栎:《定宇集》卷一五《杂识》,台湾商务印书馆1986年文渊阁四库全书影印本。
② 赵汸:《商山书院学田记》,《东山存稿》卷四,台湾商务印书馆1986年文渊阁四库全书影印本。
③ 柯劭忞:《新元史·食货志》,中华书局1977年版。
④ 柯劭忞:《新元史·选举志》,中华书局1977年版。
⑤ 参见汪舜民:《徽州府志》卷五《学校》,上海古籍书店1964年明弘治十五年影印本。
⑥ 汪克宽:《万川家塾记》,《新安文献志》卷一六,何庆善等点校本,黄山书社2005年版,第404页。

博洽,称其家学。"①黄溍称元初休宁人黄晋"有家学"。② 婺源游克敬出身书香之家,从小就很聪慧,其伯父"以家学试之,随疑即问,语皆俊警"。③ 这说明家学作为启蒙教育的一种形式,在徽州得到广泛运用。

前引汪克宽《万川家塾记》所述,宋末战乱,府县学遭到破坏,促使元代徽州家塾进一步兴盛。休宁汪德懋就是因为县学受到破坏,建万川家塾,并延请名儒汪克宽教授族中子弟。④ 婺源中山人祝寿朋,用自己的私产建中山书塾,延聘教师教授乡里子弟。⑤ 很多名儒也热心训蒙,以家塾为阵地,宣传理学。如名儒唐桂芳,辞去官职后,退居歙县槐塘"授徒家塾,买田筑室庐,以为终"。⑥ 陈栎从 24 岁开始授馆,先后在詹溪程氏、里中毕氏、江潭叶氏、蕖口汪氏、珰溪金氏,以训蒙终其一生。⑦ 很多受名儒启蒙的学生,后来也成为著名的学者,并继承老师的传统,以训蒙为业。如陈栎的学生倪士毅后来就成为著名的学者,著有《四书辑要》,学者称道川先生,在黟县汪泰初家坐馆 23 年,直至去世。⑧ 元末理学名儒朱升,也曾在塾馆教书多年,先后坐馆里中程氏、珰溪金氏等处,并曾在东倚平义塾讲学。

科举 蒙元贵族以弓马取天下,重武轻文,蒙古人、色目人晋升为官有多种途径,或以学校入仕,或保举、自荐进入官场,还有以多纳税、粮求得做官的,儒者则多是以岁贡的名义跻身仕途。那些掌握实权的

① 虞集:《中山处士汪君应新墓铭》,《新安文献志》卷九二上,何庆善等点校本,黄山书社 2005 年版,第 2286 页。
② 黄溍:《秋江黄君一清墓志铭》,《新安文献志》卷八八,何庆善等点校本,黄山书社 2005 年版,第 2608 页。
③ 曹泾:《游君克敬(务德)墓志铭》,《新安文献志》卷一〇〇下,何庆善等点校本,黄山书社 2005 年版,第 2610 页。
④ 汪克宽:《万川家塾记》,郑玉《故城县丞汪先生德懋行状》:"乃辟家塾万川之上,延环谷汪先生而受业焉。"(《新安文献志》卷八九)
⑤ 参见赵吉士:《徽州府志》卷一五《尚义》,清康熙三十八年刻本。
⑥ 钟亮:《南雄路儒学正白云先生唐公(桂芳)行状》,《新安文献志》卷八九,何庆善等点校本,黄山书社 2005 年版,第 2197 页。
⑦ 参见陈栎:《定宇集·年表》,台湾商务印书馆 1986 年文渊阁四库全书影印本。
⑧ 参见赵汸:《倪仲弘先生士毅改葬志》,《新安文献志》卷七一,何庆善等点校本,黄山书社 2005 年版,第 1753 页。

既得利益者,对科举取士不感兴趣,有的甚至持反对的态度,所以元代前期废止科举制度。元仁宗即位,改革用人制度,主张以儒治国,恢复科举制度。皇庆二年(1313)末,朝廷以行科举诏颁天下。每三年举行一次,分为乡试、会试、殿试三道。但元代始终实行民族歧视政策,同样也体现在科举制度中。蒙古人、色目人在全国人口中所占比重甚少,但参加会试的名额和廷试录取进士的名额,却要占一半,这本身就很不合理。另外,蒙古人、色目人只考两场,汉人、南人却要考三场。而且题目也不同,蒙古、色目人的试题简浅,汉人、南人的试题就要艰深得多。从延祐二年第一次开科取士,直到元亡,共举行了16次科举考试,考中进士总计1139人。

在元代举行的16次科举考试所选进士人数中,原南宋范围区域的录取配额极为有限,大约只相当南宋的百分之五,而徽州所属的江浙行省更低于这个比例。[①] 就徽州而言,整个元代只有23人通过乡试,其中只有5人成为进士。这5人是:汪泽民,婺源人,延祐五年(1318)进士;赵宜中,婺源人,泰定元年(1324)进士;胡善,婺源人,至正五年(1345)进士;吕诚,婺源人,至正十一年进士;朱克正,休宁人,至正十一年进士。汪泽民以嘉议大夫礼部尚书致仕,赵宜中官至奉训大夫广州路番禺县尹,胡善官至将仕郎福州路古田县丞,吕诚官至延平路推官,朱克正官至将仕郎婺源州判官。著名理学家陈栎、汪克宽、朱升等曾通过乡试。

(二)文学创作成就

进入元代以后,汉族文人已完全失去像宋朝时那样的地位,整个中国的诗文发展与当时新兴的戏曲相比显得黯淡无光。徽州文学顺着宋代文学的发展,呈现惯性前进的趋势,出现了以方回、吴龙翰、胡炳文、汪泽民、汪克宽等为代表的文学作品。元代徽州文学的发展,主

---

①　参见萧启庆:《元朝南人进士分布与近世区域人才升沉》,《蒙元的历史与文化:蒙元史研讨会论文集》,台北允晨文化实业股份有限公司2001年版。

要依靠徽州籍文学家自身的力量来推动。在创作队伍上虽然显得有些单一，但可看出徽州籍文学家在这个特殊的时代里，抵抗着时代和社会的重压，表现出努力把徽州文学推向前行的刚毅精神，在文学创作和文学理论研究方面都取得了可喜成就，为后世徽州文学的发展奠定了一个新的基础。

方回的文学创作　方回（1227—1307），字万里，号虚谷，歙县人。出身缙绅之家，幼年时父亲遭贬谪，死在远方，由叔父教养长大。方回才华早露，青年时代即以文名享誉乡里，郡守魏克愚特聘他为郡府幕宾。南宋景定三年以别院省元及第，任随州教授，不久，升迁为严州知州。元兵南下，方回在任迎降，被任命为元朝的建德路总管，后遭罢免，寓居钱塘，徜徉湖山之间，以诗书自娱。后半生醉心于唐、宋以来律诗的选评，编著有《瀛奎律髓》一书，在理论上标榜"江西诗派"的主张，并对"江西诗派"

方回《瀛奎律髓》书影

进行了全面系统化的总结，首倡"一祖三宗"论，以杜甫为一祖，黄庭坚、陈师道、陈与义为三宗。

方回的诗歌创作平易朴实，以反映民生疾苦见长。如《行休宁县南山中》书写对休宁县南山中景象的喜爱："原畴芑苗肥，岭坞杉木大。女绩男斧斤，生理于此赖。稻畦无凶年，山泉百道溉。水满时自舂，奇哉涧边碓。"如此景象，令人生爱，一方面山中景象异常美好，一方面百姓生活怡然自得，使得诗人都想在此安家定居，只是"惜我乏寸土，把茅不容盖"，虽然想超出"尘外"，但现实总归是现实，留下的只有感慨。《路傍草》描写战争中土地荒芜，屋宇倾倒："间或遇茅舍，呻吟遗稚老。常恐马蹄响，无罪被擒讨。逃奔深谷中，又惧虎狼咬。一朝稍苏息，追胥复纷扰"，痛感"人生值艰难，不如路傍草"。《赠高相士饶二首》写"世上封侯人不少，封侯人是杀人人"，语意颇为尖锐。另外《彭湖道中杂书五首》中的"每逢田野老，定胜市廛人。虽复语言拙，终然怀抱真。如何官府吏，专欲困农民"对农民倾注了同情。《春雨不已甚忧蚕麦二首》刻画妇女心情，颇工。

方回的散文创作，"学问议论，一尊朱子，崇正辟邪，不遗余力，居然醇儒之言"①。有些短小精悍的作品，如《送徐君奇入燕序》，通畅奔放，抒发牢骚，欲说还休，留不尽之意，颇耐人寻味，文字也简单扼要。有《桐江集》《桐江续集》《续古今考》《虚谷闲抄》等著作。

吴龙翰的文学创作　吴龙翰（1233—1293），字式贤，号古梅，歙县人。南宋景定五年（1264）贡于乡，以荐授编校国史院实录文字。好道家炼丹术，集中有《内丹诗》《外丹诗》等篇，又《拜李谪仙墓》云："经营紫河车，破费十载功。金鼎驯乌兔，炎炎丹光红。"家有老梅，因以为号，尝为之赋，并以名集。今传《古梅吟稿》6卷，卷末附"方秋崖和诗百韵"，《四库全书总目》称其"犹及见前辈典型，故其诗清新有致，足耐咀吟，在宋末诸家，尚为近雅。程元凤序许其句老意新，亦不诬也"。② 所作《婺源道中午憩》叙写婺源道中午憩情景以及所感，作者既写了路途风尘之苦，又写了午憩的所见与轻松，还写了诗情的酝酿与喷发，其中的"风烟不受人收拾""要放诗魂出世间"两句，特别婉致，令人喜爱。尤其是作者由"诗情羞涩锦囊轻"到"要放诗魂出世间"的过程，既是作者创作此诗篇的具体过程，又是作者对于诗歌创作的热望与追求的过程，于此可见作者的美好创造心态。《雨宿祁门道中》写作者在深秋时节雨宿祁门道中情景。作者在睡梦中不时被山雨的声响所扰，旅店前的溪流伴随着游子的客愁，寒禽在雨中树上不时鸣叫，所有这些都影响着诗人的思想情绪，容易使旅途之人消沉，但诗人的"壮志"不但"难磨尽"，而且"终期汗漫游"，体现了作者在人生的道路上不惧艰难、对

---

① 永瑢等：《四库全书总目提要》卷一六六《桐江续集》，清乾隆六十年刻本。
② 永瑢等：《四库全书总目提要》卷一六五《古梅吟稿》，清乾隆六十年刻本。

理想作不懈追求的精神品格。

《古梅遗稿》卷六收录有《古梅赋》《黄山记游》《上刘后村书》和《联句辨》四篇散文，其中《黄山记游》为较早的黄山游记之一。虽然不过三百字，但写出了游者的轻狂性情，如："夜宿莲花峰顶，谈玄、诵史、歌游仙招隐之章，吹铁笛，赋新诗；把酒临风，对天都而酹之。"这首诗还描写了黄山的雄奇之美。在写法上有直写、有侧写、有对比，显得摇曳多姿，丰富多彩。

胡炳文的文学创作　　胡炳文（1250—1333），字仲虎，号云峰，婺源人。自幼颖悟，是元代徽州著名的理学家，在文学上也很有造诣。其《云峰集》卷八收诗歌 40 首、词 3 首。《四库全书总目提要》说："其诗虽烦入《击壤集》，沨然如《赠鹤庵相士四言》《北寺昏钟》《廖坞晚烟》《拜鄂岳王墓》《濠观亭赠二齐生》诸篇，皆不失雅韵，殆其天姿本近于词章，故门径虽殊，而性灵时露软。"[1]所作《星源八景》中的"绣水秋波"描写星源河水的美丽。"绣水"即是锦绣之水，"秋波"既可以解为秋水的波浪，也可以解为星源河水如同美人暗送的秋波，具有美好的情意，令人流连。特别是女性在月光下做着针线活，与河水相映照，巧手中的针仿佛能够刺破如练的河水一般，一是叙写河水距离之近，二是喻写月光下河水的"嫩"，三是写人与景相交融的美好。短短八句，营造了一个诗情画意的境界，给人以不尽的享受。

《云峰集》收录胡炳文散文类作品共计 15 类 117 篇，其中书 13 篇、论 1 篇、记 17 篇、序 16 篇、题跋 6 篇、字说 12 篇、碑 1 篇、墓志 3 篇、传 1 篇、上梁文 1 篇、启 29 篇、箴 4 篇、铭 9 篇、赋 3 篇和辞 1 篇。《四库全书总目提要》评价他的散文："古文之中往往间以藻饰，如《送文公五世孙序》云：'自古及今人，家畴无邱墓，岂无巢翡翠卧麒麟者？'《与吴草庐书》云：'苔绿滋深而芹香莫采，有负先圣先师。'《环绿亭记》云：'睿圣武公七十犹好学，德麟年方绿鬓，学当如何？'以文体论之，皆为破

---

① 　永瑢等：《四库全书总目提要》卷一六六《云峰集》，清乾隆六十年刻本。

律,然较诸侈言载道毫不修饰者,固有间矣。"①胡炳文在其散文创作中,写有不少诸如《乡贤祠记》《体仁堂记》《深秀楼记》和《水流花间亭记》等有关徽州的散文作品。"水流花间亭"是桃源潘氏休息赏景之处,作者勾画出清溪之上,一年四季之花开美景,令人目不暇接,体现出"造化循环,生生之妙"。而主人子温时常"侍父叔昆从,或偕宾友相羊其间,"自是"景与心会,至乐之味当有未易以言喻者"。文中之精彩倒不只是在花开之美丽,而在于其中对于"水流花间"情态之感悟:"四时之花不同而一水恒流其间,流者自流,非有意于花之开;开者自开,亦何心于水之流。适然有相值之机,悠然有相得之趣,虽自形自色而若相应相求者。""然水有源,花有本,方其涓涓始流,固已欣欣向荣。其流也,愈不息;其生也,愈不穷。盖花之本,由水以生,而其末皆水之泽也。"这正是体现了主人在此构亭的用意所在:体味"水流花间"所深藏的哲理,进而丰富人生之体验。基于此,笔者发出既是符合实情的感慨又是包含由衷的劝勉:"子温天质峻茂,加之学殖,以培其根,以达其支,以畅其华,以无负源头生生之造,其为继志,固有大于此者矣。"文章不但文辞优美,而且富含哲理,使人在熏陶中得到满足,令人不忘。

汪泽民的文学创作 汪泽民(1273—1355),字叔志,号堪老真逸,婺源人,晚年寓居宣城。汪泽民的诗歌创作非常丰富,有《巢深》《燕山》《宛陵》三稿,今已散亡。《元诗选》三集辑有《宛陵遗稿》一卷,其他存者见于《宛陵群英集》《宛雅》二书。在《宛陵群英集》中收有诗歌作品53首,其中五言古体18首、七言古体2首、今体五言律11首、今体七言律17首、今体五言绝句1首、今体七言绝句4首。佳句如《送谷仲皋》云:"天开墨嶂孤云白,海涌春潮夜雪明。"《次顾仁甫》云:"花雨翻晴催社燕,柳烟笼晓待春莺。"《挽师炳仲》云:"初说衔觞蛇作祟,忽闻占谶鹏为妖。"造语俱极工稳,惜全篇不传。作者写有关黄山的诗篇,

---

① 永瑢等:《四库全书总目提要》卷一六六《云峰集》,清乾隆六十年刻本。

如《游黄山汪南山先生惠诗以病为辞次韵答谢》《四月九日新霁景气清淑偕宗英公仲自天都峰侧游汤泉道中偶成》等。其中《四月九日新霁景气清淑偕宗英公仲自天都峰侧游汤泉道中偶成》，写作者在一个雨后天晴的日子里，自天都峰侧游汤泉道中的所见所感。作者虽然没有登上天都峰，但也领略到了天都峰的特有气象。在游汤泉的路上，诗人被眼前的独特景象所吸引：有触觉的体验——"半壁暗泉吹冷雨"，也有听觉的激荡——"悬崖飞瀑吼晴雷"，还有视觉的享受——"白云缥缈仙乡远"，等等。如此令人惊奇的情景，打破了诗人平常的"爱清境"的习惯特点，竟至于"冥搜不厌历崔嵬"，这是诗人没有料想到的收获。而这正是自然美带给人的力量。

他的散文作品很少见，只在康熙《黄山志定本》中收录有《游黄山记》一篇，殊为可贵。汪泽民《游黄山记》属较早记写黄山游记的代表

黄山玉屏峰

性作品之一，由于当时条件所限，作者未能登上天都、莲花二峰，因而不能展现黄山核心区域之奇崛，但从其所游、所记来看，还是展露了黄山的特有气象。在作者笔下，有对全景的概写，如："所谓三十六峰者，骄列舒张，横绝天表，众帕叠岭，效奇献秀，尽在一览"；有对奇峰的具体描绘，如："莲峰丹碧，峭拔攒蹙。若植圭，若测弁，若列戈矛，若芙蓉菡萏之初开，云烟晴雨，晨夕万状"；有对瀑布的描绘，如："瀑布声訇磕如雷。怪石林立，半壁飞泉洒巾袂，当新暑，凄然如秋"；有对温泉的写照与体味，如："有灵泉自朱砂峰来，依岩通二小池。上池莹彻，广可七尺，深半之，毫发可鉴。泉出石底，累累如贯珠不绝，气秘馨若汤，酌之甘芳，盖非他硫磺泉比也"；有对云海的

描绘,如:"俄顷,白云瀚起,遥山近岭,如出没海涛,仅余绝顶,槎溯天汉中,倏又敛藏如扫,如是者三,可谓奇观矣";有对登上高峰的远眺所见,如:"方据石少休,时晴雨旭霁,气象澄洁,环视数百里,冈峦墟落,历历可数,九华绿翠,若莲开陆。焦村向所见峰,皆平挹座间";有直接描写,有侧面描写,有实写,有虚写,有白天景象的细描,也有夜景的勾勒,等等。通观全篇,对山色风景的描绘神情逼肖,语言表现极尽回环往复,体现了作者驾驭题材和语言的不凡功力,给人以不尽的美的享受,无疑为揭示和宣传黄山之美作出了贡献。

汪克宽的文学创作　汪克宽(1304—1372),字德辅,号环谷,祁门县城人,元末明初著名理学。他的文章温厚明达,颇有大家风范;诗歌则以"造语新警"闻名,接近李贺和温庭筠的风格。《四库全书总目提要》谓"其文皆持论谨严,敷词明达,无支离迂怪之习";又谓其诗有"濂洛风雅之派",七言古诗则"造语新警,乃颇近温庭筠、李贺之格"。[①]

汪克宽《环谷集》卷二收录有诗歌作品11首。其中《庚辰上元日念母有感而作》叙写念母之情感。作者将思念母亲的情感定格在上元日这天。过去上元日这天的晚上,"双亲坐高堂","炯炯列灯烛,儿女罗酒浆",此情此景,多么温馨美好。可是今年的上元日晚上,却是"拜遗像","灯烛黯无光",此情此景,怎不叫人"恸哭涕泪滂"!作者通过对比手法的运用,使情感的抒发婉致动人,令人不禁潸然泪下。这里既流露出作者对故去母亲的深切怀念之情,又展示了作者深厚的艺术表现功力,值得不断体味和激赏。

在众多散文中,汪克宽写有《梅烈侯祠记》《邑东平政桥记》《聚德堂记》《皆山楼记》《西南林壑楼记》《万川家塾记》等一系列有关徽州题材的散文作品。其中《万川家塾记》既道"家塾"之所由来,又叙"家塾"之所为,还叙"家塾"之所兴,全文一贯,不枝不蔓,条理井然。尤其把"万川家塾"摆在"东南邹鲁"背景下,虽然"比年矛戟抢攘,列城兵燹,

---

① 永瑢等:《四库全书总目提要》卷一六八《环谷集》,清乾隆六十年刻本。

学者逃难解散,非唯里闾废学,而郡邑学宫悉为丘墟",但难挡"家塾"之所兴,为什么呢?是因为"吾邦儒风之丕振"。万川家塾主人德懋"慨庠序之不兴,而士习日靡,乃以所闻于余者,居家教授,集亲族闾里之子弟若干人,旦夕修读以自勖",促成万川家塾之兴,乃至徽州"家塾"之兴,从而使整个徽州教育仍然蔚然成风,"俊彦之辈出",实乃徽州文人之功!全文所写,不只文章写作本身具有特点,更重要的是让我们懂得了徽州之所以是"东南邹鲁"、之所以"俊彦之辈出"的原因。

(三)藏书与刻书

藏书　元代由于蒙古贵族对汉民族实行高压政策,官府层面的文化事业受到破坏。但由于徽州士人具有强烈的汉民族意识,埋头著述、讲学,书院、书塾都很繁荣,作为教育机构,书院、书塾藏书必然丰富。同时,私家藏书也很多,主要有:

歙县狮潭人郑绍祖(1261—1311),官至江淮等处财赋总管库副总管。居家时,喜藏书教子,周济乡里。曾刻鲍云龙所著《天元发微》,使该书得以传世。歙县城里人吴以宁(1284—1346),为人不苟世俗,非名师、良友不交,筑室藏书数千卷,教育其子国英、朝英,同时潜心研究医术。著有《去病简要》27卷、近体诗若干卷。歙县棠樾人鲍深,字伯原,曾与其叔鲍元康、郑玉弟郑琏等同筑师山书院,至正末为该书院山长。又在所居之前筑耕读堂,藏书自娱,郑玉为之作记。

祁门人李伟(1256—1337),南宋咸淳九年以经学中乡试,选为邵武教谕,以养亲未去赴任,此后不再入仕。曾创楼贮书,讲诵著述,撰有《周易图纂》。祁门孚溪人李与廉(1292—1347),潜心于学,不乐思进,曾建阁藏书,并想将其增建为义塾,未果。

黟县霞阜人汪泰初(1279—1344),家世业儒,泰定三年(1326)特地延请休宁学者倪士毅教育自己的儿子。又建遗经楼,集藏经史之书。当时的一些名儒如陈栎、赵汸、汪克宽等,经常齐聚遗经楼共同研讨理学,成为徽州学术研讨中心。黟县珠川人王仲祥,建贮书楼,让他的孙子王静在楼里读书。

　　婺源龙陂人程直方（1251—1325），幼年父母双亡，能自励读书，十年不下楼。对易学尤为有研究，游京口时，探访有学问的长者，互相参研。专门辟有书堂，名曰"观易堂"，司徒留无极曾想尽取其书入燕，不许。著有《易启蒙翼传》《观易堂随笔》《续玄玄录》等。婺源桂岩人戴育与弟戴焆、戴炯都很爱学，世称"三戴"。父亲去世，三人约定守墓三年。家藏书万卷，无不翻阅研究，著有《历代人臣正协归鉴》200卷。

　　休宁闵口人程文海（1249—1318），寓居江西建昌时，见城西十五里麻源第三谷，有谢灵运遗迹，遂在当地建"三谷山房"，用以藏书，并撰有《藏室铭并序》，其序称："读书名山，古人之事也；三岛之藏室，老氏之藏也；三谷之藏室，程氏之书之藏也。"①

　　刻书　元代蒙古贵族出于对汉族文化的防范和压制，对刻书有严格的限制，中央各部门（如秘书监、御史台、国子监）要刻书，须经中书省批准；各地要刻书，须由各道肃政廉访使上报中书省，获准后方可交各地儒学付梓。民间刻书，则须当地的绅士向学使呈报，同意之后再向中书省报批，手续极为严格。② 然而元代统治者重视程朱理学，后期的科举考试凡儒家经典也一律以程朱理学的阐发附会为本，故在徽州这方程朱理学的热土之上，读书著述之风盛行，刻书事业相对于其他地方较为兴旺。据刘尚恒的考证，元代徽州刻书至少有61起、61种（非本地人主持而刻于外地者不计），其中官刻19起、19种，私刻42起、42种。③

　　官刻方面，至元二十五年（1288），紫阳书院补板重印宋淳祐间魏克愚所刻魏了翁《周易集义》。元贞三年（1297），紫阳书院刻程信叔《中庸讲义》3卷，此书由郡守推荐至行省并获准后授紫阳书院付刻。大德四年，徽州路学教授徐拱辰重刻魏了翁《九经要义》9种。延祐六

---

① 程文海：《雪楼集》卷二三，台湾商务印书馆1986年文渊阁四库全书影印本。
② 参见陆容：《菽园杂记》卷一〇，台湾商务印书馆1986年文渊阁四库全书影印本。
③ 参见刘尚恒：《徽州刻书与藏书》，广陵出版社2003年版，第34页。

年(1319),徽州路总管朱霁刻洪焱祖《新安后续志》10卷。次年(1320),又刻洪焱祖《尔雅翼音注》32卷。至顺元年(1330),徽州路总管马速忽命路教授王子宜刻王芮撰、郑镇孙纂注的《历代蒙求》1卷。大德初年,徽州路总管郝思义命路学刻《朱文公语录》,又刻《农桑辑要》颁发各社,劝课农桑。徽州路所辖属州县衙和州县学也有刻书的记载,如至顺四年(1333)祁门县衙刻汪元湘《祁阊志》10卷,婺源州知州干文传与景德县尹刘性合刻朱熹之父朱松的《韦斋集》12卷、叔父朱槔的《玉澜集》1卷。

元代徽州私家刻书有两种情况:一是以私人所办学院、义塾名义刊刻的,一是直接以私家姓氏或斋号名义刊刻的。元代徽州很多名义上的书院,实质上是一种家塾,商山义塾又称商山书院即是证明。元代私家书院刻书的有:歙县方回虚谷书院,前至元二十年,刻自撰《瀛奎律髓》49卷;大德三年(1299),刻释园至撰《筠溪牧潜集》1卷;元贞二年,为郑绍祖校刻鲍元龙《天元发微》5卷;泰定年间,就其师魏了翁所撰《古今考》1卷,补作《续古今考》37卷,一并付梓。歙县郑玉师山书院,至正十年(1350),刻自撰《师山先生文集》11卷;未署年刻自撰《春秋经传阙疑》45卷,又刻罗愿《罗鄂州小集》6卷及《附录》2卷;这些书均有门人洪斌、洪杰、洪宅兄弟及鲍元康、鲍深叔侄出资刊刻。婺源汪同商山书塾,至正二十四年(1364),汪同刻山长赵汸所撰《春秋属辞》15卷、《春秋左氏传补注》10卷以及赵汸所编其师黄泽的《春秋师说》3卷及《附录》2卷。休宁朱升枫林书屋,至正二十年(1360)刻自编《小四书》4种5卷;至正间刻自撰《五经四书旁注》9种;另刻有自撰《刊统赋解》《书传补正辑注》《小学名数》《葬书内外杂传》《类选五言小诗》等,见于书目著录而书佚,不能确知刊刻年份。祁门方氏竹溪书院,刻《秋崖先生小稿》83卷。

以私家姓氏或斋号刊刻的书有:歙县郑氏丛桂堂,至正二十二年(1362)刻陈桱《通鉴续编》24卷;绩溪汪梦斗,至正九年(1349)刻其祖父汪晫《西园康范诗集》1卷、《续录》1卷、《附录外集》1卷,晫之孙汪畴又刻《曾子子思子》2 卷；休宁倪士毅，至正三年（1343）刻自撰《四书集释》36 卷；休宁程荣秀，至顺四年校刻李传心《道命录》10 卷。另有休宁程若庸刻自撰《性理自训讲义》、婺源程龙刻自撰《三分易图》、胡一桂刻自撰《人伦事鉴》、马肃刻自撰《竹庄吟稿》等行世。

（四）书画艺术①

元代，随着徽州文化的发展，文人涌现，书画方面也产生一批书画家。其中戴仲德是徽州本土以画著名的第一人，程政的绘画技法与"元四家"②相仿，朱璟得宋人笔法，邵孜注重师法自然。

戴仲德，生卒年不详，元代绩溪大石门人。汪克宽称其"博洽而画马尤工，几夺造化"③。有一次，他在驿站旁古祠的墙壁上画了一匹骏马，由于太过于逼真，以至于过往的马匹见了都纷纷躲避。黄宾虹称戴仲德的技法是以书法中的笔法为之，"此近于吴兴赵松雪画者"。④

程政，生卒年不详，绩溪县市东人。能诗，工书，善画山水、人物，兼画花草、翎毛。绘画笔墨技法与当时的著名画家黄镇相似，黄宾虹曾见过程政所绘的山水画，"水墨纸本，圆笔攒点，墨气浑厚，雅似梅沙弥笔"。⑤ 新安画派的绘画技法，大多师承"元四家"，而与"元四家"同时的程政就已经具有与他们相似的笔墨功夫，足见新安画派与"元四家"的渊源。

朱璟（1297—1330），字景玉，小字爱梅，歙县人。少年时在郡斋读书，学官中有一位藏有米元晖的画，天天挂在墙壁上，朱璟时常在一旁悄悄地观看，被学官侍从发现后，赶他走，乃至用鞭子抽打他，都不肯离开。观摩的时间一长，自得其妙。稍长，又喜欢高彦敬的青山白云

---

① 本节参考了郭因、俞宏理、胡迟《新安画派》一书中的研究成果，安徽人民出版社 2005 年版。

② "元四家"是元代黄公望、王蒙、倪瓒、吴镇四位山水画代表画家的合称，四人画风虽各有特点，但主要都从五代董源、北宋巨然的基础上发展而来，重笔墨、尚意趣，并结合书法诗文，是元代山水画的主流，对明清两代影响很大。

③ 赵吉士：《徽州府志》卷一七《人物志·方技》，清康熙三十八年刻本。

④ 《黄宾虹文集·书画编》（下），上海书画出版社 1999 年版，第 227 页。

⑤ 《黄宾虹文集·书画编》（下），上海书画出版社 1999 年版，第 227 页。

之作。于是参合米元晖和高彦敬两人的技法，自成一家。得意时就挥毫作画，但他作画只为自娱，不被别人所役使。由于家贫，母亲年迈，为了生计，于是谋求了一个绩溪县西坑寨吏的职位。但只干了三个月便辞去寨吏之职，称"岂是我辈所堪为也"。为人豁达，平日有人叫他喝酒，从不推辞，在外流连数日忘返。曾在大雪天独坐空山之巅，有人问他为什么这样，他回答说："吾将以增吾胸中之丘壑耳。"[①]至顺元年七月二日以疾卒于家，终年33岁，未娶无子。徽郡江氏曾藏有朱璟绢本雪景，笔致疏朗，林木秀劲。黄宾虹曾见其雪景山水，并藏有其山水竹石画册，认为"笔墨挥洒，泂得宋人矩矱而超出其樊篱"。[②]

汪罕，字仲罕，生卒年不详，休宁人。其父汪称隐是郑玉的老师，年龄大概与郑玉相仿。曾任丽水主簿，工书善画。但嗜好饮酒，每天都是喝得酩酊大醉，世间荣辱利害，丝毫不挂在心上。经常醉后作画，笔墨淋漓，人们抢着将他的画作拿走，作为珍藏。因怕饮酒误事，下决心戒了酒。郑玉听了不信，特地上门看个究竟，果然戒了酒。汪罕对郑玉说："吾为酒所困二十年，今而戒之，岂惟不致废事，神气清爽，于养生之道，盖有得焉。"[③]

邵孜，字思善，休宁东门人。元代著名画家唐棣（1296—1364），曾任休宁县尹，邵孜在县衙任给事，每天为唐棣洗笔磨墨，观摩唐棣画画写字，日久亦有所得。后远游四方，以增加自己的见识。临行前，向郑玉征求意见，以壮其行。郑玉对邵孜收揽天下大好山川美景，作为自己创作依据的行动极为赞赏，不同意有些人认为新安大好山水足以称雄天下，不必远游师法造化的言论，特地作《送画者邵思善远游序》称："夫天地之大，幅员之广，四方之山川无或同也。巴蜀之山峭拔而水峻急，江汉发焉；吴楚之山秀丽而水渟滀，五湖在焉；齐鲁之山多特起，众水所归东海会焉；幽燕之山多绵亘，水皆支流，滦潞

---

① 郑玉：《师山集》卷七《碑铭·朱爱梅墓志铭》，台湾商务印书馆1986年文渊阁四库全书影印本。
② 《黄宾虹文集·书画编》（下），上海书画出版社1999年版，第228页。
③ 郑玉：《师山文集》卷三《送汪仲罕主簿序》，台湾商务印书馆1986年文渊阁四库全书影印本。

292

夹焉。画者,与山水写神者也。苟非遍历四方,尽其态度,而穷其情性。则生于巴蜀者,不知其秀丽渟溘;生于吴楚者,不识夫峭拔峻急,其何能以尽山川之妙哉! 邵生是行,收揽山川形势以为胸中丘壑,他日来归,闭门解衣,磅礴不出环堵之间,而尽天下之胜,皆自此游得之也。"①书画创作中注意从大自然中汲取营养,名山大川一直是人类崇拜的对象,更是文人审美的对象。新安大好山水为当地画家提供了很好的范本,更是他们汲取创作灵感的源泉。后来的新安画派注重对自然的细致观察,不仅对新安山水深入观察、体验,同时也注重对其他名山大川观察、集聚创作素材。郑玉这番话,也一定程度上反映了后世新安画派的创作观。邵孜之弟邵谊,字思宜,亦曾受唐棣的影响,黄宾虹将他与其兄同称之为"唐棣传人"。邵谊工山水,画有《逻上人索画松萝眠云图》,精红梅墨菊,分书学《受禅碑》,亦雅劲。

另有歙县郑琮(1321—1343),字叔方,书法得钟繇笔意,以善书法而名于当时。歙县郑以进,字成德,善画墨竹。绩溪舒頔,字道原,学者称素贞先生,善篆隶,习字尤喜朴拙。黟县僧石隐,善诗画。绩溪杨鉴泉,善写真,尤工山水。休宁程均敬,工画山水。歙县金汝霖善画龙,兼画梅。

二　徽州手工业与商业②

(一) 矿冶业与丝织业

矿冶业　徽州境内,金、银、铁等金属矿产资源稀少,绩溪县大鄣

---

① 郑玉:《师山集遗文》卷一《送画者邵思善远游序》,台湾商务印书馆 1986 年文渊阁四库全书影印本。

② 本节的"手工业经济发展"参考了陈瑞《元代徽州路的手工业》一文的研究成果,《安徽大学学报》,2009 年第 1 期,第 104—110 页。

山产银、铅,唐天宝年间曾经开采过。至元十八年(1281),徽州路宣课提举司在婺源募人淘金,每户岁金1钱,共240户,共金24两。元代徽州路课金始于此。至元十九年(1282),元朝政府在建康路置淘金总管府,差拨徽州金夫625户,每户纳金不等,共2锭25两7钱2分。至元二十年,罢建康路淘金总管府,并属徽州路。至元二十四年,元朝政府重新设立建康等处淘金提举司,增加纳金至3锭49两2钱8分。至元二十五年,淘金提举别都鲁丁等踏视金场。至元二十六年(1289),省府又行文规定,苗米5石之下、3石之上户内签拨金户1500户,办金12锭。至元二十七年(1290),运使马合谋等增每户金1钱5分,共增7锭4两7钱5分。至元二十八年,罢建康等处淘金提举司,金课管理仍归徽州路。至元二十九年(1292),建康路金户发生逃移,于是又从徽州路补拨金户500户,每户以苗米5石为基准,岁金5钱5分,共5锭25两。上述淘金户名曰"原签金户",夏、秋二税一并免征。元贞二年二月,元朝政府置江浙金银铜冶转运司,增拨金户1650户,每户以苗米4石为基准,岁金5钱5分,共18锭7两5钱,谓之"续签金户",免秋粮,不免夏税。自前至后,徽州路五县一州通拨讫金户4515户,岁课金49锭32两2钱5分。大德二年(1298)五月,元朝政府罢江浙金银铜冶转运司,仍隶徽州路。延祐年间对各种税课进行清理,徽州境内的金课,按年征办,不再以户数缴纳。按照规定,歙县岁缴金课16锭27两5钱4分8厘,休宁县岁缴金课11锭37两9钱5分,婺源州岁缴金课12锭20两5钱,祁门县岁缴金课4锭35两9钱5分,黟县岁缴金课27两5钱,绩溪县岁缴金课3锭32两8钱2厘。[①]

由于境内金矿稀缺,开采起来尤为艰难。弘治《徽州府志》记载当时金户开采金矿的情况:"凿井取沙,箕运山积,斛(同斛)以金斗,漾以金床。赤体沾濡,手足皲龟,罄其日力,幸而有得,不过星粟之微。或并溪连凿数井,且不见金;或闭气从潭底求之,腰石而入,奋沙以出,往

---

① 参见弘治《徽州府志》卷三《食货二·财赋》。

往脑鼻流血,得不偿劳。"正因为如此艰辛,为了应付官府的税课征缴,金户不得不到其他地方买金来完税任务。① 就是这样,一些猾吏豪右依然从中盘剥百姓。因为老实巴交的金户,并不知道从哪里才能买到金子。这些猾吏豪右便从他郡买好金子,等到催缴金课的时候,转手倒卖,赚取利润。或者介绍卖金的商家,从中索取回扣。② 如此一来,老百姓都以能够逃脱金课为幸事,方回有诗曰:"一叟西郊至,农谈半日闲。但容身少健,未觉世多艰。役倚淘金免,埔期获麦还。苦辛仍节俭,聊得老田闲。"③

在铁矿开采和铁课征收方面,婺源是徽州境内的大户。婺源铁矿主要分布于浇岭一带,其山与浮梁县界连接。元代,在婺源州四十六、四十七都境内的朱村、蟠坑、双桥、鱼坑、大塘地方共立有铁炉5座。元代以前当地已进行铁矿开采和冶炼,主要是鄱阳民众来此起炉冶炼,课税输缴饶州都大司。元初,仍于饶州路输纳。至元十七年(1280),徽州路置宣课提举司,来婺源勘察冶铁炉数,开始征收前项铁课。至元十九年,罢宣课提举司,并属本徽州路征收。上述5炉最高时岁纳铁14400斤,脚税钱中统钞2锭。其中朱村、蟠坑、双桥3炉,由于岁久矿脉耗竭,无法开炉,工人纷纷逃回原籍。至元二十四年以后,朝廷勒令平民买纳,地方官屡屡上言,当地矿脉枯竭,要求减免,宪司核实申奏。延祐二年,省府明降准除,改为岁纳铁5200斤,脚税钱中统钞40贯。不久,鱼坑、大塘2炉也停废。元代徽州路铁的主要用途之一是用于官府制造军器。当时,为官府制造军器一年所用毛铁2754斤,造手刀365口、枪头175个,分上、下半年起解。④

元代婺源州境内的铁矿开采和冶炼已有一套较为成熟的程序和

---

① 参见汪舜民:《徽州府志》卷二《食货一·土产·货物》,上海古籍书店1964年明弘治十五年影印本。

② 参见郑玉:《颂叶县丞平金课时估诗序》,《新安文献志》卷二○,何庆善等点校本,黄山书社2005年版,第459页。

③ 方回:《听客话二首》,《桐江续集》卷一九,台湾商务印书馆1986年文渊阁四库全书影印本。

④ 参见汪舜民:《徽州府志》卷三《食货二·财赋》,上海古籍书店1964年明弘治十五年影印本。

办法,并具有一定的生产规模:"凡取矿先认地脉,租赁他人之山,穿山入穴,深数丈,远或至一里,矿尽,又穿他穴。凡入穴必祈祷于神,不幸而覆压者有之;既得矿,必先烹炼,然后入炉,煽者、看者、上矿者、炼者、取钩砂者、炼生者,而各有其任,昼夜番换,约四五十人。若取矿之夫、造炭之夫又不止是,故一炉之起,厥费亦重。或炉既起而风路不通,不可镕冶;或风路虽通而镕冶不成,未免重起;亦或有一再而成者。凡此皆得不补费。"①于此可见,有所谓"煽者、看者、上矿者、炼者、取钩砂者、炼生者",以及"取矿之夫、造炭之夫"等较为细致的人员分工,这些人一共四五十人,他们"各有其任,昼夜番换",即在生产过程中各有分工,职责明确,实行轮班制。不过,有时因生产成本消耗较大,甚至出现"得不补费"、无利可图的情况。

丝织业 丝织业生产,一直是徽州手工业生产的主要行业。元代,徽州路设有织染局,地点在城内北隅旧酒务基,置局使、副使各一员。② 新安织染局与打线场分置两地,至元二十一年(1284),由宁国路织染局拨来生帛机 50 张,签拨人匠 862 户,自当年正月为始,立局岁造生帛三色,共 1601 段;至元二十四年,改造同样数额的熟帛丝绸,共六色,每季上纳。③ 在宁国路织染局提供机械和工匠等实际帮助下,徽州路新安织染局初建时已经达到一定的规模。由上可见,元代徽州路上供的主要是生帛、熟帛丝绸等丝织品,品种较多,如生帛丝绸有三色,熟帛丝绸有六色。

元代徽州路境内生产的丝、绵、绢等丝织品多被政府作为夏税征收。元代徽州路夏税征收有田亩税钱、茶租钱、丝、绵等项目,除了田亩税钱、茶租钱外,丝、绵为实物。元代夏税征收丝、绵等实物,是根据土地等级来进行摊派的。至元十五年,徽州路总管府根据南宋时的夏税征收数目,并依照当时各县的实际情况,制定了元初一州五县夏税

---

① 汪舜民:《徽州府志》卷三《食货二·财赋》,上海古籍书店 1964 年明弘治十五年影印本。

② 参见汪舜民:《徽州府志》卷五《公署·郡邑公署》、卷四《职制·郡邑官属》,上海古籍书店 1964 年明弘治十五年影印本。

③ 参见汪舜民:《徽州府志》卷二《食货一·土贡》,上海古籍书店 1964 年明弘治十五年影印本。

征收标准。仁宗延祐二年徽州路经理自实田土后,重新制定了一州五县的税则,并预算出延祐三年徽州路合征夏税的数目,其中,丝税为39619斤5两8钱3分4厘,绵税为6358斤4两1钱3分4厘。然而,由于徽州路生产丝织品的总量较少,老百姓夜以继日地纺织,也满足不了官府的横征暴敛。元代绩溪学者舒頔的一首《缲丝叹》,写出了当时丝农们的艰难:"东家缲丝如蜡黄,西家缲丝白如霜。黄白丝出蚕口,长短缲出妇手。大姑停车愁解官,小姑剥茧愁冬寒。向来苦留二月卖,去年宿债今未还。手足疲瘵事亦小,官府鞭笞何日了。吏婿夜打门,稚蚕生烦恼。君不见,江南人家种麻胜种田。腊月忍冻衣无边,却过庐州换木棉。"①陈栎夜闻纺车发出的轧轧声,对织女们的辛劳表示了极大的同情:"东邻西舍织灯明,万籁无声此独声。我何安逸彼何苦,轧轧未终鸡已鸣。目似鳏鱼因不寐,安知我暖因彼成。"②正因为当地的丝织品无法满足官府的征收,元代徽州的丝税多以折纳钱钞的方式缴纳。在很多情况下,徽州路"常课段疋合用丝货于宁国路关拨织造"。③ 在丝织品制造方面,有些时候,徽州路属织染局与邻近的织染局相互之间还进行一定的生产协作,如至元二十八年,徽州路织染局曾添造宁国路丝绸150段。④

(二)酒醋酿造业

酿酒业　元代徽州所产白酒较为闻名,且当地的酿酒业已经达到了一定的技术水平。歙县县城一带所酿制出产的沙溪酒,白酒无灰,绵软醇香,为一时之冠。宋末元初歙县人方回曾说:"天下酒无不用灰,吾州白酒无灰,城沙溪酒最佳。"⑤元末休宁人吴讷有诗云:"沙溪春

---

① 舒頔:《缲丝叹》,《贞素斋集》卷五,台湾商务印书馆1986年文渊阁四库全书影印本。
② 陈栎:《夜闻织》,《定宇集》卷一六,台湾商务印书馆1986年文渊阁四库全书影印本。
③ 汪舜民:《徽州府志》卷三《食货二·财赋》,上海古籍书店1964年明弘治十五年影印本。
④ 参见汪舜民:《徽州府志》卷二《食货一·土贡》,上海古籍书店1964年明弘治十五年影印本。
⑤ 方回:《送紫阳山长刘仲鼎序》,《桐江集》卷一,台湾商务印书馆1986年文渊阁四库全书影印本。

酒甜如蜜,醉卧花阴听鸟啼。"①而元代黟县境内所产白酒也以"腊酿冽而无灰"②著称于世。至于元代婺源州盛产白酒的情形,在诗人的笔下也有所反映:"酾绿醅兮劳农耕野,剔青灯兮听子读书。"③从上述文学作品的记载中可反映出,白酒的生产酿制在元代徽州路已较为流行。为达到降低醪液酸度,防止酒压榨后容易酸败,以及加速酒液澄清的作用,古代在酿酒时一般会加上适量的石灰。而根据上述记载,元代徽州路所产白酒无灰,则说明当地白酒酿造达到了较高的技术水平,同时也说明当地酿制白酒时所选用的水质上佳。

元代徽州路酿酒业的发达还可从当地交纳的酒课中窥其一斑。元朝平定江南后,包括徽州路在内的江南地区酒课征收屡有变化。先是行"榷沽"即专卖之法,继之以酒课"均摊各乡都",即强行摊派;然后又将城乡分开,城中仍行"榷沽",农村则"自酿办课"。具体到徽州路境内,至元七年(1270),徽州路置宣课提举司,行榷酤法;至元十九年八月罢,以酒课均摊各乡都;至元二十年,乡村人户自酿办课,在城再立务榷酤,每石除米曲工本外,取见钞6贯;至元二十三年正月罢,仍令民户散办,公私便之。方志对元代徽州的酒课征收有所记载:至元十五年(1278),④徽州路共应征收酒课中统钞4624锭49两600文,其具体分配是:歙县岁额酒课中统钞1281锭27两6钱、休宁县岁额酒课中统钞920锭13两5钱6分8厘、婺源州岁额酒课中统钞1203锭32两4钱、祁门县岁额酒课中统钞535锭35两6钱3分2厘、黟县岁额酒课中统钞249锭22两3分2厘、绩溪县岁额酒课中统钞434锭18两3钱8分⑤。于此可见,元代徽州路年交纳酒课的数量已达到较大规模。不过,繁重的酒课在很大程度上加重了当地百姓的经济负担,不少地

---

① 吴讷:《战昱岭关》,陈衍《元诗纪事》卷二六,台湾商务印书馆1986年文渊阁四库全书影印本。
② 方回:《志隐堂诗序》,《桐江集》卷一,台湾商务印书馆1986年文渊阁四库全书影印本。
③ 方回:《丰山亭记》,《桐江续集》卷三,台湾商务印书馆1986年文渊阁四库全书影印本。
④ 据康熙《婺源县志》卷七《食货志·杂税》记载:元至元十五年,酒课中统钞1202(此处,弘治《徽州府志》卷三《食货二·财赋》作1203)锭32两4钱。由此似可推测,弘治《徽州府志》卷三《食货二·财赋》所载元代徽州路酒课征收的具体数字当为至元十五年交纳的酒课数。
⑤ 参见汪舜民:《徽州府志》卷三《食货二·财赋》,上海古籍书店1964年明弘治十五年影印本。

方官在任内将减免酒课作为自己施政的重点内容之一。如元代徽州路总管郝思义,因在任期内"革去泛役,蠲除酒课"等德政而受到当地人民的拥戴。[①]

酿醋业　元代徽州路境内的酿醋业也有一定的发展,这可从当地交纳的醋课中见其大概。元初至元十五年[②],徽州路年交纳醋课为中统钞104锭35两800文4分,其中,歙县岁额醋课钞43锭28两、休宁县岁额醋课钞13锭49两、婺源州岁额醋课钞14锭42两8钱、祁门县岁额醋课钞11锭17两、黟县岁额醋课钞8锭10两8钱、绩溪县岁额醋课钞12锭33两9钱6分。[③]

（三）文房四宝制造业

造纸业　自南唐始,徽州即以造纸闻名,当地造纸工艺发达,所产纸张精致,质量极高,多被充作贡品。至元代,徽州造纸工艺继续得到传承,并有所发展。元代徽州路造纸业及所产纸张在全国占有极其重要的地位。歙县、休宁、绩溪三县是元代徽州路造纸最为集中的地区。其中,歙县造纸之地分布于该县四、五、十七、三十、三十一、三十二、三十三、三十四、三十六都境内;休宁造纸之地分布于该县水南、虞芮、和睦、良安等乡境内;绩溪县造纸之地分布于该县十、十一都境内;上述各地皆有槽户。

元代徽州是当时全国重要的贡纸来源地之一,徽州路的上供纸,常岁供官有

手工抄纸

---

①　参见汪舜民:《徽州府志》卷四《职制·名宦》,上海古籍书店1964年明弘治十五年影印本。

②　此处所确定的具体年份,系根据弘治《徽州府志》卷三《食货二·财赋》、康熙《婺源县志》卷七《食货志·杂税》所载内容推测而得。

③　参见汪舜民:《徽州府志》卷三《食货二·财赋》,上海古籍书店1964年明弘治十五年影印本。

赴北纸、行台纸、本道廉访司纸三种。其纸有三色,曰夹纸、线纸、检纸。皇庆二年,朝廷确定徽州路上供纸具体的原料质地、重量、式样等要求。在原料质地及重量方面要求:赴北夹纸每千张重50斤,用白净楮150斤;线纸每千张重32斤8两,用白净楮90斤3两4钱8分;检纸每千张重20斤,用净楮55斤4两1钱。在式样方面则要求:夹纸每张长2尺4寸、阔2尺;线纸每张长2尺2寸、阔1尺8寸;检纸每张长2尺、阔1尺6寸半。

元代徽州路上供纸的数量十分可观,其中,赴北夹纸每岁上供300万张,行台纸、廉访司纸每岁上供20万张。除赴北纸、行台纸、廉访司纸之外,还有诸衙门和买纸、常课日纸、和买经文纸等名目,其上供数量"动以百万计,不在常数"。① 元代徽州路贡纸任务极重,使得当地人民多不堪重负,许多造纸槽户纷纷逃移,"当时有司和买数多,惟务立办,令甫下而追呼沓至,并缘渔猎。先是,宋之季年,因四川破,上供纸外,撩造关子纸,尝于城南置局,然所造关子方之四川,辄破烂不可用久。至于元时,槽户不堪,逃移者众"②。在对造纸业的管理及纸张税收方面,至大三年(1310)以前隶杂造局,其后改属有司,最后买楮悉依实估,稍革前弊。皇庆二年,曾于人户夏税内折纳赴北纸。延祐六年(1319),总管朱霁言于江浙行省,请求将赴北纸在歙县、绩溪、休宁三个产楮县中夏税轻赍上户内折收。其横造纸,札令停塌人户依直和买,移准都省。江浙行省回咨认为:若止于三县上户内折收,恐人力不均,久而靠损,要求在徽州路所辖州县上户内斟酌折收。③

元代徽州路贡纸的生产比前代更加专业化,如行台纸、廉访司纸等纸张的名称已明确表示出贡使的单位,表明当时的造纸技术不仅分支更多,而且更趋于专业化。元代徽州纸以其卓越的工艺受到社会的普遍好评,元代奎章阁广成局副杨元成去徽州征纸时,诗人傅若金曾

---

① 汪舜民:《徽州府志》卷二《食货一·土贡》,上海古籍书店1964年明弘治十五年影印本。
② 汪舜民:《徽州府志》卷二《食货一·土贡》,上海古籍书店1964年明弘治十五年影印本。
③ 参见汪舜民:《徽州府志》卷二《食货一·土贡》,上海古籍书店1964年明弘治十五年影印本。

作诗一首为其送行。诗中写道："新安江水清见底，水边作纸明于水。兔臼霜残晓月空，鲛宫练出秋风起。五云高阁染宸章，最忆吴笺照墨光。明朝驿使江南去，诏许千番贡玉堂。"[①]元末著名文学家顾瑛《谢静远惠纸》："荷君寄我黟川雪，犹带涟漪泻月声。"[②]可见大家对徽州路所产纸评价都很高。

歙砚制造业　声名远扬的歙砚一直受到文人和达官贵人的青睐，元代也不例外。但到了元代，婺源龙尾山一带品质上乘的旧坑砚石已经所剩无几，难得一求。至元十四年（1277），朝廷达官贵人向婺源州官汪月山求砚，汪月山征发当地数都人寻找砚石，在寻找砚石过程中发生了"石尽山颓，压死数人"的惨剧。[③]婺源人江光启就住在龙尾山附近，他不仅耳闻了这次惨剧，而且又目睹了至元五年（1339）十月二十八日龙尾山砚坑被淘空后，发生山体崩塌的情形："声如惊雷，隔溪屋瓦皆震，禽惊兽骇。"由于真正的龙尾砚石已经告罄，有人便将他山之石冒充龙尾砚石拿来出售。江光启指出：

> 今之所得，皆异时椎凿之余，随湍流出数里之外者。每梅潦初退，工人沿流掇拾残珪断璧，能满五寸者盖寡。世之求砚者，率求端方中尺度，非是不取，工人患之。乃采他山顽黝滑枯粗燥而有丝纹之石，炫于旧坑之下，或反得高价，而真石卒不售。三衢丝石，黑而顽；南路丝石，暗而黝；绵潭丝石，浮而滑；夹路丝石，红而枯；水池山丝石，枯而燥。俱不宜笔墨，得之者反宝之。[④]

为了满足求砚者"率求端方中尺度，非是不取"的消费心态，当地工人纷纷采他山顽黝滑枯粗燥而有丝纹之石，冒充旧坑砚石，反而能售得高价。在旧坑砚石所剩无几的同时，唯独紧足坑一带仍有大的砚

---

①　顾嗣立：《元诗选·二集》卷一〇，台湾商务印书馆 1986 年文渊阁四库全书影印本。

②　姚之骃：《元明事类钞》卷二三，台湾商务印书馆 1986 年文渊阁四库全书影印本。

③　江宾旸：《送侄济舟售砚序》，《新安文献志》卷一九，何庆善等点校本，黄山书社 2005 年版，第 453 页。

④　江宾旸：《送侄济舟售砚序》，《新安文献志》卷一九，何庆善等点校本，黄山书社 2005 年版，第 453 页。

石。及至元末,紧足石也斸凿已尽。元代婺源龙尾山一带砚石的大规模开采和利用,在一定程度上反映了当时歙砚制造业的兴盛。

徽墨制造业 徽墨的兴盛期,前期主要集中于南唐、两宋,后期则集中于明清时代。而在处于前后兴盛期之间的元代,徽墨作为徽州一种富有特色的工艺并未中断,制墨工艺继续得到传承,甚至还出现了一些大制墨家,如元代歙县人制墨名家陶得和,专制桐油烟墨,受到当时名公巨卿的赏识,著名画家倪瓒对他极为推崇,写有《赠陶得和制墨》诗:"麋胶万杵捣玄霜,螺制初成龙井庄。悟得廷珪张遇法,古松烟细色苍苍。桐花烟出潘衡后,依旧升龙柳枝瘦。请看陶法妙非常,一点浓云琼楮透。"[①]但因受官府重视不够、税收沉重、社会动荡等不利因素的影响,元代徽州墨业一直处于"今不如昔"的状况。

(四)徽州商人的成长

元代,徽州农业和手工业的发展,带动商业经济发展,出现一批富户。这些富户大多亦商亦农,将经商的资本转换为田产,以至于出现田产超过数千亩的大富豪。如歙县棠越人鲍景曾(1281—1335),从小就很聪明,读书日记千言,对天文、地理、历律、度数都很有研究,还精于兵法与神仙修养之说,本想在政界一展才华。由于元代轻视汉人(尤其是南人),加上没有在位权势的推荐,不能如愿,感叹道:"施于有政是亦为政,吾将行之于家又何必天下乎?"于是治产经商,集聚资产,他认为:"他日苟有赢余,亦足以仁吾三族,赒吾乡里。况子孙衣食给足,可以安心于学,读书致用以自效于世,犹吾得效也,不犹愈于己乎!"在经商理财过程中,善于用人,不计较经理人的具体经营过程是输还是赢,经理人能够赚多少,而是坐享其最终交给他的利润。他买田时观察地理位置的高下,善于鉴别田地土壤的肥瘠。有一块别人认为贫瘠的田地,一直闲弃着,景曾高价买下,说过些时候这块田必为良

---

① 倪瓒:《赠陶得和制墨》,《清閟阁全集》卷四,清康熙曹氏城书室刊本。

田。还有一块好田,大家都想得到,景曾却弃之不取,并说这块田只能种数十年,以后就会贫瘠不可种庄稼。当他的财富集聚到一定程度,所拥有的田产达到千亩时,即告诫自己的儿子鲍元康:"田不可复买矣,赋重役繁,反为子孙之累。供给在官,日夕不暇,又奚暇读书明理,以修其身乎?"[①]

歙县城里人周荣之(1297—1353),其曾祖父在宋末曾为将仕郎袁州司法,由于不喜欢从政,"休官治生产,家以饶,其资业几及郡城之半,号'周半州'"。[②] 休宁人范男(1313—1361),以商业经营为职业,奔走于江淮各地,从而致富。后聘请名儒朱升来教育其子范准,使范准成为休宁县历史上的著名学者之一。与范男同族的范在(1314—1389),早年醉心于四书五经,后来成为活动于陕西、山西、浙江、山东等地的商人。入明以后,凭着自己的财力,积极参与恢复地方公益事业,振兴农业,获得社会的好评。[③] 歙人毕仁,出身经商世家,16岁便在庐州开设茶叶店,充当坐贾。其父毕天祥则每年运茶数百引,充当行商。坐贾与行商结合,获得高额利润,因商业资本雄厚而闻知名当时。婺源江湾人江松,与伯父一起在湖北经商,富甲一方。元季兵乱,江松拿出资产募集义勇数千名保障乡里。朱元璋入徽,江松后归顺朱元璋,协助攻克婺源县城,由富商而成为一方豪强。

休宁人程维宗生于至顺三年,从小怀有潜心向学、入仕获荣的大志。19岁时赴乡试不取,回来后拜郑玉、赵汸为师学习。可元末战乱却把他的理想化作泡影,于是便"无复荣念,从事商贾"。结果,"货利之获,多出望外,以一获十者常有之","由是家业大兴"。因旧居毁于战火,在溪南江氏故基上建立新宅。后接受县宰山阴人杜贯道的劝谕,又回原址,重新营建宅第,馆阁、池亭、仓廪、府库无不具备,"壮丽弘敞,数倍于前"。并且增置广布歙县、休宁二县的田地4000余亩、佃

　　① 郑玉:《鲍景曾墓志铭》,《师山集》卷七,台湾商务印书馆1986年文渊阁四库全书影印本。
　　② 郑玉:《周荣之墓表》,《师山集》卷八,台湾商务印书馆1986年文渊阁四库全书影印本。
　　③ 参见[荷]宋汉理著、谭棣华译、叶显恩校:《徽州地区发展与当地宗族——徽州休宁范氏宗族的个案研究》,《徽州社会经济史研究译文集》,黄山书社1987年版,第37—38页。

仆 370 余家;根据田土坐落地点,归属宅积、高远、知报、嘉礼、尚义五庄,便于管理。又在屯溪构建四所店房,共屋 47 间,用以"居商贾之货"。显而易见,程维宗是一位财大气粗的商人兼地主双重身份的富户。他以商致富,然后用商业利润去求田问舍,同时还不放弃商业经营。因他拥有广大田产,故"税粮冠于一县"。①

如今屯溪老街已经成为著名的商业街

还有其他一些徽州富户,虽然没有明确记载其产业得来的方式,可以想象在徽州这样一个田地缺少的山区,如果不是采取经商方式,是很难很快集聚起大量财富的。如歙县江村人江元,独具卓识,慷慨好义。明太祖朱元璋入境,日久缺饷,当时江元已经 90 多岁,偷偷地跑去观望,认为朱元璋是真命天子。于是助饷银十万以资接济,明朝建立后,以助饷之功钦授博士。元至正十二年(1352)三月,徐寿辉的一支红巾军自黄州、蕲州顺江东下,攻克饶州,继陷徽州,整个江南为之震动。从该年起到至正十七年(1357)七月,邓愈攻克并控制徽州的 6 年时间里,当地多次受到乱兵侵害。富户为了保障乡里和切身利益,

① 张海鹏、王廷元:《休宁率东程氏家谱》,《明清徽商资料选编》,黄山书社 1985 年版,第 81 页。

出财献计,广募武装,抵抗侵犯。如歙县呈坎人罗宣明,至正十二年见红巾军攻破州郡,将蔓延至呈坎,散家财募集乡兵,保障乡井。次年四月,元帅沙不丁驻守歙城,宣明又慷慨仗义,分筑 130 尺城墙。同时人郑琏,歙县双桥人。至正十二年红巾军占据徽城。郑琏当时 37 岁,与兄郑璇拿出所有的资产,招募义兵协助元军克复城池,用心守御。① 江元一次能拿出 10 万饷银,其他富户个人出资募兵守御乡里,其货财丰富可知。

三 新安理学的发展

(一)新安理学的学术活动

朱熹在世时,其学术思想并不为世所接受,几度沉浮,以致被夺官罢职。嘉定以后,朱子之学开始受到朝廷重视。入元以后,将朱子之学定为国学,学者只能尊信,不能怀疑。② 朝廷规定以程朱理学作为科举考试的主要内容,先秦儒家经典的内容,也要以朱熹、程颐、程颢等人对儒家经典的注疏为依据,实际上就是以程朱理学作为科举考试出题的范围。各级儒学、书院、庙学甚至私学,教学的也是这些内容。正是由于元代统治者的大力提倡,程朱理学到元代成了官方的统治思想,并通过科举进一步强化了程朱理学在学术上乃至政治上至高无上的正统地位。因此,朱子之学就成为士人猎取功名利禄的敲门砖,出现天下士人群起读朱子之书的"盛况"。

然而,朱熹之后,由于他的弟子对他的学术思想领会不同,分离出

---

① 参见汪舜民:《徽州府志》卷九《人物三·义勇》,上海古籍书店 1964 年明弘治十五年影印本。
② 参见虞集:《道园学古录》卷三九《跋济宁李璋所刻九经四书》,台湾商务印书馆 1986 年文渊阁四库全书影印本。

各种派别，如饶鲁[①]年幼时师从乡贤柴中行，后又师从朱熹女婿黄干，承传朱熹理学，但所著多与朱子抵牾。赵顺孙[②]、吴真子都是朱熹的再传弟子，赵顺孙作《四书纂疏》、吴真子作《四书集成》，都是阐述朱熹《四书集注》的著作，其说也多与朱熹之说不同。有人专从训诂入手，着意于辑录、纂注、训释工作，将朱子之学弄得支离破碎，背离了朱子之学寻求义理的本质。有些从事义理研究的学者，不能严守师法，歧说纷起，已失其真。正是在这种学术背景下，以固守朱子之学为宗旨的新安理学，所肩负的时代使命，便是订正"异论"，发明朱子之学本旨。

为了维护朱子之学纯洁性，新安理学家首先对有悖于朱子之学者，或订正其偏误，或者干脆刊而去之。陈栎的《四书发明》《书传纂疏》《三传集注》，便是此类著作。揭傒斯说陈栎：

> 慨然发奋圣人之学，涵儒玩索，废寝忘食，贯穿古今，网罗百氏。以有功于圣人，莫盛于朱子，惧诸家之说乱朱子本真，乃著《四书发明》《书传纂疏》《礼记集义》等书余数十万言。其畔朱子者，刊而去之，其微辞隐义，引而伸之，其所未备，补而益之。于是朱子之学，焕然以明。[③]

指出陈栎著书的目的，乃是通过删补、以求还原被诸家所乱的本真。胡炳文对朱熹所注《四书》用力尤深，作《四书通》，专门纠正饶鲁之讹错和赵顺孙《四书纂疏》，吴真子《四书集成》对朱子之学的曲解。此外，程复心[④]著《纂释》等书，辨证异同；程显道[⑤]作《孝经衍义》，辨析

---

① 饶鲁（1193—1264），字伯舆，又字仲元，人称双峰先生，饶州余干（今万年）人，南宋著名教育家、理学家。

② 赵顺孙（1215—1277），字和仲，号格庵，学者称格庵先生，缙云县城云塘人。朱熹再传弟子，南宋政治家、理学家。

③ 揭傒斯：《定宇陈先生栎墓志铭》，《新安文献志》卷七一，何庆善等点校本，黄山书社 2005 年版，第 1739 页。

④ 程复心（1256—1340），字子见，号林隐，学者称林隐先生，婺源人。早年以道学为志，私淑朱熹。后师从朱熹从孙朱洪范，又与胡炳文为学友，为著名的新安理学家。

⑤ 程显道（1247—1331），号松谷，婺源人。师从休宁黄智孙，与陈栎同门，有《孝经衍义》行世。

贯通朱熹学术本义；吴彬辨朱熹"四游升降"之说，纠正朱熹门人所记之误。诸如此类，以维护朱子学的纯洁性。

对朱子之学中的微词隐义，新安理学家还加以引申；其所未备者，则加以补充发挥。力求朱子之学的正确阐发，使各种"异说"不攻自破，从而在另一面维护朱子之学的纯洁性。就师承来说，此期的新安理学家，大多是朱熹的再传、三传或四传弟子，他们的学术与朱子之学的渊源极深。他们终生潜心探索，本着求朱子之学真谛的态度，又警惕着"异论"的干扰，务求朱学之正。如程逢午①著《中庸讲义》，一本朱熹之说，又辑录《语录》，引朱熹之语疏证朱熹学说，务在得朱子之学本旨，其中也不乏自己的心得体会。当时人认为其文可传，于是由紫阳书院雕版刊行。赵汸称誉该书益畅朱熹学说之旨，于后学者多有启发。陈栎为了维护朱子之学的纯真性，一生勤苦，著述不辍，留下许多书、传、纂、疏。"凡诸儒之说有畔于朱氏者，刊而去之，其微辞隐义则引而伸之。而其所未备者，复为说以补其阙，于是朱熹之说大明于世。"②胡一桂一生专治易学，著有《〈易本义〉附录纂疏》，该书以朱熹《易本义》为宗，辨明其他诸儒易学观点之得失。胡炳文从小受家学影响，对朱子之学尤为用心，以订证异说为己任，著《四书通》《性理及朱子启蒙》《春秋集解》《五经今意》等多部著作，意在阐明朱子学本旨，以防异说扰乱视听。他"会同辨异，卓然成一家之言"，是元代新安理学中严守朱学门户的易学代表作。

元代是徽州朱子之学发展的鼎盛时期，这与元代新安理学家们始终坚持讲学授徒，著书立说，传播朱子之学有着密切关系。如这一时期的新安理学大师程若庸到各地讲学，门生弟子遍布南方各省。新安理学中的后起之秀，如金若洙、范元奕、吴锡畴等，均曾拜在程氏门下。许月卿在家里闭门著书，前来向他求教者众多，均执弟子礼。黄智孙

---

　　① 程逢午（1236—1303），字信叔，休宁人。致力于理学，与精于朱子之学的族父程若庸过从甚密，经常竟日讲明正学。元贞二年，任新安紫阳书院山长。

　　② 刘迎胜：《元史》卷一八九《陈栎传》，中华书局 1977 年版。

蛰居深山,每天同弟子学生讲明朱子正学,培养出陈栎等一批对朱子之学有颇多发明的新安理学中坚人物。新安理学家曹泾、程逢午先后主持紫阳书院,程荣秀也出任过明道书院山长,弟子满天下。陈栎、汪克宽也都是讲学终其一生,对理学的宣传教育,作出重要贡献。元代的著名新安理学家,几乎都有过讲学授徒的经历。当时新安理学人才辈出,与元代新安理学家注重讲学授徒,关系密切。

在讲学的同时,新安理学家尤其注重启蒙教育,对朱熹的著作进行注疏并予以通俗化,使幼童从小就能接触理学。程若庸著《性理字训讲义》,将朱子之学中的性、命、义、理等理论简明扼要地归纳为183条,如"天理流行,赋予万物,是谓之命"等,对教育8岁以前尚未入小学的幼童尤为适合。其他如胡炳文的《纯正蒙求》、胡方平的《易学启蒙通释》、胡一桂的《〈易本义〉附录纂疏》等,皆属此类著作。这类蒙学读物的出现,有助于朱熹学说的传播,对新安理学人才郁兴,起到了重要作用。

(二)新安理学的政治态度

南宋偏安,国内民族矛盾尖锐。朱熹在政治上,尤其强调"华夷之别",推尚风节。而元朝又是蒙古人以"异族"入主中原。因此,以朱子之学作为行为准则的理学家,大多抵制元政府的征召和聘请,对科举与功名不屑一顾。采取与元朝不合作的态度,隐居山林,不求仕进。这种情况,与南宋新安理学家,如朱熹、程大昌、吴儆等人积极入世、参政议政的态度,形成鲜明对照。

朱熹极为推重"饿死事小,失节事大"的风节,这一命题其实并非专门针对女子,同时也指男子的气节。这种气节,既鼓励女子不嫁二夫,也要求男子不做二臣。新安理学家熟知"修身、齐家、治国、平天下"的道理,许多人也想在政治舞台上一展身手。但蒙古族人入主中原,建立元朝,在新安理学家的观念中,无疑是"夷狄入侵""乱我华夏"。因此,以风节相砥砺,采取与朝廷不合作的政治态度,转而隐居山林,讲学授徒,精研朱子之学。将自身对政治的抱负,注入学术方面。这对生在理学之邦,以朱子之学为准则的新安学者来说,乃是必然的选择。

黄宗羲在《宋元学案》中说:"新安之学,自山屋(许月卿)一变而为风节。盖朱子平日刚毅之气,凛不可犯,则知斯为嫡传也。"[1]这就是说,新安之学是朱熹嫡传,而从朱熹等人积极地参与政治,转变为元代新安学者崇尚风节不欲仕进,以许月卿为关键人物。许月卿(1217—1286),字太空,后更字宋士,号泉田子,婺源人。受学魏了翁,南宋淳祐四年,廷对赐进士及第,授濠州司户参军。尝率三学讼权相,理宗目为狂士。改江西提举,治政廉肃,人号为"铁符"。贾似道当政,以月卿试馆职,言语不合罢去。归故里,闭户著书,号泉田子。宋亡后,许月卿衰服三年不言。后虽言,犹如病狂,时人称为山屋先生。揭傒斯称他"以文章气节闻天下"。[2]谢枋得曾自题其门曰:"要看今日谢枋得,便是当年许月卿"。[3]

许月卿之后,元代新安理学家以尚风节而不仕者,不乏其人。许月卿的门生、女婿江凯,效法月卿,隐居山林,誓不仕元。经常与其友新安理学家汪炎昶一起,赋诗饮酒,纵论古今。陈栎宋亡以后,隐居著书,延祐初,有司强迫他参加科举,试乡试中选以后,以身体有病,力辞不赴礼部就试,不肯失节。程复心以《四书章图》见重于当时,朝廷几次想提拔他入朝为官,都被他推辞。程龙在元军攻下临安后被俘,丞相伯颜认为他很有学问,不仅放了他,还委任他为同知江西赣州路总管府事,强迫他去就职。程龙在上任的途中,逃归隐居,一避就是十多年。其他如黄常甫、程逢午、胡一桂、吴浩等新安理学家,也都是以冷漠的态度对待元廷,隐居不仕,以风节自重。新安理学家的这种崇尚气节的政治态度,始终贯穿于其学术思想中,形成此期新安理学的一

①　黄宗羲、全祖望:《宋元学案》卷八九《介轩学案》,清光绪五年刻本。
②　程瞳:《新安学系录》卷九《许山屋行状》,明正德程啓刻清康熙三十五年录荫园重修本。
③　吴之振编:《宋诗钞》卷一〇二《先天集钞》,中华书局1984年版。

个重要特征。

（三）著名理学家及其学术成就

元代是新安理学发展最为兴盛的时期，出现了一大批理学名家。其中的代表人物有：

许月卿（1216—1286），字太空，后字宋士，时人称之山屋先生，婺源人。15 岁从学于董梦程，董氏为朱熹门人程正思高足，月卿因得朱子之学。嘉熙四年（1240），以易学魁江东，淳祐四年（1244）进士，开始登上仕途。月卿生性刚直，屡忤权贵，虽有将相才志，而官仅濠州司户参军、临安府学教授等职。至元十九年，元军下钱塘，月卿深居一室，不言五年而卒，享年 70 岁。当时人称月卿以文章气节闻天下，黄宗羲《宋元学案》亦称新安之学，自月卿而一变为风节。著有《〈易本义〉启蒙通释》《外翼》等书。他的学术，主要在于订正时人偏误，同时也疏证朱子之学原委。他在江西临汝书院讲《中庸》首章三句是，指出朱熹所讲"阴阳五行之气，健顺五常之理"，本于汉儒郑玄所注"木神则仁，金神则义，火神则礼，水神则智，土神则信"。因此，他认为水火木金土是"气"，仁义礼智信是"理"，而有"神"之一字贯穿其间，"理"是形而上者，"气"是形而下者，而神则在上下之间。理不离乎气，气不外乎理，而有神贯乎理气之间。朱子之学中的许多重要命题，他都能发其先儒未发之蕴。他阐扬朱子之学的方法并不是援异论以标新，而是本于朱子之学，从其内部来发掘，从而沿着朱学途径，登堂窥奥，阐幽发微。

程复心（1256—1340），字子见，号林隐，学者称林隐先生，婺源人。早年以道学为志，私淑朱熹。后师从朱熹从孙洪范，又与新安学派另一重要人物胡炳文为学友，由此登朱子之学堂奥。中年后笃学践行，用力更深。曾授徽州路儒学教授。他的学术以治《四书》为其长，而学本朱熹，终生致力于阐释朱熹《四书》为旨。曾以 30 年之功，著《四书章图》，发扬朱熹之微言，间以自己的心得体会，阐扬朱熹学说的未尽之处，被誉为是一部有功后学的理学名著。又取《纂疏》《语录》等书，参订异同,增损详略,编为《纂释》20卷。其中称《大学》言"心"不言"性",《中庸》言"性"而不言"心",《论语》专言"仁",《孟子》专"义",时人称之能发理学先儒未尽之旨。

程逢午(1236—1303),字信叔,休宁人。早年颖悟好读书,在准备科举考试的同时,也钻研理学书籍,探索其奥义。南宋宝祐、咸淳中两举进士不第,识者多讥主考官无知人之明,而逢午泊然不以得失为愠,专心致力于理学。他与精于朱子之学的族父程若庸过从甚密,经常竟日讲明正学,由此于朱熹学说有较深把握。入元后,以教书为生,不复有禄仕意。元贞二年,因郡官力荐,遂出任新安紫阳书院山长。秩满授海盐州儒学教授,未赴,以疾卒,葬休宁县和睦乡上山林祖墓旁。逢午学术专长《中庸》,著有《中庸讲义》3卷。是书一本朱熹之说,又辑录《语录》,引朱熹之语疏证朱熹学说,务在得朱子之学本旨,其中也不乏自己的心得体会。当时人认为其文可传,于是由紫阳书院雕版刊行。其后新安学派大师赵汸称誉该书益畅朱熹学说之旨,于后学者多有启发。

胡一桂(1246—?),字廷芳,胡方平之子,婺源人。居室前有二小湖,因自号双湖居士,学者称双湖先生。一桂五六岁而读父书,深受家学熏陶。景定五年,18岁领乡荐,试礼部不第,退而讲学,远近师之。《续通鉴纲目》称他与休宁陈栎皆以讲明道学见重于当时。一桂尝入闽,博访

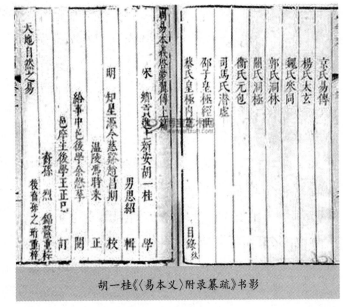

胡一桂《〈易本义〉附录纂疏》书影

诸名士,以求朱熹绪论。于武夷山结识名儒熊去非,商讨学术,为"道义相交"。一桂继承家学传统,以治《易》为学术特长,而学本朱熹。著有《〈易本义〉附录纂疏》《易学启蒙翼传》,疏证朱熹之言,阐发朱熹《易》学思想。其中《〈易本义〉附录纂疏》以朱熹《易本义》为宗,取朱熹《语录》《文集》中论及《易》者附之,谓之附录;又取诸儒易说与朱熹《易本义》相合者纂之,谓之纂疏。是书去取诸家之说的标准,都是根据朱熹的论述。一桂认为,朱熹《易本义》一书"提纲振领,而节目为详",因而著此书,目的在于阐明朱熹的易学思想。这部书是宋元之交新安学派严守门户、发明朱子之学的重要代表作。当时在海内广为流传,产生了重大影响,一桂因此被人目为"朱子功臣"。一桂有志于以《〈易本义〉附录纂疏》为例,编著《诗》《书》《春秋》《周礼》《仪礼》附录纂疏,复六经之旧,但后来仅完成了《诗传附录纂疏》。该书目的是明朱熹之《诗》。一桂另有《十七史纂古今通要》《人伦事鉴》《历代编年》等著作行世。

胡炳文(1250—1333),字仲虎,号云峰,婺源人。自幼好学,专心研究朱子之学,对于诸子百家、阴阳医卜、星历术算也无不精通。由于学问精深,他曾受聘在婺源县学讲学,还先后出任江宁教谕、信州路学录和道一书院山长,在学界被尊为一代名儒。至大三年,出资在家乡考川建明经书院,家族子弟不论贫富,士人不论远近,都可以到明经书院读书求学。书院还提供膳食、宿舍。书院落成之后,四方慕名前来求学的学子络绎不绝。学术研究,以朱子为宗,著作收入《四库全书》的有《四书通》28卷、《云峰集》10卷、《周易本义通释》12卷。所著《周易本义通释》以朱子的易经集注为蓝本,参考各易学名家的注解,一字一句地进行考证,《四库全书提要》称其对朱子之学的"羽翼之功不可没"。所著《四书通》对诸儒的研究成果,凡是不符合朱子之说的解释全部删除,有所发挥而不违背朱子之说的则附录于后。《四库全书提要》称《四书通》"虽坚持门户,未免偏主一家,但用心良苦,且考证慎密,章句集注所引凡54家之言,今多难以考证,是书尚一一载其名字,颇足以资订正"。《四书通》为后人研究朱子理学,吸取中华传统文化的精华,提供了翔实宝贵的资料。

陈栎(1252—1334),字寿翁,晚年号东阜老人,因堂名"定宇",人称"定宇先生",休宁人。自小非常聪颖,3岁时,祖母吴氏便口授《孝经》《论语》,陈栎很快便能背诵。5岁入小学即涉猎经史,7岁通进士业,15岁为人师。后师事理学名儒黄智孙。入元以后,隐居乡间,以教书为业。对四方前来求学的学子,均能循循善诱。延祐初,官府强迫他参加科举考试,乡闱中选,不赴礼部就试。教学之余,致力于朱子之学的研究,因惧诸家之说乱朱子之学本真,于是发奋

陈栎画像

著述,"凡诸儒之说,有畔于朱氏者刊而去之,其微辞隐义则引而伸之,而其所未备者,复为说以补其阙,于是朱熹之说大明于世。"[1]一生著作甚丰,被收入《四库全书》中有《历代蒙求》《尚书结纂疏》《历朝通略》《勤有堂随录》《定宇集》。其中《尚书结纂疏》纂辑诸家之说,每条之下,均以朱子之说冠于诸家之前,并附己意。此外,陈栎还著有《新安大族志》未刊。

郑玉(1298—1358),字子美,号师山,歙县人。从小攻读六经,精通儒学经典,对《春秋》解悟尤其透彻。一生绝意于仕途,安居乡间,以讲学为生。由于他学问渊博,远近来求教的学生很多,以至于居处无法容纳,于是,门人鲍元康为他特别修建了师山书院,郑玉也因此被尊称为"师山先生"。写文章不事雕刻,文字流畅,说理透彻。作品流传到京师,深得揭傒斯、欧阳玄的称赏。元至正十四年(1354),朝廷带着御酒和金币以翰林待制、奉议大夫头衔征招郑玉入都,他却称病予以推辞。郑玉不愿为官,闲居山林,来往于黄山一带,每日吟诗著述为

---

① 刘迎胜:《元史》卷一八九《陈栎传》,中华书局1977年版。

乐，时人称其为高士。至正十七年，明军攻占徽州时，守将招其入幕，他说："我岂能一人而事二主！"因此入狱。关了很长时间，亲戚朋友带着酒和食品去看望他，从容享受，吃光所有酒和食品，并告诉亲友，这次必死无疑。他的妻子听说以后，叫人带信给他："你如果死了，我也会跟从你至九泉之下。"郑玉请带信的人告诉妻子："你如果真的跟随我去死，我就没有什么可感到遗憾的了。"第二天，整整齐齐地穿戴好衣冠，自缢而死。其学术思想以调和朱（熹）陆（九渊）为宗旨，在郑玉看来，朱陆之学各有长短，只有摒弃门户之见，才能相互取长补短，臻于完善。他认为，朱陆之学大体相同，在基本点上原本就是一致的，在自己的学术活动中自觉地融会朱熹理学与陆九渊心学。他一方面受朱熹所谓"穷理必自读书始"之观点的影响，取天下之书而读之，以求圣贤之道；另一方面也受陆九渊"心即理"说及切己自反方法论的影响，主张向内用功，用心去体认天理。在元代会同朱陆的学术思潮中具有较大的影响。著有《春秋经传阙疑》45 卷、《师山集》8 卷、《遗文》5卷、《附录》1 卷。

汪克宽（1304—1372），字德辅、仲裕，号环谷，祁门人。自幼天资聪颖，6 岁时，每天就认数百字，能作骈偶。11 岁，读四书能自断句读，

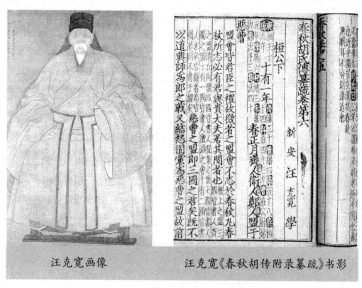

汪克宽画像　　　　　汪克宽《春秋胡传附录纂疏》书影

昼夜揣摩，深得其中精义。元延祐四年(1317)秋，乡里传录乡试题目，不需老师指导，下笔成篇。至治元年(1321)随父亲到浮梁县，拜吴仲迁为师，刻苦攻读，学业益进。吴仲迁强调读书明理，重视身体力行。克宽深得其旨义，文风朴实。泰定三年秋，参加江浙乡试，中举人。次年春会试，论《春秋》与主考官的观点不相吻合，名落孙山。从此放弃应试求仕之念，专心研究经学，以著述自娱，并在宣州和徽州一带讲学，投入他门下求学的人很多。克宽学术，六经皆有钻研，而《春秋》独盛，是新安学派中治《春秋》的名家。所著《春秋胡传附录纂疏》30 卷，以胡安国为主，博考众说，荟萃成书。克宽在是书自序中说："详注诸国纪年谥号，可究事实之悉；备列经文同异，可求圣笔之真；益以诸家之说，而裨胡氏之阙疑；附以辨疑权衡，而知三传之得失。"这正是该书的主要内容。《春秋胡传附录纂疏》问世后，对明以后的理学界产生了重大的影响。《易》有《程朱传义音考》，《诗》有《集传音义会通》30 卷，《礼》有《经礼补逸》9 卷，《纲目》有《凡例考异》。又有《春秋作义要诀》《六书本义》《左传分纪》和《环谷集》8 卷。

赵汸(1319—1369)，字子常，休宁人。幼年就极为聪慧，读朱熹"四书"，有很多疑问，于是把朱熹所有的著作都取来读。听说九江黄泽有学行，便前往九江拜黄泽为师。黄泽的学问，以独立思考为主，教育人往往引而不发。赵汸一再登门，获得老师解释"六经"的一千余条答案，回到休宁以后，细细参悟。等参透所有答案以后，再次到九江，留在黄泽身边两年。黄泽向他口授六十四卦大义和学习《春秋》的要义。后来又拜临川虞集为师，获知吴澄道学渊源。元至正十六年(1356)，休宁县创立商山书院，聘赵汸为书院山长。次年，朱元璋入徽，礼聘赵汸出山，几顾其舍拜请，赵汸都托病推辞，不愿入仕。中年以后，隐居于故乡的东山，建东山精舍，读书著述其中。每天鸡鸣即起，潜心向学。赵汸生活的年代，正是改朝换代，天下大乱之时，他常常颠沛流离，但读书著述毫不懈怠。赵汸自幼接受程朱理学教育，勤于读书，善于思考，深受朱熹那套由读书而穷理的方法影响。但另一方面，对陆九渊之学也极为推崇，对陆九渊发明本心的治学方法也颇为赞同，主张将澄心默坐、涵养本源与诵习经训、读书穷理的治学方法有机结合起来，体现了和会朱陆的特色。在学术上精通《春秋》之学，开始跟随黄泽时，著有《春秋师说》3卷，后来增加为《春秋集传》15卷。因《礼记》经解有"属辞比事《春秋》教"之语，又著有《春秋属辞》8篇。他认为学《春秋》，必须先要考证《左传》事实，杜预、陈傅良虽有《左传》注疏，但其中有很多弊端，于是著《左氏补注》10卷。另著有《东山存稿》《周易文诠》等。其学风谨严，学识渊厚，学者称"东山先生"。

其他新安理学家还有婺源胡斗元、程龙、汪炎昶、汪周、赵仲然、程显道、程直方、俞皋、程可绍、汪九成、程质、张存中、徐骧、吴国英、汪睿，休宁吴浩、黄智孙、吴渊、程文海、吴彬、叶龙、程存、叶大有、朱克正、金若愚、金震祖、朱模、程植、程荣秀、倪士毅，祁门汪华、汪相、李伟、汪时中，歙县曹泾、吴霞举等。徽州在元代能够涌现出如此众多的学者，不为仕进，有志于阐发朱子之学，订正"异学"，证明新安理学人才鼎盛，学派兴旺。新安理学家们家学师承，相传有绪，既借鉴了朱熹的理学研究与成果，也推动和发扬了朱熹的理学文化，使朱子之学最终成为徽州的文化象征，也是后世朱子之学的中国化途径之一。

四　徽州宗族制度建设[①]

（一）编纂族谱之风盛行

元代，在理学家们的倡导下，徽州宗族制度建设步伐加快。各宗族为了纪世系，叙昭穆，辨亲疏，明确后裔辈分及其尊卑嫡庶等级，纷

---

① 本节参考了程瑞《元代徽州的宗族建设》一文的研究成果，《安徽师范大学学报》，2009年第2期，第87—90页。

纷开展撰修宗谱的活动。编修族谱成为元代徽州宗族制度建设的重要内容，修谱之风盛行。各个宗族在职或致仕官僚、文人儒士、普通族人都热衷修谱，尤其是一些理学名家，不仅积极倡导修谱，而且躬身实践，亲自动手撰谱。如陈栎撰族谱，并请著名学者曹泾为谱作序。[①] 他还对纂谱的作用进行了阐述："其先祖无美而称之，是诬也；有善而弗知，不明也；知而弗传，不仁也。此三者，君子之所耻也。谨因续编族谱，而略述祖考遗事，以示儿辈，使知予家数世儒学之相继，庶几其能善继云。"[②] 还专门写有《族谱赞》：

> 禹疆徐州，姬祚徐土。族蕃括苍，班班绶组。哲人伊何，钱塘歙浦。观光用宾，奉母视女。月溪令子，曰伯英甫。学绍箕裘，筮仕孔膴。养终者代，敬宗尊祖。自流泝源，江澜修阻。昭穆益辽，涂人婿睹。取则欧苏，聿亲乘谱。次图懿亲，若姑若母。卓哉伯英，亲仁好古。九族义明，由兹惇叙。奕奕云仍，继志绳武。拭目华编，岂云小补。[③]

郑玉也曾撰族谱，列始祖以下十五世族众姓名简历。[④] 程龙会修统宗谱，广泛征集外迁到河南、江西、湖南、湖北和江浙等地的同宗资料，并博采文籍，考证核实，完成《龙陂程氏世谱》。[⑤] 程复心与侄子程可绍共同编纂《程氏世谱》。[⑥] 理学名家还积极为各族所修之谱，撰序作跋，宣扬"敬宗之意"。[⑦] 陈栎撰有休宁《汪溪金氏族谱序》《（五城）徐

---

① 参见陈栎：《谢曹弘斋撰族谱序启》，《定宇集》卷一五，台湾商务印书馆 1986 年文渊阁四库全书影印本。

② 陈栎：《本房先世事略》，《定宇集》卷一五，台湾商务印书馆 1986 年文渊阁四库全书影印本。

③ 陈栎：《定宇集》卷一二，台湾商务印书馆 1986 年文渊阁四库全书影印本。

④ 参见汪克宽：《师山先生郑公行状》，《师山集·遗文·附录》，台湾商务印书馆 1986 年文渊阁四库全书影印本。

⑤ 参见程枢：《元中顺大夫同知徽州路总管府事致仕赠中宪大夫上骑都尉追封新安郡伯程公龙家传》，《新安文献志》卷九五上，何庆善等点校本，黄山书社 2005 年版，第 2405 页。

⑥ 参见赵汸：《孝则居士程君可绍墓表》，《东山存稿》卷七，台湾商务印书馆 1986 年文渊阁四库全书影印本。

⑦ 陈栎：《谢曹弘斋撰族谱序启》，《定宇集》卷一五，台湾商务印书馆 1986 年文渊阁四库全书影印本。

氏族谱跋》《跋五城黄氏族谱》等，①郑玉撰有歙县《（西溪）方氏族谱序》，②舒頔撰有绩溪《（龙山）胡氏族谱序》《（瀛川）章氏族谱序》《北门张氏族谱序》等。③

其他宗族文人儒士也热衷于本族的族谱编纂。休宁人汪石田，以文学知名于世，官至绍庆路学教授，编纂有《汪氏渊源录》10卷。④歙县磻溪人方宏中，很有学问，与著名理学家郑玉友善，著有家谱5卷。歙县岩镇人胡蓬，涉猎经史，致和年间重续宗谱图录。岩镇人王胜一，续修本宗谱，内翰危素为之作序。歙县罗田人方时，大德二年以才能授七品散官，著有家谱。婺源香山人程宗任、程之光，同修家谱。婺源大畈汪德馨，读书好古，隐居不仕，曾经同宗人礼部尚书汪泽民一起纂修

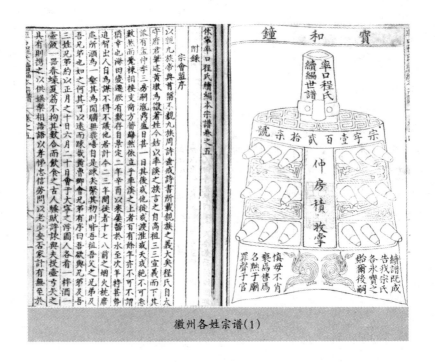

徽州各姓宗谱（1）

① 参见陈栎：《定宇集》卷二、卷三，台湾商务印书馆1986年文渊阁四库全书影印本。
② 参见郑玉：《师山集·遗文》卷一，台湾商务印书馆1986年文渊阁四库全书影印本。
③ 参见舒頔：《贞素斋集》卷二，台湾商务印书馆1986年文渊阁四库全书影印本。
④ 程敏政：《新安文献志·先贤事略上》，何庆善等点校本，黄山书社2005年版，第35页。

族谱。[1] 婺源王俌,师事胡炳文,考明谱系,作《惇叙图》。[2] 休宁陪郭程
岘,"以本宗出梁将军忠壮公后,且与伊川先生南渡子孙通谱互继,而
谱未之续也。会宗人歙西教授傅岩、闵川宣使槃斋,及会里孝隐翁天
经、汉口处士可大参考,订定为《程氏世谱》30 卷。又约为《程谱提要》
20 篇,其末论治家之道,本奢俭以为兴衰,由妇言而生和。竞谆谆恳
切,读者倾竦"。[3]

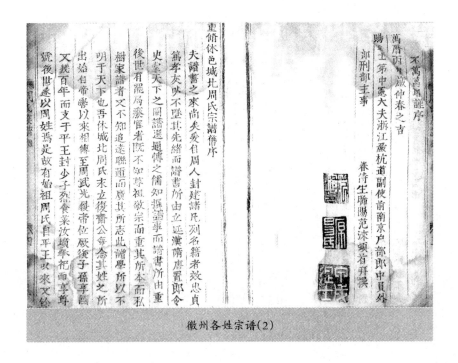

徽州各姓宗谱(2)

①　参见戴廷明、程尚宽等:《新安名族志》前卷《方·歙县磻溪》、前卷《胡·歙县岩镇忠臣庙前》、后卷《王·歙县岩镇》、前卷《方·歙县罗田》、前卷《程·婺源香山》、《新安名族志·王讽序》。

②　参见汪幼凤:《王伯武先生传》,《新安文献志》卷七一,何庆善等点校本,黄山书社 2005 年版,第1757 页。

③　管瑾:《见山居士程君岘墓志铭》,《新安文献志》卷八八,何庆善等点校本,黄山书社 2005 年版,第2179 页。

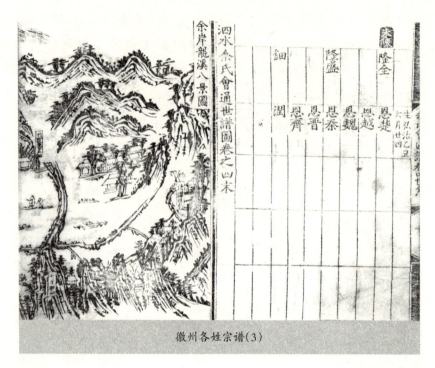

徽州各姓宗谱（3）

徽州各姓宗谱（4）

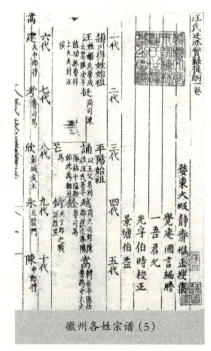

徽州各姓宗谱（5）

歙县义成朱氏宗谱

　　正因为编纂族谱,可以起到记载先人功德、启迪后人向上、提振乡风的作用,新安理学家将编纂族谱,纳入朱子之学的伦理道德范畴,成为徽州宗族制度建设的重要一环。

　　世家大族由于出身高贵,明礼义廉耻,可以起到提振乡风的作用。所以,陈栎"惧乡俗日且疚戾,乃窃取新安名族,叙其源委,以为存昭鉴之权于十一,识者亮之"。[①] 然而,族谱编纂面临着史料文献严重匮乏的困扰。修谱必定追祖溯宗,世系源流依赖于世代相传的旧谱系。可是由于年代久远,兵燹频仍,迁徙无常,旧谱系很难保存下来。如程淘所说:"巢孽肆毒,四海为墟,黄墩宗族,逃难解散,由是宅宇为贼戕毁,谱牒几于煨烬,南支北派,远莫可稽,右穆左昭,竟难详考。"[②] 虽然史料谱系缺乏,但梳理世系,理清脉络,是"尊祖"明礼必须要履行的程序,各宗族为此都付出极大努力。元代徽州除了各族自行编纂族谱以外,理学家还编纂了一部全郡之总谱。理学大儒陈栎编纂的《新安大族志》,就是这样一部全郡之总谱。但元代宗族制度处于初期建设阶段,

---

　　① 戴廷明、程尚宽等:《新安名族志·洪垣序》,朱万曙等点校本,黄山书社 2004 年版,第 3 页。

　　② 程淘:《篁墩程氏世谱序》,明嘉靖间程敏政修《程氏统宗世谱》;转引自严佐之:《"信以传信,疑以传疑"》,《中国谱牒研究》,上海古籍出版社 1999 年版,第 99 页。

编纂族谱虽然时行,但还没有达到普遍纂修的程度,想要编纂一部网罗徽州一府六县的郡谱,不是一件容易的事。所以,陈栎的《新安大族志》只完成一个大纲,没有刊刻行世。明嘉靖年间,汪孟沚、戴廷明等人在陈栎《新安大族志》稿本的基础上增补完成《新安名族志》,于嘉靖二十九年(1550)刊刻印行。次年,程尚宽又在汪孟沚、戴廷明等人《新安名族志》的基础上续补印行。

（二）祠堂和祖墓建设加快

祠堂是用来供奉和祭祀祖先的场所,祖墓则是祖先安魂之处,它们都是建立宗族制度极为重要的物质设施。

歙县周邦头周氏宗祠

元代,徽州宗族对祠堂和祖墓建设都极为重视。至正十三年(1353),名儒赵汸建东山寓舍祠堂,祭祀先妣以上四世祖先。祠成之日,赵汸作《东山寓舍安神主祝文》安放四世神主。[①] 婺源大畈人汪同,在大畈建祠堂,奉始得姓之祖、渡江之祖和始迁大畈之祖,其他昭穆序列左右者有十世。又在主厅的南边建庙,祭祀其祖。周围建堂、斋舍,延师教育族中子弟。整个建筑群合称"知本堂",为大宗祠。又在西浯村建永思堂,祭祀高祖以下四世,为小宗祠。对汪同建祠的行为,赵汸极为钦佩,发出由衷的感叹:

> 夫宗法之不能复古,自今世以来病之。侯(按:指汪同)之意,盖欲因四时之享,以寓合族之义。使其族人之登斯堂者,思世家之远如彼,而有功德者之盛又如此,则必不肯一日自同于凡民子弟之学。于是者,晨夕瞻敬,知千百人之身,本同出一人。则亲亲

---

① 参见赵汸:《东山寓舍安神主祝文》,《东山存稿》卷五,台湾商务印书馆1986年文渊阁四库全书影印本。

之念蔼然自生,必将力求所以无负于先王之教者矣。呜呼! 若侯为此者,岂非学士大夫之志也哉![1]

其他如:至大年间,婺源考川明经胡氏宗族修建明经祠。[2] 泰定元年,婺源清华胡升将先人的别墅改建为家庙,祭祀始祖散骑常侍胡学。[3] 休宁县冯村王氏至正二十三年(1363)建王氏支祠,祭祀始祖王廷钺暨由婺源迁冯村始祖王肇一。[4] 休宁县合阳姚氏于元代建姚氏宗祠,祭祀唐乾符年间由陕西迁来的分迁祖姚安礼。[5] 婺源人程供祖于元统元年(1333),聚合宗族子姓,共同商议在县北龙首山建三十四世祖程灵洗祠。[6] 祁门人吴元杰,由海阳迁祁门,好施与,建宗祠。[7] 婺源桂岩詹氏、歙县江村江氏,也曾在元代建詹氏宗祠和江氏宗祠赍成堂。[8]

祭拜祖墓是宗族敬奉祖先的主要方式,郑玉在记述元代徽州墓祭时说:"昔者岁正之朝,族人子弟会拜族长之家,然后以鼓乐前导,省谒墓下,还宴于家。明日,以次谒先世诸墓,遍而后止,故坟墓无所遗失。"[9] 祖墓是墓祭的物质保障,赵吉士记载:"父老尝谓新安有数种风俗,胜于他邑:千年之冢,不动一抔;千丁之族,未尝散处;千载之谱,丝毫不紊。"[10] 所谓"千年之冢,不动一抔",就是指祖墓建设。加上徽州极重风水之说,对坟墓的选址和保护又尤为重视。至正年间,休宁陪郭程岘,为了保护祖先墓地,对墓地、祭田进行了一次大清理,

---

①　赵汸:《知本堂记》,《东山存稿》卷四,台湾商务印书馆 1986 年文渊阁四库全书影印本。

②　参见黟县《明经胡氏存仁堂支谱·本始堂附记》,转引自赵华富《徽州宗族研究》,安徽大学出版社 2004 年版,第 141 页。

③　参见婺源《清华胡氏族谱·家庙记》,转引自赵华富《徽州宗族研究》,安徽大学出版社 2004 年版,第 141 页。

④　参见方崇鼎:《休宁县志》卷二〇《氏族》,清道光三年刻本。

⑤　参见方崇鼎:《休宁县志》卷二〇《氏族》,清道光三年刻本。

⑥　参见汪曙:《婺源龙首山世忠庙迎送神辞》,《新安文献志》卷四九,何庆善等点校本,黄山书社 2005 年版,第 1041 页。

⑦　参见马步蟾:《徽州府志》卷一二《人物志》,清道光七年刻本。

⑧　参见弘治《徽州府志》卷一〇《宫室》、《澄阳散志·赍成堂东厅题额记》。

⑨　郑玉:《凤亭里汪氏墓亭记》,《师山集》卷五,台湾商务印书馆 1986 年文渊阁四库全书影印本。

⑩　赵吉士:《寄园寄所寄》卷一一《泛叶寄》,周晓光等点校本,黄山书社 2008 年版,第 872 页。

"凡田之被夺与先墓之见侵者,悉追复之。乃置祭田,合族人建亭始祖墓下,题曰'永思',具条约,定仪则,为久计"①。歙县信行人汪维祺(1241—1326),曾任青阳县尹,祖坟旁有金紫庵,作为墓祭之用。后来庵僧受了其他姓氏的好处,准备将金紫庵分出一半来供他姓祭祀之用。汪维祺认为不可以,说是金紫庵是专门用来祭祀汪氏祖先的,怎么能让异姓掺杂进来?于是率领族众重建祖坟庵,汪维祺出力最多。他的父母去世以后,其将父母葬在大富山,在坟边建房居住,长期守墓,自号富山主人②。婺源人汪泽民,因为婺源家乡有 3 座祖坟被别人侵占,告状官府,要求追回。但对方很强势,一直没能如愿。汪泽民不屈不挠,据理力争,经过 40 年的努力,终于打赢官司,将祖坟地追了回来。③ 由此可见祖墓在徽州人心目中的分量。婺源人王懋伯的八世祖墓地,由于贫穷的关系,成为富人家的产业,一直没有能力赎回。他的族弟王俦,便用自己的田产与富人家交换,将墓地要了回来。④ 祁门孚溪槃田人李与廉,因为时代久远,见祖墓多荒废,于是率领族人上山访求,重新修葺立碑,并拿出自己的田产作为墓田,用作平时管理祖墓之用。并在其十世祖墓边立祠,刻其谱系放在祠壁中间。⑤

元代徽州的祠堂和祖墓建设,增强了宗族的凝聚力和向心力。族人通过祠堂尊祖敬宗,通过祖墓寄托孝思,加强了宗族认同感。

---

① 管瑝:《见山居士程君岘墓志铭》,《新安文献志》卷八八,何庆善等点校本,黄山书社 2005 年版,第 2179 页。

② 参见《元故青阳县尹汪君维祺行状》,《新安文献志》卷八五,何庆善等点校本,黄山书社 2005 年版,第 2086 页。

③ 参见宋濂:《元故嘉议大夫、礼部尚书致仕,赠资善大夫、江淛等处行中书省左丞上护军,追封谯郡公,谥文节,汪先生泽民神道碑》,《新安文献志》卷六六,何庆善等点校本,黄山书社 2005 年版,第 1612 页。

④ 参见汪幼凤:《王伯武先生传》,《新安文献志》卷七一,何庆善等点校本,黄山书社 2005 年版,第 1757 页。

⑤ 参见黄溍:《祁门李君与廉墓志铭》,《新安文献志》卷八九,何庆善等点校本,黄山书社 2005 年版,第 2181 页。

（三）族田设置与宗族管理制度化

族田是宗族的公有财产，是维持家族制度的经济支柱。宗族修谱、建祠、开展团拜祭祀仪式，必须要有经费。朱子《家礼》规定："初立祠堂，则计见田，每龛取其二十之一以为祭田。亲尽则以为墓田。后凡正位祔者，皆效此。宗子主之，以给祭用。上世初未置田，则合墓下子孙之田，计数而割之，皆立约闻官，不得典卖。"徽州宋代即有置祭田者，歙县人程显在黄墩审坑立祠，岁时祭祀在由溪立庄田，"创田五顷，备粮役备荒年"[①]。元代，徽州宗族在族产尤其是在族田的设置方面特别尽力。这一时期的族田大致有祭田、墓田、义田、学田等。休宁陪郭人程岘、程文贵与族人订立合约保护祖墓并置"善茔之田"，作为维护祖坟的费用，便于世代守护。[②] 休宁县泰塘程氏宗族置墓田80余亩。[③]至元六年（1340），婺源茶院朱氏族人朱伯亮、朱樵隐、朱桂芳等捐输众存祖坟山地4亩多，作为宗族的墓田。[④] 婺源大畈人汪同，在创建知本堂和永思堂的同时，增设族田，其中大宗祠知本堂"时享月荐，买田以给"，小宗祠永思堂"其田与祭则继高祖者主之焉"。[⑤] 至正十一年，黟县黄村人黄真元，买田630亩作为族中义田，设立厚本庄，建祠祭祀先人。族田收入用途广泛，涉及宗族内部祭祀、婚丧嫁娶、族人的生活补助、宗族教育等。在该族内部，族学教育以宗族创办的集成书院为主，其经费主要来源于族田收入。对于黄真元的义行，名儒婺源汪泽民撰有《黄氏厚本庄记》，予以褒扬。[⑥]

宗族管理是宗族制度建设的一个重要方面。为了维护族内日常事务的管理，宗族非常重视日常教化作用。婺源严田人李森（1278—

---

① 朱同：《率东程显公墓说》，《覆瓿集》卷六，台湾商务印书馆1986年文渊阁四库全书影印本。

② 参见朱升：《永思亭记》，《新安文献志》卷一五，何庆善等点校本，黄山书社2005年版，第395页。

③ 参见程一枝：《程典》图4，万历刻本。

④ 《婺源茶院朱氏家谱·文翰·披田入祠契》，转引自赵华富：《徽州宗族研究》，安徽大学出版社2004年版，第291页。

⑤ 赵汸：《知本堂记》，《东山存稿》卷四，台湾商务印书馆1986年文渊阁四库全书影印本。

⑥ 参见汪泽民：《黄氏厚本庄记》，嘉庆《黟县志》卷一四《艺文志》。

1318)，与族人七百余口共同居住，经常教育族中子弟，讲述其祖父当年创业时的艰辛。告诫子弟要好好读书，如果有人做了好事，就当众表扬；有了过失，也当众教训，赏罚分明。谁家有了喜事或者丧事，也都最先到达恭贺或慰问。[①] 对犯错和有辱门风的行为，宗族也予以惩罚。婺源大畈汪氏宗族，元代有族人冒犯祖墓，被宗族开除，终身不得再进族。[②] 除了日常的教化和赏罚行为，不少宗族还实行规范化和制度化管理。延祐年间，休宁范氏宗族各派子孙对本县境内十七都瑶村祖茔进行重新修葺。为确保各处祖茔及其产业日后免遭侵害，延祐六年范氏族人集体订立《祖茔合同禁约》，规定：不许族人私自违例典卖祖茔地段；不许族人在祖茔周边盗葬丧枢；不许族人挑掘、蹂践、砍伐、损坏祖茔砌石及墓地竹木；不许族人于墓地内段假立冢堆。对违反上述规定者，给予严厉处罚：由本宗尊长选派一名代表"经官陈告，将犯人治罪"，并强制其改正所犯错误，"勒令取回私契，对众毁抹"，或"开掘盗葬冢堆，取出丧枢，对众毁弃寄顿"，或根据其犯过情节轻重罚至元钞"入官公用"，或勒令其"如仪醮祭祖墓，对众谢罪"。[③] 该《祖茔合同禁约》对族人极具约束力，有利于维持包括祖茔祭祀、祖茔产业保护等祭祀秩序在内的宗族秩序的稳定。

休宁陪郭程氏族人在至正年间，也曾订立旨在保护祖茔祭祀秩序和保护祖茔产业的《赡茔规约》。该规约主要内容有 11 条，其中第一条规定："诸处墓林赡茔田土，官有禁例，子孙不许贸易典卖，如违，许诸人陈告。贸易执占，许在下子孙执此赴官陈告，并同不孝论罪。又或一等不孝之徒，不以祖宗为心，苟图利己，贸易山林者有之，变卖赡茔者有之，其事虽小，其情甚重。必须将已断还物业明白书写，所犯情由标附过名，以彰其恶，不许入族，视如途人。"于此可见，该规约对犯错

---

① 参见揭傒斯：《李隐君森墓志铭》，《新安文献志》卷八八，何庆善等点校本，黄山书社 2005 年版，第 2161 页。

② 参见王球：《存耕处士汪公庭桂墓志铭》，《新安文献志》卷九二，何庆善等点校本，黄山书社 2005 年版，第 2278 页。

③ 范涞：《休宁范氏族谱·谱茔》，万历二十八年刻本。

族人的处罚极为严厉。

元代宗族的规范化和制度化建设,表明徽州宗族制度在元代已经得到充分的孕育和发展,成为徽州宗族社会由南宋初兴向明清全面繁荣兴盛转折,承先启后的重要阶段。

五　徽州宗教的衰落

（一）徽州佛教的蜕变

元代藏传佛教传入内地,很受朝廷的崇奉,但未普及民间,而汉地原有佛教则不及宋时兴盛。受大形势影响,再加上元代徽州的理学家排斥宗教,佛教呈衰落趋势。整个有元一代徽州新建寺院只有19处:[①]

歙县普照堂,在县南一里,元贞元年僧钦瑞募建。休宁县慈氏院,在水桥干,至正二十六年(1366)建;普满塔庵,在松萝山顶,至顺三年(1332)建;庆明堂,在县东十三里,至元二十一年僧妙巳建;仁王院,在安乐乡,有西峰大士祠,元代建;心田堂,在县北五里,大德初里人张有成募缘建;普明堂,在县东二十里,元徽州路张治中书额,供奉普照大士,里人汪普瑞、汪普胜建;普惠堂,在易村,元徽州路刘总管书额,道祥、吴普通募缘建。婺源县真如庵,在五都,大德九年(1305)僧善坚、邑人李顺一建;朗湖院,在三十四都,至治间僧坚镇、邑人方弘三建;高峰院,在四十二都,至正元年僧惠通建。祁门县安丰庵,在六都,立浮屠塔,至治三年(1323)建;黄砂庵,在十七都,元建;小西峰法云庵,在十六都,元建;普福庵,在县东石驴山上,梁时建,元天历间僧维贤重

---

① 参见汪舜民:《徽州府志》卷一〇《寺观》,上海古籍书店1964年明弘治十五年影印本。

建。黟县东山庵,在会昌乡蜀里,延祐七年(1320)居士鲍从善建;青林庵,在怀远乡,元统二年(1334)建;皆如庵,在县东北之崖,泰定元年僧月堂,里人舒逢辰等建。绩溪县天王寺,在仁慈乡,延祐三年(1316)创建。

随着朱子之学在徽州的深入人心,儒家思想不仅渗透民间,同样也影响到佛教。本来寺院是出家人进行宗教活动的场所,是佛教信徒顶礼膜拜的地方,也是出家僧众修行的所在。元代徽州佛教,不仅寺院建筑少,而且也开始脱离佛教初衷,成为理学家宣传仁孝思想的阵地。祁门石门村净庵,原名塔山庵,北宋末庵僧惠满佛印大师与丞相汪伯彦很有交情,汪伯彦没有发迹时,曾在石门村塾馆担任塾师,并曾在塔山庵净修,发迹以后改"塔山庵"为"净庵"。元初,理学家陈栎也曾在石门村塾馆任塾师,讲述义理,村儒孙良弼与陈栎相交为师友。元统二年,由于庵堂老旧,僧惠明、惠远重修庵堂,孙良弼捐田20亩作为修葺经费。在整修过程中,在庵东增建汪伯彦祠,塑像其中,并设陈栎像同祀,[①]儒学逐步占领佛学的阵地。休宁县星洲寺寺僧一荣,原来是藏溪汪氏子,父母葬在长干。为了孝亲方便,在父母的坟墓旁建房屋,又在靠近墓田的地方建房屋,经常往来居住,以示孝心。婺源三梧镇汪氏裔孙神秀,已经皈依佛教,但不忘根本,依然每年回乡扫墓。至正八年(1348)冬与同宗汪泽民等一起扫墓时,见宗祠破旧,拿出平时自己为人治病积累起来的资金,与族人一道,将宗祠修葺一新。[②]休宁黄原等慈庵,始建于唐贞观年间,元代中期,碧庵上人主持庵中事务。碧庵生于儒生之家,13岁在等慈庵出家。虽然身已出家,但心不忘家,对父母的生育之恩念念不忘。担任住持以后,将自己数十年来辛辛苦苦积累下来的钱,买了10亩田,托付给自己的侄子经营,作为每年祭祀父母的费用。又买田10亩作为寺产,吩咐自己的徒弟,收入也用于祭

---

① 参见汪克宽:《环谷集》卷五《重建净庵碑记》,台湾商务印书馆1986年文渊阁四库全书影印本。
② 参见汪泽民:《婺源三梧镇汪端公祠堂碑》,《新安文献志》卷四五,何庆善等点校本,黄山书社2005年版,第959页。

祀自己的先世。陈栎对僧一荣和碧庵的行为非常欣赏,专门作《星洲寺记》和《等慈庵记》,加以宣传。陈栎说:

> 予窃谓凡佛所宜,一是皆祝万寿为本,尊君也,君身所自立也。鲜闻以报亲为务,如碧庵者亲身所自出也。谓事关伦纪,非与此固儒家说也,而实亦佛家说。按:《四十二章经》有人事天地神祇,不如孝其亲,二亲最神也,旨哉言乎? 儒佛有异教,教以孝无二理,天典民彝,人孰外哉! 然不于他寺若庵乎见? 惟见诸等慈何以? 故碧庵儒家子故耳。①

歙县向杲寺在新安郡城之西,寺后有弥陀殿,每年九月十五秋收时节,各地的信众都要集聚到这里做"净土会",号称"西莲社",至元代初期已经有160多年历史,仍然延续不断。此时,徽州宗族势力已经形成,这个季节,农事已闲,借做净土会之际,宗族乡党聚会于此,修设佛事之余,各叙长幼,谈论孝悌忠信之道。② 延续160多年的佛会,演变成宗族聚会的机会,不能不说是对佛教的一个讽刺。

本来寺院为弘扬佛法的场所,以出家出世为宗旨。元代徽州,很多佛寺几乎已经丧失这一功能,沦为民间拜神祈灵和流入世俗的地方。如休宁颜公山全真庵,就因为山上有两处天池,遇到天旱,附近的百姓前往庵里求雨,然后到池中舀水敬奉回乡,则雨随而至,相传非常灵验。③ 元代新建的休宁仁王院,专门从祁门请来舍利并塑佛像求雨,非常灵验,而得到民间的信奉。④ 休宁县西门云山庵寓上人,"以疾病为道场,以汤液作佛事",积极入世,以病人的治病诊金或实物作为佛庵的生存来源。同时还公开宣称:

---

① 陈栎:《定宇集》卷一二《记铭赞赋》,台湾商务印书馆 1986 年文渊阁四库全书影印本。
② 参见郑玉:《师山集》卷五《向杲寺重建弥陀殿记》,台湾商务印书馆 1986 年文渊阁四库全书影印本。
③ 参见赵汸:《东山存稿》卷四《颜公山重造全真庵记》,台湾商务印书馆 1986 年文渊阁四库全书影印本。
④ 参见汪舜民:《徽州府志》卷一〇《寺观》,上海古籍书店 1964 年明弘治十五年影印本。

浮图号出世法,而不能不在人间,故世尝以不耕而食,病之。吾观世人以阴阳、方技食于人者众矣,求其有功而不可以伪售,虽食焉,而无愧于吾教者。惟医其庶乎?此吾所以既不敢安居以食,而欲必从事于斯也。然既假是以救疾苦,以报佛恩,且自给焉。①

在理学的浸淫之下,元代徽州宗族虽然仍招僧住持寺庵,祭祀祖先。但丧礼却开始摒弃佛老。方回就曾给自己的长子方存心留诗:"属有客语我,法当营塚阡。儿曹勿过计,葬穴自有缘。只鸡可以祭,故絮亦足缠。但戒傚俚俗,佛事徒喧闐。文公有家礼,夙巳书诸篇。"②陈栎的曾祖父去世时对他的祖父说:"如我死丧葬,其略参用古今礼,谨毋作佛事。"③所以陈栎的祖父母、父母以及叔辈等去世遵循其曾祖的遗训,都不用佛事。就是一般百姓,治丧也开始不用佛事。如新安处士程某夫人齐氏,至元二十六年去世,"临终犹戒其子善事其父,治丧勿用佛老"。④ 佛教人物更是凋零,没有出现一位见载史籍的名僧。

(二)徽州道教的凋零

从全国来讲,元代是道教较为兴盛的一个时期,形成北方以全真教为代表,南方以正一道为中心的格局。但在徽州,在新安理学的攻势之下,道教同样处于凋零与衰落的境地,新建道观只有 13 处:⑤

歙县庆福道院,位于问政山,大德九年建。休宁县南山道院,在会里,元程天经建;忠孝道院,在上山,至大二年(1309)建。婺源县朝宗观,在十一都,延祐元年(1314)道士胡宗周建;桃源庵,在二十三都,至

---

① 赵汸:《东山存稿》卷四《云山庵记》,台湾商务印书馆 1986 年文渊阁四库全书影印本。
② 方回:《桐江续集》卷五《示长儿存心》,台湾商务印书馆 1986 年文渊阁四库全书影印本。
③ 陈栎:《本房先世事略》,《定宇集》卷一五,台湾商务印书馆 1986 年文渊阁四库全书影印本。
④ 程文海:《程夫人齐氏墓志铭》,《新安文献志》卷九八,何庆善等点校本,黄山书社 2005 年版,第 2546 页。
⑤ 参见汪舜民:《徽州府志》卷一〇《寺观》,上海古籍书店 1964 年明弘治十五年影印本。

元二十四年道士王泰初建；太清观，在二十八都，泰定元年邑人胡一凤捐地，道士程虚谷建；时思堂，在三十都，至元末道士董玉泉建；龙门观，在三十六都，至元十三年（1276）邑人黄朝阳捐地，道士董菊园建；中和观，在一都，大德二年全真道士赵定庵建；见云道院，在三十九都游汀，元统元年里人许芳兰、道士程橘建。祁门县上清灵宝道院，在邑南，大德五年邑人谢本真建。黟县天尊观，在邑北隅，大德十年（1306）始创，延祐二年（1315）道士胡守正住持道法有灵验，深得民间信奉。绩溪乳溪道院，在仁慈乡，元贞元年市民胡信建。

在元代新建的 13 处道观中，有一部分是宗族借立道观之名，行立祠祭祖之实，道观成为被宗族利用的场所。如祁门谢本真的父亲儒学出身，在当地也很有声誉，为太学生，与方岳为同门学友，可惜早卒，其时谢本真还很年幼。本真成年后，前往江淮、福建、四川等地经商，历尽艰难险阻，终于致富。由于过于辛苦，加上终年奔波，一直无子。大德五年，在龙虎山披度为道士，将城南居宅捐建为道观，名"上清灵宝道院"。并捐田 51 亩，以田租供养道众和房屋修葺之用。同时，将其兄长之子过继为自己的儿子，以所遗 67 亩田产，另立祠，奉先人祭祀。① 绩溪乳溪道院则完全是为祭祀先人而建，舒頔称："邑人胡庆云佳城宅其中，家业日肥，因构屋十余楹，榜曰'乳溪道院'，祀其先世示示不忘也。"②休宁县南山道院是乡人程天经，居丧庐墓修性的场所，人称"孝隐院"。③ 忠孝道院从名称上看，应该也是与奉祀先人有关。至于建于唐末的歙县兴道观，原来是五代时期名道聂师道的居住修真之所，到了元代，也被利用来祭祀先人。歙县张应元早年儒学出身，后来入道，游历京师时，被朝廷授予兴道观提点。回来后，捐资买田二三十亩修葺道观、提供道众膳费，并用于建祠祭祀先人。张应元虽是出家人，这种"知儒者礼经大意，天伦之爱"的做法，受到学者唐元

---

① 参见郑玉：《师山集》卷五《上清灵宝道院记》，台湾商务印书馆 1986 年文渊阁四库全书影印本。
② 舒頔：《贞素斋集》卷二《乳溪道院记》，台湾商务印书馆 1986 年文渊阁四库全书影印本。
③ 参见汪舜民：《徽州府志》卷一〇《寺观·南山道院》，上海古籍书店 1964 年明弘治十五年影印本。

的称赞,认为"后人见其祠而思其贤,视公之祖、父,不啻如自己所出。则晨香夕灯,岁时祭享,毋以世远而遂亡其初,则今日舍田建祠者,非无所为然也"①。

与佛教不同的是,徽州元代出了几位名道,为道教增色不少。元代南方道教是正一道的天下,正一道是符箓大派,擅长画符念咒、祈禳斋醮,为人驱鬼降妖、祈福禳灾。元代徽州名道都擅长此术,其中以南宋婺源名道李玉琳的儿子和孙子最为著名。

李玉琳的儿子李福道,字道轩,生于至元十七年,得父亲亲授《玉皇经》真文符箓,相传禁邪捉妖有奇验。关于他的传说很多,如休宁黄茅村井妖作怪,福道用铁符镇压,妖即遁迹。富溪程氏女被山魈摄到山中,不知去处,福道来了以后,施以法术,称六日之内,就可以找到。果然等到第六日,邻居在山中发现该女被埋在土坑中,土及胸肋,昏迷不醒,赶紧将其背回家中,用福道施与的咒水灌下,随即苏醒。黄尖程氏男子抱着大树笑哭不止,福道念动口诀降雷劈开大树,击死猴精数十只,程氏怪疾随即而愈。池州遭遇瘟疫,疫情严重,请福道设醮祈禳,瘟疫一日而息。如此等等,不一而足。至顺二年(1331),福道卒。福道子真祐,生于至大四年(1311),得家传道术。17 岁时,休宁县大旱,黄沙汪氏请他去设醮求雨,净坛时,汪家的谷子还暴晒在打谷场上,真祐叫他赶快将谷子收起来,不然会被大雨冲走,主人不信。只见真祐运掌念诀,雷声即起,不一会儿,大雨倾盆而下,将稻谷尽数冲走。相传休宁响山下有妖精,晚上经常出来害人,真祐于是潜伏在山下,候妖出来时,运雷将妖击死,原来是一只鼠精。汉川汪氏妇遭邪侵袭,腹部肿胀如鼓,真祐画符烧成灰让其吞下,泻下一桶泥浆水,随后而愈。②像这样的事还很多,不一一列举。真祐生有四子,皆传家学,可谓道学世家。当然,所谓祈禳降妖之事不可当真。

---

① 唐元:《筠轩集》卷一〇《兴道观张公舍田奉先记》,台湾商务印书馆 1986 年文渊阁四库全书影印本。

② 李福道、李真祐事迹均见弘治《徽州府志》卷一〇《仙释·李氏三师》。

另一位道士胡月潭也是婺源人,在黟县天尊观入道,拜汪云隐为师,得传太玄法。行走江湖时,又拜名道王侍辰八世孙王月蟾为师,求得《天心五雷至玄之秘》和《九灵飞步璇玑》之书。用心参研十年,洞彻其中玄机,诸法皆明。相传其后在太平县诛杀狐狸精,在婺源州斩白蛇,招雷呵电,呼风唤雨,神通广大。一日,对其徒弟说:"吾夜梦登于九霄,与先师会,吾将逝矣。"[①]言毕,沐浴更衣,无疾而终。

除了本籍道士外,元代名道赵定庵在曾在婺源留驻修真,并逝于婺源,这在道教史上也值得一提。赵定庵,名道可,是元代道教中和派丹法之祖李道纯的弟子,李道纯所著《中和集》卷三《问答语录》,就收录有与赵定庵谈丹道的记录。大德二年秋,赵定庵来婺源募缘,邑人江桂坡将自己在环村的 8 亩地捐出来,建中和观留赵定庵在此修真。一日赵定庵对弟子说:"吾当去矣,当与各官诀别。"弟子到婺源城里告知各位官员,回来后对定庵说,他们午后即到。定庵回答等不及了,随即自颂箴语:"举目无亲识孤舟,驾片云飘飘归去也,风月与谁邻。"[②]言毕跌坐而逝。弟子按照他的遗言,准备将其火化。婺源州守黄垫州不同意,用两个大缸将其安坐其中,上下重合葬在中和观南。

六　徽州科学技术成就

(一) 新安医学与王国瑞《玉龙经》

元代,新安医学出了不少名医和医学著作。歙县鲍同仁,字国良,泰定元年,试蒙古翰林院,授广西全州学正。后转任巢县、南康县主簿。至正九年升承事郎,后任邵武、泰宁县尹,会昌州同知致仕。性惠

---

① 汪舜民:《徽州府志》卷一〇《仙释·道士胡月潭》,上海古籍书店 1964 年明弘治十五年影印本。
② 汪舜民:《徽州府志》卷一〇《仙释·赵定庵》,上海古籍书店 1964 年明弘治十五年影印本。

巧,旁通针砭之术,凡是邪瘫疽溃等症,治无不中。著有《通元指要注》2卷和《经验针法》,洪徽甫传其术。歙县吴以凝善医,撰《去病简要》27卷。休宁程深甫,汉口人,虽业儒,但对医学却是十分精通,于是被朝廷提拔为浙江太医提举。皇帝患病,召程深甫前往医治,药到病除,被留为太医,声满大江南北,一时有"好人程太医"之语。同为汉口人的范天锡,字寿朋。精通医术,诊脉能决人生死,用药不拘泥于古方,随手而应,因病施药,无不有效。曾为徽州路医学提举。徐道聪,字士明,元末休宁南街人。相传遇高人传授儿科医术,时值元末兵乱,婴孩经常受惊吓昏迷,经其救治,只需一勺药喂下即醒,救活的儿童数以千计。其子杜真,亦以医名。祁门徐存诚,世代业医,诊病重视切脉。婺源程汝清,字正子,为南宋名医程约的后裔,承先祖医业,精岐黄之术,善太素脉,治病无不灵验。听说郭统领得到魏城武师岐针灸"补泻过注法",于是登门求师,由此医术更为精进。汝清深通针灸之道,不管旧疾新病,针到即见效;著有《医方图说》行世。

谈到元代新安医学的发展,不能不提到王国瑞。王国瑞,生卒年不详,约生活在元代中晚期,婺源人,以一部《扁鹊神应针灸玉龙经》奠定其在中国医学史上的地位。

金朝时期,著名医家窦汉卿将针灸之术传给王国瑞之父王开(镜泽),王国瑞自幼跟从父亲学医,成为当时显赫的针灸名家。王国瑞在继承窦氏针法的基础上,发展了子午流注针法。他在深刻认识奇经八脉气血盛衰与时间的内在关系的基础上,另创有一种逐日按时取穴的针法,这种针法是以八脉交会八穴为基础,与九宫八卦的数字相配合,再根据日、时干支的数字变化而进行推演,这就是首载《扁鹊神应针灸玉龙经》中的"飞腾八法"。王氏的飞腾八法与灵龟八法有诸多相近之处,是明代灵龟八法的先驱。明代徐凤《针灸大全》中"灵龟取法飞腾针图"就是在深刻认识了奇经八脉气血盛衰与时间的相互关系后,受王氏飞腾八法之启发而创制出来的。

王国瑞对于针法方面的研究也很有特色,在施行补泻时,可分异穴补泻和同穴补泻两种方法,如"妇人血气痛:合谷补,三阴交泻"则属异穴补泻,"治头风刺风池,先补后泻""治鼻渊刺上星先泻后补等"则属同穴补泻。在同穴补泻中又有泻多补少和补多泻少之分,这种补泻先后和补泻多少的操作方法,成为后世"阳中隐阴""阴中隐阳"之先河。在《扁鹊神应针灸玉龙经》中的《玉龙歌》中还有一针多穴的透穴针法,如:"头风偏正最难医,丝竹金针亦可施,更要沿皮透率谷,一针两穴世间稀"。王氏还继承了窦汉卿的交经互刺思想,对于头风偏痛、胸胁疼痛的病证分别采用了"左疼取右,右疼取左"和"右疼泻左,左疼泻右"的治疗方法。王国瑞在针法及腧穴理论与临床上,既有继承又有创新,为针灸医学的发展起到了承前启后的作用,是我国针灸发展史上的名医。

　　王国瑞是窦氏针法的主要传人,所撰《扁鹊神应针灸玉龙经》一卷,刊行于天历二年(1329),该书是一本理论与临床、普及与提高相结合的针灸专著,包括了王氏以前针灸医家对于针法及腧穴理论与临床的精粹见解,学术价值较高。《扁鹊神应针灸玉龙经》的主体部分为《玉龙歌》及其注文。此外还载有注解《标幽赋》《天星十一穴歌诀》《人神尻神歌诀》《六十六穴治证》《磐石金直刺秘传》《针灸歌》《灸法杂抄切要》等篇。主要内容系传述或发挥金元针灸

王国瑞《扁鹊神应针灸玉龙经》书影

大家窦汉卿针术,其中注解《标幽赋》或即国瑞之父王开所著《重注标幽赋》一书;《针灸歌》中的第二首歌系由窦氏《标幽赋》《通玄指要赋》二首改编而成;《人神尻歌诀》《六十六穴治证》系发挥窦氏《杂忌法》及《手足三阴三阳表里支干》(六十六穴流注)两篇;《玉诀歌》中的不少针方也直接出自窦氏《通玄指要赋》,其注文所注腧穴与针法也多

与窦氏法相合,可见,《玉龙经》主要是汇集窦氏针灸论文,是一部"窦氏针灸全书"(其间也包含了王氏父子个人的学习心得,或部分针灸临床经验),由于王开与窦太师的特殊关系,王氏父子更有可能得到一些窦氏针灸遗篇,在一定程度上补充另一部窦氏针灸文集《针灸指南》之缺漏。

(二)吴瑞对食用动植物的利用和研究[①]

中国古代并无动物学和植物学之分,但民以食为天,自古以来,人们对可供食用的动植物从未停止过探索。不但要认识它们有毒无毒,哪些可食,而且要研究它们的性味和营养价值,出现了一批食用本草之类的著作,其中含有丰富的动植物知识。元代休宁人吴瑞所著《日用本草》,就是其中最有价值的一部。

根据李时珍的著录,《日用本草》共有8卷,是吴瑞根据人们日常食用的动植物和菌类,分8门编纂而成。[②] 8门分别为:米谷、菜、果、禽、兽、鱼、虫、五味,共记可食用动植物和菌类540种。每种除名称外,多有性味和烹煮方法,兼有形状描述和药用价值,间附处方。这是按本草学体例而专记可供食用的动植物和菌类的系统著作,可惜原本早佚。明成化、弘治年间,该书已经流传极少,原版也残缺过半。吴瑞的第六世孙吴景素便想重新将该书翻刻,但没有完成。吴景素的儿子吴镇继承父亲的遗志,完成其业。嘉靖初年(1522)有李氏刊刻本行世,但已经是残缺不全,讹误甚多的了。现存万历十八年(1590)的合刻本,前7卷原题李景撰《食物本草》,内容基本上与卢和《食物本草》相同,仅排列和文字有所变动而已。后3卷是吴瑞的《日用本草》,仅存米谷类17种、瓜菜类42种、果品类30种、飞禽类24种、走兽类13种、鳞甲类26种、五味类12种,共计164种,仅是原书的三

---

① 本节参考了张秉伦、胡华凯《徽州科技》中"吴瑞的《日用本草》"的研究成果,安徽人民出版社2005年版,第238—240页。

② 参见李时珍:《本草纲目》卷一上:"《日用本草》,时珍曰:书凡八卷,元海宁医士吴瑞取本草之切于饮食者,分为八门,间增数品而已。瑞,字瑞卿,元文宗时人。"上海科学技术出版社1993年影印本。

分之一。

　　虽然原书已经不全,但我们从遗存下来的内容来看,吴瑞对食用动植物的利用和研究是很有价值的。如记鲥鱼:

　　　　鲥鱼:味甘温平,美过诸鱼。初夏时出,快胃气、补虚劳,多食染瘟疫,小儿不宜。渔翁口诀:此乃诸鱼中之君子,最惜鳞甲,其肥美皆在鳞甲中。凡食不可煎熬,宜以五味同竹笋、荻芽,带鳞蒸食为佳。蒸下五味汁,以甄盛埋土中,遇汤火伤,取涂,神效。

　　把名贵鲥鱼的性味、功效、宜忌(副作用)交代清楚后,特别强调鲥鱼鳞味道鲜美,不可去鳞,不可煎熬,而宜用五味、竹笋、荻芽带鳞清蒸为佳的食用方法,正是体现食用本草的特点。这种方法,直到今天,还在高档宾馆应用。

　　由于《日用本草》已经亡佚过半,且早在明代中期就有很多地方漫漶讹误,很多内容在现在留存下来的古籍里已经没有。如李时珍所说"间增数品",现存万历本中就没有,但在李时珍《本草纲目》中引用了大量《日用本草》的内容,或许就是李时珍所说的"间增数品"中的内容。兹引录部分如下,以窥全豹:

　　　　银杏:瑞曰:"多食壅气动风,小儿多食昏霍,发惊引疳;同鲤、鳗鱼食,患软风。"

　　　　豆腐:《日用本草》载:"发肾气、疮疥、头风,杏仁可解。"

　　　　香蕈:"蕈生桐柳枳棋木上,紫色者名香蕈,白色者名肉蕈。皆因湿气蒸熏而成,生山僻处者,有毒,杀人。"

　　　　天花菜,又名天花蕈:瑞曰:"天花菜出山西五台山,形如山花而大,香气如蕈,白色,食之甚美。"

　　　　石耳:瑞曰:"石耳生天台、四明、河南、宣州、黄山、巴西边徼诸山石崖上,远望如烟。"

　　由于《日用本草》不仅残缺不全,且漫漶讹错甚多,很难全面评价,但吴瑞在辑录前人成果的基础上，附以己见，将500多种可供食用的动植物和菌类撰成《日用本草》8卷，可谓洋洋大观，实在难能可贵。李时珍《本草纲目》多次引用《日用本草》内容这一事实，在一定程度上反映了它在明代的影响和价值。

结　　论

　　潋州具有悠久的历史,与中原相比,其上古时代的发展程度毫不逊色。下冯塘旧石器遗址和桐子山、新州、胡家村等新石器遗址分布密集,遗物十分丰富,表明潋州的古代文明已经具有相当规模。先秦时期,黄河中下游发育起来的华夏文明开始崛起,成为中华文明的核心。其时,潋州的地方文明依然保持着其自身的特色。

　　秦汉帝国时代,都城位于北方,江南被视为偏远地区,而地处江南山区的潋州更被视为蛮夷之地。随着东汉末年和魏晋南北朝时期北方战乱,政治、经济、文化中心南移江南,处于这一中心边缘地带的潋州获得发展的契机。唐代以后,江南经济、文化发展的势头逐渐赶超北方,潋州也获得高度发展。在这一历史发展进程中,中原汉文化在潋州扎根,并与潋州土著越文化相融合。北宋时期,土著越文化和中原汉文化完全融合,南宋产生出新质的潋州文化,并在元代获得成长。

　　回顾潋州土著越文化与中原汉文化融合过程中的内在联系,找出潋州文化的成因,对认识潋州文化的发展规律和研究潋州文化特色,具有重要意义。

一　移民运动的推动作用

徽州文化的形成，移民起到重要作用。在晋永嘉之乱、唐安史之乱和黄巢起义、宋靖康之乱所引发的中国三次大的移民高潮中，中原士族次第而至徽州，其中第一批来到徽州的移民比第二批移民要早500多年，而第二批移民又比第三批移民早300多年。因此，在与当地土著的交往中，他们所扮演的角色也不尽相同。最早来到的移民，相对人数较少，只有15姓，在土著强势的情形下，必然处处适应当地的习俗，如泰伯至东吴荆蛮地区，断发文身，遵行当地民族的习惯一样，文化融合也是以中原汉文化适应土著越文化为主。其中明显的例子便是，土著越人"好武习战，高尚气力"，[①]如果移民没有"好武"的斗志和强壮的体魄，难以在这里立住脚跟。来到徽州的移民，都是久经战乱的逃亡者。经过长期跋涉和磨炼，体力和智力方面的弱者被淘汰。最终到达徽州的，是其中的强者，自然能适应这里的环境。在中原人士的土著化过程中，他们中间也出了不少以"武功"著称的人物。如程灵洗"少以勇力闻，步行日二百余里，便骑善游"，他的儿子程文季也是"幼习骑射，多干略果决"。[②]汪华"少以勇侠闻"[③]，程富"以勇力闻"[④]，汪节"有神力"[⑤]等。当然，同样尚武，也有着越文化与汉文化之间的差异，这就是越文化剽悍犯险和汉文化保捍乡土的区别。《新安志》称徽州人"自昔特多以材力保捍乡土为称"[⑥]，实际上包括了程灵洗和汪华

① 陈寿、裴松之：《三国志·吴志》卷一九，中华书局1959年版。
② 姚思廉：《陈书》卷一〇《程灵洗传》，中华书局1982年版。
③ 罗愿：《新安志》卷一《祠庙》，清光绪十四年重刊本。
④ 赵吉士：《徽州府志》卷一四《武略传》，清康熙三十八年刻本。
⑤ 赵吉士：《徽州府志》卷一四《武略传》，清康熙三十八年刻本。
⑥ 罗愿：《新安志》卷一《风俗》，清光绪十四年重刊本。

等人。

　　唐末黄巢起义和安史之乱之后,中原士族大规模迁入徽州,总数达 36 姓。姓氏之多,人口之众,将近第一次移民运动的 3 倍,改变了原来土著居民占据优势的社会结构,为中原汉文化注入新生力量,汉文化也由原来的弱势转为强势。这次中原移民的时间是在唐末,所以移民造成的影响不在隋唐,而在五代北宋时期。确切地说,徽州土著文化与中原汉文化的融合,是由这批移民来完成的。如果说,第一批移民的到来,促进徽州土著文化开始尝试适应与接受中原汉文化,开始了两种文化的初步融合。那么这第二批移民的到来,为土著越文化与中原汉文化的完全融合奠定了基础。移民中的精英,学而优则仕,成为参与朝政的权臣,提高了徽州人在中央的话语权。五代时期,徽州考中进士的胡昌翼、王震、舒雅、查陶、吕文仲、吴逸六人,其中除了吴姓以外,王、舒、吕、查姓都是唐末迁徽州的,胡昌翼原本是唐皇室后裔,唐末迁婺源才改姓胡。北宋徽州进士人数的急剧增加,以及中原士族在日常生活中践行儒家思想的行为,确立了汉文化在徽州的主导地位,使徽州摆脱了土著文化的尚武习气,向汉文化崇尚文雅转变。罗愿所说:“黄巢之乱,中原衣冠避地保于此,后或去或留,俗益向文雅,宋兴则名臣辈出。”[①]就是把唐末的第二次移民运动,当成中原汉文化影响徽州民风的主因。移民中的下层庶族,则与当地民众一道开荒拓土,发展经济。如陈禧在休宁藤溪开垦荒山,张彻在婺源甲道专务种植,关西卒在婺源开荒屯田,奚超、奚廷珪带来精湛的制墨技术等,使北宋时期的徽州经济得到全面开发。

　　同样,第三次移民高潮发生在北宋末期,移民的影响力体现在南宋。如果说第二次移民运动促使了土著文化与汉文化的完全融合,第三次移民运动则加快了汉文化在徽州民间的渗透,促使徽州人文全面勃兴,经济转型。使得新安理学、徽州宗族制度和徽商相继萌芽,奠定

---

① 罗愿:《新安志》卷一《风俗》,清光绪十四年重刊本。

徽州文化的思想基础、社会基础和经济基础,形成新质的徽州文化。

移民运动提高了徽州人的素质、建立了徽州人共同的文化意识,增强了徽州宗族凝聚力,加快了徽州经济发展转型,促进了徽州经商风气的兴起,是徽州文化形成的主要推动力。

二　地理环境的促进作用

地理环境与文化发展存在内在联系,环境为文化提供基本的生存发展条件,同时各种客观条件的限制也为文化的发展规定了大概的方向,而各地人民凭借着自己发展历史所创造出的经验,在有限的地理环境中进行选择,最终形成各种文化不同的风格。徽州文化萌芽发展过程中,地理因素起到了哺育与催化作用。从文化学的角度,徽州的地理环境促进了徽州文化特色的产生。从经济角度,徽州境土的偏狭与山林经济的发达则促进了商品经济的发展,创造了明清徽商的鼎盛。

徽州是一块高台盆地,"东有大鄣山之固,西有浙岭之塞,南有江滩之险,北有黄山之扼"[1]。徽州四周的黄山、天目山、白际山、五龙山海拔均在 1000 米以上,相对高度 800 米以上,将徽州与其他地区截然分开,形成一个独立的自然地理单元。清乾隆时著名诗人黄仲则说"一滩复一滩,一滩高十丈,三百六十滩,新安在天上",[2]道出了徽州特殊的地理环境。作为一块以钱塘江上游水系为中心,兼跨长江流域众多支流的高台盆地,有着天然的地理屏障为庇护。故徽州环境得天独厚,土著越人在山岭环峙的环境中乐土安身,不必竞争,自产自足,乐食其天,使得古越文化得以不受干扰,独立发展,成为早期徽州文明的

---

① 　赵吉士:《徽州府志》卷二《形胜》,清康熙三十八年刻本。
② 　黄仲则:《两当轩集》卷九《新安滩》,咸丰八年刻本。

摇篮。

　　徽州地处深山大谷,四面皆山,阻隔了与外界的广泛联系。这种封闭的地理环境,容易造成封闭的民族心理,带有很强的稳定性或曰惰性,习惯于崇古守旧,一方面具有浓厚的自我认同感和小团体性,一方面又有强烈的排外性。先秦时期在这个高台盆地上出现的"闭"国不被外界所知,汉末、晋南北朝时期山越对统治阶级的反抗,都是这种文化习性的表现。汉文化输入,使徽州封闭体系受到冲击。但在旧有的文化属性被打破时,封闭的地理环境依然存在,原有的小团体性和排他性不会被完全征服,而是融入新的文化体系之中,竭力保持其内核,并使二者互相融合、改造,创造出新的文化特质。

　　为了抵御山中虎豹等野兽的侵扰,生活在山区的古越人就有聚族而居的习性。士族迁入徽州以后,其注重家族血缘伦理的封闭性与徽州自然环境的封闭性重合,基本上也是以家庭为单位,形成一个个同姓而居的自然村落。村与村之间,由于交通阻碍,往往是"鸡犬之声相闻",却"老死不相往来"。如黟县潜氏村,"门径悉为松萝所翳,每求盐米,晨出夕还,人无知者"①。很多人老死家中,终身未曾外出。一些读书的学子,也是不到考试时间,不与官府打交道。这种情况一直到新质的徽州文化发展相当成熟的明代嘉靖、隆庆时期,依然如故。② 村与村、族与族,各自形成一种较为封闭的生活环境。整个徽州地区,就是一个大的封闭体,明清时期还是"衣冠至百年不变,安土重迁,泥于阴阳",③"有千年祖坟,千人祠宇,千丁乡村,他处无有也"④。这种情况为形成徽州近世宗族制度提供了环境便利。

　　封闭的地理环境还对语言产生很大的影响,由于交通不便,隔山不能交流,隔河不便交往。北方移民把中原语言带到徽州,加上移民

---

　　①　罗愿:《新安志》卷一《姓氏》,清光绪十四年重刊本。

　　②　赵吉士说:"吾闻之先大父曰:'嘉、隆之世,人有终其身未入城郭者。士补博士弟子员,非试不见邑官'。"见康熙《徽州府志》卷二《风俗》。

　　③　汪舜民:《徽州府志》卷一《风俗》,上海古籍书店 1964 年明弘治十五年影印本。

　　④　赵吉士:《徽州府志》卷二《风俗》,清康熙三十八年刻本。

来自不同时间、不同地点,中原语言本身也有差异,在各个独立的区域沉淀,同当地的土音交融,形成自己的语音特点。在漫长的历史发展过程中,徽州方言抵抗住中原语言的冲击,既没有演化成北方官话,也没有变同于吴语方言。在徽州方言中既留有远古越语的痕迹,也保存着中古的汉音,同时也有近古语言的烙印。①

徽州地处山区,相对于平原来说自然条件要差。但越是艰难的环境,越能锻炼人的肌体力量。土著越人善于翻山越岭,"好武习战,高尚气力",是环境使然。这种土著的尚武基因,始终存在于新质的徽州文化中。明清时期,徽州民间依然习武成风,至今民间仍留存不少延请拳师的"拳关"文书。② 祁门县查湾村汪姓宗族专门立有"拳头庄",庄中佃仆只要是16~45岁体魄健康的男子,都要进行武术训练。尤其是休宁县汉口程氏以武术名世,明万历期间,县令侯安国召集汉口程氏在衙门内表演武术,"程氏子弟十余人,各手持其器至,刀戟犀利,鞭简皆重数十斤,使命之独舞,再对舞,继之群舞,飘花飞雪,回若旋风"。③ 程冲斗更是一代武术宗师,著有《耕余剩技》一书流传后世,包括《少林棍法阐宗》《单刀法选》《长枪法选》《蹶张心法》四部分,是享誉武林的名著。

徽州农业经济受到地理结构上"七山一水"的限制,可耕土地狭少。但这种限制以人口为参数,当人口与耕地平衡则可自足,一旦人口超过耕地的容量,人地关系的矛盾便显现。秦汉以前,土著居民砍伐丛棘,开荒种地,辛勤地开垦着山区,遗留给后人以熟田米乡,相对自足。东晋南北朝,第一批中原士族迁居徽州,在他们的帮助下,徽州人充分开垦耕地,同时利用山林经济的优势,使徽州成了一个非常富足的地区,为商业资本的形成创造了条件。隋唐时期,徽州地区人口

---

① 参见程朝晖:《徽州方言的历史层次及其成因》,《徽学通讯》,1990年第1期,第41—47页。

② 参见王振忠:《商路上的武艺》,《千山夕照——王振忠论明清社会与文化》,广西师范大学出版社2009年版,第158—162页。

③ 侯安国:《〈耕余剩技〉叙》,转引自王振忠《千山夕照——王振忠论明清社会与文化》,广西师范大学出版社2009年版,第164页。

剧增,出现了田少人多、收不敷食的矛盾。为了解决这一矛盾,徽州人民充分利用当地的自然地理优势,开展多种经营,大规模种植生产茶叶。茶叶贸易的出现,使徽州经济开始由农耕为主向贸易方面进行划时代的转折。当第二次移民大规模到来时,人地关系的矛盾开始紧张。于是人们除了往更偏僻的山区开荒拓土之外,便是利用当地的山区经济资源,大量发展手工业。五代以后,徽墨、歙砚、汪伯立笔、澄心堂纸、细嵌螺甸漆器等高档手工艺产品的出现,使徽州外向型经济趋势更加显现。南宋、元代,在当地开荒拓土已经变得越来越困难,地方志记载当时的情况时说:"新安为郡,在万山间。其地险狭而不夷,其土驿刚而不化,水湍悍,少潴蓄。"①"火耕于山,旱种旅谷,早则具出。扳峻壁,呼邪许之歌,一唱十和,庸次比耦而汗种,以防虎狼。"②由于耕地少,只能垦山为田,土既贫瘠,且无水灌溉;劳作艰苦,复有虎狼为患,耕作也只能刀耕火种,付出的多,收入却很少。同时,茶、木、桑、麻、漆等山区经济作物和文房四宝、漆器等手工产品的外销,也已不足以养活徽州人。于是,徽州人开始走出大山,迎来了明清徽商活动的灿烂时代。南宋、元代新质徽州文化的萌生和发展,已经使徽州成为人才济济、教育发达的文化之邦,为明清徽州商业反馈经济的开拓奠定坚实的文化基础。同时,徽商反馈回来的经济实力,又为徽州文化的发展注入活力。

三　汉文化包容性的同化作用

　　随着唐代中央政府行政管制能力的加强及官学教育的推广,汉文化在徽州开始成为主流文化。在这种情况下,汉文化并没有对土著文

---

① 罗愿:《新安志》卷二《叙贡赋》,清光绪十四年重刊本。
② 赵吉士:《徽州府志》卷二《风俗》,清康熙三十八年刻本。

化采取抵制和扼杀,而是以极大的包容性,将越文化同化进汉文化中,使两者融合为一。用文化传播学理论来说,就是当一种文化元素被另一种文化所影响,或者一种文化元素传播到另一个地区以后,它已不是原来的形态和含义,在传播和接纳过程中已被修改过。所以说徽州文化既不是原来的越文化,也不是纯粹的中原汉文化,而是一种新质的文化。

在土著越文化与中原汉文化融合的过程中,有一个绕不开的问题就是,徽州的土著居民哪里去了? 先秦徽州有"闳"国,从屯溪西周墓葬出土的文物可以认定,当时的徽州已经相当繁荣富庶。在当时那种与四周隔绝的状态下,没有大量的劳动力进行社会分工,是难以创造出那样璀璨的古越文化的。只是它尚未进入中原文化圈,被史家所忽略罢了。秦置黟歙二县,其时今整个皖南地区都没有其他的县,整个今江西省境内只有庐陵、鄱阳二县,显然徽州地区是当时越族社会的中心。孙吴在徽州境内分设六县,建新都郡。有行政建置的地方就有居民,从秦和孙吴政权在徽州的行政设置可以看出,徽州土族居民的人数不在少数。虽然经过孙吴政权的四次军事剿戮,一次驱民远佃,使徽州地区土著居民锐减。[①] 但到晋代,新安郡土著居民仍有 5000 户。[②] 这 5000 户只是在籍编民,承担赋税责任。其实徽州山区林莽密塞,有很多山民居住在偏远的林壑之中,"不纳王租",[③] 根本无法统计。但北宋以后,自从徽州土著越文化完全被中原汉文化所同化,中原士族反客为主,成为徽州的主姓、大姓,徽州的土著居民也被中原士族所吸纳和消化,不显不彰,几乎消失了。

那么,徽州土著居民究竟有没有遗存了呢? 答案是:肯定有。

早期的土著四大姓金(金奇)、毛(毛甘)、陈(陈仆)、祖(祖山),由于年代过于久远,且经过孙吴和东晋的历次剿灭和外迁远佃,是否有

---

① 叶沐估计这五次行动(四次军事剿戮,一次驱民远)徽州土著居民减少 47000 余人。见叶沐:《"新安歌舞离别之辞"和徽商起源》,《徽学通讯》,1988 年第 1 期,第 72—75 页。

② 房玄龄等:《晋书》卷一五《地理下·新安郡》,中华书局点校本 1982 年版。

③ 司马光:《资治通鉴·汉纪》胡三省注,中华书局点校本 2005 年版。

遗存且不论。就隋以后说,《隋书》记载隋末各地对统治阶级的反抗时,指出:"黟歙贼帅沈雪、沈能据栅自固"。[①] 又,《新唐书》记载唐天宝年间:"沈千载者,新安大豪,连结椎剽,州县不能禽。"[②]《隋书》和《新唐书》记载的沈雪、沈能、沈千载相继犯险造反,符合"山越好为叛乱,难安易动"[③]的习性。目前没有见到有关中原沈氏迁入徽州的记载,《新安名族志》记载沈氏,只有休宁闵口一个聚落。记述其姓源称:"先世居绩溪有曰克明者,任休宁教授,遂家焉。"至于绩溪沈氏的情况却没有记载。沈克明"任休宁教授",时间估计在宋代以后。所以认定沈雪、沈能、沈千载为当地土著大概不会有错。沈千载既是"新安大豪",当时徽州姓沈的土著居民相对也不会太少。当南宋徽州宗族制度开始萌生,中原士族纷纷修谱追述或重建自己的显赫祖先时,土著沈氏却因为没有可以炫耀的家族史,或者沈氏家族没有人才重建家族谱系而默默无闻。

唐开元二十四年,洪贞造反也是一个例证。《太平寰宇记》称洪贞是"乡人",《太平广记》称洪贞为"歙人",《新安志》称为"县人",[④]洪贞为当地人可以肯定。但《新安名族志》及徽州的所有洪氏宗谱追述始迁祖时,都称是始于洪经纶。[⑤]洪经纶是唐建中年间人,曾任宣歙观察使,隐居婺源官源,成为徽州洪氏始迁祖。洪经纶比洪贞晚差不多50年,由此可以证明洪贞也是土著。那么土著洪氏又到哪里去了呢? 两种可能,一种是同沈氏一样,土著洪氏没有可以炫耀的家族史,也没有人才重塑家族谱系,所以默默无闻;另一种可能就是,在汉文化的影响下,已经被同化并依附于中原迁徽洪氏,在各地普遍开展编写家谱时,他们也成为中原迁徽洪氏的一个分支,成为中原洪氏的一员。

---

① 魏征等:《隋书》卷四八《杨素传》,中华书局点校本 1982 年版。
② 欧阳修等:《新唐书》卷一三九《张镐传》,中华书局点校本 1982 年版。
③ 陈寿、裴松之:《三国志·吴志》卷一五,中华书局点校本 1982 年版。
④ 参见《太平寰宇记》卷一〇四《婺源县》,《太平广记》卷四二五《洪贞》,《新安志》卷四《休宁县·鸡笼山》。
⑤ 参见戴廷明、程尚宽:《新安名族志》后卷《洪》,朱万曙等点校本,黄山书社 2004 年版,第 501 页。

当北宋汉文化成为徽州文化的主流,越文化已经完全融入其中以后,土著居民也不再谈论自己的土著身份,下意识里他们肯定想为自己寻求一个显赫的汉文化血统。南宋近世家族制度逐渐形成,氏族开始修谱,由于年代久远、兵燹频仍、迁徙无常,旧谱系很难保存下来。这不仅给中原士族修谱带来难度,也为土著寻求中原血统带来便利。追溯姓氏源流时,土著姓氏也开始编织本姓氏与华夏始祖的关系,成为中原氏族中的一员。那些势力小的土著姓氏,遇到相同的中原姓氏,也许索性就以中原士族的始祖作为自己的始祖。徽州汪氏虽然自称是中原士族,其实应该是土著居民。汪氏是土著中最有成就的一族,既有显赫的历史,出了一个"吴王",又有重塑宗族历史的人才,终于攀上了有皇室血统的姬姓。关于汪华的九子之说,徽州民间有不同的版本。特别是第九子,疑问最大。汪伯彦曾说:"王以六州所兴,挈八子归诸朝,天子嘉其忠,封越国公,命诸子班环卫。"①可见汪华归唐时,并没有第九子。而且据其他徽州汪氏族谱所载,第九子19岁就去世了,无后。②照理不会在汪氏宗族的历史上留下什么痕迹。但徽州民间对第九子尤为尊崇,有"汪九郎""九相公""九太子"等不同的称呼。早在宋代,"自歙及杭、睦间,往往祀所谓汪九郎者"。③明清时期,绩溪、歙县还专门设有祭祀第九子的坛庙。④屯溪每年农历八月初一日至十三日的"靖阳节",举行汪华纪念活动,"九相公"都要出台亮相。在汪公庙前,汪华居中,"九相公"绕场跑圈,每跑一圈,换袍甲一件,一共要跑九圈,边跑边燃炮鸣鼓,俗称"跑马磨豆腐"。对这一特殊现象,有人说九相公生性仁慈,获得世人尊崇;有人说九相公保护徽州战功显赫,所以要纪念他,等等,说服力都不够。那么,是不是徽州土著中的一些小姓,为了融入中原文化,避免自己的土著身份被人看轻,而改

---

① 罗愿:《新安志》卷一《汪王庙考实》,清光绪十四年重刊本。
② 参见汪应桂等纂:《汪氏正脉宗谱》,清道光元年木活字本。
③ 罗愿:《新安志》卷一《汪王庙考实》,清光绪十四年重刊本。
④ 参见万历《歙志》卷二《建置》载有"忠护侯庙",曰"祀汪公第九子"。道光《徽州府志》卷三《坛庙》列有绩溪的乳溪庙,曰:"在县北,祀汪华第九子献。"

姓依附于汪氏呢？要不怎么会形成"十姓九汪"的局面？这些土著居民将无后的"九相公"看成是土著的象征，专门祭祀和纪念，这种可能也是存在的。

徽州汪氏追溯宗族历史的可信性曾受到质疑，最后却被中原士族以"稍近人情"之说予以认同。[①] 这种认同已不是血统问题，而是出于同化土著越文化的需要，体现的是中原汉文化包容性。中原士族还在维护汪华的正面形象方面，予以帮助和支持。方演奏请追封汪华为"公"，胡伸为汪华作传，罗愿为汪华考证正名，他们捍卫汪华忠君爱民大节的目的，就是要将徽州土著对汪华的崇拜[②]纳入汉文化社会政治伦理之中。

徽州早期中原移民有"土著化"的倾向，而到了宋代以后，土著人却是完全"汉族化"。从文献中所了解徽州社会，认为徽州土著居民都已经消失，其实并不全面。现存的徽州宗族形态实际是中原人与土著居民融合、同化的结果，其中汉文化的包容性起到了一定的作用。汉文化对徽州土著文化的包容，避免了徽州移民与土著的对抗和争斗，同时又很好地同化了土著。

文化融合是一个互相的、双向进行的过程，不同文化之间的接触、碰撞，引起不同民族之间文化的互相采借、接纳。文化融合亦是一个选择的过程，弱势文化总是要被强势文化所同化，问题是要看强势文化对弱势文化包容性如何，只有包容性强的文化才能产生出更具生命力、更先进、更有活力的新文化。汉文化的包容性，促进了其与越文化的融合，从而产生出新质的徽州文化，并在明清时期迎来它辉煌灿烂的高峰。

---

① 参见罗愿:《新安志》卷一《汪王庙考实》,清光绪十四年重刊本。
② 关于土著越人对汪华的崇拜可从汪王庙门前有毛甘、汪节两名武士的细节中得知,参见《新安志》卷一《汪王庙考实·从祀》。

◀ 参 考 文 献 ▶

一、史志谱牒

[1]司马迁.史记[M].北京:中华书局,1959.

[2]班固.汉书[M].北京:中华书局,1962.

[3]范晔.后汉书[M].北京:中华书局,1965.

[4]陈寿,裴松之.三国志[M].北京:中华书局,1959.

[5]房玄龄,等.晋书[M].北京:中华书局,1974.

[6]沈约.宋书[M].北京:中华书局,1974.

[7]姚思廉.梁书[M].北京:中华书局,1973.

[8]姚思廉.陈书[M].北京:中华书局,1982.

[9]李延寿.南史[M].北京:中华书局,1975.

[10]魏征,等.隋书[M].北京:中华书局,1973.

[11]刘昫.旧唐书[M].北京:中华书局,1975.

[12]欧阳修,等.新唐书[M].北京:中华书局,1975.

[13]陆游.南唐书[M].北京:中华书局,1985.

[14]脱脱,等.宋史[M].北京:中华书局,1977.

[15]宋濂.元史[M].北京:中华书局,1976.

[16]柯劭忞.新元史[M].北京:中华书局,1977.

[17]司马光.资治通鉴[M].北京:中华书局,1956.

[18]李焘.续资治通鉴长编[M].北京:中华书局,1979.

[19]程敏政.新安文献志[M].何庆善等点校本.合肥:黄山书社,2005.

[20]李吉甫.元和郡县志[M].北京:中华书局,1983.

[21]王存.元丰九域志[M].北京:中华书局,1984.

[22]尹继善,等.乾隆江南通志[M].清乾隆元年刻本.

[23]罗愿.新安志[M].清光绪十四年重刊本.

[24]汪舜民.徽州府志[M].明弘治十五年影印本.上海:上海古籍书店,1964.

[25]汪尚宁.徽州府志[M].明嘉靖四十五年刻本.

[26]马步蟾.徽州府志[M].清道光七年刻本.

[27]赵吉士.徽州府志[M].清康熙三十八年刻本.

[28]蒋灿.婺源县志[M].清康熙三十三年刻本.

[29]江峰青.重修婺源县志[M].民国十四年刻本.

[30]汪晋徵.休宁县志[M].清康熙三十二年刻本.

[31]方崇鼎.休宁县志[M].清道光三年刻本.

[32]张瑗.祁门县志[M].清康熙二十二年刻本.

[33]刘大櫆.歙县志[M].清乾隆二十六年刻本.

[34]许承尧.歙县志[M].民国二十六年铅印本.

[35]席存泰.绩溪县志[M].清嘉庆十五年刻本.

[36]窦士范.黟县志[M].清顺治十二年刻本.

[37]戴廷明,程尚宽.新安名族志[M].朱万曙,等,点校.合肥:黄山书社,2004.

[38]曹嗣轩.休宁名族志[M].胡中生等点校本.合肥:黄山书社,2007.

[39]施璜,等.紫阳书院志[M].清咸丰三年重刻本.

[40]鲁点.齐云山志[M].明万历二十七年刻本.

[41]舒应鸾.京兆舒氏统宗谱[M].明成化刻本.

[42]方良永.方氏谱系[M].明正德刻本.

[43]方善祖.方氏会宗统谱[M].清乾隆十八年刻本.

[44]程国熙.新安伊川程氏宗谱[M].祁门胜一堂.清同治七年木活字本.

[45]黄寅.金溪程氏支谱[M].婺源衍庆堂.清光绪十二年木活字本.

[46]戴秉彝.星江马源戴氏支谱[M].婺源肇庆堂.民国十六年木活字本.

[47]许见心.新安歙北许村许氏东支世谱[M].明隆庆三年刻本.

[48]施化龙.施氏宗谱[M].浮梁萃涣堂.民国六年木活字本.

[49]张彦宪,张阳辉.张氏统宗世谱[M].明嘉靖十四年木刻本.

[50]张元泮,等.星源甲道张氏宗谱[M].清乾隆三十年木活字本.

[51]余瑗.余氏会通谱[M].明正德元年刻本.

[52]吕仕道.新安大阜吕氏宗谱[M].明万历五年修,民国二十四年德本堂木活字重刊本.

[53]许璞,许汉.许氏统宗世谱[M].明嘉靖十八年刻本.

[54]张习孔,张士麟.新安张氏统宗谱[M].清顺治十六年刻本.

[55]吴兆元,吴肯堂.吴氏忠孝城南支谱[M].清乾隆二十四年稿本.藏黄山市博物馆.

[56]李冬华.严田李氏宗谱[M].民国十一年木活字本.

[57]许可复,许凤翔.新安歙北许氏东支世谱[M].明隆庆六年刻本.

[58]朱世恩.朱氏统宗世谱[M].明嘉靖三十四年刻本.

[59]郑岳.奇峰郑氏本宗谱[M].明嘉靖四十五年刊本.

[60]范涞.休宁范氏族谱[M].明万历二十八年刻本.

[61]方祖善,方大成.歙淳方氏柳山真应庙会宗统谱[M].清乾隆十八年木活字本.

二、古代文集

[1]刘安,等.淮南子[M].湖南:岳麓书社,1989.

[2]袁康,吴平.越绝书[M].上海:上海古籍出版社,1985.

[3]佚名.袁珂校注本.山海经[M].上海:上海古籍出版社,1980.

[4]郦道元.水经注[M].四部备要本.

[5]王溥.唐会要[M].台湾:商务印书馆.影印文渊阁四库全书,1986.

[6]李昉,等.太平御览[M].四部丛刊三编本.

[7]乐史.太平寰宇记[M].台湾:商务印书馆.影印文渊阁四库全书,1986.

[8]李昉,等.太平广记[M].北京:中华书局,1961.

[9]李昉,等.文苑英华[M].北京:中华书局,1966.

[10]龙衮.江南野史[M].河南:大象出版社,2003.

[11]欧阳修.欧阳修全集[M].北京:中华书局,2001.

[12]徐松.宋会要辑稿[M].北京:中华书局,1957.

[13]程大昌.演繁露[M].台湾:商务印书馆.影印文渊阁四库全书,1986.

[14]朱熹.朱文公文集[M].台湾:商务印书馆.影印文渊阁四库全书,1986.

[15]黎靖德.朱子语类[M].台湾:商务印书馆.影印文渊阁四库全书,1986.

[16]王钦若,等.册府元龟[M].北京:中华书局,1960.

[17]祝穆.方舆胜览[M].台湾:商务印书馆.影印文渊阁四库全书,1986.

[18]程珌.洺水集[M].台湾:商务印书馆.影印文渊阁四库全书,1986.

[19]释道宣.续高僧传[M].中华佛典宝库录校本.

[20]沈汾.续仙传[M].台湾:商务印书馆.影印文渊阁四库全书,1986.

[21]刘向.列仙传[M].台湾:商务印书馆.影印文渊阁四库全书,1986.

[22]祖琇.僧宝正续传[M].万续藏本.

[23]赵翼.陔余丛考[M].北京:中华书局,2006.

[24]杜佑.通典[M].台湾:商务印书馆.影印文渊阁四库全书,1986.

[25]马端临.文献通考[M].台湾:商务印书馆.影印文渊阁四库全书,1986.

[26]曹寅,彭定求,等.全唐诗[M].台湾:商务印书馆.影印文渊阁四库全书,1986.

[27]曹寅,等.全唐诗[M].北京:中华书局,1960.

[28]董诰,等.全唐文[M].北京:中华书局,1983.

[29]李心传.建炎以来系年要录[M].台湾:商务印书馆.影印文渊阁四库全书,1986.

[30]洪迈.夷坚志[M].北京:中华书局,2006.

[31]杨万里.诚斋集[M].台湾:商务印书馆.影印文渊阁四库全书,1986.

[32]范成大.石湖诗集[M].台湾:商务印书馆.影印文渊阁四库全书,1986.

[33]方岳.秋崖集[M].台湾:商务印书馆.影印文渊阁四库全书,1986.

[34]方回.桐江续集[M].台湾:商务印书馆.影印文渊阁四库全书,1986.

[35]陈栎.定宇集[M].台湾:商务印书馆.影印文渊阁四库全书,1986.

[36]赵汸.东山存稿[M].台湾:商务印书馆.影印文渊阁四库全书,1986.

[37]程文海.雪楼集[M].台湾:商务印书馆.影印文渊阁四库全书,1986.

[38]郑玉.师山集[M].台湾:商务印书馆.影印文渊阁四库全书,1986.

[39]舒頔.贞素斋集[M].台湾:商务印书馆.影印文渊阁四库全书,1986.

[40]汪克宽.环谷集[M].台湾:商务印书馆.影印文渊阁四库全书,1986.

[41]唐元.筠轩集[M].台湾:商务印书馆.影印文渊阁四库全书,1986.

[42]姚之骃.元明事类钞[M].上海:上海古籍出版社,1993.

[43]陆友.墨史[M].台湾商务印书馆.影印文渊阁四库全书,1986.

[44]黄庭坚.山谷集[M].台湾:商务印书馆.影印文渊阁四库全书,1986.

[45]倪涛.六艺之一录[M].台湾:商务印书馆.影印文渊阁四库全书,1986.

[46]朱同.覆瓿集[M].台湾:商务印书馆.影印文渊阁四库全书,1986.

[47]程敏政.篁墩文集[M].上海:上海古籍出版社,1991.

[48]赵吉士.寄园寄所寄[M].周晓光,等,点校.合肥:黄山书社,2008.

[49]黄宗羲,全祖望.宋元学案[M].北京:中华书局,1986.

[50]程曈.新安学系录[M].清康熙三十五年绿荫园重修本.

[51]黄仲则.两当轩文集[M].上海:上海古籍出版社,1983.

[52]吴逸.古歙山川图[M].清乾隆二十二年刻本.

[53]许承尧.歙事闲谭[M].李明回等点校本.合肥:黄山书社,2001.

三、现代论著

[1]李国梁.屯溪土墩墓发掘报告[M].合肥:安徽人民出版社,2006.

[2]叶显恩.明清徽州农村社会与佃仆制[M].合肥:安徽人民出版社,1984.

[3]刘淼.徽州社会经济史研究译文集[M].合肥:黄山书社,1987.

[4]李琳琦.徽州教育[M].合肥:安徽人民出版社,2005.

[5]周晓光.新安理学[M].合肥:安徽人民出版社,2005.

[6]郭因,俞宏理,胡迟.新安画派[M].合肥:安徽人民出版社,2005.

[7]刘尚恒.徽州刻书与藏书[M].扬州:广陵书社,2003.

[8]张秉伦,等.安徽科学技术史稿[M].合肥:安徽科学技术出版社,1990.

[9]张秉伦,胡华凯.徽州科技[M].合肥:安徽人民出版社,2005.

四、论文

[1]安徽文化局文物工作队.安徽屯溪西周墓葬发掘报告[J].考古学报,1959(4):115—133.

[2]吴建之.张志和探微[J].东南文化,1991(2):296—298.

[3]张宪华.唐末五代徽州的北方移民与经济开发[J].安徽师范大学学报,人文社会科学版,2006(6):72—76.

[4]冯剑辉.徽州宗族历史的建构与冲突——以黄墩叙事为中心[J].安徽史学,2007(4):105—113.

[5]陈勇.唐代歙州经济发展略论[J].唐史论丛,2009(11):120—132.

[6]冻国栋.唐宋间黟、歙一带汪华信仰的形成及其意义[J].魏晋南北朝隋唐资料,2009(25):120—132.

[7]翟屯建.徽州先秦史初探[J].徽学,1986(1):6—15.

[8]翟屯建.徽州的经济开发与商业资本的活动[J].徽州师专学报,1990(2/3):71—76.

[9]翟屯建.略论家谱内容与体例的演变[J].中国谱牒研究,上海古籍出版社,1999:131—138.

[10]翟屯建.徽州古史二题[J].安徽史学,2000(3):35—37.

[11]常建华.宋元时期徽州祠庙祭祖的形式及其变化[J].徽学,2000:51—64.

[12]孔令宏.朱熹的科学思想与道家、道教[J].自然辩证法通讯,2002(2):63—68,96—97.

[13]陈瑞.元代徽州路的手工业[J].安徽大学学报:哲学社会科学版,2009(1):104—110.

[14]程瑞.元代徽州的宗族建设[J].安徽师范大学学报:人文社会科学版,2009(2):87—90.

[15]邵国榔.从地名看古歙历史的概貌[J].徽学通讯,1991(1):64—67.

[16]方满棠.徽州学概略[J].徽学通讯,1995(4):6—20.

后　记

　　徽州文化的历史,从萌芽、发展、鼎盛到转型,是一个完整的过程,只有对这一完整的过程进行系统的研究,才能真正认识徽州文化的发展规律,体现徽州文化的价值与意义。当安徽省徽学学会决定编撰《徽州文化史》,并邀请我担任先秦至元代卷的主编时,我感到既荣幸又有压力。荣幸的是我对宋以前的徽州文化史很有兴趣,也曾发表过诸如《徽州先秦史初探》《徽州古史二题》之类的文章,如今有一个系统梳理徽州文化源流的机会,确实很高兴。压力是目前学术界对徽州文化的研究,主要还是集中在明清徽州文化发展的鼎盛时期,对它的萌芽、形成的过程研究不足。尤其是宋以前的徽州资料极其缺乏,从文化史的角度来写,既要写出特色,又要写出徽州文化的发展规律,有一定的难度。

　　接受任务后,我首先考虑如何拟大纲。张海鹏先生曾指出,形成徽州文化的原因主要有两条:中原文化是"基因",徽州商帮是"催化剂"。我这一卷主要是记载徽州文化的源流,那么徽州文化中的"中原文化"是怎么来的? 它又是如何同徽州土著文化相融合的? 这点必须要论述清楚。同时,徽州这个"山限壤隔""地狭人稠"的偏僻山区,又是如何从农业经济向商业经济转型,形成引领中国商业经济潮流的徽州商帮,也是必须要交代的。元以前徽州经济的发展,是形成明清徽商鼎盛的基础,没有元以前徽州经济的发展,就没有明清徽商的鼎盛。

　　我很快就拟出了大纲,并几经编委会开会斟酌、修改、确定。可是在具体的资料搜集过程中,发现原来想写的内容的相关资料极少,成不了章节。有些章节的资料又过于丰富，完全可以扩充。同时，在阅读资料时，不断有新的想法涌现。于是，提纲在撰写过程中不断得以修改，以致等书稿完成，与原来拟定的大纲已经大不相同，这也是我始料不及的。遗憾的是，徽州人的风俗礼仪、衣食住行、语言是文化史的重要内容，但在元代以前的资料中，几乎没有这方面的详细记载，无法作系统的论述，这也是本卷的最大缺失，只能留待以后新资料的发掘、发现，再予以修改补充。

在具体撰写过程中还有不少困惑，如迁徽中原士族的始迁祖等资料，很多都不可靠。但在明清徽州文献中，往往记载了不少这些始迁祖在南北朝、隋唐时期徽州经济开发中的贡献，如鲍弘建鲍南塌、吕文达建吕塌等。如果不写，这些事迹都明明白白地记载于府志、县志；如写实在是勉强。另外，关于徽州汪氏，从文献和民间信仰的角度来考察，应该是土著。是将其作为土著来写？还是作为中原士族来写？也颇伤脑筋。目前已经完成的书稿，是本着"信以传信，疑以传疑"的原则，可信的，就作为信史流传下去；可疑的，在记述中加以辨证，留待读者自己思考。

陶渊明、李白、张志和与徽州的关系，是徽州文人津津乐道和史志经常记载的一种文化现象，但陶渊明所写的"桃花源"是不是以黟县为原型，李白究竟来过徽州没有，张志和是不是祁门人，这都是没有定论的历史公案。武断下结论称陶渊明所写的"桃花源"是或不是以黟县为原型，李白来过或没有来过徽州，张志和是或不是祁门人，都不是一种严谨的学术态度。但这三个人与徽州的关系，又是徽州历史上的一种文化现象，并一直影响着徽州文化。所以我在写三人与徽州的关系时，也是本着"信以传信，疑以传疑"的原则，只写各方意见，不下定论，只记述这一文化现象，让读者自己去思考。

在写徽州宗教信仰的过程中间，也遇到一些困难。按理写徽州人的宗教信仰，应重点突出徽州宗教人物的宗教理论和老百姓的宗教活动。但是由于缺乏徽州地方宗教人物有关宗教理论和老百姓具体的宗教活动资料，只能从宗教人物隐逸修炼、拜神寻仙、祈福禳灾的宗教行为中来加以记述。但这也是记载地方宗教文化的一种不得已的方式，能够反映徽州人南宋以前宗教信仰的实际状况。通过记载徽州南宋以前宗教信仰的实际状况和南宋以后宗教的世俗化，反映徽州人思想信仰的转变，突出新安理学作为徽州文化思想基础的存在。

　　由于文化史涉及面广，我约请了徽州师范学校方光禄教授撰写中原三次人口迁徙和徽州宗族制度形成的内容，黄山学院吴兆民教授撰写徽州文学史方面的内容，歙县地方志办公室张恺先生撰写徽州文房四宝方面的内容。开始约稿时，担心元代以前的资料难找，也就没有限定他们的字数，让他们放开来写，越详细越好。谁知道方光禄、吴兆民都写了将近10万字，张恺也有2万多字。为了这方面的内容能够同整卷的风格一致，我进行了大刀阔斧地删削和改写，特向他们表示歉意。编写过程中参考了一些学术界已有的研究成果，我都在相关章节中予以注明，谨在此表示感谢！图片由张建平、李俊协助提供，一并表示感谢！该卷书稿虽由我一手总编完成，实际上是学术界共同研究成果的结晶。

翟屯建

2014 年 2 月 28 日

《徽州文化史》

后　记

　　2005 年,我国徽学领域具有里程碑意义的二十卷本《徽州文化全书》出版,在国内外产生重大影响,赢得广泛赞誉,有力推动了徽学研究事业。此后,《徽州文化全书》编撰出版工作委员会把该套丛书后期工作全权移交安徽省徽学学会。《徽州文化全书》的绝大部分作者系徽学学会的领导成员或学术骨干,学术顾问也与徽学学会建立了深厚的情谊和良好的合作关系。如何组织好优秀的学术力量和充分发挥这一优势学术资源继续为我省徽学研究和文化强省建设服务,是徽学学会面临的重要任务和职责。我们认为,《徽州文化全书》已经对诸多领域的徽州文化现象各立专著,详加阐述,全面、系统地展示了徽州文化,从横向上展现了徽州文化的博大精深。但从史学的角度,将徽州文化放在历史长河中进行全面系统的考察,对徽州文化的起始渊源、形成原因、发展阶段等,进行深入的探索和研究,追溯徽州文化的源头,探寻徽州文化的生成机制,阐释徽州文化的发展特征,从纵向上揭示徽州文化的演变历程,国内外学术界尚涉足较少,成果也仅限于一些散见的文章。因此,组织徽学学会的中坚力量编撰出版《徽州文化史》,就徽学,就史学,就文化学而言,均具有填补空白的重大意义。该书也可视为《徽州文化全书》的姊妹篇。

　　基于此,安徽省徽学学会决定组织编撰《徽州文化史》并成立了编委会,由安徽省政协原常务副主席、徽学学会会长杜诚任主任,由安徽省新闻出版局原局长、徽学学会副会长刘苹,安徽省社科联原党组书记、徽学学会副会长马康盛,安徽省社科联副主席、徽学学会副会长洪永平任副主任,由学会副会长金久余担任总策划。聘请国内著名徽学学者安徽师范大学王世华教授、广东省社科院叶显恩研究员、中国社科院栾成显研究员担任学术顾问。聘请黄山市地方志办公室翟屯建研究员、安徽大学周晓光教授、安徽大学卞利教授分别担任分卷主编。从 2006 年年底开始,本书经过策划、立项,深入调研、探索,几经论证、审定,反复修改、完善,在全体作者、学术顾问和编委会的共同努力下,历时近八年,终于完成。

本书的编撰出版得到中共安徽省委宣传部、省社科联、省社科规划办的大力支持。本书系国家出版基金资助项目、安徽省哲学社会科学规划项目、安徽大学徽学研究中心重点项目。本书出版始终得到安徽人民出版社领导的高度重视,集全社之力确保编辑出版工作顺利进行,各责任编辑付出了艰辛劳动。付梓之际,敬致谢忱!

由于这是首部系统阐述徽州文化史之作,难免有所纰漏,尚乞识者教正。

安徽省徽学学会
2014 年 8 月 22 日